東洋古典譯註叢書 109

譯註 孔子家語 2

附 索引

句解 王廣謀
책임번역 許敬震
공동번역 具智賢 崔二浩

전통문화연구회

東洋古典譯註叢書를 발간하면서

　우리의 古典國譯事業은 민족문화 진흥의 기초사업으로 1960년대부터 政府 支援으로 古文獻 現代化 작업을 추진하여 많은 成果를 거두었다. 당시 이 사업 추진의 先行課題로 東洋古典이라 일컬어지는 중국의 基本古典을 먼저 飜譯하여야 한다는 學界의 주장이 있었음에도 불구하고 우리 고전이 아니라는 일부의 偏狹한 視角과 財政 事情 등으로 인하여 배제되어 왔다.

　전통적으로 중국의 기본고전은 우리 歷史와 함께 숨쉬며 각종 교육기관의 敎科書로 활용됨은 물론이고 지식인들의 必讀書가 되어 왔으며, 우리 文化의 基底에 자리잡고 거의 모든 방면의 體系와 根幹을 형성하여 왔다. 그래서 학문연구의 기본서 역할을 해 왔을 뿐만 아니라 오늘날에도 우리의 國學徒 및 東洋學 硏究者들에게 같은 역할을 하고 있음은 주지의 사실이다. 그럼에도 불구하고 中國古典은 우리 것이 아니라 하여 專門機關의 飜譯對象에 포함하지 않음으로써, 대부분 原典에서의 직접 번역이 아닌 重譯이나 拔萃譯의 방식이 주를 이루면서 敎養水準으로 出版되어 왔다.

　오늘날 東洋 三國 중에서 우리의 東洋學 연구가 가장 부진한 이유는, 東洋基本古典에 대한 폭넓은 이해의 부족과 漢文古典 讀解力의 저하에 기인함을 우리는 솔직히 인정하여야 한다. 따라서 이들 중국고전에 대한 신뢰할 만한 國譯이 이루어지는 것이 한국학 연구를 촉진시키는 시급한 先行課題라 할 수 있다.

　이에 韓國學 및 東洋學의 연구와 古典現代化의 基盤構築을 위해서는, 전문기관으로 하여금 동양고전을 단기간에 각 분야의 專門 硏究者와 漢學者가 상호 협동하여 연구번역하여 飜譯의 傳統性과 效率性, 硏究의 專門性을 높일 수 있도록 政策的 配慮가 있어야 한다.

이에 本會에서는 元老 및 中堅 漢學者와 斯界의 專攻者로 하여금 協同研究飜譯하여 공부하는 사람들이 믿고 引用하거나 깊이 있는 註釋 등을 활용할 수 있게 하고, 知識人들의 敎養을 증진시켜 줄 수 있는 東洋古典의 國譯書 간행을 지속적으로 추진해 왔다. 근래에 다행히 이 사업에 대하여 각계 지도층의 폭넓은 이해와 지원에 힘입어 2001년도부터 國庫補助를 받아 東洋古典譯註叢書를 간행하게 되었다. 이를 계기로 우리 先學의 註釋과 見解를 반영하는 등 국역사업의 內實을 기하게 되었음을 이 자리를 빌어 衷心으로 감사드리며, 아울러 國譯에 參與하신 관계자 여러분의 勞苦에 깊은 謝意를 표한다.

끝으로 우리의 이러한 작업은 오랜 역사 위에 축적된 先賢들의 業績과 現代學問을 이어주는 튼튼한 架橋와 礎石이 되어 진정한 韓國學과 東洋學 발전에 기여할 것을 굳게 믿으며, 21세기를 우리 文化의 世紀로 열어 가는 밑거름이 되도록 우리의 力量을 本 事業에 경주하고자 한다. 江湖諸賢의 부단한 관심과 지원을 기대해 마지않는다.

社團法人 傳統文化研究會 會長 李啓晃

凡 例

1. 본서는 ≪譯註 孔子家語≫의 제2책이다.

2. 본서는 국내에서 가장 널리 유통된 王廣謨 注解本 중에 成守琛의 인장이 찍힌 乙亥字
   本 ≪標題句解孔子家語≫(국중본 일산 貴1241-5)를 저본으로 하였다.

3. 乙亥字本의 校勘에 참고한 書目의 略稱은 다음과 같으며, 본서의 校勘註에도 이 약칭
   으로 표기하였다.

   • 江陵本 : 元 泰定 元年 甲子(1324) 蒼巖書院 刊本을 輸入하여 太宗 2년(1402) 江陵
     監營에서 覆刻한 ≪新刊標題孔子家語句解≫. 木板本, 고려대 소장본(대학원 貴14).

   • 慶長本 : 日本 慶長 4년(1599) 古活字 印本 ≪標題句解孔子家語≫. 日本 國會圖書館
     소장본(WA7-186).

4. 본서는 ≪공자가어≫의 국내 수용 양상을 최대한 반영하고자, 국내 간행본에 실린 부
   록 ≪新刊素王事紀≫, ≪聖朝通制孔子廟祀≫, ≪大明會典祀儀≫, ≪我朝文廟享祀位≫
   를 함께 번역하였다. ≪新刊素王事紀≫, ≪聖朝通制孔子廟祀≫의 저본은 乙亥字本이
   고, ≪大明會典祀儀≫와 ≪我朝文廟享祀位≫의 저본은 1804년에 泰仁에서 간행한 坊
   刻本 ≪標題句解孔子家語≫(보성 남평 문씨 소장본)이다.

5. 王廣謨 注解本에 실리지 않은 내용은 王肅 注解本에서 취사선택하여 번역하였다. 王肅
   注解本은 四部叢刊本(商務印書館, 1926)을 底本으로 삼았고, 四庫全書本(商務印書館,
   1983)과 漢文大系本(何孟春本, 富山房, 1977)을 참고하여 교감하였다.

6. 본서는 원전의 傳統性과 번역의 現代性을 구현하기 위해 노력하였다.

7. 懸吐가 남아 있는 金騏燁 筆寫本 ≪標題句解孔子家語≫(국중본 古1241-27)를 참고하
   여 우리나라 전통 방식으로 懸吐하였다. 김기엽의 생애는 미상이다.

8. 原文은 저본의 體制에 따라 단락을 구분하고, 각 단락마다 일련번호를 부여하였다.

9. 글자에 대한 저본의 反切 注가 있는 경우와 讀音이 특수하거나 僻字인 경우에는 원문의 해당 글자 뒤의 ( ) 속에 한글로 音을 달아주었다.

10. 각 篇마다 간략한 해설을 달아 독자의 이해를 돕고자 하였다.

11. 飜譯은 原義에 충실하게 하되, 이해가 어려운 부분은 意譯 또는 補充譯을 하였다.

12. 飜譯文은 한글과 漢字를 混用하였으며, 맞춤법과 띄어쓰기는 한글 맞춤법과 표준어 규정을 따르는 것을 원칙으로 하였다.

13. 譯註는 인용문의 出典, 故事, 역사적 사건, 전문용어, 難解語, 人物, 制度, 官職, 異說, 校勘 등에 관한 사항을 밝혔다.

14. 校勘은 원문의 誤字, 脫字, 衍字, 倒文 등을 대상으로 하였다.

15. 독자들의 내용 검색 및 이해를 돕기 위해 索引을 附錄으로 첨부하였다. 전체를 포괄하는 〈綜合索引〉과 주제별 색인인 〈人名索引〉과 〈地名·國名索引〉으로 구분하여 작성하였다.

16. 본서의 校勘에 사용된 符號는 다음과 같다.

    ( )〔 〕: (저본의 誤字)〔교감한 正字〕

    〔 〕: 저본의 脫字 補充

    ( ): 저본의 衍字

17. 본서에 사용된 주요 符號는 다음과 같다.

    " ": 對話, 각종 引用

    ' ': " " 안에서 再引用, 强調

    「 」: ' ' 안에서 再引用, 强調

    ( ): 원문에서는 讀音이 특수한 글자나 僻字의 音
           번역문에서는 간단한 譯註

    〔 〕: 번역문과 뜻은 같으나 音이 다른 漢字나 句節, 譯註에서 인용한 原文

    ≪ ≫: 書名이나 典據

    〈 〉: 篇章名, 作品名, 補充譯

      ○ : 저본에 사용된 단락 구분 표시 遵用

參考文獻

1. 저본 및 주요 참고본

〔王廣謀 句解本〕

- 《標題句解孔子家語》, 국립중앙도서관 소장본(일산 貴1241-5).
- 《新刊標題孔子家語句解》, 고려대 소장본(대학원 貴14).
- 《標題句解孔子家語》, 日本 國會圖書館 소장본(WA7-186).
- 《標題句解孔子家語》, 보성 남평 문씨 소장본.
- 《標題句解孔子家語》, 국립중앙도서관 소장본(古1241-27).

〔王肅 注解本〕

- 《孔子家語》, 四部叢刊, 商務印書館, 1926.
- 《孔子家語》, 文淵閣四庫全書, 商務印書館, 1983.
- 《孔子家語》, 四部備要, 中華書局, 1989.
- 《孔子家語》, 新編諸子集成, 世界書局, 1974.
- 《孔子家語》, 諸子百家叢書, 上海古籍出版社, 1990.

〔何孟春 補注本〕

- 《孔子家語》, 漢文大系, 富山房, 1977.

〔吳嘉謨 集校本〕

- 《孔聖家語》, 국립중앙도서관 소장본(일산 古1241-6).

2. 교감주해서 및 번역서

〔中 國〕

• ≪家語疏證≫, 孫志祖 撰, 中華書局, 1985.

• ≪家語正義≫, 姜兆錫 撰, 四庫全書存目叢書, 齊魯書社, 1995.

• ≪家語證僞≫, 范家相 撰, 新編孔子家語句解, 續修四庫全書, 上海古籍出版社, 1995.

• ≪孔子家語≫, 王國軒・王秀梅 譯註, 中華書局, 2009.

• ≪孔子家語≫, 劉樂賢 編著, 北京燕山出版社, 1995.

• ≪孔子家語考次≫, 劉宗周 撰, 新編孔子家語句解, 續修四庫全書, 上海古籍出版社, 1995.

• ≪孔子家語今注今譯≫, 薛安勤・靳明春 譯註, 大連海運學院出版社, 1993.

• ≪孔子家語疏證≫, 陳士珂 撰, 中華書局, 1985.

• ≪孔子家語譯注≫, 高志忠 譯注, 商務印書館, 2015.

• ≪孔子家語譯注≫, 王德明 主編, 廣西師範大學出版社, 1998.

• ≪孔子家語注譯≫, 張濤 注譯, 三秦出版社, 1998.

• ≪孔子家語通解≫, 楊朝明・宋立林 主編, 齊魯書社, 2013.

• ≪新譯孔子家語≫, 羊春秋 注譯, 周鳳五 校閱, 三民書局, 1996.

〔韓 國〕

• ≪공자가어≫, 이민수 역, 을유문화사, 1974.

• ≪공자가어 1・2・3≫, 임동석 역주, 동서문화사, 2009.

• ≪공자가어통해 상・하≫, 楊朝明・宋立林 主編, 이윤화 역, 학고방, 2016.

• ≪국역 신간소왕사기≫, 김세종 역, 보고사, 2008

〔日 本〕

• ≪孔子家語≫, 宇野精一 譯, 古橋紀宏 編, 明治書院, 新釋漢文大系 53, 2004.

• ≪孔子家語≫, 吹野安・石本道明 編著, 明德出版社, 孔子全書 13, 2014.

• ≪增註孔子家語≫, 太宰純 增註, 崇山房, 1742.

• ≪標箋孔子家語≫, 千葉玄之, 1789.

3. 원전자료

〔經 部〕

- ≪論語注疏≫, 何晏 注, 邢昺 疏, 北京大學出版社, 1999.
- ≪論語集註大全≫, 朱熹 集註, 胡廣 等 編, 朝鮮 內閣本, 影印本, 學民文化社.
- ≪大戴禮記詳解≫, 王聘珍 撰, 中華書局, 1989.
- ≪大戴禮記詳解≫, 王聘珍 撰, 中華書局, 1989.
- ≪大學章句大全≫, 朱熹 集註, 胡廣 等 編, 朝鮮 內閣本, 影印本, 學民文化社.
- ≪孟子注疏≫, 趙岐 注, 孫奭 疏, 北京大學出版社, 1999.
- ≪孟子集註大全≫, 朱熹 集註, 胡廣 等 編, 朝鮮 內閣本, 影印本, 學民文化社.
- ≪毛詩正義≫, 毛公 傳, 鄭玄 箋, 孔穎達 正義, 北京大學出版社, 1999.
- ≪尙書正義≫, 孔安國 傳, 孔穎達 正義, 北京大學出版社, 1999.
- ≪書傳大全≫, 蔡沈 集傳, 胡廣 等 編, 朝鮮 內閣本, 影印本, 學民文化社.
- ≪詩傳大全≫, 朱熹 集傳, 胡廣 等 編, 朝鮮 內閣本, 影印本, 學民文化社.
- ≪禮記正義≫, 鄭玄 注, 孔穎達 正義, 北京大學出版社, 1999.
- ≪禮記集說大全≫, 陳澔 集說, 胡廣 等 編, 朝鮮 內閣本, 影印本, 學民文化社.
- ≪儀禮注疏≫, 鄭玄 注, 賈公彦 疏, 北京大學出版社, 1999.
- ≪周禮注疏≫, 鄭玄 注, 賈公彦 疏, 北京大學出版社, 1999.
- ≪周易傳義大全≫, 程頤 傳, 朱熹 本義, 胡廣 等 編, 朝鮮 內閣本, 影印本, 學民文化社.
- ≪周易正義≫, 王弼・韓康伯 注, 孔穎達 正義, 北京大學出版社, 1999.
- ≪中庸章句大全≫, 朱熹 集註, 胡廣 等 編, 朝鮮 內閣本, 影印本, 學民文化社.
- ≪春秋經傳集解≫, 左丘明 撰, 杜預 註, 保景文化社.
- ≪春秋穀梁傳注疏≫, 范寧 註, 楊士勛 疏, 北京大學出版社, 1999.
- ≪春秋公羊傳注疏≫, 何休 註, 徐彦 疏, 北京大學出版社, 1999.
- ≪春秋左氏傳注疏≫, 杜預 註, 孔穎達 疏, 北京大學出版社, 1999.
- ≪春秋左傳注≫, 楊伯峻 編著, 中華書局, 1990.
- ≪韓詩外傳≫, 韓嬰 撰, 文淵閣四庫全書, 臺灣商務印書館, 1986.
- ≪孝經注疏≫, 唐 玄宗 注, 邢昺 疏, 北京大學出版社, 1999.

〔史 部〕

- ≪舊唐書≫, 劉昫 等 撰, 中華書局, 1975.
- ≪國語≫, 韋昭 注, 文淵閣四庫全書, 臺灣商務印書館, 1986.
- ≪大唐開元禮≫, 蕭嵩 等 撰, 文淵閣四庫全書, 1983.
- ≪白虎通義≫, 班固 撰, 文淵閣四庫全書, 臺灣商務印書館, 1986.
- ≪史記≫, 司馬遷 撰, 中華書局, 1999.
- ≪史記索隱≫, 司馬貞 編, 文淵閣四庫全書, 臺灣商務印書館, 1986.
- ≪史記正義≫, 張守節 撰, 文淵閣四庫全書, 臺灣商務印書館, 1986.
- ≪史記集解≫, 裴駰 撰, 文淵閣四庫全書, 臺灣商務印書館, 1986.
- ≪宋史≫, 脫脫 等 撰, 中華書局, 1985.
- ≪洙泗考信錄≫, 崔述 著, 商務印書館, 1930.
- ≪隋書≫, 魏徵・長孫無忌 等 撰, 中華書局, 1997.
- ≪新唐書≫, 歐陽脩・宋祁 撰, 中華書局, 1975.
- ≪梁書≫, 姚思廉 撰, 文淵閣四庫全書, 臺灣商務印書館, 1986.
- ≪資治通鑑≫, 司馬光 著, 中華書局, 1956.
- ≪戰國策≫, 高誘 注, 文淵閣四庫全書, 臺灣商務印書館, 1986.
- ≪漢書≫, 班固 撰, 中華書局, 1962.
- ≪後漢書≫, 范曄・司馬彪 撰, 中華書局. 1965.

〔子 部〕

- ≪孔氏祖庭廣記≫, 孔元措 撰, 商務印書館, 1930.
- ≪孔叢子≫, 孔鮒 撰, 中華書局, 1985.
- ≪老子≫, 王弼 注, 文淵閣四庫全書, 臺灣商務印書館, 1986.
- ≪論衡≫, 王充 撰, 文淵閣四庫全書, 臺灣商務印書館, 1986.
- ≪說苑≫, 劉向 撰, 文淵閣四庫全書, 臺灣商務印書館, 1986.
- ≪小學集註≫, 朱熹 集註, 胡廣 等 編, 朝鮮 內閣本, 影印本, 學民文化社.
- ≪荀子集解≫, 王先謙 集解, 中華書局, 1988.

• 《新序》, 劉向 撰, 文淵閣四庫全書, 臺灣商務印書館, 1986.

• 《顔氏家訓》, 顔之推 撰, 文淵閣四庫全書, 臺灣商務印書館, 1986.

• 《呂氏春秋》, 呂不韋 編, 高誘 注, 文淵閣四庫全書, 臺灣商務印書館, 1986.

• 《列子》, 張湛 注, 文淵閣四庫全書, 臺灣商務印書館, 1986.

• 《莊子集釋》, 莊周 撰, 郭象 注, 陸德明 釋文, 成玄英 疏, 郭慶藩 輯, 中華書局, 1961.

• 《輟耕錄》, 陶宗儀 撰, 商務印書館, 1930.

• 《太平御覽》, 李昉 等 撰, 文淵閣四庫全書, 臺灣商務印書館, 1986.

• 《韓非子》, 韓非 撰, 文淵閣四庫全書, 臺灣商務印書館, 1986.

〔集 部〕

• 《俛宇先生文集》, 郭鍾錫 撰, 韓國文集叢刊, 民族文化推進會, 2004.

• 《沙溪全書》, 金長生 撰, 韓國文集叢刊, 民族文化推進會, 1990.

• 《與猶堂全書》, 丁若鏞 撰, 韓國文集叢刊, 民族文化推進會, 2002.

4. 연구논저
〔中 國〕

• 《孔子家語公案探源》, 劉巍, 社會科學文獻, 2014.

• 《孔子家語成書考》, 鄔可晶, 中西書局, 2015.

• 《孔子家語新証》, 寧鎮疆, 中華書局, 2017.

• 〈曲阜雙古堆漢簡與《孔子家語》〉, 胡平生, 《國學研究》 第7卷, 北京大學出版社, 2000.

• 〈《孔子家語》三序研究〉, 魏瑋, 曲阜師範大學 孔子文化學院 碩士學位論文, 2009.

• 〈孔子家語版本源流考略〉, 金鎬, 《故宮學術季刊》 第二十卷 第二期, 故宮博物院, 2002.

• 〈讀《孔子家語》札記〉, 楊朝明, 《文史哲》, 2006年 第4期.

• 〈王肅《孔子家語》注研究〉, 王政之, 曲阜師範大學 孔子文化學院 碩士學位論文, 2006.

〔韓 國〕

• 〈《論語》首章與《孔子家語屈節》篇－孔子政治命運悲劇的兩個詮釋〉, 楊朝明, 《온지논

총≫ 제10권, 2004.
- 〈辨章學術, 考鏡源流: 目錄과 學術思想의 관계 - ≪孔子家語≫를 중심으로〉, 金鎬, ≪중국어문논역총간≫ 31집, 2012.
- 〈중국본 ≪孔子家語≫의 국내 수용과 간행 양상 - 江陵刊本 ≪新刊標題孔子家語句解≫의 문헌학적 가치를 중심으로〉, 姜贊洙, ≪중국문학연구≫ 35집, 2007.
- 〈崔述의 ≪孔子家語≫ 批判〉, 朴晙遠, ≪동방한문학≫ 70권, 2017.

〔日 本〕
- 〈日本に於ける≪孔子家語≫の受容 : 德川時代を中心として〉, 南澤良彦, 日本中國學會報 65집, 日本中國學會 編, 2013.

5. 電子文獻 및 Web DB
- 동양고전종합DB (http://db.cyberseodang.or.kr)
- 한국고전종합DB (http://db.itkc.or.kr)
- 상우천고 (http://www.s-sangwoo.kr)
- 電子版 文淵閣四庫全書, 上海古籍出版社

目 次

標題句解孔子家語 卷下

제32편 禮制의 運用 禮運 第三十二①

先王의 道가 시대에 따라 바뀌는 것을 기술한 편이기에, 편명을 '禮運'으로 삼았다. 禮란 先王이 하늘의 道를 받들어 사람의 감정을 다스렸던 것인데, 음양 순환의 이치를 따라서 만들기 때문에 이 예를 밝히면 천하의 질서를 바로잡을 수 있다. 공자는 禮制를 잘 運用하면 大同 사회나 小康 사회에 이를 수 있다고 믿었다. 그래서 예의 적극적인 실천을 통해 천하와 국가를 다스리려고 하였다.

① 이 편은 先王의 道가 때에 따라 이전 것을 따르거나 바꾸기도 하는 것을 말하였기 때문에 '禮運'이라고 편명을 붙인 것이다.
此篇은 言先王之道가 因時沿革이라 故以禮運名篇하니라

32-1¹⁾ 공자가 蜡祭²⁾에 賓으로 참석하였는데 제사가 끝나고 望樓³⁾ 위에 나와 노닐며 喟然히 탄식하자, 言偃이 곁에서 모시고 있다가 물었다.

"부자께서는 무슨 일로 탄식하십니까?"

공자가 대답하였다.

"옛날 大道가 행해지던 때와 三代의 英賢들을 내가 미처 보지 못하였지만⁴⁾ 그

---

1) 저본의 표제에 "大道가 행해질 때에는 천하 사람들이 공정하다.〔大道之行 天下爲公〕"라고 하였다.
2) 蜡祭 : 음력 12월에 한 해의 농사가 무사히 끝난 것을 온갖 신에게 감사드리기 위해 들판에서 지내는 제사로서, 동지 이후 셋째 戌日인 臘日에 지내기 때문에 臘祭라고도 한다.(≪禮記≫〈郊特牲〉)
3) 望樓 : 원문의 '觀'은 宮門 앞의 양쪽 편에 설치한 望樓로, 이곳에 국가의 典章을 걸어 사람들에게 알렸다.(≪禮記集說大全≫ 陳澔 注)
4) 大道가……못하였지만 : 大同과 小康의 시대를 보지 못했다는 말이다. 천하가 公道를 함께하는

일에 대한 기록이 있다.[5] 대도가 행해질 때
에는 천하 사람들이 모두 공정하여 어질고
재능 있는 사람을 뽑고 忠信을 익히고 친목
을 다졌다. 그러므로 사람들이 자기 친족만
을 친하게 대하지 않고 자기 자식만을 사랑
하지 않으며, 늙은 사람은 편안히 생을 마
감하고 장성한 사람은 재능을 발휘할 수 있
으며, 홀아비·홀어미·孤兒·病者가 모두
봉양을 받았다.[6] 이 때문에 간사한 모략이

言偃

막혀 나오지 않고 도적과 亂賊이 일어나지 않았다. 그러므로 대문을 열어 놓고 닫
지 않았으니 이를 大同의 세상이라고 한다. 그런데 지금은 대도가 이미 은미해져
서 천하 사람들이 자기 집안만을 위하므로 각자 자기 친족만을 친하게 대하고 자
기 자식만을 사랑하며, 재화는 자신의 소유로 삼고 力役은 남의 힘을 빌리며, 성곽
과 해자로 견고하게 지키고 있다.”

孔子與(예)[①]於蜡賓[②]이러니 事畢하고 出遊於觀之上[③]하여 喟然而嘆[④]한대 言偃侍曰 夫子何嘆
也[⑤]시니잇고 孔子曰 昔大道之行[⑥]과 與三代之英[⑦]을 吾未之逮也[⑧]나 而有記焉[⑨]이라 大道之行에
天下爲公[⑩]하여 選賢與能하고 講信修睦[⑪]이라 故人不獨親其親[⑫]하고 不獨子其子[⑬]하여 老有
所終[⑭]하고 壯有所用[⑮]하며 矜寡孤疾이 皆有所養[⑯]이라 是以姦謀閉而不興[⑰]하고 盜竊亂賊不
作[⑱]이라 故外戶而不閉[⑲]하니 謂之大同[⑳]이라 今大道旣隱에 天下爲家[㉑]하여 各親其親[㉒]하고 各子
其子[㉓]하며 貨則爲己[㉔]하고 力則爲人[㉕]하며 城郭溝池以爲固[㉖]하니라

① 頭註 : 與(참여하다)는 흡이 預이다.

_____

세상이 대동인데 역사상 가장 태평했다는 삼황오제의 시대이고, 대동보다는 못해도 조금 다스려
진 세상이 소강인데 禹·湯·文王·武王의 시대이다.

5) 그……있다 : 원문의 '記'는 ≪禮記≫〈禮運〉에는 '志'로 되어 있는데, 陳澔의 注에는 “三代 英賢들
이 행하셨던 일에 뜻이 있다.〔有志於三代英賢之所爲也〕”라고 되어 있다.

6) 홀아비……받았다 : 이러한 부류의 백성은 가장 곤궁한 백성으로, 孟子가 말한 鰥寡孤獨과 같다.
≪孟子≫〈梁惠王 下〉에 “늙어서 아내 없는 것을 鰥(환), 늙어서 남편 없는 것을 寡, 어려서
아버지 없는 것을 孤, 늙어서 자식 없는 것을 獨이라 한다. 이 네 부류는 천하의 곤궁한 백성
으로 아무 데도 호소할 곳이 없는데 文王이 어진 정사를 베풀어 이들을 우선 보살폈다.”라고
하였다.

與는 音預라

② 부자가 노나라에서 벼슬할 때에 蜡祭를 지내는 반열에 참여한 것이다.

夫子仕魯에 與於蜡祭之列이라

③ 예를 이미 행하고 나서 인하여 궁궐 위에 나와 노닌 것이다.

行禮旣畢하고 因出遊宮闕之上이라

④ 위연히 탄식한 것이다.

喟然而嘆息이라

⑤ 子游가 곁에서 모시고 있으면서 묻기를 "부자께서는 무슨 일 때문에 탄식하십니까?"라고 한 것이다.

子游侍側問曰 夫子所嘆은 何事잇고

⑥ 부자가 대답하기를 '옛날 三皇五帝 당시 대도가 행해지던 때'라고 한 것이다.

夫子言 古者三皇五帝時에 大道之行이라

⑦ 英은 빼어나다는 뜻이니 禹・湯・文王・武王을 말한다.

英은 秀也니 謂禹湯文武라

⑧ 자신이 제왕의 도가 성할 때를 미처 보지 못했다는 것이다.

吾不及見帝王之盛이라

⑨ 그 일에 대한 기록이 있다.

有事可記也라

⑩ 대도가 행해지던 때에는 천하 사람들이 모두 공정한 것이다.

大道行엔 則天下皆爲公이라

⑪ 어질고 재능 있는 사람을 선발하여 쓰고 忠信과 친목의 도리를 익히고 다진 것이다.

選用賢能하고 講習忠信親睦之道라

⑫ 천하 사람들이 모두 그 친족을 친애하였으니 어찌 한 사람뿐이겠느냐고 한 것이다.

天下皆得親其所親하니 豈惟一人而已리오

⑬ 어찌 그 자식을 사랑하는 사람이 한 사람뿐이겠느냐고 한 것이다.

豈惟一人得子愛其子리오

⑭ 늙은 사람이 모두 편히 생을 마감하는 것이다.

老者皆得有所終이라

⑮ 장성한 사람이 모두 재능을 발휘할 수 있었던 것이다.

壯者皆得所施爲라

⑯ 곤궁한 백성으로 하소연할 곳이 없는 자들이 모두 봉양을 받는 것이다.

窮民無告者皆得其養이라

⑰ 그러므로 간사한 모략이 숨겨져 나오지 않는 것이다.
故奸邪之謀가 隱而不發이라

⑱ 도적과 난적이 또한 일어나지 않는 것이다.
盜賊作亂者가 亦不起라

⑲ 밤에 대문을 닫을 필요가 없었던 것이다.
夜間外門을 不必掩蔽라

⑳ 이것이 이른바 대동의 세상이다.
此所謂大同之世라

㉑ 지금은 대도가 행해지지 않아
천하 사람들이 각각 자기 집안
만을 위하는 것이다.
今大道不行하여 天下之人이 各各
自爲家라

㉒ 각자 자기 친척만을 친애하는
것이다.
各自親愛其親戚이라

㉓ 각자 자기 자식만을 사랑하는
것이다.
各自子愛其己子라

㉔ 재화가 있으면 자신을 위해 소
유하는 것이다.
有財貨則爲己而有라

㉕ 力役이 있으면 남의 힘을 빌려
서 하는 것이다.
力役則資人而爲라

㉖ 성곽과 해자를 설치하여 스스로
견고하게 지키고 있는 것이다.
設城郭溝池하여 以自固라

觀蜡論俗

32-2 공자가 말하였다.

"禮는 선왕이 하늘의 도를 받들어 사람의 情을 다스렸던 것이니, 귀신의 神位를

나열하여 제사 지내고 喪祭·鄕射[7)]·冠
婚·朝聘[8)]에도 통한다. 그러므로 성인께
서 예로써 보여주신 것이니 천하와 국가
가 예로써 바르게 될 수 있었다."

言偃이 물었다.

"지금 지위에 있는 자들이 예를 따를
줄을 모르는 것은 어째서입니까?"

공자가 대답하였다.

"아, 슬프도다. 내가 周나라의 도를 보
니 幽王과 厲王[9)]이 무너뜨렸다. 그러니

周公

내가 魯나라를 버리고 어디로 가겠는가. 노나라의 郊祭와 禘祭는 모두 예에 맞지
않으니 周公의 도가 쇠해졌구나. 杞나라의 교제는 禹임금을 배향한 것이고 宋나라
의 교제는 契(설)을 배향한 것이니 이는 천자가 지켜오던 일이다. 천자가 기나라와
송나라는 두 왕조의 후예이고 주공은 攝政하여 태평시대를 이룩하였다고 하여 천
자와 똑같이 교제를 지내게 하였다. 제후가 사직과 종묘에 제사 지낼 때에 상하가
모두 그 典禮를 받들고 祝嘏(축가)[10)]는 감히 그 항상 행하는 법을 바꾸지 않으니,
이것을 매우 아름다운 일이라고 한다."

孔子曰 夫禮는 先王이 所以承天之道하여 以治人之情[①]이니 列其鬼神[②]하고 達於喪祭鄕射
冠[③]婚朝聘[④]이라 故聖人以禮示之하니 則天下國家可得以禮正矣[⑤]라 言偃曰 今之在位가 莫知
由禮는 何也[⑥]잇고 孔子曰 嗚呼哀哉[⑦]라 我觀周道호니 幽厲傷也[⑧]라 吾捨魯何適[⑨]이리오 夫魯之

---

7) 鄕射 : 봄·가을에 예법에 따라 백성을 모아 활쏘기를 하는 의식이다. 중국 周나라 때 鄕學에서
   3년의 수업을 마친 자 중에서 어질고 실력 있는 사람을 임금에게 추천할 때 실력을 가리기 위해
   행하던 활쏘기 의식에서 비롯하였다.

8) 朝聘 : 옛날에 제후가 직접 가거나 혹은 사신을 파견하여 천자를 알현하는 것을 말한다. ≪禮
   記≫〈王制〉에 "제후가 천자에게 해마다 한 번씩 小聘을 하고, 3년마다 한 번씩 大聘을 하고,
   5년마다 한 번씩 조회에 나가 알현한다."라고 하였는데, 鄭玄의 주에 "소빙은 大夫를 사절로 보
   내고, 대빙은 卿을 사절로 보내고, 조회에 나가 알현할 때에는 군주가 직접 간다."라고 하였다.

9) 幽王과 厲王 : 모두 주나라의 暴君으로 惡名이 높았다. 맹자가 "幽·厲라는 악명을 얻으면 비록
   孝子와 慈孫이 있더라도 백세토록 고칠 수 없다.〔名之曰幽厲 雖孝子慈孫 百世不能改也〕"라고 하였
   다.(≪孟子≫〈離婁 上〉)

10) 祝嘏(축가) : 제사 지낼 때 축원하는 말을 하거나 신의 말을 전달하는 執事를 가리킨다.

郊及禘는 皆非禮^⑩니 周公其已衰矣^⑪로다 杞之郊也는 禹^⑫요 宋之郊也는 契^{⑬⑭}이니 是는 天子之事守也^⑮라 天子가 以杞宋二王之後^⑯요 周公攝政하여 致太平^⑰이라하여 而與天子同是禮也^⑱라 諸侯祭社稷宗廟^⑲에 上下皆奉其典^⑳하고 而祝嘏莫敢易其常法하니 是謂大嘉^㉑라

① 부자가 말하기를 "예는 하늘의 도를 받들어서 사람의 정을 다스렸던 것이다."라고 한 것이다.
　夫子言 禮者는 所以奉天道하여 治人情이라

② 귀신의 神位를 나열하여 제사 지내는 것이다.
　列祭鬼神之位라

③ 頭註 : 冠(관례)은 거성이다.
　冠은 去聲이라

④ 喪祭·鄕射·冠婚·朝聘을 통틀어 모두 예로써 행하는 것이다.
　通喪祭鄕射冠婚朝聘하여 皆以禮行之라

⑤ 성인께서 예로써 사람에게 보여 주신 것이니 온 천하 사람들을 모두 예로써 바르게 할 수 있었던 것이다.
　聖人用禮以示於人하니 通天下之人하여 皆得禮以正之라

⑥ 자유가 말하기를 "지금 지위에 있는 관료들이 모두 예를 따르지 않는 것은 어째서입니까?"라고 한 것이다.
　子游言 今在位官僚가 皆不從禮는 何也잇고

⑦ 공자가 탄식하여 말하기를 "슬프도다."라고 한 것이다.
　孔子嘆言 可哀也哉라

⑧ 자신이 주나라의 도를 보니 유왕과 여왕 때에 이르러 모두 그 도를 무너뜨렸다는 것이다.
　我觀周家之道호니 至幽王厲王하여 皆傷其道也라

⑨ 노나라에는 성인의 기풍이 있으므로 부자가 말하기를 "노나라를 버리고 내가 어디로 가겠는가."라고 한 것이다.
　魯有聖人之風이라 故夫子言 捨魯國吾何往이리오

⑩ 노나라의 교제와 체제가 모두 예에 맞지 않은 것이다.
　魯郊禘가 皆不合禮라

⑪ 주공의 자손이 모두 그 禮와 義를 행하지 못한지라 주공의 도가 쇠해진 것이다.
　周公子孫이 不能行其禮義하니 則周公道衰矣라

⑫ 기나라는 하나라의 후예이다. 원래 교제를 지낼 때에 주공이 우임금에게 훌륭한 덕이

있다고 여겼기 때문에 제사 지내게 한 것이다.[11]

杞는 夏之後이니 本郊也에 周公以禹有令德故令祀라

⑬ 頭註 : 契(사람 이름)은 음이 薛(설)이다.

契은 音薛이라

⑭ 송나라는 은나라의 후예이고 설은 탕임금의 시조이다.

宋은 殷之後요 契은 湯之始祖라

⑮ 바로 천자가 대대로 지켜오던 일이다.

乃天子世守之事라

⑯ 천자가 기나라와 송나라는 바로 하나라와 상나라 두 왕조의 후예라고 여긴 것이다.

天子가 以杞宋乃夏商二王之後라

⑰ 주공은 성왕을 도와 섭정한 지 7년 만에 태평의 효과를 이룩한 것이다.

周公相成王하여 攝政七年에 致太平之效라

⑱ 그러므로 천자와 그 예를 똑같이 행할 수 있게 한 것이다.

故得與天子同其禮라

⑲ 제후가 사직과 종묘에 제사 지내는 것이다.

諸侯之祭祀社稷宗廟라

⑳ 상하 사람들이 모두 그 전례를 받들어 행하는 것이다.

自上及下히 皆奉行其典禮라

㉑ 祝史는 감히 늘 행하는 법을 바꾸지 못하는 것이다.

祝史不敢變易其常行之法이라

32-3[12] "성인은 천하를 一家로 여기고 중국의 사람을 一人으로 여긴다. 무엇을 人情이라고 하는가? 喜·怒·哀·懼·愛·惡·欲이니, 이 7가지는 배우지 않아도 능한 것이다. 무엇을 人義라고 하는가? 아버지는 자애롭고, 자식은 효도하며, 형은 선량하고, 동생은 공경하며, 남편은 의롭고, 아내는 따르며, 어른은 은혜롭고,

---

11) 기나라는……것이다 : 이 부분은 四部叢刊本의 주석 내용과 조금 다르다. 거기에는 "杞는 夏나라의 후예이다. 원래는 鯀(禹임금의 아버지)에 대해 교제를 지냈는데, 주공이 곤이 훌륭한 덕이 있지 않다고 여겼기 때문에 우에 대해 교제를 지내게 한 것이다.〔杞 夏之後 本郊鯀 周公以鯀非令德 故令祀郊禹〕"라고 되어 있다.

12) 저본의 표제에 "성인은 천하를 一家로 여기고 중국의 사람을 一人으로 여긴다.〔聖人以天下爲一家 中國爲一人〕"라고 되어 있다.

어린이는 유순하며, 임금은 어질고, 신하는 충성스러운 것이니, 이 10가지를 人義라고 한다. 忠信을 講明하고 화목을 다지는 것을 人利라고 하고, 다투어 빼앗고 서로 죽이는 것을 人患이라고 한다. 성인께서 사람의 7가지 감정을 다스리고, 10가지 의리를 닦으며, 충신을 강명하고 화목을 다지며, 다투어 빼앗는 것을 없애기 위한 방법으로 禮를 제외하고 무엇으로 다스리겠는가."

凡聖人은 能以天下로 爲一家하고 以中國으로 爲一人[①]이라 何謂人情고 喜怒哀懼愛惡欲이니 七者는 弗學而能[②]이라 何謂人義오 父慈子孝兄良弟悌夫義婦聽長惠幼順君仁臣忠이니 十者를 謂之人義[③]라 講信修睦을 謂之人利[④]요 爭奪相殺을 謂之人患[⑤]이라 聖人之所以治人七情하고 修十義[⑥]하고 講信修睦[⑦]하고 去爭奪[⑧]이 舍禮오 何以治之[⑨]리오

① 성인은 胸中이 사심이 없이 공정하기 때문에 큰 천하를 합하여 一家로 여기고 수많은 중국의 사람들을 합하여 一人으로 여기는 것이다.
聖人胸中大同이라 以天下之太로 合爲一家하고 以中國之衆으로 合爲一人이라

② 7가지 감정은 모두 사람의 본성에서 나오니 배운 뒤에 능한 것이 아니다.
七情者는 皆自人性中發出來하니 非學而後能이라

③ 父子부터 君臣까지 10가지는 사람의 큰 의리이다.
自父子至君臣十者는 人之大義라

④ 충신을 講明하고 화목을 다지는 도는 사람에게 이익이 되는 것이다.
講明忠信修睦之道는 人之利也라

⑤ 다투어 빼앗고 殺傷하는 것은 바로 사람에게 환난이 되는 것이다.
爭奪殺傷은 乃人之患難이라

⑥ 성인께서 7가지 감정을 다스리고 10가지 의리를 닦은 것이다.
聖人이 治其七情하고 修其十義라

⑦ 충신을 강명하여 숭상할 바를 알게 하고 친목을 다져서 겸손할 바를 알게 하는 것이다.
講其忠信하여 使知所崇尙하고 修其親睦하여 使知所辭遜이라

⑧ 다투어 빼앗는 것을 제거하는 방법이다.
除其爭奪이라

⑨ 禮를 제외하고 무엇으로써 다스리겠느냐고 한 것이다.
舍禮之外에 何以爲治리오

32-4¹³⁾ "사람은 五行의 빼어난 기운을 얻은 존재이니, 하늘은 陽의 도를 가지고서 해와 별을 드리우고 땅은 陰의 도를 가지고서 산과 내를 실으며, 오행을 四時에 나누어 사시의 기운이 조화로운 뒤에 달이 생겨난다.¹⁴⁾ 이 때문에 15일 동안 찼다가 15일 동안 이지러지는 것이다."

人者는 五行之秀^①니 天秉陽하여 垂日星^②하고 地秉陰하여 載於山川^③하며 播五行於四時^④하여 和四氣而後月生^⑤하나니 是以로 三五而盈^⑥하고 三五而缺^⑦하나라

① 사람은 오행의 빼어난 기운을 얻은 존재이다.
人爲五行之秀者라

② 하늘은 양의 도를 가지고서 해와 별을 드리운다.
天持陽道하여 垂布日星이라

③ 땅은 음의 도를 가지고서 산과 내를 싣는다.
地持陰道하여 承載山川이라

④ 사시에 오행을 나누는 것이다.
分而五行於四時라

⑤ 사시의 기운이 조화로운 뒤에 달이 생겨나는 것이다.
四時之氣가 和而後月生焉이라

⑥ 1일부터 15일까지는 달빛이 가득차는 것이다.
初一至十五則月光而¹⁵⁾滿이라

⑦ 16일부터 30일까지는 달빛이 점차 사라지는 것이다.
十六至三十則月光漸缺이라

32-5 禮는 太一¹⁶⁾에 근본을 두는데, 나뉘어 천지가 되고, 변천하여 음양이 되고, 변하여 사시가 되고, 갈라져서 귀신이 되니, 내려오는 것을 命이라고 한다.¹⁷⁾

---

13) 저본의 표제에 "사람은 오행의 빼어난 기운을 얻은 존재이다.〔人者五行之秀〕"라고 하였다.

14) 사시의……생겨난다 : 사시의 기운은 춘하추동 사시의 溫·熱·冷·寒의 네 기후를 말하는데, 해와 달의 궤도가 맞지 않고 추위와 더위가 때에 맞지 않으면, 달이 때에 맞게 생겨나지 않는다.

15) 而 : 慶長本에는 '生'으로 되어 있다.

16) 太一 : ≪禮記正義≫에 "太一이라는 것은 하늘과 땅이 분화되지 않은 혼돈의 원기를 일컫는다. 더없이 크므로 '太'라고 하고, 나뉘지 않았으므로 '一'이라고 한다.〔太一者 謂天地未分混沌之元氣也 極大曰太 未分曰一〕"라고 하였다.

夫禮는 本於太一^①하니 分而爲天地^②하고 轉而爲陰陽^③하고 變而爲四時^④하고 列而爲鬼神^⑤하나니 其降曰命^⑥이라하니라

① 예는 元氣가 혼돈한 상태의 초기에 근본을 두는 것이다.
　禮原於元氣混沌之初라

② 원기가 갈라져 나뉘어 천지가 되는 것이다.
　元氣判而分爲天地라

③ 움직여서 二氣가 되는 것이다.
　運轉而爲二氣라

④ 음양이 왕래하여 사시를 이루는 것이다.
　陰陽往來而成四時라

⑤ 갈라져서 귀신이 되는 것이다.
　分列爲鬼神이라

⑥ 위에서 내려오는 것을 命이라고 한다.
　自上而下曰命이라

32-6¹⁸⁾ "聖王은 義의 요령과 禮의 질서를 講明하여 사람의 情을 다스리니, 사람의 정은 聖人의 밭에 비유할 수 있다. 밭을 갈듯 예를 강명하고, 씨를 심듯 의를 베풀며, 김을 매듯 학문을 강론하고, 곡식을 거두어 모으듯 仁을 근본으로 삼으며, 안정시키듯 음악을 퍼트리는 것이다."

聖王은 修義之柄과 禮之序하여 以治人情^①하나니 人情者는 聖人之田也^②라 修禮以耕之^③하고 陳義以種之^④하고 講學以耨之^⑤하고 本仁以聚之^⑥하고 播樂以安之^⑦니라

① 성인은 의를 강명하여 잡아 지키기 때문에 자루[柄]라고 하고, 예를 강명하여 어지럽지 않기 때문에 질서[序]라고 한 것이다. 이것으로 사람의 정을 다스리는 것이다.
　聖人修義可以操持라 故曰柄이요 修禮以不紊이라 故曰序라 以治人之情이라

② 성인이 사람의 정을 다스리는 것은 농부가 경작하는 것과 같은 것이다.
　聖人之治人情은 猶農夫之耕也라

---

17) 내려오는……한다 : 하늘에서 품부 받은 것을 말한다. 《春秋左氏傳》 成公 13년 조에 "백성은 천지의 정기를 받아서 태어나니, 이것이 이른바 命이다.〔民受天地之中而生 所謂命也〕"라고 하였다.
18) 저본의 표제에 "성왕이 예의 질서를 밝히다.〔聖王禮之序〕"라고 되어 있다.

③ 밭을 개간하듯 예를 강명하는 것이다.

修禮以耕墾之라

④ 씨를 심듯 의를 베푸는 것이다.

陳義以種植之라

⑤ 잡초를 제거하듯 학문을 강론하는 것이다.

講學以除其穢라

⑥ 곡식을 모으듯 仁愛의 이치를 근본으로 삼는 것이다.

本仁愛之理以聚之라

⑦ 편안한 듯 음악을 퍼트리니, 이것이 이른바 사람의 정을 다스린다는 것이다.

播音樂以安之하니 此所謂治人情이라

제33편 冠禮 때의 頌辭 冠①頌 第三十三②

邾 隱公이 冠禮를 행할 적에 孟懿子를 통해 공자에게 그 禮를 물은 편이기에, 편명을 '冠頌'으로 삼았다. 관례는 남자가 20세가 되면 행하는 예절로 성인이 되는 의식이다. 孟懿子가 20세가 되기 전에 先王이 죽어 왕위에 올랐으면 새롭게 관례를 치러야 하는지를 묻자, 공자가 "왕위에 올랐으면 이는 벌써 어른이 된 것이므로 관례를 치를 필요가 없지만, 관례를 치렀던 유래가 있으므로 隱公의 관례는 예에 어긋난 것이 아니다."라고 대답하였다. 그 유래는 옛날 周公이 成王의 관례를 치른 다음, 어린 마음을 버리고 군주로서의 직분을 다하여 선왕의 뜻을 이어가라는 노래를 지어 준 일을 가리킨다.

① 頭註 : 冠(관례)은 거성이다.

冠은 去聲이라

② 邾 隱公이 장차 관례를 하려고 할 때에 부자에게 그 예를 물었기 때문에 이렇게 편명을 붙인 것이다.

邾隱公將冠할새 問禮於夫子라 故以名篇하니라

33-1[1] 邾 隱公이 즉위한 다음 관례[2]를 행하려 할 때에 대부를 시켜 孟懿子를 통해 공자에게 그 예를 묻게 하였는데, 공자가 대답하였다.

"그 예는 世子의 관례와 같다. 阼階(조계)에서 冠을 쓰는 것은 아버지의 대를 이을 사람임을 드러내는 것이고, 客位에서 술을 따르는 것은 공경하여 예를 이루는

---

1) 저본의 표제에 "邾子가 관례에 대해 묻다.〔邾子問冠禮〕"라고 되어 있다.

2) 冠禮 : 고대 남자가 성년이 되었을 때 어른이 된다는 의미로 갓을 쓰게 하던 의식이다. 《禮記》〈曲禮 上〉에 "남자는 20세에 관례를 행하고 字를 부른다.〔男子二十 冠而字〕"라고 하였고 《禮記》〈內則〉에 "〈남자는〉 20세에 관례를 행하여 비로소 예를 배운다.〔二十而冠 始學禮〕"라고 하였다.

것이며, 세 차례 씌워 더욱 높이는 것은 그의 志意를 깨우쳐주는 것이고, 관례를 행하고 나서 字를 지어주는 것은 그의 이름을 공경하는 것이다. 또 관례를 행할 때에 반드시 선조의 사당에서 하기 때문에 降神祭의 禮로 의식을 행하고, 金石의 악기를 사용하여 節奏를 삼으니, 자신을 낮추고 선조를 높여 마음대로 하지 않음을 보이기 위한 것이다."

邾隱公이 既卽位[1]하여 將冠[2]할새 使大夫因孟懿子하여 問禮於孔子[3]한대 子曰 其禮如世子之冠[4]이니라 冠於阼階는 以著代也[5]요 醮(초)於客位는 加其有成[6]이요 三加彌尊은 導喩其志[7]요 冠而字之는 敬其名也[8]라 行冠[9]事에 必於祖廟[10]할새 以祼享之禮로 以將之[11]하고 以金石之樂으로 節之[12]하니 所以自卑而尊先祖[13]하여 示不敢擅[14]이니라

① 주 은공이 즉위한 뒤이다.
　　邾隱公이 已卽位之後라
② 장차 머리에 관을 씌우려는 것이다.
　　將加冠於首라
③ 대부를 시켜 맹의자에게 부탁하여 부자에게 관례에 대해 묻게 한 것이다.
　　使其大夫로 託孟懿子하여 問冠禮於夫子라
④ 그 예가 또한 세자의 관례와 같은 것이다.
　　其禮亦如世子冠禮라
⑤ 주인의 계단에서 관을 쓰는 것은 아버지의 대를 이을 사람임을 밝히는 것이다.
　　冠於主人之階는 以明其代父也라
⑥ 객위에서 술을 따르는 것은 공경하여 예를 이루는 것이다.
　　以酒醮於客位는 敬而成之라
⑦ 처음에는 緇布冠[3)]을 씌우고 다음에는 皮弁[4)]을 씌우고 그 다음에는 爵弁[5)]을 씌우니, 세 차례 씌워 더욱 존귀하게 하는 것은 그의 志意를 깨우쳐서 공경과 법식을 알게 하려는 것이다.
　　始用緇布冠하고 次皮弁하고 次爵弁하니 三加而益尊貴는 導喩其志意하여 使知敬式이라

───────────────

3) 緇布冠 : 관례의 三加禮에 있어서 처음 씌우는 관으로 흑색의 베[布]로 만들었다. 漢나라에서는 進賢冠이라고 이름을 고쳐 선비의 복식으로 삼았다.
4) 皮弁 : 삼가례에 있어서 두 번째에 씌우는 관으로 흰 사슴 가죽으로 만들었다.
5) 爵弁 : 삼가례에 있어서 세 번째에 씌우는 관으로 冕冠의 다음인데, 색은 적색에 약간 검은빛을 띠고 있으며 제도는 면관과 비슷하되 아래로 드리운 수술[旒]이 없다.

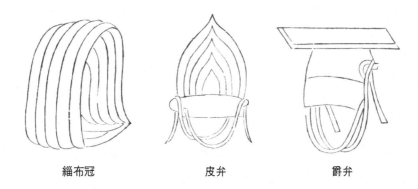

緇布冠   皮弁   爵弁

⑧ 관례를 행하고 나서 자를 지어주는 것은 그의 이름을 공경하기 위한 것이다.

　　既冠而字之는 所以敬其名也라

⑨ 頭註 : 冠(관례)은 거성이다. 아래도 같다.

　　冠은 去聲이니 下同이라

⑩ 관례는 선조의 사당에서 행하는 것이다.

　　冠禮行於祖廟之中이라

⑪ 降神祭의 예로써 그 공경하는 예식을 행하는 것이다.

　　用灌獻之禮하여 以行其敬이라

⑫ 금석의 악기를 사용하여 절주를 삼는 것이다.

　　用金石之樂하여 以爲節奏라

⑬ 스스로의 높음을 낮추고 祖宗을 높이고 공경하는 것이다.

　　自高卑⁶⁾而尊敬祖宗이라

⑭ 감히 스스로 마음대로 하지 않음을 보이는 것이다.

　　以示不敢自專이라

33-2⁷⁾ 맹의자가 물었다.

"지금 邾나라 임금의 관례는 예에 맞지 않습니까?"

공자가 대답하였다.

"제후의 관례는 夏나라 말엽에 만들어졌으니, 그 유래한 바가 있으므로 지금 비난할 수 없다. 천자의 관례는 武王이 돌아가시자 成王이 13세의 나이에 뒤를 이어

---

6) 高卑 : 慶長本에는 '高'자가 없다.

7) 저본의 표제에 "天子의 冠禮[天子冠禮]"라고 되어 있다.

등극하였는데, 周公이 섭정하여 천하를
다스리면서 성왕에게 관례를 행하되 선
조를 뵙고 제후를 접견하게 하고, 주공
이 祝史인 雍에게 명하여 頌을 짓게 하
였다. 그 노래에 '좋은 달 길한 날에 왕
에게 처음으로 관을 씌우노니, 왕은 어
린 마음을 버리고 군주의 직분을 행하
소서. 昊天의 명을 공경히 따라 六合
(천하)에 모범이 되어 너의 祖考를 따
른다면 영원토록 복록이 다함이 없으리
로다.' 하였으니, 이는 주공이 제정한
것이다."

成王

맹의자가 물었다.

"삼대의 冠이 다른 것은 어째서입니까?"

공자가 대답하였다.

"周나라는 弁(변), 殷나라는 㡛(후), 夏나라는 收를 썼으니 그 실제는 똑같다.[8]
삼대의 왕이 함께 皮弁과 素綏(소유)[9]를 착용하였으니, 委貌冠은 周나라의 제도이
고, 章甫冠은 殷나라의 제도이고, 毋追冠(무추관)은 夏后氏(하나라)의 제도이다."[10]

懿子曰 今郑君之冠은 非禮也[①]잇가 孔子曰 諸侯之有冠禮也는 夏之末造也[②]니 有自來矣라

---

8) 周나라는……똑같다 : 모두 각 시대의 冠名으로, 세 번째에 씌우는 관이다. ≪儀禮≫〈士冠禮〉에
"弁은 그 이름의 유래가 槃에서 나왔는데, 槃은 크다는 뜻으로, 스스로 광대하게 하는 것을 말한
것이다. 㡛는 그 이름의 유래가 幠(호)에서 나왔는데, 幠는 덮는다는 뜻으로, 스스로 덮어서 꾸
미는 것을 말한 것이다. 收는 머리카락을 거두는 것을 말한 것이다.〔弁 名出於槃 槃 大也 言所以自
光大也 㡛 名出於幠 幠 覆也 言所以自覆飾也 收 言所以收斂髮也〕"라고 하였다.

9) 素綏(소유) : 흰색의 갓끈을 말한다. ≪禮記≫〈郊特牲〉에는 '素積'으로 되어 있는데, 소적은 禮服
가운데 하나로 허리 부분에 주름이 있는 흰 비단으로 만든 치마를 착용하는 복식이다.

10) 委貌冠은……제도이다 : 委貌冠, 章甫冠, 毋追冠은 모두 각 시대 禮帽의 이름으로, 三加禮 때에
가장 먼저 씌우는 관이다. ≪禮記集說大全≫ 陳澔의 注에 "委貌는 玄冠인데, 舊說에 委는 편안하
다〔安〕는 뜻이라고 하였으니 용모를 편안하고 바르게 하는 것을 말한다. 章은 밝힌다〔明〕는 뜻이
니 丈夫를 드러내 밝히는 것이다. 毋는 발어사이고, 追는 椎(몽치)와 같으니 형체를 본떠서 이름
을 지은 것이다."라고 하였다.

今無譏焉③이라 天子冠者④는 武王崩⑤커시늘 成王年十三而嗣立⑥이라 周公攝政하여 以治天
下⑦에 冠成王호대 而朝于祖하고 以見諸侯⑧하고 周公命祝雍하여 作頌曰⑨ 令月吉日⑩에 王始加
元服⑪하노니 去王幼志⑫하고 服袞職⑬하라 欽若昊命⑭하여 六合是式⑮하여 率爾祖考⑯면 永永無
極⑰하리라하니 此周公之制也⑱니라 懿子曰 三王之冠⑲이 其異는 何也⑳잇고 孔子曰 周는 弁이요
殷은 冔㉑요 夏는 收니 一也㉒니라 三王共皮弁素緌㉓하니 委貌는 周道也㉔요 章甫는 殷道也㉕요
母㉖追는 夏后氏之道也㉗니라

① 맹의자가 말하기를 "지금 邾나라 임금의 관례가 예에 맞지 않습니까?"라고 한 것이다.
　　懿子言 今邾君之冠이 不合禮歟잇가

② 하나라 말엽에야 비로소 제후의 관례를 만든 것이다.
　　夏之末世에 始造諸侯冠禮라

③ 그 예가 유래한 바가 있기 때문에 지금 예에 맞지 않다고 비난할 수 없는 것이다.
　　其禮有所自來라 故今無譏其非라

④ 천자가 관례를 행하게 된 것이다.
　　天子自冠之禮라

⑤ 주 무왕이 이미 돌아가신 것이다.
　　周武王이 旣沒이라

⑥ 성왕이 어린 나이에 즉위한 것이다.
　　成王卽位幼沖이라

⑦ 주공이 冢宰의 지위에서 천자의 일을 섭행한 것이다.
　　周公位冢宰하여 攝行天子事라

⑧ 성왕에게 관례를 행하되 먼저 祖宗을 뵙고 다음으로 천하의 제후들을 접견하게 한 것
이다.
　　爲成王冠호대 先朝于祖宗하고 次見天下之諸侯라

⑨ 주공이 축사인 雍에게 명하여 冠頌을 짓게 한 것이다.
　　周公命祝史名雍者하여 作冠頌云이라

⑩ 令은 좋다는 뜻이다.
　　令은 善也라

⑪ 元은 머리라는 뜻이다.
　　元은 首也라

⑫ 왕은 그 어린 뜻을 버리라는 것이다.
　　王去其幼小之志라

⑬ 袞職의 盛服에는 禮文이 있는 것이다.[11]

　袞職盛服은 有禮文也라

⑭ 昊天의 명을 공경히 따르는 것이다.

　敬順昊天之命이라

⑮ 천지사방을 六合이라고 하니 모범이 된다는 말이다.

　天地四方을 謂之六合이니 言爲之法式이라

⑯ 문왕과 무왕의 도를 따르는 것이다.

　率循文武之道라

⑰ 영원토록 무궁한 것이다.

　其永久而無窮極이라

⑱ 이는 주공이 제정한 법도라는 것이다.

　此周公之法度라

⑲ 頭註 : 冠(갓)은 본래 글자의 뜻이다.

　冠은 如字라

⑳ 맹의자가 묻기를 "삼대의 관이 어찌하여 같지 않습니까?"라고 한 것이다.

　懿子問 三代之冠이 何不同잇고

㉑ 頭註 : 冔(관 이름)는 音이 許이다.

　冔는 音許라

㉒ 공자가 대답하기를 "주나라는 弁이고 은나라는 冔이고 하나라는 收인데, 그 실제는 똑같으니 모두 祭服이다."라고 한 것이다.

　孔子言 周曰弁이요 殷曰冔요 夏曰收니 其實則同하니 皆祭服也라

㉓ 삼대가 함께 皮弁과 素綏를 착용한 것이다.

　三代同用皮弁素綏라

㉔ 주나라는 委貌冠을 쓴 것이다.

　周用委貌之冠이라

㉕ 은나라는 章甫冠을 쓴 것이다.

　殷用章甫之冠이라

---

11) 袞職의……것이다 : 곤직의 성복은 군주의 성대한 의복인데, 거기에 12가지의 무늬가 있다. 《書經》〈益稷〉에 "내가 옛사람의 象을 관찰하여 해와 달과 星辰과 산과 용과 華蟲을 그리고 宗彝와 마름과 불과 粉米와 黼(보)와 黻(불)을 수놓아 다섯 가지 채색으로 오색의 비단에 드러내었다.〔予欲觀古人之象 日月星辰山龍華蟲作會 宗彝藻火粉米黼黻絺繡 以五采 彰施于五色〕"라고 하였다. 앞의 여섯 가지는 윗옷에 그리고, 나머지 여섯 가지는 치마에 수놓는다.

㉖ 頭註 : 毋는 音이 牟이다.

　　毋는 音牟라

㉗ 하후씨는 毋追冠을 썼으니 모두 평상시에 쓰는 관이라는 것이다.

　　夏后氏用毋追之冠하니 皆常所服之冠也라

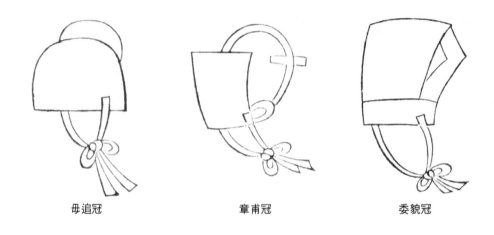

　　毋追冠　　　　　　　　章甫冠　　　　　　　　委貌冠

제34편 宗廟의 제도 廟制 第三十四^①

天子부터 士에 이르기까지 사당의 제도와 사당을 毁撤하는 규정에 대해 기술한 편이기에, 편명을 '廟制'로 삼았다. 천자는 7廟, 제후는 5廟, 대부는 3廟, 士는 1廟를 세우고 庶人은 廟가 없는데, 이것은 순임금 때부터 周나라 시대까지 줄곧 변함없는 제도이다. 또한 功이 있을 경우에는 廟號에 祖를 붙이고 德이 있을 경우에는 廟號에 宗을 붙이는데, 이 두 경우에는 그 사당을 훼철하지 않았다. 이러한 논리를 바탕으로 공자는 衛 文子가 公家의 사당을 私家에 세우는 것에 대해 동의하지 않았다.

① 衛나라 文子가 종묘의 제도를 물었기 때문에 이렇게 편명을 붙인 것이다.
衛文子問宗廟之制라 故以名篇하니라

34-1¹⁾ 衛나라 장군 文子가 자신의 私家에 三軍²⁾의 사당을 세우려 할 때에 子羔를 시켜 공자에게 묻게 하였는데, 공자가 대답하였다.

"公家의 사당을 私家에 세우는 것은 古禮에서 말한 것이 아니니, 나는 모르겠다."

자고가 말하였다.

"감히 묻습니다. 尊卑에 따라 사당을 세우는 제도에 대해 들을 수 있겠습니까?"

공자가 대답하였다.

"천하에 왕이 된 자가 땅을 나누고 나라를 세운 다음 祖宗의 廟를 설치한다. 이 때문에 천자는 7廟를 세우니, 3昭와 3穆에 太祖의 묘를 합하여 7묘이다. 태조와

---

1) 저본의 표제에 "자고가 종묘의 제도를 묻다.〔子羔問廟制〕"라고 되어 있다.
2) 三軍 : 제후의 나라로써 大國을 말한다. 주나라 제도에, 제후의 나라로써 대국에는 三軍을 두는데, 中軍이 가장 높고, 上軍이 그 다음이고, 下軍이 그 다음이라고 한다. 一軍은 12,500명이니, 三軍이면 37,500명이다.

고조 이하의 近親 묘는 모두 달마다 제사를 지내고, 고조 이상의 遠親 묘는 桃廟 (조묘)를 세워 享嘗[3)에만 제사를 지낸다. 제후는 5묘를 세우니, 2소와 2목에 태조의 묘를 합하여 5묘인데 祖考廟라고 한다. 대부는 3묘를 세우니, 1소와 1목에 태조의 묘를 합하여 3묘인데 皇考廟라고 한다. 士는 1묘를 세우니 考廟라고 한다. 庶人은 사당이 없고 四時에 正寢에서 제사를 지낸다. 이것은 有虞氏 때부터 周代에 이르기까지 변하지 않았다. 옛날에 功이 있으면 廟號에 祖를 붙이고 德이 있으면 묘호에 宗을 붙였으니, 조와 종을 붙인 임금의 경우에는 그 묘를 훼철하지 않았다."

衛將軍文子[①]가 將立三軍之廟於其家[②]할새 使子羔訪於孔子[③]한대 子曰 公廟設於私家는 非古禮之所及이니 吾弗知[④]로다 子羔曰 敢問尊卑立廟之制를 可得而聞乎[⑤]잇가 孔子曰 天下有王이 分地建國하여 設祖宗[⑥]이라 是故로 天子는 立七廟[⑦]하니 三昭三穆과 與太祖之廟七[⑧]이니 太祖近廟皆月祭[⑨]하고 遠廟爲桃[⑩⑪]하여 享嘗乃止[⑫]요 諸侯는 立五廟하니 二昭二穆과 與太祖之廟而五니 曰祖考廟[⑬]요 大夫는 立三廟하니 一昭一穆과 與太祖之廟而三이니 曰皇考廟[⑭]요 士는 立一廟하니 曰考廟[⑮]요 庶人은 無廟하여 四時祭於寢[⑯]하니 此自有虞로 以至于周之所하여 不變也[⑰]라 古者에 祖有功而宗有德하니 謂之祖宗者는 其廟皆不毁也[⑱]라

① 〈文子의〉 이름은 彌牟이다.
　　名은 彌牟라

② 문자의 私家이다.
　　文子之私家라

③ 자고를 시켜 부자에게 묻게 한 것이다.
　　使子羔問於夫子라

④ 부자가 말하기를 "공가의 사당을 私室에 세우는 것은 옛날에 이러한 예가 없었으니, 나는 모르겠다."라고 한 것이다.
　　夫子言 公家之廟를 立於私室은 古無是禮하니 吾不知也라

⑤ 자고가 부자에게 묻기를 "존비와 상하에 따라 묘를 세우는 제도를 알 수 있겠습니까?"라고 한 것이다.
　　子羔問夫子言 尊卑上下立廟之制度를 可得而知乎잇가

---

3) 享嘗 : 四時를 말한다. 享은 봄 제사이고, 嘗은 가을 제사인데, 사시의 대표적인 두 제사를 들어 말한 것이다.

⑥ 공자가 대답하기를 "천하를 소유한 자가 疆土를 나누고 국가를 세운 다음 조종의 묘를 세운다."라고 한 것이다.

　　子言 有天下者가 分疆土建國家하여 立祖宗廟라

⑦ 천자는 7묘를 세우니, 태조가 공이 있으면 서쪽에 위치하여 동쪽을 향하도록 묘를 세우는 것이다.

　　天子는 立七廟니 太祖有功이면 則坐西向東爲廟라

⑧ 아버지가 昭가 되고 자식이 穆이 되니 昭廟는 남쪽을 향하고 穆廟는 북쪽을 향한다. 3소 3목과 태조의 묘까지 합하여 7묘이다.

　　父爲昭요 子爲穆이니 昭廟南向하고 穆廟北向이라 三昭三穆과 幷太祖之廟하여 爲七廟라

⑨ 태조와 고조 이하의 近親 廟는 모두 달마다 제사를 지내는 것이다.

　　太祖及高祖以下親廟는 皆月祭之라

⑩ 頭註 : 祧(祧廟)는 他와 彫의 반절이다.

　　祧는 他彫切이라

⑪ 친함이 다하면 다른 곳에 신주를 옮기는데 祧廟라고 한다.

　　親盡則遷主於別所하니 曰祧廟라

⑫ 四時에 제사를 지내는 것이다.

　　四時祭之라

⑬ 제후는 5묘를 세우니 祖考廟라고 한다.

　　諸侯는 惟五廟하니 名祖考廟라

⑭ 대부는 3묘를 세우니 皇考廟라고 한다.

　　大夫는 三廟니 曰皇考廟라

⑮ 사는 1묘를 세우니 考廟라고 한다.

　　士一廟니 名考廟라

⑯ 서인은 사당을 세우지 못하고 四時에 正寢에서 제사를 지내는 것이다.

　　庶人不立廟하고 四時祭於正寢이라

⑰ 유우씨로부터 주대까지 네 왕조가 이렇게 행하고 변경하지 않은 것이다.

　　自虞至周히 四代行之而不更改라

⑱ 조와 종의 사당은 모두 옮기거나 훼철하지 않는다.

　　凡祖宗之廟는 皆不遷毀라

34-2[4)] 子羔가 물었다.

"祭典에 '옛날 有虞氏는 顓頊을 祖로 높이고 堯를 宗으로 높였으며, 夏后氏 또한 顓頊을 祖로 높이고 禹를 宗으로 높였으며, 殷人은 契(설)을 祖로 높이고 湯을 宗으로 높였으며, 周人은 文王을 祖로 높이고 武王을 宗으로 높였다.'라고 하였으니, 이 네 왕조의 祖와 宗은 〈遠代와 近代처럼〉代數가 다르기도 합니다. 혹 아버지와 할아버지가 功과 德이 있을 경우에 그 사당을 보존해두는 것은 괜찮지만, 有虞氏가 堯를 宗으로 높인 것과 夏后氏가 顓頊을 祖로 높인 경우는 近代가 아니라 遠代에 공과 덕이 있는 것인데 또한 사당을 보존해둘 수 있습니까?"[5]

공자가 대답하였다.

"좋구나. 네가 들어 알고 있는 내용이여! 殷나라와 周나라가 祖와 宗으로 높인 분에 대해서는 그 사당을 허물지 않는 것이 옳지만, 그밖에 祖와 宗으로 높인 분도 功과 德이 다르지 않다. 그러니 비록 代數가 다르다 하더라도 또한 사당을 보존해두는 것은 또한 의심할 것이 없느니라. ≪詩經≫에 '작고 작은 감당나무를 베지도 자르지도 말라. 邵伯[6]이 자리를 깔고 쉬던 곳이니라.'[7]라고 하였다. 周나라 사람이 소공을 사랑하여 그가 머물면서 쉬던 나무조차도

甘棠

---

4) 이 부분은 四部叢刊本을 저본으로 하였다.

5) 혹……있습니까 : 아버지와 할아버지가 功과 德이 있을 경우에는 사당을 보존해두어도 괜찮지만, 舜이 堯를 宗으로 높인 경우와 禹가 顓頊을 祖로 높인 이 두 가지 경우는 공과 덕이 있더라도 代數가 멀고 혈통이 아니기 때문에 사당을 그대로 둘 수 있느냐고 子夏가 물은 것이다. 이에 대해 ≪禮記集說大全≫〈祭法〉柳氏의 注에는 "舜이 자신의 아버지인 瞽瞍가 완악하고 덕이 없어 宗으로 삼을 수 없었기 때문에 堯를 宗으로 삼은 것이다."라고 하고, 우가 순에게 왕위를 물려받을 때 神宗, 즉 요의 사당에서 의식을 행한 예를 들어 증명하였다.

6) 邵伯 : '召伯'이라고도 한다. 周 武王의 아우인 召公 奭으로, 南國을 순시하며 풍속을 잘 살펴 다스렸다.

7) 작고……곳이니라 : ≪詩經≫〈國風 甘棠〉에 보인다. 朱熹는 '蔽芾'를 '무성한 모양[盛貌]'이라고 풀이하였다.

공경하였는데, 하물며 功과 德이 있는 祖와 宗에 대해 사당을 세워 높이지 않을 수 있겠는가."

子羔問曰 祭典云 昔有虞氏는 祖顓頊而宗堯하며 夏后氏는 亦祖顓頊而宗禹하며 殷人祖契而宗湯하며 周人은 祖文王而宗武王이라하니 此四祖四宗은 或乃異代라 或其考祖之有功德은 其廟可也로대 若有虞宗堯와 夏祖顓頊은 皆異代之有功德者也어늘 亦可以存其廟乎잇가 孔子曰 善하다 如汝所聞也여 如殷周之祖宗은 其廟可以不毀어니와 其他祖宗者는 功德不殊하니 雖在殊代라도 亦可以無疑矣니라 詩云 蔽芾(폐패)甘棠을 勿翦勿伐하라 邵伯所憩[1]니라하니 周人之於邵公也에 愛其人하여 猶敬其所舍之樹어든 況祖宗其功德而可以不尊奉其廟焉이리오

[1] 蔽芾는 작은 모양이다. 甘棠은 팥배나무이다. 憩는 자리를 깔고 쉬는 것이다.
　蔽芾는 小貌라 甘棠은 杜也라 憩는 席也라

제35편 음악을 분별하는 것에 대한 해설
辨樂解 第三十五①

이 편은 음악의 내용과 성격을 분별하는 것을 논한 편이기에, 편명을 '辨樂解'로 삼았다. 공자는 자로가 琴을 연주하는 소리를 듣고 북쪽 지방의 살벌한 기상이 있고 남쪽 지방의 온화한 기상이 없다고 비난하였다. 그리고 순임금은 백성들을 온화한 덕으로 흥기시켜 帝王이 되었고, 紂는 천자였지만 음란하고 포악하였기 때문에 멸망하였으니 임금이 어떠한 성품을 기르느냐에 따라 治世가 되기도 하고 亂世가 되기도 한다고 말하였다.

① 자로가 琴을 연주하였는데, 부자가 그가 재주가 없다는 것을 알았기 때문에 '辨樂'이라고 편명을 붙인 것이다.

子路鼓琴에 夫子知其不才라 故以辨樂名篇하니라

35-1[1] 공자가 師襄子[2]에게 琴을 배우고 있었는데 양자가 말하였다.

"제가 비록 경쇠를 치는 관원이지만 琴에도 능합니다. 지금 그대는 琴의 곡조를 이미 익혔으니 다른 곡을 연주해도 되겠습니다."

공자가 대답하였다.

"제가 아직 연주 기법을 터득하지 못했습니다."

잠시 후에 양자가 말하였다.

---

1) 이 부분은 四部叢刊本을 저본으로 하였다.

2) 師襄子 : 魯나라의 樂官으로, 哀公 때 禮樂이 무너져 사방으로 흩어진 樂師 중에 한 명이다. ≪論語≫ 〈微子〉에 "경쇠 치던 襄은 海島로 들어갔다.〔擊磬襄 入於海〕"라고 하였는데, 襄이 바로 이 사람이다.

"이미 연주 기법을 익혔으니 다른 곡을 연주해도 되겠습니다."

공자가 대답하였다.

"제가 아직 곡이 지닌 뜻을 터득하지 못했습니다."

잠시 후에 양자가 말하였다.

"이미 그 뜻을 익혔으니 다른 곡을 연주해도 되겠습니다."

공자가 대답하였다.

"제가 아직 곡의 작자에 대해 분명히 알지 못합니다."

잠시 후에 공자가 깊이 생각에 잠겨 아득하게 높이 바라보고 멀리 쳐다보며 말하였다.

"제가 이제야 그 사람을 알았습니다. 가까이서 보면 까맣게 검고 훤칠하게 키가 크며 뜻이 원대하고 천하를 소유한 것과 같으니, 文王이 아니면 누가 이 곡을 지을 수 있겠습니까."

사양자가 자리에서 일어나 〈공경스러운 마음으로〉 가슴에 손을 가까이 대고 대답하였다.

"군자께서는 聖人이십니다. 이 곡조는 〈文王操〉라고 전해집니다."

孔子學琴於師襄子한대 襄子曰 吾雖以擊磬爲官이나 然能於琴이라 今子於琴已習하니 可以益矣니이다 孔子曰 丘未得其數也라 有間曰 已習其數하니 可以益矣니이다 孔子曰 丘未得其志也니이다 有間曰 已習其志하니 可以益矣니이다 孔子曰 丘未得其爲人也라 有間曰 孔子有所謬然思焉①3)하여 有所睪然(역연)4)高望而遠眺(원조)②5)하여 曰 丘迨得其爲人矣라 近黮(담)而黑③하고 頎然(기연)長④하며 曠如望羊⑤하고 奄有四方⑥하니 非文王이면 其孰能爲此리오 師襄子避席葉拱而對曰⑦ 君子는 聖人也라 其傳曰文王操라하니이다

① 謬然은 깊이 생각하는 모양이다.

謬然은 深思貌라

---

3) 謬然思焉 : ≪史記≫ 〈孔子世家〉에는 '穆然深思焉'으로 되어 있고, ≪韓詩外傳≫ 권5에는 '默然思'로 되어 있다.

4) 睪然(역연) : ≪史記≫ 〈孔子世家〉에는 '怡然'으로 되어 있고, ≪韓詩外傳≫ 권5에는 '逌然'으로 되어 있다.

5) 遠眺(원조) : ≪史記≫ 〈孔子世家〉에는 '遠志'로 되어 있고, ≪韓詩外傳≫ 권5에는 '遠望'으로 되어 있다.

② 眺는 본다는 뜻이다. 睪(엿보다)은 羊과 益의 反切이고, 眺(바라보다)는 他와 弔의 反切
이다.

眺는 見也라 睪은 羊益反이요 眺는 他弔反이라

③ 黮은 검은 모양이다. 黮(검다)은 敕과 感의 反切이다.

黮은 黑貌라 黮은 敕感反이라

④ 頎는 키가 큰 모양이다. 頎(헌걸차다)는 渠와 希의 反切이다.

頎는 長貌라 頎는 渠希反이라

⑤ 曠은 志趣가 넓고 원대한 것이고, 望羊은 멀리 보는 것이다.

曠은 用志廣遠이요 望羊은 遠視也라

⑥ 奄은 같다는 뜻이다. 文王 때에 천하를 삼분하여 그중에 둘을 차지하였는데 그 뒤에 周
나라가 四方을 소유하였으니 이는 문왕의 공이다.

奄은 同也라 文王之時에 三分天下에 有其二러니 後周有四方은 文王之功也라

⑦ 葉拱은 두 손을 가슴에 가까이 대는 것이다.

葉拱은 兩手薄其心也라

學琴師襄

35-2[6)] 자로가 琴을 연주하였는데[7)] 공자가 그 소리를 듣고서 염유에게 말하였다.
"심하도다! 由의 재능 없음이여. 선왕이 음악을 제정할 때에 中和한 소리를 연주

하여 節奏로 삼기 때문에 남방으로만 전해지고 북방으로는 전해지지 않았다. 남방은 生育하는 지역이고 북방은 殺戮하는 지역이다. 그러므로 군자의 음악은 온화하고 부드러우며 중화를 얻어 생육하는 기운을 기르며, 근심하고 서글픈 감정이 마음에 더해지지 않고 포악하고 사나운 행동이 몸에 드러나지 않으니, 이것이 바로 잘 다스려져 편안한 風化이다. 하지만 소인의 음악은 그렇지 않아 소리가 너무 높거나 너무 가늘어서 살벌한 기상을 본받으며, 중화한 감정이 마음에 있지 않고 온화한 품성이 動盪하여 몸에 보존되지 않으니, 이것이 바로 음란한 風教이다.

子路鼓琴[1]한대 孔子聞之[2]하고 謂冉有曰 甚矣라 由之不才也[3]여 夫先王制音也[4]에 奏中聲하여 以爲節일새 流入於南하고 不歸於北[5]이라 夫南者는 生育之鄕[6]이요 北者는 殺伐之城[7][8]이라 故君子之音은 溫柔居中하여 以養生育之氣[8]하며 憂愁之戚이 不加于心也[9]하고 暴厲之動이 不存于體[10]하니 乃所謂治安之風[11]이라 小人之音은 則不然[12]하여 亢麗微末하여 以象殺伐之氣[13]하고 中和之感이 不載於心[14]하고 溫和之動이 不存于體[15]하니 乃所以爲亂之風[16]이라

① 자로가 琴을 연주한 것이다.
　子路彈琴이라
② 부자가 그 琴의 소리를 들은 것이다.
　夫子聞其琴聲이라
③ 공자가 염유에게 말하기를 "자로는 아주 재주가 없구나."라고 한 것이다.
　子謂冉有曰 子路는 不才之甚이라
④ 선왕이 음악을 제정한 것이다.
　先王之作音樂이라
⑤ 만든 음악이 중화한 소리를 얻었기 때문에 그 음악이 남방으로 전해지고 북방으로 전해지지 않은 것이다.
　制音樂이 得其中聲일새 其樂流入南方하고 不入北方이라
⑥ 남방은 생육하는 지역이다.

---

6) 저본의 표제에 "군자의 음악[君子之音]", "소인의 음악[小人之音]"이라고 되어 있다.
7) 자로가……하였는데 : 자로가 악기를 연주한 내용은 ≪論語≫ 〈先進〉에도 보인다. 자로가 비파〔瑟〕를 연주하자 공자가 "자로의 비파 소리가 어찌하여 나의 집에서 나느냐?〔由之瑟 奚爲於丘之門〕"라고 하였는데, 朱熹의 주에 "그 기질이 굳세고 용맹하여 중화한 기운이 부족하였으므로 그 소리에 이렇게 나타난 것이다."라고 하였다.
8) 城 : ≪說苑≫ 〈修文〉에는 '域'으로 되어 있다.

南은 爲生養之地라

⑦ 북방은 살육하는 지역이다.

北은 爲殺戮之國이라

⑧ 군자의 음악은 온화하고 부드러우며 중화를 얻어 생육하는 성품을 기르는 것이다.

君子樂音은 溫柔得中하여 以養生育之性이라

⑨ 근심하고 억울한 감정이 마음에 더해지지 않게 하는 것이다.

憂抑之戚이 不使加于心이라

⑩ 마음이 온화하여 그가 행동할 때 포악함과 사나움이 몸에 더해지지 않게 하는 것이다.

中心溫和하여 其擧動不使暴厲加于身이라

⑪ 이것이 바로 잘 다스려져 편안한 풍화라는 것이다.

此乃治安之風化라

⑫ 소인의 음악은 이와 같지 않은 것이다.

小人之樂은 則不如此라

⑬ 너무 높거나 너무 가늘어서 살벌한 기상을 본받은 것이다.

或高亢或微細하여 以體殺伐之氣象이라

⑭ 중화한 소리가 마음에 감동을 주지 않은 것이다.

中和之音이 不感動於心이라

⑮ 온화한 품성이 動盪하여 몸에 보존되지 않은 것이다.

溫和動盪하여 不存于身이라

⑯ 이것이 바로 음란한 풍교라는 것이다.

此乃淫亂之風敎라

35-3⁹⁾ 옛날에 舜임금이 五絃琴¹⁰⁾을 타면서 南風의 詩를 지었는데, 그 가사에 '남풍이 훈훈하게 불어옴이여! 우리 백성들의 울분을 풀 수 있겠구나. 남풍이 때맞추어 불어옴이여! 우리 백성들의 재산을 풍족하게 할 수 있겠구나.'라고 하였으니, 오직 이렇게 교화하였기 때문에 백성들이 왕성하게 흥기하여 德化가 샘물처럼 흘러 퍼진 것이다. 하지만 殷나라 紂는 북쪽 변방의 소리를 좋아하여 갑작스럽게 망

---

9) 저본의 표제에 "순임금이 오현금을 타면서 남풍의 시를 노래하다.〔舜彈五絃之琴以歌南風〕"라고 되어 있다.

10) 五絃琴 : 순임금이 탔다는 것으로 다섯 줄로 된 琴이다.

하였다. 순임금은 布衣의 신분으로 일어났지만 덕을 쌓고 온화한 풍모를 지녀서 결국 帝王이 되었고,[11] 주는 천자였지만 음란하고 포학하여 결국 멸망하게 되었으니,[12] 각자 닦은 바가 달라서 그렇게 된 것이 아니겠는가. 지금은 匹夫의 무리가 先王이 제작한 것에 뜻을 둔 적이 없고 나라를 망하게 하는 소리만 익히고 있으니, 어찌 예닐곱 자 정도의 몸을 보존할 수 있겠는가."

昔者에 舜이 彈五絃之琴하여 造南風之詩①하시니 其詩曰② 南風之薰兮여 可以解吾民之慍兮③로다 南風之時兮여 可以阜吾民之財兮④로다 唯修此化라 故其興也勃焉⑤하여 德如泉流⑥하고 殷紂는 好爲北鄙之聲⑦하여 其廢也忽焉⑧이라 夫舜은 起布衣⑨로대 積德含和而終以帝⑩하고 紂는 爲天子로대 荒淫暴亂而終以亡⑪하니 非各所修之致乎⑫아 今也에 匹夫之徒가 曾無意于先王之制⑬하고 而習亡國之聲⑭하니 豈能保其六七尺之體哉⑮리오

① 옛날 순임금이 오현금을 타면서 남풍이 〈만물을〉 길러 양성하는 시를 노래한 것이다.
昔舜彈五絃琴하여 歌南風長養之詩라

② 그 노래 가사는 다음과 같다.
其詩辭曰

③ "남풍이 온화하게 불어옴이여! 우리 백성들의 억울하고 불평한 기운을 풀 수 있겠구나."라고 한 것이다.
南風之和여 可解我百姓抑鬱不平之氣라

④ "남풍이 때맞추어 불어옴이여! 우리 백성들의 재산을 풍족하게 할 수 있겠구나."라고 한 것이다.
南風應其時여 可足我百姓之財라

⑤ 순임금은 오직 이렇게 교화하였기 때문에 왕성하게 흥기한 것이다.
舜惟能修此敎라 故勃焉而興이라

⑥ 순임금의 덕이 베풀어지는 것이 마치 마르지 않는 샘과 같은 것이다.
舜德流布가 如泉不竭이라

---

11) 순임금은……되었고 : ≪孟子≫ 〈盡心 上〉에 "순임금은 깊은 산중에서 나무와 돌, 사슴과 멧돼지와 함께 거처하여 野人과 별반 다르지 않았는데, 하나의 善言을 듣고 하나의 善行을 보고서는 마치 강물을 터놓은 듯 기세가 세차고 신속하여 선을 행하는 것을 막을 수가 없었다."라고 한 맹자의 말이 보인다.

12) 주는……되었으니 : 商나라 紂가 술과 음악을 좋아하고 妃인 妲己를 몹시 사랑한 나머지 정사는 돌보지 않고 그와 함께 날마다 荒淫을 일삼아서 無道함이 극에 달하자, 周 武王이 마침내 주를 쳐서 주의 목을 베고 달기를 죽였다.

⑦ 주는 북쪽 변방의 소리를 좋아한 것이다.

紂는 好爲北鄙之聲音이라

⑧ 갑작스럽게 망한 것이다.

忽然而廢라

⑨ 순임금이 미천한 신분에서 일어난 것이다.

舜起自側微라

⑩ 덕을 쌓고 온화한 풍모를 지녀서 결국 제왕이 된 것이다.

積其德含其和하여 而終至於爲帝라

⑪ 주는 無道하여 결국 멸망하게 된 것이다.

紂爲不道하여 終至滅亡이라

⑫ 어찌 닦은 것이 달라서 그렇게 된 것이 아니겠느냐고 한 것이다.

豈非所修有異하여 有以致此乎아

⑬ 지금은 일개 필부의 무리가 선왕이 제작한 것을 배우려는 마음이 없는 것이다.

今엔 一匹夫之輩가 無心學先王之制作이라

⑭ 나라를 망하게 하는 음악을 익히고 있는 것이다.

惟習亡國之聲音이라

⑮ 어떻게 그 몸을 보전할 수 있겠느냐고 한 것이다.

安能保全其身乎아

帝舜圖

제36편 옥에 대한 질문　問玉 第三十六①

　　이 편은 玉에 관해 묻는 부분, 經書의 교화에 관해 말한 부분, 禮治에 관해 말한 부분 등으로 나누어져 있는데, 첫 장이 玉을 귀하게 여기고 옥돌을 천하게 여기는 이유를 물은 편이기에, 편명을 '問玉'으로 삼았다. 옥을 귀하게 여기는 까닭은 옥의 溫潤하면서도 견고한 성질이 군자의 美德인 仁義禮智 등과 비슷하기 때문이다. 나라에 詩, 書, 樂, 易, 禮, 春秋를 가르치면 성품이 돈후해지거나 장중해지는 등 좋은 효과를 기대할 수 있다. 그리고 성인께서 禮와 樂을 가르친 것은 천하의 질서를 바로 잡아 태평하게 하려고 해서였다. 모두 성인의 교화에 따른 긍정적인 효과를 기술하였다.

　　① 자공이 공자에게 옥을 귀하게 여기고 옥돌을 천하게 여기는 이유를 물었으므로 이로 인하여 편명을 붙인 것이다.

　　　子貢問孔子貴玉賤珉이라 因以名篇하니라

36-1[1] 자공이 공자에게 물었다.

　"감히 묻습니다. 군자가 옥을 귀하게 여기고 옥돌〔珉〕을 천하게 여기는 것은 어째서입니까? 옥은 적고 옥돌은 많아서입니까?"

　공자가 대답하였다.

　"옥이 적기 때문에 귀하게 여기며 옥돌이 많기 때문에 천하게 여기는 것이 아니다. 옛날 군자는 그 덕이 옥의 성질에 비유되었다. 〈옥의 성질이〉 溫潤하면서도 윤택함은 仁과 같고, 치밀하면서도 견고함은 智와 같고, 모나면서도 상해를 입히지 않음은 義와 같고, 드리우면 떨어질 듯함은 禮와 같고, 두들기면 그 소리가 맑고

---

1) 저본의 표제에 "자공이 玉에 대해 묻다.〔子貢問玉〕", "군자가 그 덕을 옥에 비유하다.〔君子比德於玉〕"라고 되어 있다.

통창하여 길게 퍼지고 마치면 딱 멈춤은 樂(악)과 같고, 티가 아름다움을 가리지 않고 아름다움이 티를 가리지 않음은 忠과 같고, 옥의 빛깔이 사방으로 두루 통함은 信과 같고, 기운이 흰 무지개와 같음은 天과 같고, 정묘한 광채가 山川에 드러남은 地와 같고, 圭璋의 바탕이 빼어남[2]은 德과 같고, 천하 사람들이 모두 귀하게 여김은 道와 같다. ≪詩經≫에 '군자를 생각하니 옥처럼 온화하다.'라고 하였다. 그러므로 군자는 옥을 귀하게 여기는 것이다."

子貢問於孔子曰[1] 敢問君子貴玉而賤珉은 何也[2]잇고 爲[3]玉之寡而珉[3]之多乎[4]잇가 孔子曰 非爲玉之寡故로 貴之며 珉之多故로 賤之[5]니라 夫昔者에 君子比德於玉[6]하니 溫潤而澤은 仁也[7]요 縝密以栗은 智也[8]요 廉而不劌(귀)[9]는 義也[10]요 垂之如墜는 禮也[11]요 叩之에 其聲이 淸越而長[12]하며 其終則詘(굴)焉은 樂矣[13]요 瑕不掩瑜하며 瑜不掩瑕는 忠也[14]요 孚[15]尹[16]旁達은 信也[17]요 氣如白虹은 天也[18]요 精神見於山川은 地也[19]요 圭璋特達은 德也[20]요 天下莫不貴者는 道也[21]라 詩云 言念君子호니 溫其如玉[22]이라하니 故君子貴之也[23]니라

① 자공이 부자에게 물은 것이다.
　　子貢問夫子라
② 군자가 옥을 귀하게 여기고 옥돌을 천하게 여기니 이는 무슨 뜻이냐고 한 것이다.
　　君子가 貴於玉賤於珉하니 其意何也잇고
③ 頭註 : 爲(때문)는 거성이다.
　　爲는 去聲이라
④ 옥은 적고 옥돌은 많기 때문이냐고 한 것이다.
　　豈爲玉少而珉多乎잇가
⑤ 옥은 적고 옥돌이 많아서 귀하게 여기거나 천하게 여기는 것이 아니라는 것이다.
　　非爲玉少珉多而貴賤之라
⑥ 옛날 군자는 그 덕이 옥의 성질에 비유될 만하였다.
　　古之君子는 其德可比於玉이라
⑦ 옥의 온윤하면서도 광택이 나는 성질은 仁에 비유되었다.

---

2) 圭璋의……빼어남 : 규장은 고대 朝聘에 사용하던 옥으로 만든 귀중한 禮器이다. ≪禮記≫〈聘義〉의 注에는 "빙례를 행할 때 규장만을 가지면 다른 폐백을 갖추지 않아도 곧바로 통할 수 있다.〔行聘之時 惟執圭璋 特得通達 不加餘幣也〕"라고 하였는데, 규장이 매우 귀중하기 때문에 다른 폐백을 쓸 필요가 없다는 뜻으로 쓰였다.

3) 珉 : ≪禮記≫〈聘義〉에는 '瑉'으로 되어 있다.

　玉之溫潤光澤은 比於仁也라

⑧ 옥의 치밀하면서도 견고한 성질은 智에 비유되었다.

　玉之縝密堅栗은 比於智也라

⑨ 頭註 : 劌(상하다)는 呼와 外의 반절이다.

　劌는 呼外切이라

⑩ 모나면서도 상해를 입히지 않는 성질은 義에 비유되었다.

　有廉隅而不割傷은 比於義也라

⑪ 차고 있는 옥을 아래로 드리운 것이 마치 禮로써 겸손하고 낮추는 것과 같은 것이다.

　佩之墜下가 如禮之謙卑也라

⑫ 두드리면 그 소리가 맑고 通暢하여 그치지 않는 것이다.

　擊之에 其音이 淸揚不已라

⑬ 소리가 끊어져서는 더 이상 餘音이 없는 것이 음악이 그치는 것과 같은 것이다.

　及其聲音斷絶하여는 更無餘響이 如樂之息也라

⑭ 瑕는 옥의 티이고, 옥 중에 아름다운 것을 瑜라고 하니, 옥의 美惡이 서로 가리지 않는 것은 忠에 비유한 것이다.

　瑕는 玉之疵也요 玉之美者曰瑜니 玉之美惡이 不相掩은 比乎忠也라

⑮ 頭註 : 孚(미쁘다)는 浮로 읽는다.

　孚는 讀爲浮라

⑯ 頭註 : 尹(미쁘다)은 筠으로 읽는다.

　尹은 讀爲筠이라

⑰ 孚尹은 옥의 빛깔이고 旁達은 통하지 않음이 없는 것이니 信에 비유한 것이다.

　孚尹은 玉貌요 旁達은 無所不通이니 比於信也라

⑱ 기질이 무지개와 같은 것은 옥의 하늘과 같은 성질이다.

　氣質似[4]虹은 玉之天也라

⑲ 옥이 산에 있을 때 정묘한 광채가 山川 사이에 드러난 것은 옥의 땅과 같은 성질이다.

　玉在山時에 精采發見於山川之間은 玉之地也라

⑳ 조탁하여 圭璋을 만들면 그 바탕이 빼어난 것은 옥의 덕스러운 성질이다.

　雕琢爲圭璋에 其質挺特은 玉之德也라

㉑ 천하 사람들이 모두 옥을 귀하게 여기는 것은 道에 비유한 것이다.

　天下之人이 莫不以玉爲貴는 比道也라

---

4) 似 : 慶長本에는 '如'로 되어 있다.

㉒ 인용한 시는 ≪詩經≫ 〈秦風 小戎〉의 가사이다.

詩는 秦風小戎之辭라

㉓ 그러므로 군자는 옥을 귀하게 여긴다는 것이다.

故君子貴玉이라

36-2[5] 공자가 말하였다.

"그 나라에 들어가면 교화가 어떠한지 알 수 있다. 그곳 사람들이 溫柔하고 敦厚한 것은 ≪詩≫를 가르친 효과이고, 사리를 꿰뚫고 식견이 원대한 것은 ≪書≫를 가르친 효과이고, 해박하고 화평한 것은 樂을 가르친 효과이고, 심성이 깨끗하고 정미하게 아는 것은 ≪周易≫을 가르친 효과이고, 검약하고 장중한 것은 禮를 가르친 효과이고, 文辭를 엮어서 사건을 차례로 배열하는 데 능숙한 것은 ≪春秋≫를 가르친 효과이다.

그러므로 ≪詩≫의 교화를 잘못하면 어리석어지고, ≪書≫의 교화를 잘못하면 속이고, 樂의 교화를 잘못하면 사치하고, ≪周易≫의 교화를 잘못하면 해치고, 禮의 교화를 잘못하면 번다해지고, ≪春秋≫의 교화를 잘못하면 어지러워지는 것이다. 그러니 그 사람됨이 온유하고 돈후하면서도 어리석지 않으면 ≪詩≫의 가르침을 깊이 아는 것이고, 사리를 꿰뚫고 식견이 원대하면서도 속이지 않으면 ≪書≫의 가르침을 깊이 아는 것이고, 해박하고 화평하면서도 사치하지 않으면 樂의 가르침을 깊이 아는 것이고, 심성이 깨끗하고 정미하게 알면서도 해치지 않으면 ≪周易≫의 가르침을 깊이 아는 것이고, 검약하고 장중하면서도 번다하지 않으면 禮의 가르침을 깊이 아는 것이고, 문사를 엮어서 사건을 차례로 배열하면서도 어지럽지 않으면 ≪春秋≫의 가르침을 깊이 아는 것이다."

孔子曰 入其國에 其教可知也[1]니 其爲人也 溫柔敦厚는 詩教也[2]요 疏通知遠은 書教也[3]요 廣博易(이)[4]良은 樂教也[5]요 潔靜精微는 易(역)教也[6]요 恭儉莊敬은 禮教也[7]요 屬(촉)[8]辭比[9]事는 春秋教也[10]라 故詩之失은 愚[11]요 書之失은 誣[12]요 樂之失은 奢[13]요 易之失은 賊[14]이요 禮之失은 煩[15]이요 春秋之失은 亂[16]이라 其爲人也 溫柔敦厚而不愚면 則深於詩者矣[17]요 疏通知遠而不誣면 則深於書者矣[18]요 廣博易良而不奢면 則深於樂者矣[19]요 潔靜精微而不賊이면 則深於易

---

5) 저본의 표제에 "六藝의 교화〔六藝之敎〕"라고 되어 있다.

者矣^⑳요 恭儉莊敬而不煩이면 則深於禮者矣^㉑요 屬辭比事而不亂이면 則深於春秋者矣^㉒니라

① 부자가 말하기를 "남의 나라에 들어가면 바로 그 교화가 어떠한지 알 수 있다."라고 한 것이다.

夫子言 入人之國에 卽知其敎化라

② 그 사람됨이 溫良하고 篤厚한 것은 ≪詩≫를 가르친 효과이다.

其爲人溫良篤厚者는 乃詩之敎使然이라

③ 그 사람들이 사리를 꿰뚫고 식견이 원대한 것은 바로 ≪書≫를 가르친 효과이다.

其人通貫達遠者는 乃書敎使然이라

④ 頭註 : 易(화평하다)는 去聲이다.

易는 去聲이라

⑤ 그 사람들이 해박하고 화평한 것은 바로 樂을 가르친 효과이다.

其人該博平易者는 乃樂敎使然이라

⑥ 그 사람들이 심성이 깨끗하고 정미하게 아는 것은 바로 ≪周易≫을 가르친 효과이다.

其人淸靜하고 知精知微者는 乃易敎使然이라

⑦ 그 사람들이 검약하고 장중한 것은 禮를 가르친 효과이다.

其人儉約端莊者는 禮敎使然이라

⑧ 頭註 : 屬(글을 엮다)은 音이 燭이다.

屬은 音燭이라

⑨ 頭註 : 比(나란히 하다)는 比와 至의 반절이다.

比는 比至切이라

⑩ 그 사람들이 문사를 엮어서 사건을 차례로 배열하는 데 능숙한 것은 ≪春秋≫를 가르친 효과이다.

其人合辭比事者는 春秋敎使然也라

⑪ 돈후함만을 너무 힘쓰면 어리석어지는 데 가까워지는 것이다.

敦厚之失則近於愚라

⑫ 원대한 것을 아는 데만 너무 힘쓰면 속이는 데 가까워지는 것이다.

知遠之失則近於誣라

⑬ 해박함만을 너무 힘쓰면 사치하는 데 가까워지는 것이다.

廣博之失則近於奢라

⑭ 정미하게 아는 것만을 너무 힘쓰면 해치는 데 가까워지는 것이다.

精微之失則近於賊害라

⑮ 莊敬함만을 너무 힘쓰면 번다해지는 데 가까워지는 것이다.

　　莊敬之失則近於煩이라

⑯ 사건에 따라 문사를 엮는 데만 너무 힘쓰면 어지러워지는 데 가까워지는 것이다.

　　辭事之失則近於亂이라

⑰ 사람됨이 돈후하면서도 어리석은 잘못을 하지 않으면 바로 ≪詩≫의 가르침을 깊이 아는 것이다.

　　爲人敦厚而不失於愚면 乃深於詩敎也라

⑱ 원대한 것을 알면서도 속이지 않으면 ≪書≫의 가르침을 깊이 아는 것이다.

　　知遠不誣면 深於書也라

⑲ 해박하면서도 사치하지 않으면 樂의 가르침을 깊이 아는 것이다.

　　廣博不奢면 深於樂也라

⑳ 정미하게 알면서도 해치지 않으면 ≪周易≫의 가르침을 깊이 아는 것이다.

　　精微不賊이면 深於易也라

㉑ 공경하면서도 부족한 듯 여기면 禮의 가르침을 깊이 아는 것이다.

　　恭敬不足이면 深於禮也라

㉒ 사건에 따라 문사를 엮으면서도 어지럽지 않으면 ≪春秋≫의 가르침을 깊이 아는 것이다.

　　辭事不亂이면 深於春秋也라

36-3[6] "하늘에는 四時가 있으니 봄·여름·가을·겨울과 바람·비·서리·이슬이 가르침이 아닌 것이 없고, 땅은 神氣를 싣고 있으니 우레와 벼락을 뱉고 삼켜서 만물이 형체를 이루는 것[7]이 가르침이 아닌 것이 없다.[8] 〈성인은〉 淸明한 덕이 몸에 있어 그 志氣가 神과 같은지라 일이 장차 일어나려고 하면 반드시 그 조짐을 먼저 알아차린다. 그러므로 천지의 가르침이 성인과 더불어 같아질 수 있는 것이다."

　天有四時하니 春夏秋冬과 風雨霜露가 無非敎也①요 地載神氣하니 吐納雷霆하여 流形萬物이

---

6) 저본의 표제에 "바람·비·서리·이슬이 가르침이 아닌 것이 없다.〔風雨霜露無非敎〕"라고 되어 있다.

7) 우레와……것 : 자연 현상으로 인하여 만물의 형체가 갖추어짐을 말한 것이다. ≪周易≫ 乾卦 〈象傳〉에 "구름이 가고 비가 내려 만물이 형체를 갖춘다.〔雲行雨施 品物流形〕"라고 하였다.

8) 하늘에는……없다 : 이 부분은 ≪禮記集說大全≫ 〈孔子閒居〉에 보이는데, 진호의 注에 "이 부분은 천지가 사사로움이 없음을 말한 것이다.〔此言天地之無私也〕"라고 하였다.

無非敎也②라 淸明在躬하여 志氣如神③이라 有物將至에 其兆必先④이라 是故로 天地之敎가 與聖人相參(참)⑤⑥하니라

① 하늘의 사시와 바람·비·서리·이슬이 만물을 살리고 죽이는 것이 교화가 아님이 없는 것이다.

天之四時와 風雨霜露가 以生殺萬物者가 無非敎化라

② 땅은 一元의 기운을 싣고 있으니 우레와 벼락이 쳐서 만물의 형체를 이루는 것이 또한 교화가 아님이 없는 것이다.

地載一元之氣하니 雷霆流布하여 成萬物之形者가 亦無非敎化라

③ 성인은 청명한 덕이 몸에 있으니 그 志氣가 신과 같은 것이다.

聖人淸明之德在身하니 則其志氣如神이라

④ 物은 일이라는 뜻이니 일이 장차 일어나려고 하면 반드시 그 조짐이 먼저 나타나서 〈이를 알아차리는 것이다.〉

物은 事也니 言有事將至에 必有其兆朕이라

⑤ 頭註 : 參(어우러지다)은 七과 南의 반절이다.

參은 七南切이라

⑥ 천지의 교화가 성인과 더불어 서로 같아질 수 있는 것이다.

天地敎化가 與聖人相參錯이라

36-4⁹⁾ 子張이 聖人께서는 어떻게 가르쳤는지 묻자, 공자가 대답하였다.

"師야! 내가 너에게 말해주겠다. 성인께서는 禮와 樂에 밝아 이를 들어서 그대로 시행할 뿐이었다."

자장이 다시 묻자 공자가 대답하였다.

"사야! 너는 반드시 안석과 자리를 펼치며 揖하고 사양하고 오르고 내리며 술을 붓고 드리며 술잔을 주고받은 뒤에라야 禮라고 할 수 있다고 여기느냐? 너는 반드시

子張

9) 이 부분은 四部叢刊本을 저본으로 하였다.

舞人이 행렬대로 서며[10] 羽와 籥을 잡고 춤을 추며[11] 종과 북을 울린 뒤에라야 樂이라고 할 수 있다고 여기느냐? 말한 것을 실천할 수 있으면 그것이 禮이고, 행한 것을 즐거워할 수 있으면 그것이 樂이니라. 성인께서는 이 두 가지를 힘쓰셔서 몸소 南面하신 채로 계셨다. 이 때문에 천하가 태평해져서 온 백성들이 순히 복종하고, 백관들이 자신의 임무를 잘 수행하여 상하 사이에 예가 있게 된 것이다.

예가 흥성하면 이에 따라 백성들이 다스려지고, 예가 폐기되면 이에 따라 백성들이 어지러워진다. 눈대중으로 대충 지은 집이라도 아랫목과 동쪽 계단의 구별이 있고,[12] 앉는 자리에도 위와 아래의 구별이 있으며,[13] 수레에도 왼쪽과 오른쪽의 구별이 있고,[14] 길을 갈 때에도 나란히 걷거나 뒤따르는 등의 구별이 있으며,[15] 서는 데에도 班列과 次序의 구별이 있으니 이것이 옛날부터 전해져온 도리이다.

집에 아랫목과 동쪽 계단의 구별이 없으면 집의 질서가 어지럽게 되고, 자리에 앉는데 위와 아래의 구별이 없으면 자리의 次第가 어지럽게 되며, 수레에 왼쪽과 오른쪽의 구별이 없으면 수레에서의 질서가 어지럽게 되고, 길을 갈 때 나란히 걷거나 뒤따르는 등의 구별이 없으면 도로에서의 질서가 어지럽게 되며, 나열하여 설 경우에 차서의 구별이 없으면 서는 자리의 질서가 어지럽게 되는 법이다. 옛날 明王과 聖人께서는 貴賤과 長幼를 분별하고 男女와 內外를 바르게 정하며 親疏와

---

10) 舞人이……서며 : 원문의 '行綴兆'는 춤추는 사람들이 자신의 자리에 서는 것을 말한다. ≪禮記≫〈樂記〉에 "몸을 구부리고 펴는 자태와 자리에서 빠르고 느리게 진퇴하는 동작은 악무의 모습이다.〔屈伸俯仰 綴兆舒疾 樂之文也〕"라고 하였는데, 陳澔의 注에 "綴은 춤추는 사람의 행렬 위치가 서로 연결되어 있는 것이고, 兆는 그 행렬의 위치 바깥의 영역이다.〔綴 舞者行位相連綴也 兆 其外之營兆也〕"라고 하였다.

11) 羽와……추며 : 文舞를 말한다. 羽와 籥은 고대에 제사를 지내거나 연향을 할 적에 춤을 추는 자가 사용하는 舞具로, 羽는 꿩의 깃털이고, 籥은 관악기이다. ≪隋書≫〈音樂志 下〉에 "지금 文舞는 羽籥을 잡고, 武舞는 干戚을 잡는다.〔今文舞執羽籥 武舞執干戚〕"라고 하였다.

12) 눈대중으로……있고 : ≪禮記集說大全≫〈仲尼燕居〉陳澔의 注에 "室의 아랫목은 尊者가 거처하는 곳이고 堂의 동쪽 계단은 주인의 자리이다.〔室之有奧 所以爲尊者所處 堂之有阼 所以爲主人之位也〕"라고 하였다.

13) 앉는……있으며 : ≪禮記集說大全≫〈仲尼燕居〉陳澔의 注에 "앉는 자리는 어떤 때는 南方을 上位로 하고 어떤 때는 西方을 상위로 한다.〔席或以南方爲上 或以西方爲上〕"라고 하였다.

14) 수레에도……있고 : ≪禮記集說大全≫〈仲尼燕居〉陳澔의 注에 "수레에서 尊位는 왼쪽이다.〔車之尊位 在左〕"라고 하였다.

15) 길을……있으며 : ≪禮記≫〈仲尼燕居〉에는 이 부분의 원문이 '行則有隨'라고 되어 있는데 陳澔의 注에 "아버지뻘 되는 사람과 걸을 때에는 뒤를 따른다.〔父之齒 隨行〕"라고 되어 있다.

遠近의 관계를 질서정연하게 하여, 감히 서로의 영역을 침범하지 않고 모두 이 길로 말미암아 나가게 하셨다."

子張이 問聖人之所以敎한대 孔子曰 師乎아 吾語汝호리라 聖人이 明於禮樂하여 擧而措之而已니라 子張又問한대 孔子曰 師아 爾以爲必布几筵하며 揖讓升降하며 酌獻酬酢然後에 謂之禮乎아 爾以必行綴兆(철조)하며 執羽籥하며 作鐘鼓然後에 謂之樂乎아 言而可履면 禮也요 行而可樂(락)이면 樂(악)也①라 聖人力此二者하여 以躬己南面이라 是故天下太平하여 萬民順伏하고 百官承事하여 上下有禮也니라 夫禮之所以興이 衆之所以治也요 禮之所以廢가 衆之所以亂也니 目巧之室則有隩阼②하며 席則有上下하며 車則有左右하며 行則竝隨하며 立則有列序하니 古之義也라 室而無隩阼(오조)면 則亂於堂室矣요 席而無上下면 則亂於席次矣③요 車而無左右면 則亂於車上矣요 行而無竝隨면 則亂於階塗矣④요 列而無次序면 則亂於著矣⑤라 昔者에 明王聖人이 辯貴賤長幼하며 正男女內外하며 序親疏遠近하여 而莫敢相踰越者하여 皆由此塗出也니라

① 綴(연결하다)은 知와 劣의 反切이다. 樂은 위의 음은 洛이고 아래 음은 岳이다.
   綴은 知劣反이라 樂은 上音洛이요 下音岳이라

② 눈대중으로 대충 지은 집이라도 반드시 아랫목과 동쪽 계단의 자리가 있다는 말이다. 방의 서남쪽 모퉁이를 隩라고 한다. 阼는 동쪽 계단이다. 隩(아랫목)는 於와 到의 反切이다.
   言目巧作室이라도 必有隩阼之位라 室西南隅謂之隩라 阼는 阼階也라 隩는 於到反이라

③ 자리에서의 次第가 어지럽게 되는 것이다.
   亂於席上之次第라

④ 계단을 오르고 길을 갈 때에 나란히 가거나 뒤따르는 질서가 없으면 계단과 길에서의 질서가 어지럽게 된다.
   升階塗에 無竝隨則階塗亂이라

⑤ 著는 서는 자리이니 門과 병풍 사이를 著라고 한다.
   著는 所立之位也니 門屛之間을 謂之著也라

제37편 절개를 굽히는 것에 대한 해설
屈節解 第三十七①

이 편은 子貢이 사신으로 가서 齊나라를 어지럽히고 魯나라를 존속시킨 일, 宓子賤이 史官에게 글을 쓰게 하고는 팔을 잡아당긴 일, 공자가 故舊인 原壤의 어머니의 장례에 扶助한 일 등이 수록되어 있다. 모두 절조를 굽혀서 일을 행한 편이기에, 편명을 '屈節解'로 삼았다. 군자는 현달하기를 기약하므로 굽힐 만하면 굽히고 펼 만하면 펴는데, 절개를 굽힌다고 해서 절개를 잃거나 의에 어긋나지 않기 때문에 지엽적인 것〔小節〕을 굽혀서 중요한 것〔大節〕을 이룰 수 있다.

① 자로가 부자에게 절개를 굽히는 것에 대해 물었으므로 이로 인하여 편명을 붙인 것이다.

子路問屈節於夫子라 因以名篇하니라

37-1[1] 자로가 공자에게 물었다.

"제가 듣기로 장부가 세상에 살면서 부귀한데도 남에게 이익을 주지 못하고, 빈천한 가운데 처해 있으면서도 자신의 절개를 굽혀 그 도를 펴기를 구하지 못한다면 사람이라는 지위에 놓고 논할 것이 못 된다고 하였습니다."

공자가 대답하였다.

"군자의 몸가짐은 반드시 顯達하기를 기약하니 자신의 입장에서 굽힐 만하면 굽히고 펼 만하면 펴는 것이다. 그러므로 절개를 굽히는 것은 남이 알아주기를 기다

---

1) 저본의 표제에 "자로가 절개를 굽히는 것에 대해 묻다.〔子路問屈節〕", "부자가 노나라를 구원하다.〔夫子救魯〕"라고 되어 있다.

리기 위해서이고, 그 도를 펴기를 구하는 것은 펴야 할 때에 펴기 위해서이다. 이 때문에 비록 굴욕을 당하더라도 그 절개를 잃지 않고, 뜻이 이루어진 뒤에도 **義**에 어긋나지 않는 것이다.”

子路問於孔子曰[①] 由聞丈夫居世에 富貴不能有益於物[②]하고 處貧賤之中호대 而不能屈節以求伸[③]이면 則不足以論乎人之域矣[④]라하더이다 孔子曰 君子之行己는 期於必達[⑤]하니 於己可以屈則屈하고 可以伸則伸[⑥]이라 故屈節者는 所以有待[⑦]요 求伸者는 所以及時[⑧]니라 是以雖受屈而不毀其節[⑨]하고 志達而不犯於義[⑩]니라

① 자로가 부자에게 물은 것이다.
　　子路問夫子라
② 장부가 부귀한 지위에 처해 있으면서도 남에게 이익을 주지 못하는 것이다.
　　丈夫處富貴之地호대 而不能利益於物이라
③ 빈천한 가운데에 처해 있으면서도 절개를 굽혀 그 도를 펴기를 구하지 못하는 것이다.
　　居貧賤之中호대 不能屈節以求伸其道라
④ 사람이라는 지위에 놓고 논할 것이 못 된다는 것이다.
　　不足論人之地位라
⑤ 부자가 말하기를 “사람의 몸가짐은 반드시 현달하기를 기약해야 한다.”라고 한 것이다.
　　夫子言 人之行己는 必期於顯達이라
⑥ 그 몸을 굽힐 만하면 굽히고 펼 만하면 펴서 때가 어떠한지를 살필 뿐인 것이다.
　　其身可屈則屈하고 可伸則伸하여 視時之何如爾라
⑦ 남이 자기를 알아주기를 기다리는 것이다.
　　待人之知己也라
⑧ 그 도를 펴고자 하는 자는 제때 맞추어 펴야 한다.
　　欲伸其道者는 當及時而伸이라
⑨ 비록 남에게 자신을 굽히더라도 큰 절개를 잃지 않는 것이다.
　　雖屈己於人이라도 不失其大節이라
⑩ 그 뜻을 얻어서는 모두 義에 합하는 것이다.
　　及其得志하여는 皆合乎義라

37-2 공자가 衛나라에 있을 때 齊나라 田常[2)]이 장차 난리를 일으키려고 하다가

鮑氏와 晏氏³⁾의 세력을 두려워하여 이로 인해 군사를 보내서 노나라를 치려고 한다는 소식을 들었다. 공자가 제자들을 모아 놓고 말하였다.

"노나라는 부모의 나라이니 구원하지 않을 수 없다. 지금 내가 전상에게 절개를 굽혀 노나라를 구원하려고 하는데 그대들 중에 누가 사신으로 가겠는가?"

자공이 사신으로 가기를 청하자 부자가 허락하였다. 마침내 제나라에 가서 전상에게 다음과 같이 유세하였다.

"지금 그대가 노나라를 쳐서 공을 거두고자 하니 이 일은 실로 어렵습니다. 차라리 오나라로 군사를 옮기는 것이 나으니 이 일은 쉽습니다."

전상이 기뻐하지 않자 자공이 말하였다.

"우환이 국내에 있는 경우에는 강한 나라를 공격하고, 우환이 국외에 있는 경우에는 약한 나라를 공격하는 법입니다."

전상이 말하였다.

"좋다. 그러나 군대가 이미 노나라에 이르렀다."

자공이 대답하였다.

"행군을 늦추십시오. 내가 오나라에 구원을 요청하여 오나라로 하여금 노나라를 구원하고 제나라를 치게 할 것이니, 그대는 이 기회를 이용하여 군대를 거느리고 오나라를 요격하십시오."

전상이 허락하였다.

孔子在衛에 聞齊國田常이 將欲爲亂^①호대 而憚鮑晏^②하여 因欲移其兵하여 以伐魯^③하고 孔子會諸弟子하여 而告之曰^④ 魯는 父母之國이니 不可不救^⑤라 今吾欲屈節於田常하여 以救魯^⑥하노니 二三子誰爲使^{⑦⑧}오 子貢請使어늘 夫子許之^⑨하다 遂如齊^⑩하여 說(세)^⑪田常曰 今子欲收功於魯하니 實難^⑫이라 不若移兵於吳則易^⑬리라 田常不悅^⑭한대 子貢曰 夫憂在內者는 攻彊하고 憂在外者는 攻弱^⑮하나니라 田常曰 善^⑯하다 然兵甲已加魯矣^⑰로다 子貢曰 緩師^⑱하라 吾請救於吳하여

---

2) 田常 : 춘추시대 제나라의 權臣인 대부 陳恒으로, 齊 簡公을 시해하고 平公을 옹립하였다. ≪論語≫〈憲問〉에 "진성자가 〈자신의 임금인〉 간공을 시해하자, 공자가 목욕을 하고 조정에 나아가 哀公에게 고하기를 '진항이 자기 임금을 시해하였으니 토벌하소서.'라고 하였다.〔陳成子 弑簡公 孔子沐浴而朝 告於哀公曰 陳恒弑其君 請討之〕"라고 한 내용이 보인다.

3) 鮑氏와 晏氏 : 제나라의 權臣이다. ≪史記≫〈仲尼弟子列傳〉에는 "高氏, 國氏, 鮑氏, 晏氏를 두려워하였다.〔憚高國鮑晏〕"라고 되어 있다.

令救魯而伐齊하리니 **子因以兵迎之**^⑲하라한대 **田常許諾**^⑳하다

① 부자가 위나라에 있을 때 제나라 사람 전상이 정사를 독단하고 임금을 무시하는 마음이 있었던 것이다.
夫子在衛國에 聞齊人田常이 專政有無君之心이라

② 포씨와 안씨는 제나라의 卿大夫인데 전상이 이들의 세력을 두려워한 것이다.
鮑氏晏氏는 齊之卿大夫니 田常畏之라

③ 마침내 군사를 일으켜 노나라를 치려고 한다는 소식을 들은 것이다.
遂欲用兵以伐魯國이라

④ 부자가 제자들을 모아 놓고 그들에게 말한 것이다.
夫子會合衆弟子하여 與之言이라

⑤ 노나라는 바로 부모의 나라이니 마땅히 그 난리를 구원해야 한다는 것이다.
魯는 乃父母之邦이니 當救其難이라

⑥ 지금 나는 전상에게 나의 절개를 굽혀 노나라에 닥칠 난리를 구원하고자 한다는 것이다.
今我欲屈己於田常하여 以救魯難이라

⑦ 頭註 : 使(사신 가다)는 거성이다.
使는 去聲이라

⑧ 제자들 중에 누가 사신으로 가겠느냐는 것이다.
衆弟子誰能爲使오

⑨ 자공이 사신으로 가기를 청하자 부자가 가도록 허락한 것이다.
子貢請爲使한대 夫子許其往이라

⑩ 자공이 이에 제나라에 간 것이다.
子貢乃往齊國이라

⑪ 頭註 : 說(유세하다)는 始와 銳의 반절이다.
說는 始(說)〔銳〕⁴⁾切이라

⑫ 자공이 전상에게 말하기를 "지금 그대가 노나라를 쳐서 공을 거두고자 하니 이 일은 실로 어렵습니다."라고 한 것이다.
子貢謂田常言 今子欲伐魯하여 以取功하니 此事實難이라

⑬ 차라리 군사를 옮겨 오나라를 치는 것이 나으니 이 일은 쉽다고 한 것이다.
不若徙兵以伐吳國하니 其事則易라

---

4) (說)〔銳〕 : 저본에는 '說'로 되어 있으나, 江陵本과 慶長本에 의거하여 '銳'로 바로잡았다.

⑭ 전상이 자공의 말을 듣고 기뻐하지 않은 것이다.

田常聞子貢之言而不悅이라

⑮ 자공이 말하기를 "우환이 국내에 있는 경우에는 강한 나라를 공격하고 국외에 있는 경우에는 약한 나라를 공격하는 법입니다."라고 한 것이다.

子貢言 所憂在內者則攻强國하고 在外則功弱國이라

⑯ 전상이 그 말을 훌륭하게 여긴 것이다.

田常善其言이라

⑰ 하지만 군대가 이미 노나라 땅에 이르렀다는 것이다.

然而兵甲已及於魯地라

⑱ 자공이 말하기를 "행군을 늦춰주기만 하십시오."라고 한 것이다.

子貢言 但緩其師行이라

⑲ 내가 오나라에 가서 오나라로 하여금 노나라를 구원하고 제나라를 치게 할 것이니, 그대는 이 기회를 이용하여 군사를 거느리고서 오나라를 치라는 것이다.

我請往吳國하여 使救魯伐齊하리니 子因以兵伐之라

⑳ 전상이 자공의 말대로 한 것이다.

田常從子貢言이라

37-3 자공이 마침내 남쪽으로 가서 吳나라 왕[5]에게 다음과 같이 유세하였다.

"지금 제나라가 千乘의 나라인 노나라를 사사로이 쳐서 우리[6]와 강함을 다투고 있으니, 왕을 위해 매우 근심이 됩니다. 그러니 우선 노나라를 구원하고 제나라를 친다면 이보다 큰 이익이 없을 것입니다."

오나라 왕이 대답하였다.

"좋다. 하지만 오나라는 월나라를 곤궁하게 한 적이 있기 때문에 월나라 왕이 지금 몸을 괴롭게 하고 군사들을 양성하면서 오나라에 보복할 마음을 먹고 있으니, 먼저 월나라를 친 뒤에야 가능할 것이다."

자공이 말하였다.

---

5) 吳나라 왕 : 夫差로, 선왕 闔閭의 원수를 갚기 위해 월나라 왕 句踐을 夫椒(부초)에서 크게 무찔렀지만, 나중에 다시 월나라에 패하여 멸망하고 자신은 자살하였다.(≪史記≫ 卷41 〈越王句踐世家〉)

6) 우리 : 吳나라를 가리킨다. 자공이 오나라에 있었으므로 '우리'라고 표현한 것이다. 참고로 ≪史記≫ 〈仲尼弟子列傳〉에는 '吳'라고 되어 있다.

"월나라의 강함은 노나라보다 나을 것이 없고 오나라의 강함은 제나라보다 나을 것이 없는데, 왕께서 제나라를 놔두고 월나라를 치신다면 제나라가 반드시 노나라와 사사로이 맹약을 하고 오나라를 칠 것입니다. 왕께서는 지금 망한 가문을 보존해주고 끊어진 후사를 이어준 일로 명성을 얻었으면서 강한 제나라를 버려두고 작은 월나라를 친다면 이는 용기가 아닙니다. 용맹한 사람은 난리를 피하지 않고, 어진 사람은 곤궁한 사람을 궁지에 몰지 않으며,[7] 지혜로운 사람은 때를 놓치지 않고, 의로운 사람은 후사를 끊지 않습니다. 지금 노나라를 구원하고 제나라를 친다면 위엄이 쯥나라에 가해져서 제후들이 반드시 서로 거느리고서 조회 올 것이니, 霸業이 성대해질 것입니다. 신은 월나라 임금을 뵙고 군사를 내어 따르게 하겠습니다."

오나라 왕이 기뻐하였다.

子貢遂南하여 說吳①曰 今齊國이 私千乘之魯하여 與吾爭彊하니 甚爲王患之②니 且夫救魯誅齊③면 利莫大焉④이리이다 吳王曰 善⑤하다 然吳嘗困越⑥할새 越王今苦身養士하여 有報吳之心⑦하니 先越然後可⑧니라 子貢曰 越之勁은 不過魯요 吳之强은 不過齊⑨니 王置齊而伐越⑩이면 則齊必私魯矣⑪리라 王方以存亡繼絶之名⑫으로 棄强齊而伐小越⑬은 非勇也⑭라 勇者는 不避難⑮하며 仁者는 不窮約⑯하며 智者는 不失時⑰하며 義者는 不絶世⑱하나니 今救魯伐齊하면 威加晉國⑲하여 諸侯必相率而朝⑳하리니 霸業盛矣㉑리이다 臣請見越君㉒하고 令出兵以從㉓하리이다 吳王悅㉔하다

① 자공이 마침내 가서 오나라 왕에게 유세하여 노나라를 구원하고 제나라를 치게 한 것이다.
子貢乃往하여 說吳王하여 使其救魯伐齊라

② 지금 제나라 전상이 사사로이 노나라를 쳐서 우리와 강함을 다투고 있으니 왕을 위해 매우 근심이 된다는 것이다.
今者齊之國田常이 私伐魯國하여 與我爭强하니 甚爲王憂라

③ 만약 노나라를 구원하고 제나라를 칠 경우이다.
若能救魯誅齊라

---

7) 곤궁한……않으며 : 원문의 '不窮約'을 해석한 말로, '約'은 '곤궁하다'는 뜻이다. ≪論語≫〈里仁〉에 "인하지 못한 자는 오래도록 곤궁한 데 처할 수 없고, 장구하게 즐거움에 처할 수 없다.〔不仁者不可以久處約 不可以長處樂〕"라고 하였는데, 주희의 주에 "約은 곤궁하다는 뜻이다.〔約 窮困也〕"라고 하였다.

④ 오나라의 이익이 매우 크다는 것이다.

　　吳之利甚大라

⑤ 오나라 왕이 자공의 말을 좋게 여긴 것이다.

　　吳王善子貢之言이라

⑥ 월나라가 오나라에 곤란을 겪은 적이 있었던 것이다.

　　越嘗爲吳所困이라

⑦ 월나라 왕이 지금 몸을 수고롭게 하고 훌륭한 군사들을 양성하면서 오나라와의 원한을 갚을 뜻이 있는 것이다.

　　越王今勞身收養賢士하여 有報復吳讐之志라

⑧ 먼저 월나라를 친 다음에야 노나라를 구원할 수 있다는 것이다.

　　先伐越이라야 乃可救魯라

⑨ 오나라와 월나라의 강함은 제나라와 노나라보다 나은 것이 없다는 것이다.

　　吳越之强은 不加齊魯라

⑩ 지금 왕께서 제나라를 버리고 먼저 월나라를 치는 것이다.

　　今王舍齊而先伐越이라

⑪ 제나라가 반드시 사사로이 노나라와 맹약하고서 오나라를 칠 것이라는 것이다.

　　齊必私約魯以伐吳라

⑫ 지금 왕께서 망한 가문을 보존해주고 끊어진 후사를 이어준 일로 명성을 얻은 것이다.

　　今王이 方以存人之亡하고 繼人之絶로 得名이라

⑬ 강대한 제나라를 버려두고 지극히 작은 월나라를 치는 것이다.

　　棄强大之齊하고 伐至小之越이라

⑭ 이는 용기가 없는 행동이라는 것이다.

　　是無勇이라

⑮ 용맹한 사람은 위태하여도 두려워하지 않는 것이다.

　　勇者는 危無所畏라

⑯ 어진 사람은 곤궁한 사람을 궁지에 몰지 않는 것이다.

　　仁者는 不窮所約이라

⑰ 때를 살펴 행하는 것이다.

　　乘時而爲라

⑱ 남의 후사를 보살펴주는 것이다.

　　恤人之後라

⑲ 노나라를 구원하고 제나라를 친다면 진나라를 위엄으로 복종시킬 수 있는 것이다.

救魯伐齊하면 威服於晉이라

⑳ 제후들이 모두 오나라에 조회 오게 되리라는 것이다.

諸侯皆朝於吳라

㉑ 패자의 업이 성대해진다는 것이다.

伯者之業盛矣라

㉒ 자공이 가서 월나라 왕을 뵙기를 청한 것이다.

子貢請往見越王이라

㉓ 군사를 내어 오나라를 따르게 하겠다는 것이다.

使之出兵相從이라

㉔ 오나라 왕이 기뻐한 것이다.

吳王喜라

37-4 자공이 월나라에 갔는데 월나라 왕[8]이 교외에서 맞이하면서 말하였다.

"이곳은 오랑캐의 나라인데 大夫께서 욕되이 오셨단 말입니까?"

자공이 대답하였다.

"지금 오나라 왕에게 유세하여 노나라를 구원하고 제나라를 치게 하였더니, 뜻은 그렇게 하기를 바라면서도 마음속으로는 월나라를 두려워하며 말하기를 '월나라를 친 뒤에야 가능할 것이다.'라고 하였습니다. 또 남에게 보복할 뜻이 없으면서 상대에게 먼저 의심하게 하는 것은 졸렬한 계책이고, 남에게 보복할 뜻이 있으면서 상대에게 먼저 알아차리게 하는 것은 위태로운 일이고, 일을 실행에 옮기기도 전에 상대가 먼저 듣는 것은 위험한 일이니, 이 세 가지는 일을 하는 데 있어 병폐가 됩니다.

지금 오나라는 국가가 피폐하여 백성들은 윗사람을 원망하고 있고, 伍子胥는 간언하다가 죽었고, 太宰 伯嚭(백비)는 권력을 휘두르고 있으니,[9] 이는 오나라에 복

---

8) 월나라 왕 : 월나라의 제2대 왕인 句踐을 말한다. 오나라 왕 夫差와 싸우다가 크게 패하여 會稽山에서 굴욕적인 和議를 체결하고 귀국한 뒤에 20년 동안 臥薪嘗膽한 끝에 부차를 죽이고 오나라를 멸망시켜 회계의 치욕을 씻었다.(≪史記≫ 卷41 〈越王句踐世家〉)

9) 伍子胥는……있으니 : 오자서는 楚나라 사람으로 이름은 員이다. 오나라 왕 합려를 도와 오나라를 강국으로 만들었는데, 합려의 아들 부차가 즉위한 후에 월나라 왕 구천을 죽이지 않으면 오나라가 위태롭게 된다고 간언을 하였으나, 간신인 太宰 伯嚭의 모함에 빠져 죽었다.(≪史記≫ 卷66 〈伍子胥列傳〉)

수할 때입니다. 왕께서 진실로 군사를 일으켜 오나라를 돕고, 많은 보화로 그 마음을 기쁘게 하며, 겸손한 말로 높여 예우한다면 반드시 제나라를 칠 것입니다. 이것이 성인(공자)께서 말씀하신 '절개를 굽히는 것은 그 일이 이루어지기를 구하는 것이다.'라는 것입니다."

월나라 왕이 허락하였다.

子貢之越^①한대 越王이 郊迎^②曰 此는 蠻夷之國^③이어늘 大夫辱而臨之^④잇가 子貢曰 今者에 說^⑤吳王하여 救魯伐齊하니 其志欲之나 而心畏越^⑥曰 待伐越而後可^⑦라하더이다 且無報人之志호대 而令人疑之^⑧는 拙矣^⑨요 有報人之意호대 而使人知之^⑩는 殆乎^⑪요 事未發호대 而先聞者^⑫는 危矣^⑬니 三者는 舉事之患也^⑭니이다 今吳^⑮는 國家疲弊^⑯하여 百姓怨上^⑰하며 伍胥以諫死^⑱하고 太宰嚭^⑲用事^⑳하니 此則報吳之時也^㉑라 王誠能發卒以佐之^㉒하고 重寶以悅其心^㉓하고 卑辭以尊其禮^㉔면 則其伐齊必矣^㉕리니 此聖人所謂屈節求其達者也^㉖니이다 越王許諾^㉗하다

① 자공이 월나라에 간 것이다.
　　子貢往越이라
② 교외에 나와 맞이한 것이다.
　　出郊接之라
③ 이곳은 이적의 땅이라는 것이다.
　　此夷狄之地라
④ 대부께서 이곳에 와주셨다는 것이다.
　　蒙大夫此來라
⑤ 頭註 : 說(유세하다)는 音이 稅이다.
　　說는 音稅라
⑥ 오나라 왕은 마음속으로는 가려고 하지만 월나라를 두려워하고 있다는 것이다.
　　吳王은 心欲往而畏於越이라
⑦ 오나라 왕이 말하기를 "월나라를 친 뒤에야 가능할 것이다."라고 한 것이다.
　　吳王曰 待伐越方可라
⑧ 복수하려는 마음이 있지 않으면서 상대에게 먼저 의심하게 하는 것이다.
　　未有復讐之心이로대 使人先有疑라
⑨ 계책이 매우 졸렬한 것이다.
　　謀甚拙이라
⑩ 복수하려는 뜻이 있으면서 상대에게 먼저 알아차리게 하는 것이다.

有復讐之意호대 先使人知之라

⑪ 또한 위험한 일이다.

亦危矣라

⑫ 일을 실행에 옮기기도 전에 상대가 먼저 듣는 것이다.

事未及發이로대 而人先聞之라

⑬ 또한 위태로운 일이 아니겠냐는 것이다.

不亦殆哉잇가

⑭ 세 가지는 일을 하는 데 있어 병폐가 된다는 것이다.

三者는 作事之病이라

⑮ 지금 오나라의 경우이다.

今吳國이라

⑯ 국가가 곤궁하고 해를 입은 것이다.

邦家困害라

⑰ 백성들이 모두 임금을 원망하고 있는 것이다.

民皆怨君이라

⑱ 오자서가 간언을 하여 죽은 것이다.

伍子胥因諫而殺이라

⑲ 頭註 : 嚭(크다)는 晋이 鄙이다.

嚭는 音鄙라

⑳ 태재 백비는 아첨하는 신하라는 것이다.

太宰嚭는 佞臣也라

㉑ 지금이 복수할 때라는 것이다.

今其復讐之時라

㉒ 만약 군사들을 일으켜 오나라를 도울 경우이다.

若能發士卒以助吳라

㉓ 많은 보화로 기쁘게 하는 것이다.

用重寶以悅之라

㉔ 겸손한 말로 높여 예우하는 것이다.

謙遜以尊禮之라

㉕ 반드시 가서 제나라를 칠 것이라는 것이다.

必往伐之라

㉖ 이것이 부자가 말한 '절개를 굽히는 것은 일이 이루어지기를 구하는 것이다.'라는 것

이다.

此夫子所謂屈節者는 求事之濟也라

㉗ 왕이 그의 말을 따른 것이다.

王諾其說이라

37-5 자공이 오나라로 돌아왔는데, 월나라 왕이 온 경내의 군사들을 거느리고 오나라를 섬기자, 오나라 왕이 이에 월나라 왕의 병졸들을 받아들이고서 마침내 스스로 군사를 일으켜 제나라를 쳤다가 패배하였다.[10] 그러자 월나라가 드디어 오나라를 습격하여 멸망시켰다. 부자가 말하였다.

"제나라를 어지럽히고 노나라를 존속시키는 것은 나의 처음 소원이었고, 진나라를 강하게 함으로써 오나라를 피폐하게 하여 오나라가 망하고 월나라가 패자가 되게 한 것은 賜(子貢)의 유세의 힘이다. 듣기 좋은 말도 신의를 잃는 법이니, 말을 삼가야 할 것이다."

子貢返[1]한대 越王悉境內之兵하여 以事吳[2]어늘 吳王乃受越王卒[3]하여 遂自發兵以伐齊[4]라가 敗之[5]한대 越遂襲吳之國[6]하여 滅焉[7]하다 夫子曰 夫其亂齊存魯[8]는 吾之初願[9]이요 若強晉以弊吳[10]하여 使吳亡而越霸者[11]는 賜之說[12]也[13]니 美言傷信[14]하니 愼言哉[15]인저

① 자공이 오나라로 돌아온 것이다.

子貢歸吳라

② 월나라 왕이 온 경내의 사졸들을 다 거느리고서 오나라를 섬긴 것이다.

越王盡率一境之士卒以事吳라

③ 오나라 왕이 군사들을 받은 것이다.

吳王受之라

④ 이에 스스로 군사를 일으켜 제나라를 친 것이다.

乃自發兵以伐齊라

⑤ 마침내 패한 것이다.

---

10) 제나라를……패배하였다 : 여기에서는 제나라에게 패배한 것으로 되어 있으나, 四部叢刊本에는 오나라가 제나라를 쳐서 패배시킨 다음 晉나라와 黃池에서 대치하고 있는 상황에서 월나라가 오나라를 기습한 것으로 되어 있고, 《史記》〈仲尼弟子列傳〉에는 오나라가 제나라를 大破한 다음 晉나라와 황지에서 싸우다가 크게 패하자 이 틈을 타고 월나라가 오나라를 습격한 것으로 되어 있다.

乃爲所敗라

⑥ 월나라가 그 패한 기회를 틈타 오나라를 친 것이다.

越乃乘其敗而伐之라

⑦ 월나라가 드디어 오나라를 멸망시킨 것이다.

越乃滅吳라

⑧ 제나라를 어지럽히고 노나라를 존속시키게 하는 것이다.

使齊之亂魯之存이라

⑨ 나의 바람이라는 것이다.

夫子之欲이라

⑩ 진나라를 강하게 하여 오나라에 해를 입힌 경우이다.

若夫使晉强而吳害라

⑪ 오나라가 망하고 월나라가 패자가 되게 하는 것이다.

使吳之亡而越之伯라

⑫ 頭註 : 說(유세하다)는 音이 稅이다.

說는 音稅라

⑬ 자공이 유세한 힘이라는 것이다.

子貢游說之力이라

⑭ 말이 비록 듣기 좋더라도 남에게 신의를 잃게 되는 것이다.

言雖善而失信於人이라

⑮ 사람은 마땅히 말을 삼가야 하는 것이다.

人當愼言語라

37-6[11] 공자의 제자 중에 宓子賤(복자천)[12] 이라는 자가 있었는데 魯나라에서 벼슬하여 單父(선보)[13]의 邑宰가 되었다. 그런데 노나라 임금이 참소하는 말을 듣고 자신의 뜻대로 정사를 베풀지 못하게 할까 염려하였다.

宓子賤

---

11) 이 부분은 四部叢刊本을 저본으로 하였다.

12) 宓子賤(복자천) : 공자의 제자 宓不齊이다. 子賤은 그의 자이다.

13) 單父(선보) : 魯나라의 고을 이름으로, 지금의 山東省 單縣이다.

그래서 하직인사를 하고 떠날 때에 일부러 임금과 가까운 史官 두 사람을 청하여 함께 고을에 갔다. 복자천은 고을의 아전에게 경계하는 말을 두 사관에게 쓰게 하고는 쓸 때마다 팔을 잡아당기고, 글씨가 엉망이면 잘 쓰지 못했다고 화를 내었다. 두 사관이 근심하여 하직인사를 하고 노나라 서울로 돌아갈 것을 청하자, 복자천이 말하였다.

"너희들의 글씨가 매우 형편없으니, 너희들은 돌아가거든 힘써 노력하라."

두 사관이 돌아가서 임금에게 다음과 같이 보고하였다.

"복자천이 신들에게 글씨를 쓰게 하고는 팔을 잡아당기고, 글씨가 엉망이면 또 신들에게 화를 내었으므로 고을의 아전들이 모두 웃었습니다. 이 때문에 신들이 그 고을을 떠나 온 것입니다."

노나라 임금이 공자에게 묻자, 공자가 대답하였다.

"宓不齊는 군자입니다. 그는 霸王을 보좌할 수 있는 재주가 있지만 절개를 굽혀 선보를 다스린 것은 자신의 재주를 시험해보기 위해서이니, 아마도 이것을 가지고 임금께 諫한 듯합니다."

노나라 임금이 깨닫고 크게 탄식하며 말하였다.

"이는 寡人이 不肖한 탓입니다. 과인이 복자천의 정사를 어지럽히고는 그에게 잘 다스리도록 요구하였으니 이는 저의 잘못입니다. 두 사관이 아니었다면 과인은 저의 잘못을 알 수 없었을 것이고, 부자가 아니었다면 과인은 스스로 깨우칠 수 없었을 것입니다."

그리고는 아끼는 使臣을 급히 보내 다음과 같이 복자천에게 고하게 하였다.

"지금부터 선보 땅은 나의 소유가 아니다. 그대가 하는 대로 따를 것이니 백성에게 편한 정사가 있으면 그대가 결정하여 처리하고 5년에 한 번씩 그 요점만 말해 달라."

복자천이 삼가 詔書를 받고서 마침내 자신의 뜻대로 정사를 베풀 수 있게 되자, 선보가 잘 다스려졌다. 몸소 敦厚함을 힘쓰고 親親의 도리를 밝히며, 篤敬한 행실을 숭상하고 지극히 仁한 정치를 시행하며, 일마다 정성을 다하고 忠信을 다하니 백성들이 교화되었다.

孔子弟子有宓子賤者한대 仕於魯하여 爲單父(선보)宰[①]러니 恐魯君聽讒言하여 使己不得行其

政일새 於是辭行에 故請君之近史二人하여 與之俱至官이라 宓(복)子戒其邑吏②를 令二史書호대 方書輒掣其肘하고 書不善이면 則從而怒之하니 二史患之하여 辭請歸魯한대 宓子曰 子之書甚不善하니 子勉而歸矣라 二史歸報於君曰 宓子使臣書而掣肘하고 書惡而又怒臣하여 邑吏皆笑之하니 此臣所以去之而來也니이다 魯君以問孔子한대 子曰 宓不齊는 君子也니이다 其才任霸王之佐로대 屈節治單父는 將以自試也니 意者以此爲諫乎인저 公寤하고 太息而歎曰 此寡人之不肖라 寡人亂宓子之政하고 而責其善者는 非矣라 微二史면 寡人無以知其過요 微夫子면 寡人無以自寤라하고 遽發所愛之使告宓子曰 自今已往으로 單父는 非吾有也라 從子之制하리니 有便於民者어든 子決爲之하고 五年一言其要하라 宓子敬奉詔하여 遂得行其政하니 於是에 單父治焉이라 躬敦厚하며 明親親하며 尙篤敬하며 施至仁하며 加懇誠하며 致忠信하니 百姓化之러라

① 單(고을 이름)은 흡이 善이다.

單은 音善이라

② 宓(성씨)은 흡이 密이다.[14]

宓은 音密이라

37-7[15] 齊나라가 魯나라를 공격할 때에 길이 單父를 경유하게 되어 있었다. 선보의 父老들이 청하여 말하였다.

"보리가 이미 익었는데 이제 제나라 군대가 쳐들어오고 있으니 사람마다 자신이 농사지은 보리를 직접 거두게 할 겨를이 없습니다. 청컨대 아무 백성이나 내보내서 모두 성 근처의 보리를 수확하게 한다면 양식에 보탤 수 있고 또 적에게도 도움이 되지 못할 것입니다."

이렇게 세 차례 청하였지만 복자천은 따르지 않았다. 이윽고 제나라 군대가 보리밭에 이르러 〈보리를 베어가자〉季孫이 이 일을 듣고 화가 나서 사람을 시켜 복자천을 꾸짖게 하면서 말하였다.

"백성들이 추울 때 밭을 갈고 더울 때 김을 맸는데도 곡식을 먹지 못하였으니 어찌 애석한 일이 아니겠는가. 몰랐다면 모르지만 말한 자가 있었는데도 그대가 따

---

14) 宓(성씨)은……密이다 : 宓은 두 가지의 음이 있는데, '편안하다'는 뜻으로 쓰일 때는 '密'로 읽고, 성씨로 쓰일 때는 伏羲氏의 후손이라는 뜻인 '복'으로 읽는다. 주석에서는 음이 '密'이라고 하였지만 여기에서는 일반적인 음을 따라 '복'으로 읽었다.

15) 이 부분은 四部叢刊本을 저본으로 하였다.

르지 않았으니 백성을 위한 길이 아니다."

복자천이 긴장한 얼굴로 말하였다.

"올해 보리 수확이 없더라도 내년에 심을 수 있습니다. 하지만 만약 밭 갈지 않은 사람들에게 거두어 가게 한다면 이는 백성들로 하여금 도둑질을 즐기게 하는 것입니다. 또 선보의 일 년 치 보리를 수확하더라도 노나라는 더 강해지지 않고, 잃더라도 더 약해지지 않습니다. 하지만 백성들로 하여금 멋대로 가져가는 마음을 갖게 한다면 그 폐해가 몇 代가 지나도 사라지지 않을 것입니다."

季孫이 이 말을 듣고 무안해서 부끄러워하며 말하였다.

"땅 속으로 들어갈 수만 있다면 〈들어가고 싶구나.〉 내가 어찌 차마 복자천을 보겠는가."

齊人攻魯에 道由單父하니 單父之老請曰 麥已熟矣어늘 今齊寇至하니 不及人人自收其麥이라 請放民出하여 皆穫傅郭之麥이면 可以益糧이요 且不資於寇라하고 三請而宓子不聽이라 俄而齊寇逮于麥한대 季孫聞之하고 怒하여 使人以讓宓子曰 民寒耕熱耘호대 曾不得食하니 豈不哀哉리오 不知猶可어니와 以告者而子不聽하니 非所以爲民也라 宓子蹴然曰 今茲無麥이라도 明年可樹어니와 若使不耕者穫이면 是使民樂(락)有寇①요 且得單父一歲之麥이라도 於魯不加强하고 喪(상)之라도 不加弱②이어니와 若使民有自取之心이면 其創必數世不息이리이다 季孫聞之하고 赧然(난연)而愧曰 地若可入인댄 吾豈忍見宓子哉③리오

① 樂(즐겁다)은 音이 洛이다.
   樂은 音洛이라
② 喪(잃다)은 身과 浪의 反切이다.
   喪은 身浪反이라
③ 赧(무안하다)은 乃와 版의 反切이다.
   赧은 乃版反이라

37-8[16] 3년이 지나 공자가 巫馬期로 하여금 멀리서 복자천의 정사를 살펴보게 하였다. 무마기가 몰래 官服을 벗고 해진 갖옷을 입고서 선보의 경내에 들어갔다. 밤에 물고기를 잡고 있는 사람을 보았는데 물고기를 잡을 때마다 놓아 주었다. 무마

---

16) 이 부분은 四部叢刊本을 저본으로 하였다.

기가 그 까닭을 물었다.

"낚시를 하는 것은 물고기를 잡기 위한 것인데 어찌하여 물고기를 잡으면 곧바로 놓아주는가?"

물고기를 잡던 자가 대답하였다.

巫馬期

"물고기 중에 큰 것은 鱒(주)라고 하는데 우리 대부께서 이 물고기를 아끼고, 작은 것은 鱦(승)이라고 하는데 우리 대부께서 키우려고 합니다. 이 때문에 두 종류의 물고기를 잡으면 그때마다 놓아주는 것입니다."

무마기가 돌아와서 이 일을 공자에게 고하며 말하였다.

"복자천의 덕이 백성들로 하여금 혼자서 일할 때에도 마치 엄한 형법이 곁에서 지켜보고 있는 듯이 여기게 하였습니다. 감히 묻습니다. 복자천이 어떻게 행하였기에 이러한 경지에 이른 것입니까?"

공자가 대답하였다.

"내가 예전에 그에게 말하기를 '여기에서 성실한 자는 그 성실함이 저기에서도 드러나는 법이다.'라고 하였는데, 복자천이 선보에서 이 말대로 정사를 행한 것이다."

三年에 孔子使巫馬期遠觀政焉하니 巫馬期陰免衣하고 衣弊裘[1]하여 入單父界하여 見夜漁者한대 得魚輒舍(사)之[2]라 巫馬期問焉曰 凡漁者는 爲得이어늘 何以得魚卽舍之오 漁者曰 魚之大者名爲鱒(주)어늘 吾大夫愛之하고 其小者名爲鱦(승)[3]이어늘 吾大夫欲長之라 是以得二者면 輒舍之라 巫馬期返하여 以告孔子曰 宓子之德이 至使民闇行에 若有嚴刑於旁하니 敢問宓子何行而得於是잇고 孔子曰 吾嘗與之言曰 誠於此者刑乎彼라하니 宓子行此術於單父也라

① 衣衣는 윗 글자(옷)는 본래 글자의 의미이고, 아래 글자(옷을 입다)는 於와 旣의 反切이다.
   衣衣는 上은 如字요 下는 於旣反이라
② 舍(버리다)는 音이 捨이다.
   舍는 音捨라
③ 鱒는 '鱣(잉어)'으로 되어야 한다. ≪新序≫에는 '鱣(자가사리)'으로 되어 있다. 鱦은 새끼

를 밴 물고기이다. 鱷(승)은 戈와 證의 反切이다.

鱒는 宜爲鱣이라 新序에는 作鱓이라 (鮑)〔鱷〕[17]은 魚之懷任之者也라 鱷은 戈證反이라

37-9[18] 공자의 **故舊** 중에 原壤[19]이라는 자가 있었는데 원양의 어미가 죽자 부자가 **沐槨**으로 **扶助**하려고 하였다.[20] 자로가 말하였다.

"저는 예전에 부자께서 '자신만 못한 자를 벗하지 말고 잘못이 있으면 고치는 것을 꺼리지 말라.'[21]라고 한 말을 들었습니다. 그런데 부자께서 잘못을 고치기를 꺼려하시니 우선 그만두는 것이 어떻겠습니까?"

공자가 대답하였다.

"'사람들이 喪을 당하면 온 힘을 다해 구제한다.'[22]라고 하였다. 하물며 **故舊**야 더 말할 것이 있겠는가. 벗이 아니더라도 나는 갔을 것이다."

槨이 다 다듬어지자 원양이 그 槨 위에 올라가서 말하였다.

"내가 음악에 감정을 의탁하지 않은 지가 오래되었구나."

그리고는 다음과 같이 노래하였다.

"얼룩진 살쾡이 머리여! 부드러운 그대 손을 잡은 듯하구나."[23]

---

17) (鮑)〔鱷〕: 저본에는 '鮑'로 되어 있으나, 四庫全書本과 漢文大系本에 의거하여 '鱷'으로 바로잡았다.

18) 이 부분은 四部叢刊本을 저본으로 하였다.

19) 原壤 : 魯나라 사람으로, 공자의 어린 시절 친구이며 禮法을 도외시한 인물이다. ≪論語≫〈憲問〉에 "原壤이 걸터앉아 있자, 공자가 말하기를 '어려서는 공손하지 못하고, 장성해서는 칭찬할 만한 일이 없고, 늙어서도 죽지 않은 것이 바로 賊이다.'라고 하고 지팡이로 그의 정강이를 두드렸다.〔原壤夷俟 子曰 幼而不孫弟 長而無述焉 老而不死是爲賊 以杖叩其脛〕"라는 말이 보인다.

20) 원양의……하였다 : 잘 다듬어 정돈한 槨을 扶助하려고 한 것이다. ≪論語≫〈先進〉에도 顏淵이 죽자 그의 아버지 顏路가 공자에게 수레를 팔아 槨을 만들어주기를 청한 일이 보인다. 沐槨은 棺을 만들 재목을 정돈하는 것으로, ≪禮記正義≫〈檀弓 下〉鄭玄의 注에 "沐은 다스린다는 뜻이다.〔沐 治也〕"라고 하였다.

21) 자신만……말라 : ≪論語≫〈學而〉에 보인다.

22) 사람들이……구제한다 : ≪詩經≫〈邶風 谷風〉에 "사람들이 喪을 당하면 온 힘을 다해 구제한다.〔凡民有喪 匍匐救之〕"라고 한 내용이 보이고, ≪禮記≫〈孔子閒居〉에도 "사람들이 喪을 당하면 온 힘을 다해 구제하는 것은 服이 없는 초상이다.〔凡民有喪 匍匐救之 無服之喪也〕"라고 한 내용이 보이는데, 여기에서 온 말이다.

23) 얼룩진……듯하구나 : ≪禮記集說大全≫〈檀弓 下〉劉氏의 注에 "얼룩진 살쾡이 머리와 같음은 나무의 무늬가 화려함을 말한 것이고 부드러운 그대의 손을 잡는 것과 같음은 목곽이 매끄러움

부자가 그를 위해 듣고도 숨기고 거짓으로 못 들은 체하고 지나가자 자로가 물었다.

"부자께서 절개를 굽히셔서 이렇게까지 한 것은 그 어울리는 법도를 잃은 것이니 그와의 관계를 끊을 수 없겠습니까?"

공자가 대답하였다.

"내가 듣기로 친한 사람과는 친한 정을 끊지 않고 오랜 벗과 좋은 교분을 끊지 않는다고 하였다."

孔子之舊는 曰原壤이라 其母死커늘 夫子將助之以沐槨한대 子路曰 由也 昔者聞諸夫子호니 曰 無友不如己者요 過則勿憚改라하니 夫子憚矣어니 姑已若何①오 孔子曰 凡民有喪에 匍匐救之라하니 況故舊乎아 非友也라도 吾其往이리라 及爲槨에 原壤登木曰 久矣라 予之不託於音也여하고 遂歌 曰 貍首之班然이로소니 執女手之卷然②이로다 夫子爲之隱하고 佯不聞以過之한대 子路曰 夫子屈 節而極於此하니 失其與矣24)라 豈未可以已乎잇고 孔子曰 吾聞之호니 親者는 不失其爲親也요 故者는 不失其爲故也라하니라

① 姑는 우선이라는 뜻이다. 已는 그만둔다는 뜻이다.
　姑는 且也라 已는 止也라
② 女(그대)는 음이 汝이다.
　女는 音汝라

을 말한 것이다.〔如貍首之斑 言木文之華也 如執女手之拳 言沐椁之滑膩也〕"라고 하였다.
24) 失其與矣 : 《太平御覽》 권513 〈宗親部 三〉에는 '〈부자가〉 행동을 잘못한 것이다.〔失其擧矣〕'라고 되어 있다.

제38편 72제자에 대한 해설
七十二弟子解 第三十八①

孔門의 제자 72인의 德行과 言論을 기술한 편이기에, 편명을 '七十二弟子解'로 삼았다. 하지만 실제로는 76인의 제자들이 수록되어 있다. 이 편은 ≪史記≫ 〈仲尼弟子列傳〉과 함께 공문 제자들을 연구하는 기본 자료가 된다. ≪論語≫ 〈先進〉에 "덕행에는 顔淵, 閔子騫, 冉伯牛, 仲弓이고, 언어에는 宰我, 子貢이며, 정사에는 冉有, 季路이고, 문학에는 子游, 子夏이다."라고 하여, 이들 10명을 특히 아끼는 제자로 꼽았다. ≪孔子家語≫와 ≪史記≫에서도 이들 10명을 제일 첫 머리에 적고 있는데 순서가 조금 다르다.

① 孔門의 제자 중에 升堂入室한 자가 72인이기 때문에 이렇게 편명을 붙인 것이다.
孔門弟子에 升堂入室者가 七十二人이라 故以此名篇하니라

顔回

38-1[1] 顔回 : 魯나라 사람이고 字는 子淵이다. 29세에 머리가 세었고 31세에 요절하였다. 공자는 "내가 안회를 얻은 뒤로 門人들이 날로 더욱 서로 친해졌다."라고 하였다.

안회는 德行으로 이름이 났고, 공자가 그의 仁을 칭찬하였다.[2]

---

1) 저본의 표제에 "증점이 沂水에서 목욕하다.〔曾點浴沂〕"라고 되어 있다.

2) 안회는……칭찬하였다 : 공자가 문하의 제자들을 두고 "덕행엔 안연, 민자건, 염백우, 중궁이다.〔德行 顔淵 閔子騫 冉伯牛 仲弓〕"라고 하였고, 공자가 안회에 대해서 "그 마음이 석 달 동안이나

顔回라 魯人이요 字子淵이라 年二十九而髮白하고 三十一早死^①라 孔子曰 自吾有回로 門人日益親^②이라하다 回以德行^③著名하고 孔子稱其仁焉^④이라

① 안회는 젊어서 죽은 것이다.

顔回少亡이라

② 부자가 안회를 얻고서부터 제자들이 날로 서로 친해진 것이다.

夫子得回하여 而弟子日相親이라

③ 頭註 : 行(행실)은 거성이다.

行은 去聲이라

④ 안회가 덕행이 있어 공자가 仁人이라고 칭찬한 것이다.

回有德行하여 孔子稱爲仁人이라

閔損

○ 閔損 : 노나라 사람이고 자는 子騫이다. 덕행으로 이름이 났고, 공자가 그의 孝를 칭찬하였다.[3]

○ 閔損이라 魯人이요 字子騫이라 以德行著名하고 孔子稱其孝焉^①이라

① 공자가 그의 효를 칭찬한 것이다.

孔子稱美其孝라

冉耕

○ 冉耕 : 노나라 사람이고 자는 伯牛이다. 덕행으로 이름이 났다. 惡疾(불치병)에 걸리자 공자가 "운명이구나!"라고 하였다.[4]

仁을 어기지 않았다.〔其心三月不違仁〕"라고 하였다. (≪論語≫〈先進〉, 〈雍也〉)

3) 공자가……칭찬하였다 : 공자가 민자건에 대해서 "효성스럽다 민자건이여! 남들이 그의 부모나 형제가 칭찬하는 말에 트집 잡지 못하는구나.〔孝哉閔子騫 人不間於其父母昆弟之言〕"라고 하였다. (≪論語≫〈先進〉)

4) 惡疾(불치병)에……하였다 : 염백우가 병에 걸리자, 공자가 문병할 때 남쪽 창문으로부터 그의

○ 冉耕이라 魯人이요 字伯牛라 以德行著名이라 有惡疾이어늘 孔子曰命也夫[1]라하니라

① 염경이 문둥병에 걸리자 부자가 말하기를 "모두 너의 운명이다."라고 한 것이다.
  耕有癩疾이어늘 夫子曰 皆汝命也라

○ 冉雍 : 자는 仲弓이고 伯牛의 宗族이다. 不肖한 아버지에게서 태어났지만 덕행으로 이름이 났다.[5]

○ 冉雍이라 字仲弓이요 伯牛之宗族[1]이라 生於不肖之父나 以德行著名[2]이라

冉雍

① 염백우 族人의 아들이다.
  伯牛族人之子라

② 중궁의 아버지는 현명하지 못하였지만 낳은 아들은 덕행이 있었던 것이다.
  仲弓之父不賢이로대 生子有德行이라

○ 宰予 : 자는 子我이고 노나라 사람이다. 말재주가 있었고 언어로 이름이 났다.[6]

○ 宰予라 字子我요 魯人이라 有口才하고 以言語著名[1]이라

宰予

① 口辯으로 명성을 얻은 것이다.
  以口辨得名이라

손을 잡고 말하기를, "이런 병에 걸릴 리가 없는데, 운명인가 보다. 이런 사람이 이런 병에 걸리다니![亡之 命矣夫 斯人也而有斯疾也]"라고 하였다.(≪論語≫〈雍也〉)

5) 不肖한……났다 : 중궁의 부친은 출신이 미천하고 행실이 좋지 않았는데, 공자가 중궁을 두고 "얼룩소의 새끼가 털이 붉고 뿔이 반듯하면 비록 제사 희생으로 쓰지 않고자 하더라도 산천의 신이 버려두겠는가.[犁牛之子 騂且角 雖欲勿用 山川其舍諸]"라고 하였다.(≪論語≫〈雍也〉)

6) 언어로……났다 : 공자가 문하의 제자들을 두고 "언어엔 재아와 자공이다.[言語 宰我 子貢]"라고 하였다.(≪論語≫〈先進〉)

○ 端木賜 : 자는 子貢이고 衛나라 사람이다. 말재주로 이름이 났다.[7]

○ 端木賜라 字子貢이요 衛人이라 有口才著名이라

○ 冉求 : 자는 子有이고 중궁의 친족이다. 才藝가 있었고 政事로 이름이 났다.[8]

○ 冉求라 字子有요 仲弓之族이라 有才藝하고 以政事著名이라

端木賜

○ 仲由 : 弁 땅 사람이고 자는 子路이다. 勇力과 才藝가 있었고 정사로 이름이 났다.[9]

○ 仲由라 弁人이요 字子路라 有勇力才藝하고 以政事著名이라

○ 言偃 : 노나라 사람이고 자는 子游이다. 문학으로 이름이 났다.[10]

○ 言偃이라 魯人이요 字子游라 以文學著名이라

○ 卜商 : 위나라 사람이고 자는 子夏이다. 문학으로 이름이 났다.

---

7) 말재주로……났다 : 자공은 말을 잘하여 교묘하게 꾸몄는데 공자가 항상 그의 변설을 꾸짖었다. (≪史記≫ 卷67 〈仲尼弟子列傳〉)

8) 才藝가……났다 : 季康子가 공자에게 염구가 정사에 참여할 만한 능력이 있는지 묻자, 공자가 "구(염구)는 재예가 있으니 정사에 참여하는 데 무슨 어려움이 있겠는가.〔求也藝 於從政乎何有〕"라고 하였고, 공자가 "정사엔 염유와 계로이다.〔政事 冉有 季路〕"라고 하였다.(≪論語≫ 〈雍也〉, 〈先進〉)

9) 勇力과……났다 : 공자가 "유(자로)는 과감하니 정사에 참여하는 데 무슨 어려움이 있겠는가.〔由 也果 於從政乎何有〕"라고 하였고, 또 공자가 자로에게 말하기를 "유는 용맹을 좋아함이 나보다 나으나, 사리를 헤아려 의리에 맞게 하지는 못한다.〔由也 好勇過我 無所取材〕"라고 하였고, 공자가 "정사엔 염유와 계로이다.〔政事 冉有 季路〕"라고 하였다.(≪論語≫ 〈公冶長〉, 〈雍也〉, 〈先進〉)

10) 문학으로……났다 : 공자가 "문학엔 자유와 자하이다.〔文學 子游 子夏〕"라고 하였다.(≪論語≫ 〈先進〉)

○ 卜商_{이라} 衛人_{이요} 字子夏_라 以文學著名_{이라}

○ 顓孫師 : 陳나라 사람이고 자는 子張이다. 용모와 자질이 뛰어나고 성품이 관대하고 온화하였다.

○ 顓孫師_라 陳人_{이요} 字子張_{이라} 有容貌姿質_{하고} 寬沖¹¹⁾_{이라}

○ 曾參 : 南武城 사람이고 자는 子輿이다. 뜻이 효도에 있었으므로 공자가 이로 인하여 ≪孝經≫을 짓게 하였다.

○ 曾參_{이라} 南武城人_{이요} 字子輿_라 志存孝道_라 孔子因之以作孝經^①_{하다}

① ≪효경≫은 증자를 통해 지어졌다.
　　孝經_은 因曾子而作_{이라}

○ 澹臺滅明 : 武城 땅 사람이고 자는 子羽이다. 군자다운 자태가 있었고¹²⁾ 사람됨이 공정하고 사사로움이 없었다.¹³⁾

○ 澹^①臺滅明_{이라} 武城人_{이요} 字子羽_라 有君子之姿_{하고} 爲人公正無私_라

① 頭註 : 澹(맑다)은 音이 談이다.
　　澹_은 音談_{이라}

澹臺滅明

11) 沖 : 慶長本에는 '重'으로 되어 있다.
12) 군자다운……있었고 : ≪史記≫〈仲尼弟子列傳〉에는 "담대멸명의 얼굴이 매우 추해서 공자에게 처음 가르침을 받으러 왔을 때 공자가 재주가 없다고 생각하였다."라고 하였으니, 이 내용과 대비가 된다.
13) 사람됨이……없었다 : 공자가 자유에게 인물을 얻었느냐고 묻자, 자유가 "담대멸명이라는 자가 있는데, 길을 다닐 적에 지름길로 가지 않고, 공적인 일이 아니면 일찍이 저의 집에 이른 적이 없습니다.〔有澹臺滅明者 行不由徑 非公事 未嘗至於偃之室也〕"라고 하였다.(≪論語≫〈雍也〉)

○ 高柴 : 齊나라 사람이고 자는 子羔이다. 사람됨이 독실하게 배우고 법도가 있었다.

○ 高柴라 齊人이요 字子羔라 爲人篤學而有法이라

○ 宓不齊(복부제) : 노나라 사람이고 자는 子賤이다. 單父(선보)의 宰가 되어 才智와 仁愛가 있었으므로 백성들이 차마 속이지 못하였다.[14]

○ 宓不齊라 魯人이요 字子賤이라 爲單①父宰하여 有才智仁愛하여 百姓不忍欺라

① 頭註 : 單(고을 이름)은 音이 善이다.
　 單은 音善이라

○ 樊須 : 노나라 사람이고 자는 子遲이다. 弱冠의 나이에 季氏에게서 벼슬하였다.

○ 樊須라 魯人이요 字子遲라 弱仕於季氏라

○ 有若 : 노나라 사람이고 자는 子有이다. 사람됨이 잘 기억하고[15] 옛날의 도를 좋아하였다.

○ 有若이라 魯人이요 字子有라 爲人彊識(지)①好古道라

① 頭註 : 識(기억하다)는 音이 志이다.
　 識는 音志라

○ 公西赤 : 노나라 사람이고 자는 子華이다. 관대를 두르고 조정에 서서 빈객을 대하는 위의에 익숙하였다.[16]

---

14) 單父(선보)의……못하였다 : ≪呂氏春秋≫〈察賢〉에 "宓子賤이 單父를 다스릴 적에 琴을 타기만 할 뿐 堂에서 내려가지 않는데도 선보가 잘 다스려졌다.〔宓子賤治單父 彈鳴琴 身不下堂而單父治〕"라고 하였다.

15) 잘 기억하고 : 원문의 '彊識'는 '强記'와 같은 말로 기억을 잘한다는 말이다.

○ 公西赤이라 魯人이요 字子華라 束帶立朝하여 閑賓客之儀라

○ 原憲 : 宋나라 사람이고 자는 子思이다. 성품이 맑고 깨끗하며 절의를 지켰고 가난했지만 도를 즐겼다.[17]

○ 原憲이라 宋人이요 字子思라 淸靜守節하고 貧而樂道라

○ 公冶長 : 노나라 사람이고 자는 子張이다. 사람됨이 수치를 잘 참았으므로, 공자가 딸을 그에게 시집보냈다.[18]

○ 公冶長이라 魯人[19]이요 字子長이라 爲人能忍恥라 孔子以女妻①之라

① 頭註 : 妻(시집보내다)는 거성이다.
　　妻는 去聲이라

○ 南宮韜 : 노나라 사람이고 자는 子容이다. 지혜로써 자신을 보전하여 세상이 맑으면 버려지지 않고 세상이 흐려도 더럽혀지지 않았으므로, 공자가 형의 딸을 그에게 시집보냈다.[20]

---

16) 관대를……익숙하였다 : 孟武伯이 공서적이 仁한지 묻자 공자가 "관대를 두르고 조정에 서서 빈객과 함께 말하게 할 만하지만 그가 仁한지는 모르겠다.〔束帶立於朝 可使與賓客言也 不知其仁也〕"라고 대답하였다.(≪論語≫〈公冶長〉)

17) 성품이……즐겼다 : 원헌은 공자가 죽은 뒤 은거하고 지냈는데, 위나라 재상으로 있던 자공이 화려한 복장을 하고 와서 초라한 행색의 원헌을 보고는 부끄러워하며 말하기를 "그대는 어찌하여 이렇게 병들었습니까?" 하니, 원헌이 대답하기를 "제가 듣기로 재물이 없는 것을 가난하다고 하고 道를 배웠으면서도 실천하지 않는 것을 병들었다고 합니다. 저는 가난한 것이지, 병든 것이 아닙니다."라고 하자 자공이 부끄러워서 돌아갔다고 한다.(≪史記≫ 卷67〈仲尼弟子列傳〉)

18) 사람됨이……시집보냈다 : ≪論語≫〈公冶長〉에 "공자가 공야장을 평하여 '사위 삼을 만하다. 비록 감옥에 갇혀 있지만, 그의 죄가 아니다.'라고 하고는 자기의 딸을 그에게 시집보냈다.〔子謂公冶長 可妻也 雖在縲絏之中 非其罪也 以其子妻之〕"라고 하였다.

19) 魯人 : ≪史記≫〈仲尼弟子列傳〉에는 '齊人'으로 되어 있다.

20) 지혜로써……시집보냈다 : ≪論語≫〈公冶長〉에 "공자가 남용을 평하여 '나라에 도가 있을 때는 쫓겨나지 않고 나라에 도가 없을 때는 형벌을 면할 것이다.'라고 하고는 형의 딸을 그에게 시집보냈다.〔子謂南容 邦有道不廢 邦無道免於刑戮 以其兄之子妻之〕"라고 하였다.

○ 南宮韜라 魯人이요 字子容이라 以智自將하여 世淸不廢하고 世濁不洿라 孔子以兄子妻之라

○ 公析哀 : 제나라 사람이고 자는 季沈이다. 절개를 굽혀 벼슬한 적이 없었으므로 공자가 그를 귀중하게 여겼다.[21]

○ 公析哀[22]라 齊人이요 字季沈[23]이라 未嘗屈節人臣이라 孔子貴之라

○ 曾點 : 曾參의 아버지로, 자는 子晳이다. 禮敎가 행해지지 않아 이를 정비하려고 하였으므로 공자가 훌륭하게 여겼다. ≪論語≫에 “沂水에서 목욕하고 舞雩 아래에서 바람 쐬고 싶다.”[24]라고 말한 사람이다.

○ 曾點이라 曾參父니 字子晳이라 禮敎不行하여 欲修之하니 孔子善焉하다 論語所謂浴乎沂하고 風乎舞雩之下라

○ 顔由 : 顔回의 아버지이니 자는 季路이다. 공자가 闕里[25]에서 처음 학문을 가르칠 때에 수학하였다.

○ 顔由라 顔回父니 字季路라 孔子始敎學於闕里할새 而受學이라

○ 商瞿 : 노나라 사람이고 자는 子木이다. ≪周易≫을 좋아하였으므로 공자가 그에게 전하여 기록하게 하였다.[26]

---

21) 절개를……여겼다 : 공자가 공석애를 평하여 “천하에 道가 행해지지 않아 대부분 家臣이 되거나 도성에서 벼슬하였지만 季次(공석애)만은 벼슬한 적이 없었다.”라고 하였다.(≪史記≫ 卷67 〈仲尼弟子列傳〉)

22) 公析哀 : ≪史記≫ 〈仲尼弟子列傳〉에는 ‘公皙哀’로 되어 있다.

23) 季沈 : ≪史記≫ 〈仲尼弟子列傳〉에는 ‘季次’로 되어 있다.

24) 沂水……싶다 : ≪論語≫ 〈先進〉에 “너의 포부를 말해보아라.”라는 공자의 질문에 답한 말이다.

25) 闕里 : 山東省 曲阜縣에 있는 공자의 출생지로, 공자가 제자들을 가르치던 곳이다.

26) 주역을……하였다 : ≪史記≫ 〈仲尼弟子列傳〉에 “공자가 상구에게 ≪周易≫을 전수하였고 상구는 초나라 사람 馯臂子弘(간비자홍)에게 전수하였다.”라고 하였다.

○ 商瞿라 魯人이요 字子木이라 好易이라 孔子傳之하여 志焉이라

○ 漆雕開 : 蔡나라 사람이고 자는 子若이다. ≪尙書≫를 잘 알았고, 벼슬하는 것을 즐거워하지 않았다.[27)]

○ 漆雕開라 蔡人이요 字子若이라 習尙書하고 不樂仕라

○ 公良孺 : 陳나라 사람이고 자는 子正이다. 현명하면서도 용맹하였다.

○ 公良孺라 陳人이요 字子正이라 賢而有勇이라

○ 秦商 : 노나라 사람이고 자는 不慈이다.

○ 秦商이라 魯人이요 字不慈라

○ 顔刻 : 노나라 사람이고 자는 子驕이다.

○ 顔刻이라 魯人이요 字子驕라

○ 司馬黎耕 : 송나라 사람이고 자는 子牛이다. 성격이 조급하고 말을 하는 것을 좋아하였다.[28)] 형인 桓魋가 악행을 저지르는 것을 보고 자우가 늘 근심하였다.[29)]

---

27) 벼슬하는……않았다 : ≪論語≫ 〈公冶長〉에 "공자가 칠조개에게 벼슬하라고 권하자, 그가 대답하기를 '저는 벼슬하는 것에 대해 자신할 수 없습니다.' 하니, 공자가 기뻐하였다.〔子使漆雕開仕 對曰 吾斯之未能信 子說〕"라고 하였는데, 程子의 주에 "칠조개가 이미 大意를 보았기 때문에 기뻐한 것이다."라고 하였다.

28) 성격이……좋아하였다 : ≪論語≫ 〈顔淵〉에 사마우가 仁에 대해 묻자, 공자가 "어진 사람은 말을 신중하게 한다.〔仁者 其言也訒〕"라고 하였는데, 주희의 주에 "공자가 사마우가 말이 많고 성격이 조급하기 때문에 이렇게 말하여 말을 삼가게 한 것이다."라고 하였다.

29) 형인……근심하였다 : ≪論語≫ 〈顔淵〉에 사마우가 군자에 대해 묻자, 공자가 "군자는 근심하지 않고 두려워하지 않는다.〔君子不憂不懼〕"라고 하였는데, 주희의 주에 "형인 司馬向魋, 즉 桓魋가 난리를 일으켜서 그가 늘 근심하고 두려워하였으므로 이렇게 일러준 것이다."라고 하였다.

○ 司馬黎耕_{이라} 宋人_{이요} 字子牛_라 爲性躁好言語_라 見兄桓魋^①行惡_{하고} 牛常憂之_라

① 頭註：魋(사람 이름)는 徒와 回의 반절이다.
　　魋는 徒回切_{이라}

○ 巫馬期 : 陳나라 사람이고 자는 子期이다.

○ 巫馬期_라 陳人_{이요} 字子期_라

○ 梁鱣(양전) : 齊나라 사람이고 자는 叔魚이다.

○ 梁鱣_{이라} 齊人_{이요} 字叔魚_라

○ 琴牢 : 衛나라 사람이다. 자는 子開이고 다른 자는 張이다.

○ 琴牢_라 衛人_{이라} 字子開_요 一字張_{이라}

○ 冉儒 : 魯나라 사람이고 자는 子魚이다.

○ 冉儒_라 魯人_{이요} 字子魚_라

○ 顔辛 : 魯나라 사람이고 자는 子柳이다.

○ 顔辛_{이라} 魯人_{이요} 字子柳_라

○ 伯虔 : 字는 楷이다.

○ 伯虔_{이라} 字楷_라

○ 公孫寵 : 衛나라 사람이고 자는 子石이다.

○ 公孫寵이라 衛人이요 字子石이라

○ 曹邺(조휼)³⁰⁾

○ 曹邺이라

○ 陳亢(진항) : 陳나라 사람이다. 자는 子亢이고 다른 자는 子禽이다.

○ 陳亢이라 陳人이라 字子亢^①이요 一字子禽이라

① 頭註 : 亢(높다)은 音이 剛이다.
　　亢은 音剛이라

○ 叔仲會 : 魯나라 사람이고 자는 子期이다.

○ 叔仲會라 魯人이요 字子期라

○ 秦祖 : 자는 子南이다.

○ 秦祖라 字子南이라

○ 奚蒧(해점) : 자는 子偕이다.

○ 奚蒧이라 字子偕라

○ 公祖玆 : 자는 子之이다.

○ 公祖玆라 字子之라

---

30) 曹邺(조휼) : ≪史記≫〈仲尼弟子列傳〉에는 자가 '子魯'라고 되어 있다.

○ 廉潔 : 자는 子曹이다.

○ 廉潔이라 字子曹라

○ 公西與 : 자는 子上이다.

○ 公西與라 字子上이라

○ 宰父黑 : 자는 子黑이다.

○ 宰父黑이라 字子黑이라

○ 公西減 : 자는 子尙이다.

○ 公西減이라 字子尙이라

○ 穰駟赤 : 자는 子從이다.

○ 穰駟赤이라 字子從이라

○ 冉季 : 자는 子産이다.

○ 冉季라 字子産이라

○ 薛邦 : 자는 子從이다.

○ 薛邦이라 字子從이라

○ 石處 : 자는 里之이다.

○ 石處라 字里之라

○ 懸亶(현단) : 자는 子象이다.

○ 懸亶이라 字子象이라

○ 左郢 : 자는 子行이다.

○ 左郢이라 字子行이라

○ 狄黑 : 자는 哲之이다.

○ 狄黑이라 字哲之라

○ 商澤 : 자는 子秀이다.

○ 商澤이라 字子秀라

○ 任不齊 : 자는 子選이다.

○ 任不齊라 字子選이라

○ 榮祈 : 자는 子祺이다.

○ 榮祈라 字子祺라

○ 顔噲(안쾌) : 자는 子聲이다.

○ 顔噲①라 字子聲이라

① 頭註 : 噲는 苦와 怪의 반절이다.
　噲는 苦怪切이라

○ 原桃 : 자는 子藉이다.

○ 原桃라 字子藉[31]라

○ 公肩 : 자는 子仲이다.

○ 公肩이라 字子仲이라

○ 秦非 : 자는 子之이다.

○ 秦非라 字子之라

○ 漆雕從 : 자는 子文이다.

○ 漆雕從이라 字子文이라

○ 燕級 : 자는 子思이다.

○ 燕級이라 字子思라

○ 公夏守 : 자는 子乘이다.

○ 公夏守라 字子乘이라

○ 勾井疆[32]

○ 勾井疆이라

---

31) 藉 : 慶長本과 四部叢刊本에는 '籍'으로 되어 있다.
32) 勾井疆 : 四部叢刊本에는 자가 '子疆'이라고 되어 있다.

○ 步叔乘 : 자는 子車이다.

○ 步叔乘이라 字子車라

○ 石字蜀 : 자는 子明이다.

○ 石字³³⁾蜀이라 字子明이라

○ 邦選 : 자는 子斂이다.

○ 邦選이라 字子斂이라

○ 施之常³⁴⁾

○ 施之常이라

○ 申績 : 자는 子周이다.

○ 申績이라 字子周라

○ 樂欣 : 자는 子聲이다.

○ 樂欣이라 字子聲이라

○ 顔之僕 : 자는 子叔이다.

○ 顔之僕이라 字子叔이라

---

33) 字 : 江陵本과 慶長本, 四部叢刊本에는 '子'로 되어 있고, ≪史記≫〈仲尼弟子列傳〉에는 '作'으로 되어 있다.

34) 施之常 : 시지상의 자는 四部叢刊本에는 '子常'으로, ≪史記≫〈仲尼弟子列傳〉에는 '子恒'으로 되어 있다.

○ 孔弗 : 자는 子蔑이다.

○ 孔弗이라 字子蔑①이라

① 공자 형의 아들이다.
　孔子兄之子라

○ 漆雕侈 : 자는 子斂이다.

○ 漆雕侈라 字子斂이라

○ 懸成 : 자는 子橫이다.

○ 懸成이라 字子橫이라

○ 顔相 : 자는 子襄이다.

○ 顔相이라 字子襄이라

○ 위 72제자는 모두 승당입실한 자이다.

○ 右七十二弟子는 皆升堂入室者라

제39편 本姓에 대한 해설 本姓解 第三十九[①]

孔氏 姓의 기원을 설명한 편이기에, 편명을 '本姓解'로 삼았다. 帝乙부터 微子 啓 등을 거쳐 공자의 아버지 叔梁紇에 이르기까지 공자의 家系를 간략하게 기록하고, 다시 공자의 탄생과 아들 鯉가 태어날 때의 일에 관해 기록하였다. 그리고 공자가 六經을 찬술한 경위와 이를 통해 가르침을 남겨 후세에 본보기가 되었고 3천여 명의 제자들을 두었으므로 素王의 칭호에 걸맞다고 한 子輿의 평가를 실어, 공자 先代에서부터 공자 당대의 일, 그리고 공자 후대에 끼친 영향까지 통시적으로 기술하였다.

① 이 편은 孔氏 성의 기원을 논하였기 때문에 '本姓'이라고 편명을 붙인 것이다.
此篇은 論孔姓源流라 故以本姓名篇하니라

39-1[1)] 공자의 선조는 宋나라의 후손이다. 微子 啓[2)]는 帝乙[3)]의 맏아들로 조정에 들어가 紂王의 卿士가 되었다. 微는 國名이고 子는 爵號이다. 周公이 成王을 도와 섭정할 때에 미자를 殷나라의 후예로 명하고 宋나라에 封해주었다. 미자의 아우는 微仲이라고 하는데 宋公을 낳았고 송공 이후로 대대로 송나라의 경사가 되었다. 正考甫를 낳았고 考父(正考甫)가 孔父嘉[4)]를 낳았고 5代 뒤에 孔을 氏로 삼았다.[5)]

---

1) 저본의 표제에 "공자의 혈족[孔子族]"이라고 되어 있다. 慶長本에는 '공자의 씨족[孔子氏族]'이라고 되어 있다.

2) 微子 啓 : 商나라의 마지막 왕인 紂의 同母 庶兄이다. 周나라 초기에 미자 계를 송나라의 제후로 봉해서 상나라의 제사를 받들게 했는데, 그 뒤에 政事가 쇠하여 禮樂이 날로 무너졌다. 7세인 戴公 때에 이르러 正考父가 주나라 太師에게 상나라의 頌 12편을 얻어 돌아와서 그 선왕을 제사 지냈는데, 공자가 ≪詩經≫을 刪述할 적에 이것을 끝에다가 편입시켰다.(≪詩經≫〈商頌序〉)

3) 帝乙 : 상나라의 임금으로, 太丁의 아들이고, 紂王의 아버지다.

4) 孔父嘉 : 춘추시대 宋나라의 上卿이다. 華父(화보)의 난리 때 죽음을 당해 그 후손이 魯나라로 망명하였다.

孔子之先은 宋之後也[①]라 微子啓는 帝乙之元子니 入爲王卿士[②]라 微는 國名[③]이요 子는 爵[④]이라 周公相成王할새 命微子於殷後[⑤]하고 與國于宋[⑥]이라 弟號微仲하니 生宋公[⑦]하고 宋公世爲宋卿[⑧]이라 生正考甫[⑨]하고 考父生孔父嘉하고 五世後에 以孔爲氏焉[⑩]하다

① 공자의 조상은 송나라의 후손이다.

孔子上祖는 宋國之後라

② 미자는 이름이 啓인데 조정에 들어가 은나라 왕의 卿士가 된 것이다.

微子는 名啓니 入爲殷王卿士라

③ 微는 國號이다.

微者는 國之號也라

④ 子는 爵號이다.

子者는 爵號也라

⑤ 성왕이 미자에게 명하여 은나라의 뒤를 계승하게 한 것이다.

成王命微子하여 繼殷後라

⑥ 宋을 국호로 준 것이다.

國號宋이라

⑦ 미자의 아우 微仲이 宋公을 낳은 것이다.

微子弟微仲이 生宋公이라

⑧ 대대로 송나라의 경사가 된 것이다.

世世爲宋國卿이라

⑨ 송공이 正考甫를 낳은 것이다.

宋公生正考甫라

⑩ 孔父嘉 5代 뒤에 마침내 孔을 姓으로 삼은 것이다.

孔父嘉五世後에 遂以孔爲姓이라

39-2[6)] 叔梁紇(숙량흘)은 그의 첩이 孟皮를 낳았는데 맹피의 다른 字는 伯尼이

---

5) 5代……삼았다 : 氏族을 삼는 방법에는 여러 가지 있는데, 四部叢刊本에는 "5대가 지나면 친속관계가 다하여 公族이 되기 때문에 뒤에 孔을 氏로 삼은 것이다."라고 하였고, ≪春秋左氏傳≫ 隱公 8년 조의 杜預 注에는 "제후의 아들은 公子라 칭하고 公子의 아들은 公孫이라 칭하는데, 공손의 아들은 다시 공손이라 칭할 수 없기 때문에 그 王父의 字를 氏로 삼는다."라고 하였다.

6) 저본의 표제에 "伯魚를 낳다.〔生伯魚〕"라고 되어 있다.

다. 顔氏에게 求婚하여[7] 尼丘山[8]에서 기도
하여 공자를 낳았다. 〈공자는〉19세에 송
나라 井官氏[9]에게 장가들어 伯魚를 낳았는
데 魯 昭公이 공자에게 잉어를 하사하였다.
임금의 선물을 영광스럽게 여겼으므로 이
로 인하여 이름을 鯉라고 하고 자를 伯魚라
고 하였다. 백어는 50세에 공자보다 먼저
죽었다.

孔鯉

叔梁紇[①]은 其妾生孟皮하니 一字伯尼[②]라 求婚顔氏[③]하여 禱尼丘之山하여 生孔子[④]라 十九娶
于宋之井官氏하여 生伯魚[⑤]한대 魯昭公以鯉魚賜孔子하니 榮君之貺이라 故因名曰鯉요 而字伯
魚[⑥]라하다 魚年五十에 先孔子卒[⑦]하다

① 孔氏의 몇 대 뒤는 숙량흘이다.

　　孔氏數世는 其叔梁紇이라

② 숙량흘의 첩이 伯尼를 낳은 것이다.

　　梁紇妾生伯尼라

③ 숙량흘이 또 顔氏에게 장가를 든 것이다.

　　梁紇又娶顔氏라

④ 尼丘山의 神에게 기도하여 드디어 공자를 낳은 것이다.

　　祈禱尼丘之山神하여 遂生孔子라

⑤ 부자 나이 19세에 井官氏에게 장가들어 이에 백어를 낳은 것이다.

　　夫子十九歲에 娶井官氏하여 乃生伯魚라

⑥ 부자가 백어를 낳았는데 마침 魯 昭公이 잉어를 주었다. 부자가 임금께서 하사한 것을
영화롭게 여겼으므로 이름을 鯉라고 하고 자를 백어라고 한 것이다.

　　夫子生伯魚할새 方值魯昭公以鯉賜어늘 夫子以君所惠爲榮이라 故名曰鯉요 字伯魚라

---

7) 顔氏에게 求婚하여 : 공자의 아버지인 숙량흘은 9명의 딸이 있었지만 아들이 없었다. 그래서
첩에게서 孟皮라는 아들을 얻었는데 발병이 있었으므로 다시 안씨에게 구혼한 것이다.(≪孔子
家語≫ 四部叢刊本)

8) 尼丘山 : 山東省 曲阜縣 동남쪽에 위치한 산명이다. 이 산에서 기도하여 공자를 낳았으므로, 공
자의 이름을 丘, 자를 仲尼라고 했다 한다.

9) 井官氏 : 공자가 장가든 곳은 '丌官氏', '亓官氏', '幷官氏', '井官氏', '开官氏', '上官氏' 등 書種과 판
본에 따라 다르게 기록되어 있다. 江陵本은 '幷官氏', 慶長本은 '井官氏'로 되어 있다.

⑦ 백어는 50세에 죽었는데 그 죽음이 그의 아버지보다 앞선 것이다.

伯魚五十歲死_{하니} 在其父先_{이라}

39-3¹⁰⁾ 齊나라 太史인 子與가 南宮敬叔에게 말하였다.

"공자는 주나라가 쇠퇴할 때에 태어나 先王의 典籍이 뒤섞여 체계가 없자 百家가 남긴 기록을 가지고 그 뜻을 상고하여 바로잡았습니다. 그리하여 堯임금과 舜임금의 道를 근본으로 삼아 서술하고 文王과 武王을 본받았으며, ≪詩≫를 刪削하고¹¹⁾ ≪書≫를 찬술하였으며,¹²⁾ 禮를 확정하고 樂을 정리하였으며,¹³⁾ ≪春秋≫를 짓고¹⁴⁾ ≪周易≫의 도를 밝혔습니다.¹⁵⁾ 이것으로 후세 사람들에게 가르침을 남겨 法式으로 삼게 하였으니 그 文德이 밝게 드러났습니다. 그가 가르친 사람 중에 束脩의 禮¹⁶⁾로 찾아온 이가 3천여 명이었으니, 혹시 하늘이 장차 素王의 칭호를 주려는 것일까요? 어찌 그리도 훌륭하단 말입니까."

齊太史子與_가 謂南宮敬叔曰 孔子生於衰周^①_{하여} 先王典籍^②_이 錯亂無紀^③_{어늘} 而乃論百家之遺記_{하여} 考正其義^④_{하여} 祖述堯舜^⑤_{하고} 憲章文武^⑥_{하며} 刪詩述書^⑦_{하고} 定禮理樂^⑧_{하고} 制作

---

10) 저본의 표제에 "堯임금과 舜임금의 道를 근본으로 삼아 서술하고 文王과 武王을 본받다.〔祖述堯舜 憲章文武〕"라고 되어 있다.

11) 詩를 刪削하고 : 공자가 고대의 시 3,000여 편에서 중복된 것을 제거하고 禮義에 적용할 만한 것을 305편으로 간추렸다.(≪史記≫ 卷47 〈孔子世家〉)

12) 書를 찬술하였으며 : 공자가 聖道를 닦고 성인을 드러낼 목적으로 번다한 것을 제거하고 요점만을 간추려 唐虞(요순)시대부터 秦나라와 魯나라 때까지 5대의 역사 총 100편을 찬술하였다. (≪尙書正義≫ 〈尙書正義序〉)

13) 禮를……정리하였으며 : 공자가 史籍이 번다함을 보고는 읽는 자들의 관점이 같지 않을까 염려하여 禮와 樂을 정리하여 옛 典章을 밝혔다.(≪尙書正義≫ 〈尙書序〉)

14) 春秋를 짓고 : 노나라에 원래 ≪春秋≫라는 역사책이 있었는데, 공자가 이것을 따라 ≪춘추≫를 지으면서 기록할 만한 것은 그대로 두고 삭제할 만한 것은 삭제하였다.(≪史記≫ 卷47 〈孔子世家〉)

15) 周易의……밝혔습니다 : 공자가 만년에 ≪周易≫을 좋아하여 〈序卦〉, 〈象傳〉, 〈繫辭〉, 〈象傳〉, 〈說卦〉, 〈文言〉을 짓고, ≪주역≫을 많이 읽어서 책을 맨 가죽 끈이 세 번이나 끊어졌다고 하였다.(≪史記≫ 卷47 〈孔子世家〉)

16) 束脩의 禮 : 脯肉 등의 예물을 가지고 처음 스승을 뵙는 예절을 말한다. 脩는 脯이고 束은 10개로, 속수는 가장 값싼 예물이었다. ≪論語≫ 〈述而〉에 "속수 이상을 가지고 와서 執贄의 禮를 행한 자는 내가 한 번도 가르쳐주지 않은 적이 없었다.〔自行束脩以上 吾未嘗無誨焉〕"라고 한 공자의 말이 나온다.

春秋^⑨하고 讚易道^⑩하여 垂訓後嗣하여 以爲法式^⑪하니 其文德著矣^⑫라 凡所教誨에 束脩已上이 三千餘人^⑬이니 或者天將與素王乎^⑭아 夫何其盛也^⑮오하니라

① 태사가 경숙에게 말하기를 "부자는 주나라 말엽에 태어났습니다."라고 한 것이다.
    太史與敬叔言 夫子生在周末之世라

② 先聖의 서적이다.
    先聖書籍이라

③ 뒤섞여 체계가 없는 것이다.
    紛錯無統紀라

④ 부자가 백가가 남긴 전적을 가져다가 그 의리를 考證한 것이다.
    夫子將百家所存之典하여 考證其義理라

⑤ 요임금과 순임금의 道를 근본으로 하여 서술한 것이다.
    本述堯舜之道라

⑥ 문왕과 무왕을 드러내 본받은 것이다.
    彰法文王武王이라

⑦ ≪毛詩≫를 산삭하여 300편으로 정리하고 ≪尙書≫를 찬술하여 32편으로 만든 것이다.
    芟去毛詩하여 定爲三百篇하고 纂述尙書하여 爲三十二¹⁷⁾篇이라

⑧ 典禮를 고증하여 확정하고 樂을 정리한 것이다.
    證定典禮하고 修治惟樂이라

⑨ ≪春秋≫의 經文을 지은 것이다.
    作春秋經이라

⑩ 十翼 등의 글을 지어 ≪周易≫의 도를 밝힌 것이다.
    作十翼等書하여 以明周易之道라

⑪ 후세 사람들에게 가르침을 남겨 법식으로 삼게 한 것이다.
    垂教後人하여 使爲法式이라

⑫ 文德이 밝게 드러난 것이다.
    文德彰明이라

⑬ 부자가 가르친 제자 중에서 束脩의 예로 찾아뵈었다고 명명할 수 있는 자가 3천여 명이라는 것이다.
    夫子教弟子로 名以束脩禮見者가 三千餘人이라

---

17) 二 : 慶長本에는 '三'으로 되어 있다.

⑭ "아마도 하늘이 부자를 素王으로 삼으려는 것인가."라고 한 것이다. 덕은 있는데 지위
가 없는 것을 '素'라고 한다.

或者上天欲以夫子爲素王가 有德無位曰素라

⑮ 어찌하여 이렇게 훌륭하냐는 것이다.

何如此之盛고

제40편 죽음을 기록한 것에 대한 해설
終記解 第四十^①

공자가 臨終할 때의 정황과 哀公의 誄文을 기록한 편이기에, 편명을 '終記解'로 삼 았다. 공자는 王道를 숭상하고 禮로써 다스릴 것을 주장하면서 천하를 周遊하였지만 아무도 그를 등용하지 않았다. 공자가 죽자 哀公이 공자를 위해 誄文을 지었는데, 子 貢은 살아서는 등용하지 않다가 죽은 뒤에야 글을 짓는 것은 예가 아니라고 비판하였 다. 공자가 죽은 뒤에 공자의 제자들은 스승을 깊이 존경하여 心喪 三年을 하였고, 공 자의 무덤 근처에는 사람들이 모여들어 마을을 이루었다.

① 부자가 임종할 때의 일을 말하였으므로 이로 인하여 편명을 붙인 것이다.
言夫子終事라 因以名篇하니라

40-1¹⁾ 공자가 일찍 일어나 뒷짐을 지고²⁾ 지팡이를 끌면서 문에서 배회하면서 노 래하였다.

"泰山이 무너지려나 보다. 들보가 부러지려나 보다. 哲人이 衰落하려나 보다."

노래를 마치고 들어가자, 자공이 이 노래를 듣고 말하였다.

"태산이 무너지면 내가 무엇을 우러러 보겠는가. 들보가 부러지면 내가 어디에 의지하겠는가. 철인이 쇠락하면 내가 누구에게 기대겠는가. 부자께서 아마도 병이 나시려나 보다."

---

1) 저본의 표제에 "두 기둥 사이에서 祭需를 받는 꿈을 꾸다.〔夢奠兩楹之間〕", "공자가 죽을 때 나이 가 72세였다.〔孔子死年七十二〕"라고 하였다.
2) 뒷짐을 지고 : 원문의 '負手'는 뒷짐을 지는 것을 뜻한다. ≪禮記集說大全≫〈檀弓 上〉의 주석에 '負手'를 '손을 뒤집어 뒤로 하는 것〔反手却後〕'이라고 풀이하였다.

마침내 종종걸음으로 들어갔는데, 부자가 탄식하며 말하였다.

"賜야! 너는 어찌 이렇게 늦게 왔느냐? 내가 어제 두 기둥 사이에 앉아서 祭需를 받는 꿈을 꾸었다. 夏后氏는 동쪽 계단 위에 빈소를 차렸으니 오히려 阼階에 두어 〈주인으로 대우한 것이고,〉 은나라 사람은 두 기둥 사이에 빈소를 차렸으니 바로 賓客과 주인의 중간으로 대우한 것이고, 주나라 사람은 서쪽 계단 위에 빈소를 차리니 오히려 빈객으로 대우하는 것이다. 나는 바로 은나라 사람이다. 훌륭한 임금이 나오지 않으니 천하 사람들 중 누가 나의 도를 높일 수 있겠느냐. 내가 죽을 때가 되었다."

마침내 병석에 누웠는데 7일 만에 죽으니, 이때 나이가 72세였다. 노나라 성 북쪽 泗水[3] 가에서 장례를 치렀는데, 제자들은 삼년상을 마치고 떠났지만 자공만은 묘소 곁에 廬幕을 짓고 6년 동안 거처하였다. 이후로 제자들과 노나라 사람들이 집에서 거처하듯 묘소 곁에서 거처한 家戶가 100여 家였다. 이로 인하여 이 마을을 孔里라고 하였다.

孔子蚤作[1]하여 負手曳杖[2]하여 逍遙於門[3]하여 而歌曰 泰山其頹乎[4]인저 梁木其壞乎[5]인저 喆[6]人其萎乎[7]인저 旣歌而入[8]이어늘 子貢聞之[9]曰 泰山其頹면 則吾將安仰[10]이리오 梁木其壞면 吾將安杖[11]이리오 哲人其萎면 吾將安放[12]이리오 夫子殆將病也[13]로다하고 遂趨而入[14]한대 夫子歎曰 賜아 汝來何遲[15]오 予疇昔에 夢坐奠於兩楹之間[16]호니 夏后氏는 殯於東階之上하니 則猶在阼[17]요 殷人은 殯於兩楹之間하니 卽與賓主夾之요 〔周人〕[4] 殯於西階之上하니 則猶賓之[18]로대 而丘也는 卽殷人[19]이라 夫明王不興이어니 則天下孰能宗余[20]리오 余逮將死[21]라하고 遂寢病七日而終하니 時年七十二矣[22]러라 葬於魯城北泗水上[23]하니 二三子三年喪畢[24]호대 惟子貢廬於墓六年[25]이라 自後群弟子及魯人處於墓如家者가 百有餘家[26]하니 因名曰孔里焉[27]이라하다

① 부자가 일찍 일어난 것이다.

夫子早起라

② 손을 등 뒤로 지는 것을 負라고 한다. 曳는 지팡이를 끄는 것이다.

---

3) 泗水 : 山東省 曲阜縣을 지나는 강 이름으로, 공자의 고향이다. 공자가 泗水와, 사수의 지류인 洙水 사이에서 제자들을 데리고 학문을 강론하였기 때문에 후에 두 강을 합하여 儒家를 일컫게 되었다. 《禮記》〈檀弓 上〉에 "내가 그대들과 洙水와 泗水 사이에서 선생님을 섬겼다."라고 한 曾子의 말이 보인다.

4) 〔周人〕 : 저본에는 없으나, 四庫全書本과 漢文大系本에 의거하여 '周人'을 보충하여 번역하였다.

夢奠兩楹

   以手搭肩曰負요 曳者는 拖其杖也라

③ 문 앞에서 배회한 것이다.
   徜徉於門前이라

④ 노래하기를 "태산이 무너지려나 보다."라고 한 것이다.
   歌曰 泰山將傾崩이라

⑤ 기둥 위 들보가 부러지겠다는 것이다.
   柱上梁木將摧라

⑥ 頭註 : 喆(밝다)은 哲과 같은 뜻이다.
   喆은 與哲同이라

⑦ 명철한 사람이 困乏하겠다는 것이다.
   明哲之人이 其困頓乎인저

⑧ 노래를 마치고 문으로 들어간 것이다.
   歌畢入門去라

⑨ 자공이 이 노래를 들은 것이다.
   子貢聞其歌라

⑩ 자공이 말하기를 "태산이 무너진 뒤에는 내가 무엇을 우러러 보겠는가."라고 한 것이다.
   子貢曰 泰山已崩엔 我何所仰望이리오

⑪ 들보가 부러진 뒤에는 내가 어디에 의지하겠느냐는 것이다.

梁木旣壞엔 我何所倚賴리오

⑫ 철인이 죽은 뒤에는 내가 누구에게 기대겠느냐는 것이다.

哲人已死엔 我何所倚放이리오

⑬ 부자께서 병이 나시겠다는 것이다.

夫子將有疾이라

⑭ 마침내 들어가 부자를 뵌 것이다.

遂入見夫子라

⑮ 부자가 탄식하면서 자공에게 말하기를 "너는 어찌하여 늦게 왔느냐?"라고 한 것이다.

夫子歎息하여 謂子貢曰 爾何來之遲오

⑯ 내가 어젯밤에 두 기둥 사이에 앉아서 남에게 祭需를 받는 꿈을 꾸었다는 것이다.

我昨夜에 夢坐兩楹之中하여 受人祭奠이라

⑰ 하나라 때에 죽은 사람은 동쪽 계단의 주인 자리에 靈柩를 둔 것이다.

夏時死者는 置柩於東階主位라

⑱ 은나라 사람으로 죽은 자는 빈객과 주인의 두 기둥 사이에 靈柩를 두고, 〈주나라 사람으로 죽은 자는〉 서쪽 계단 위 빈객 자리에 둔다는 것이다.

殷人死者는 置柩在賓主兩柱之中하고 在西階之上客位라

⑲ 부자가 말하기를 "나는 은나라 사람이다."라고 한 것이다.

夫子曰 我殷人也라

⑳ 지금 훌륭한 임금이 없으니 천하 사람들 중 누가 나의 도를 높일 수 있겠느냐는 말이다.

言當時無明王하니 天下之人이 孰能尊吾道리오

㉑ 내가 곧 죽겠다고 한 것이다.

我次第死라

心喪廬墓

㉒ 부자가 마침내 병석에 누웠는데 7일 만에 죽으니 나이가 72세였다.

夫子遂寢疾한대 七日而死하니 年七十二라

㉓ 泗水 가에 부자를 장사 지낸 것이다.

葬夫子於泗水上이라

㉔ 제자들이 삼년상을 다 마친 것이다.

群弟子三年喪已終矣라

㉕ 자공만은 부자의 묘소 곁에서 여막을 짓고 6년을 거처한 것이다.

獨子貢結廬於夫子墓傍六年이라

㉖ 이후로 제자들과 노나라 사람들 중에 부자의 묘소 곁에 거처한 가호가 100여 家였던 것이다.

自後衆弟子及魯國人居於夫子墓側者가 百有餘家라

㉗ 그 지역을 孔里라고 한 것이다.

名其地爲孔里라

40-2[5]) 哀公이 공자를 위해 誄文을 지었다.

"하늘이 돌보지 않아 老成한 한 사람을 잠시 세상에 남겨서 나 한 사람을 도와 君位에 있게 하지 않았으니, 외롭고 외로워 내가 병이 난 듯하다. 아, 슬프도다. 尼父여, 내가 법으로 삼을 것이 없게 되었구나."

그러자 이에 대해 자공이 말하였다.

"哀公은 아마 魯나라에서 죽지 못할 것이다.[6]) 부자께서 말하기를 '禮를 잃으면 이치에 어둡고 名分을 잃으면 잘못을 저지르게 된다.'라고 하셨으니, 뜻을 잃으면 이치에 어둡게 되고 마땅한 바를 잃으면 잘못을 저지르게 되는 것이다. 살아서는 등용하지 않다가 죽어서야 誄文을 지은 것은 禮가 아니고, 한 사람이라고 말한 것은 올바른 명칭이 아니다. 임금은 이 두 가지를 잘못한 것이다."

哀公誄曰 昊天不弔하여 不憖(은)遺一老[①]하여 俾屛余一人以在位하니 煢煢余在疚[②]라 於乎

---

5) 이 부분은 四部叢刊本을 저본으로 하였다.

6) 哀公은……것이다 : ≪春秋左氏傳≫ 哀公 27년에 哀公이 三桓의 威勢가 커짐을 걱정하여 越나라를 이용해 魯나라를 쳐서 三桓을 제거하려 하여, 公孫 有陘氏의 집으로 갔는데 기회가 여의치 않아 邾나라로 갔다가 드디어 越나라로 도망간 일이 있었는데, 杜預의 注에 "애공은 魯나라에서 죽지 못할 것이라고 한 자공의 말과 같이 되었다."라고 하였다.

哀哉라 尼父여 無自律③이로다 子貢曰 公其不沒於魯乎인저 夫子有言曰 禮失則昏하고 名失則慝이라하니 失志爲昏하고 失所爲慝이라 生不能用하고 死而誄之는 非禮也요 稱一人은 非名④이니 君兩失之矣로다

① 弔는 좋게 여긴다는 뜻이다. 慭은 '원한다'라는 뜻과, '잠시'라는 뜻을 함께 포함하고 있다. 一老는 공자이다. 慭은 魚와 僅의 反切이다.

弔는 善也요 慭은 願이요 且라 一老는 孔子也라 慭은 魚僅切이라

② 疚는 병이라는 뜻이다.

疚는 病이라

③ 父는 丈夫의 공개적인 칭호이다. 律은 法이니, 스스로 법을 삼을 것이 없다는 말이다.

父는 丈夫之顯稱이라 律은 法이니 言無以自爲法이라

④ 一人은 천자의 칭호이다.

一人은 天子之稱也라

제41편 正論에 대한 해설 正論解 第四十一①

공자가 당시의 인물과 언행에 대해 바르게 기술한 편이기에, 편명을 '正論解'로 삼았다. 여기서 正論이란 명분을 바로잡는[正名] 것으로 사회의 질서를 바로잡고 사회의 관계를 올바르게 규범 짓는 것을 말한다. 이 편은 대부분 먼저 역사적 사건이나 인물의 언행을 서술하고, 그 다음으로 이에 대한 공자의 평가를 서술하였다. 정치·사회 문제에 대한 공자의 견해가 많이 남아 있어, 공자의 정치사상을 연구하기에 더없이 좋은 자료이다.

① 이 편은 모두 正道를 말했기 때문에 '正論'이라고 편명을 붙인 것이다.
此篇은 皆言正道라 故以正論名篇하니라

41-1[1] 공자가 齊나라에 있었는데, 齊侯가 나가서 사냥할 때에 旌[2]을 흔들어 虞人을 불렀는데 우인이 가지 않았다. 齊 景公이 사람을 시켜 잡아오게 하자 우인이 대답하였다.

"예전 先君께서 사냥하실 때에는 旌을 흔들어 大夫를 부르시고, 활을 흔들어 士를 부르시고, 皮冠을 흔들어 우인을 부르셨습니다. 신은 피관을 보지 못하였기 때문에 감히 가지 않은 것입니다."[3]

---

1) 저본의 표제에 "旌을 흔들어 虞人을 부르다.[招虞人以旌]"라고 되어 있다.
2) 旌 : 기의 일종이다. 주희의 주에 "꿩의 깃털을 쪼개어서 깃대의 머리에 단 것을 旌이라 한다.[析羽而注於旂干之首曰旌]"라고 하였다.
3) 공자가……것입니다 : 이와 비슷한 내용이 ≪孟子≫ 〈滕文公 下〉에 보인다. "옛날에 제 경공이 사냥할 때에 旌을 흔들어 우인을 불렀는데 오지 않자 장차 그를 죽이려 하였다. 〈공자께서 이러한 우인의 행위를 칭찬하기를〉 '志士는 시신이 도랑에 버려짐을 잊지 않고, 勇士는 자기 머리를 잃을 것을 잊지 않는다.' 하셨으니 공자께서 무엇을 취하셨는가? 자기의 신분에 맞는 부름이 아

그러자 곧 그를 놓아주었다. 공자가 이 이야기를 듣고 말하였다.

"훌륭하다. 도리를 지키는 것보다는 관직의 제도를 지키는 것이 낫다."

군자가 우인의 행위를 옳게 여겼다.[4]

孔子在齊[①]러니 齊侯山田[②]할새 招虞人以旌한대 不進[③]이어늘 公使執之[④]하니 對曰 昔先君之田也[⑤]에 旌以招大夫[⑥]하고 弓以招士[⑦]하고 皮冠以招虞人[⑧]하니 臣不見皮冠이라 故不敢進[⑨]이라하여늘 乃舍之[⑩]하다 孔子聞之曰 善哉라 守道不如守官[⑪]이라 君子韙(위)[⑫]之[⑬]하니라

① 夫子가 제나라에 있을 때이다.

　夫子在齊國이라

② 제후가 나가 사냥을 한 것이다.

　齊侯出田獵이라

③ 旌을 흔들어 山澤을 관장하고 있는 관리인 우인을 불렀는데 우인이 가지 않은 것이다.

　用旌招掌山澤之官虞人한대 不往이라

④ 제후가 사람을 시켜 우인을 잡아오게 한 것이다.

　齊侯使人執虞人이라

⑤ 우인이 '예전 선왕께서 나가 사냥하실 때에는'이라고 대답한 것이다.

　虞人對曰 昔先王之出田이라

⑥ 旌을 흔들어 대부를 부른 것이다.

　用旌招大夫라

⑦ 활을 흔들어 사를 부른 것이다.

　用弓招士라

⑧ 피관을 흔들어 우인을 부른 것이다.

　用皮冠招虞人이라

⑨ 신은 피관으로 부르시는 것을 보지 못하였기 때문에 감히 오지 않은 것이라고 한 것이다.

　臣不見招以皮冠이라 所以不敢來라

니면 가지 않음을 취하신 것이니, 만일 부름을 기다리지 않고 간다면 어떻겠는가?[昔齊景公田 招虞人以旌 不至 將殺之 志士不忘在溝壑 勇士不忘喪其元 孔子奚取焉 取非其招不往也 如不待其招而往 何哉]"라고 하였다.

4) 군자가……여겼다 : 이 부분은 《春秋左氏傳》 召公 20년 조에도 보이는데, 두예의 注에는 "韙는 옳다는 뜻이다.[韙 是也]"라고 되어 있고, 楊伯峻의 注에는 "군자가 이 말을 옳게 여겼다.[君子以其言爲是]"라고 되어 있다.

⑩ 제후가 곧 그를 놓아준 것이다.

　齊侯乃釋之라

⑪ 부자가 이 이야기를 듣고 말하기를 "훌륭하다. 임금을 섬기는 도리를 지키는 것보다는 자신의 맡고 있는 관직의 제도를 잘 지키는 것이 낫다."라고 한 것이다.

　夫子聞之曰 嘉哉라 守事君之道가 不若能守其官職이라

⑫ 頭註 : 譿(옳다)는 音이 偉이다.

　譿는 音偉라

⑬ 군자가 우인이 관직의 제도를 잘 지킨 것을 훌륭하게 여긴 것이다.

　君子美虞人之能守官이라

41-2[5]　齊나라 國師가 魯나라를 치자 季康子가 冉求로 하여금 左軍을 거느려 막게 하고 樊遲를 車右[6]로 삼았다. 〈樊遲가 季孫에게 말하였다.〉

　"넘어가지 못하는 것이 아니라 그대를 믿지 못하기 때문입니다. 그러니 군사들과 3刻이 지난 뒤에 넘어가겠다고 약속하고 도랑을 넘어가십시오."[7]

　그의 말대로 하자 군사들이 따랐다. 군사들이 제나라 군대로 쳐들어가자 제나라 군사들이 달아났다. 염구가 창〔戈〕을 잘 사용하였기 때문에 敵陣으로 들어갈 수 있었다. 공자가 이 일을 듣고 말하였다.

　"그 방법이 義에 맞다."

　전쟁이 끝나고 季孫이 염유에게 물었다.

　"그대는 전쟁하는 법을 배웠는가? 아니면 천성적으로 통달한 것인가?"

　염유가 대답하여 말하였다.

---

5) 이 부분은 四部叢刊本을 저본으로 하였다.

6) 車右 : 수레의 오른쪽에 타는 武士를 가리킨다. 옛날 전쟁할 때에는 수레에 무장한 병사 세 사람이 탔는데, 한 사람은 왼쪽에서 활을 잡고 한 사람은 오른쪽에서 칼이나 창을 잡고 한 사람은 가운데에서 수레를 몰았다.(≪書經集傳≫ 〈夏書 甘誓〉)

7) 넘어가지……넘어가십시오 : 이 부분은 ≪春秋左氏傳≫ 哀公 11년 조의 내용과 비교해 볼 때 많은 부분이 생략되어 있다. ≪春秋左氏傳≫ 哀公 11년 조의 내용을 근거하여 보충하면 다음과 같다. 齊나라 군대가 魯나라 교외로 쳐들어오자 노나라 군사들이 도랑을 넘어가야 하는데 넘어가려고 하지 않았다. 그러자 번지가 군사들이 도랑을 넘지 않는 것은 넘어갈 수 없어서가 아니라 그대의 號令을 믿지 못하기 때문이니 군사들과 3刻이 지난 뒤에 넘어가겠다고 약속하면 넘어갈 것이라고 제안하였다. 원문의 '三刻'은 시간을 나타내는 단위로 약 45분을 가리킨다. 양백준은 '刻'을 '戒約'의 뜻으로 보았다.

"배웠습니다."

계손이 물었다.

"공자를 따라다니며 섬겼는데 어디에서 배웠는가?"

염유가 대답하였다.

"바로 공자께 배웠습니다. 공자라는 분은 大聖人이라 該博하시고 文과 武 둘 다 두루 정통합니다. 저는 다만 戰法만을 들었을 뿐 자세히는 모릅니다."

계손이 듣고 기뻐하자, 번지가 이 일을 공자에게 아뢰었는데 공자가 말하였다.

"이제야 계손이 남의 유능한 점을 기뻐할 줄 안다고 말할 수 있겠다."

齊國師伐魯①하니 季康子가 使冉求로 率左師하여 禦之하고 樊遲爲右러니 非不能也라 不信子②니 請三刻而踰之③하소서 如之한대 衆從之러라 師入齊軍한대 齊軍遁④이라 冉有用戈[8]라 故能入焉이라 孔子聞之曰 義也⑤니라 旣戰에 季孫謂冉有曰 子之於戰에 學之乎아 性達之乎아 對曰 學之니이다 季孫曰 從事孔子어늘 惡乎學고 冉有曰 卽學之孔子也로이다 夫孔子者는 大聖無不該⑥하고 文武竝用兼通이어니와 求也는 遑聞其戰法호대 猶未之詳也니이다 季孫悅이어늘 樊遲以告孔子한대 孔子曰 季孫은 於是乎可謂悅人之有能矣로다

① 國師는 제나라 卿이다.
　國師는 齊卿이라
② 계손의 덕이 평소에 드러나지 않아 백성들에게 신임을 받지 못했다는 말이다.
　言季孫德不素著하여 爲民所信也라
③ 3刻이 지난 뒤에 도랑을 넘어가겠다고 군사들과 약속하라는 것이다.
　與衆要信호대 三刻而踰(蒲)〔溝〕[9]也라
④ 遁은 도망간다는 뜻이다.
　遁은 逃라
⑤ 전쟁에서 적을 물리치는 방법이 義에 맞다는 것이다.
　在軍能却敵이 合於義라
⑥ 該는 포괄한다는 뜻이다.
　該는 包라

---

8) 戈 : ≪春秋左氏傳≫ 哀公 11년 조에는 '矛'로 되어 있다.
9) (蒲)〔溝〕: 저본에는 '蒲'로 되어 있으나, 四庫全書本과 漢文大系本에 의거하여 '溝'로 바로잡았다.

41-3[10]　南容說(열)과 仲孫何忌[11]가 喪服을 이미 벗었지만 魯 昭公이 국외로 쫓겨난 상태여서 爵命을 받지 못했는데, 定公이 즉위하여 이에 작명을 하사하려고 하자 사양하며 말하였다.

"先臣(孟僖子)이 遺言으로 명하기를 '禮는 사람이 되는 根幹이니 예가 없으면 처신할 수 없다.'라고 하고 家老에게 부탁해서 저희 두 사람에게 명하게 하기를 '반드시 공자를 스승으로 섬겨 예를 배워서 지위를 안정시켜라.'라고 하였습니다."

그러자 정공이 그렇게 하도록 허락하니, 두 사람이 공자에게 예를 배웠다. 공자가 말하였다.

"자신의 과오를 보완할 수 있는 자는 군자이다. ≪詩經≫에 '군자를 본받는다.'[12]라고 하였으니 孟僖子는 본받을 만하다. 자신의 잘못을 징계하여 그 後嗣를 가르쳤도다. 大雅에 '자손에게 훌륭한 계책을 남겨서 편안하고 공경하게 한다.'[13]라고 하였으니 바로 이러한 類일 것이다."

南容說과 仲孫何忌가 旣除喪①이로대 而昭公在外②하여 未之命也③러니 定公卽位하여 乃命之한대 辭曰 先臣有遺命焉④하니 曰 夫禮는 人之幹也니 非禮則無以立이라 囑家老하여 使命二臣하여 必事孔子而學禮하여 以定其位하라하더이다 公許之하니 二子學於孔子한대 孔子曰 能補過者는 君子也라 詩云 君子是則(칙)是傚라하니 孟僖子可則傚矣로다 懲己所病하여 以誨其嗣하니 大雅所謂 詒厥孫謀하여 以燕翼子라하니 是類也夫⑤인저

① 아버지 孟僖子를 위해 입은 喪服을 벗은 것이다.
　除父(禧)〔僖〕[14]子之喪이라
② 당시 季孫에게 쫓겨나 있었다.
　時爲季孫所逐이라
③ 두 사람에게 卿大夫의 爵命을 下賜하지 않은 것이다.
　未命二人爲卿大夫라

---

10) 이 부분은 四部叢刊本을 저본으로 하였다.
11) 南容說(열)과 仲孫何忌 : 모두 孟僖子의 아들이다. 南容說은 南宮敬叔이고 仲孫何忌는 孟懿子이다.
12) 군자를 본받는다 : ≪詩經≫ 〈小雅 鹿鳴〉에 보인다.
13) 자손에게……한다 : ≪詩經≫ 〈大雅 文王有聲〉에 보인다.
14) (禧)〔僖〕 : 저본에는 '禧'로 되어 있으나, 四庫全書本과 漢文大系本에 의거하여 '僖'로 바로잡았다.

④ 孟僖子가 예를 알지 못한 것을 병통으로 여겨, 죽으려 할 때에 두 아들을 家老에게 맡겨서 공자를 섬기게 한 것이다.

僖子가 病不知禮하여 及其將死에 而屬其二子하여 使事孔子라

⑤ 詒는 남긴다는 뜻이다. 燕은 편안하다는 뜻이다. 翼은 공경한다는 뜻이다. 자손에게 훌륭한 계책을 남겨서 편안하고 공경하는 도리를 배우게 한다는 말이다.

詒는 遺也라 燕은 安也라 翼은 敬也라 言遺其子孫(加)〔嘉〕15)謀하여 學安敬之道也라

41-4[16) 衛나라 孫文子가 獻公에게 죄를 짓고 戚 땅에 살고 있었는데,[17) 헌공이 죽고 장례를 치르기 전에 손문자가 鐘을 치고 있었다. 이때 延陵季子가 晉나라로 가는 길에 戚 땅을 지나다가 종소리를 듣고 말하였다.

"괴이하다. 夫子(손문자)가 이곳에 있는 것은 제비가 장막에 둥지를 트는 것과 같아서 두려워하고 있어도 오히려 위태로운데 또 어찌 음악을 즐긴단 말인가. 임금의 棺이 또 殯所에 있는데 이렇게 해도 된단 말인가."

그러자 문자는 종신토록 琴瑟을 연주하지 않았다. 공자가 이 일을 듣고 말하였다.

"季子는 옳은 義로써 남을 바르게 하였고, 文子는 자신의 욕심을 이기고 義를 따랐으니 허물을 잘 고쳤다고 말할 만하다."

衛孫文子得罪於獻公하여 居戚①이러니 公卒未葬에 文子擊鐘焉이러라 延陵季子②가 適晉할새 過戚이라가 聞之하고 曰 異哉라 夫子之在此는 猶燕子巢于幕也③라 懼猶未也어늘 又何樂焉고 君又在殯하니 可乎아 文子於是에 終身不聽琴瑟하니라 孔子聞之曰 季子能以義正人하고 文子能克己服義하니 可謂善改矣라

① 文子는 衛나라 卿인 林父이다. 죄를 지어 戚 땅을 근거로 반란을 일으킨 것이다.

文子는 衛卿林父라 得罪하여 以戚叛也라

---

15) (加)〔嘉〕: 저본에는 '加'로 되어 있으나, 四庫全書本과 漢文大系本에 의거하여 '嘉'로 바로잡았다.

16) 이 부분은 四部叢刊本을 저본으로 하였다.

17) 衛나라……있었는데 : 衛 獻公이 孫文子와 함께 식사를 하자고 약속해 놓고 사냥에 빠져서 그 약속을 지키지 않자 손문자가 怒하였다. 그 후에 손문자가 가만히 있다가는 헌공에게 죽음을 당할 것이라고 생각하고 家衆을 모두 戚邑에 모아 놓은 뒤에 家兵을 거느리고 都城으로 들어가 헌공을 쳐서 헌공을 내쫓고 殤公을 세웠다.(≪春秋左氏傳≫ 襄公 14년)

② 吳나라 公子 季札이다.

吳公子札이라

③ 제비가 장막에 둥지를 트는 것이니 매우 위태롭다는 말이다.

燕巢于幕이니 言至危也라

41-5[18] 공자가 晉나라 역사책을 보았는데 그 내용은 다음과 같았다.

晉나라 趙穿이 靈公을 시해하자 趙盾(조돈)이 도망가다가 국경에 있는 산을 벗어나기 전에 돌아왔다.[19] 太史(董狐)가 "조돈이 그 임금을 시해하였다."라고 기록하자, 조돈이 말하기를 "그렇지 않다."라고 하였다. 그러자 태사가 대답하기를 "그대는 나라의 正卿으로서 도망가서는 국경을 벗어나지 못했고 돌아와서는 역적을 토벌하지도 않았다. 그러니 그대가 시해한 것이 아니면 누구이겠는가."라고 하니, 조돈이 말하기를 "아, '내가 신하의 절조를 잃어 스스로에게 이런 근심을 끼쳤도다.'[20]라고 하였으니, 나를 두고 말한 것이구나."라고 하였다.

공자가 탄식하여 말하였다.

"董狐[21]는 옛날의 훌륭한 사관이어서 그의 書法은 사사로이 숨기지 않았고, 趙宣子는 옛날의 훌륭한 대부여서 國法을 위해 惡名을 받아들였다. 애석하다. 국경을 넘었더라면 악명을 면할 수 있었을 것이다."

孔子覽晉志①라 晉趙穿弑靈公②하니 趙盾亡하여 未及山而還③한대 史書趙盾弑君④이어늘 盾曰不然⑤하다 史曰 子爲正卿하여 亡不出境하고 返不討賊하니 非子而誰⑥오 盾曰 嗚呼라 我之壞矣⑦라 自詒伊戚⑧이라하니 其我之謂乎⑨인저 孔子嘆曰 董狐는 古之良史也⑩라 書法不隱⑪하고 趙宣子는 古之良大夫也⑫라 爲法受惡⑬이라 惜也⑭라 越境乃免⑮이로다

18) 저본의 표제에 "董狐는 옛날의 훌륭한 史官이다.〔董狐古之良史〕"라고 되어 있다.

19) 晉나라……돌아왔다 : 靈公은 晉 襄公의 뒤를 이어 즉위한 임금이고, 趙盾은 진나라의 어진 대부로 文公의 신하 趙衰의 아들이다. 영공은 어린 나이에 즉위하였으므로 조돈의 도움을 받아 나라를 안정시켰는데, 성질이 포악하여 무도한 짓을 자행하고 조돈을 죽이려 하였다. 그러자 조돈이 외국으로 망명하기 위해 도망가다가 從弟인 趙穿이 桃園에서 영공을 죽였다는 소식을 듣고 다시 조정으로 돌아와 成公을 옹립하였다.(≪春秋左氏傳≫ 宣公 2년)

20) 내가……끼쳤도다 : 이 부분은 ≪春秋左氏傳≫에는 "'내가 생각이 많아 스스로 이런 근심을 끼쳤도다.'라고 하였으니 나를 두고 말한 것이다.〔我之懷矣 自詒伊慼 其我之謂矣〕"라고 하였는데, 주석에 '≪詩經≫의 逸詩를 인용한 것이다.〔逸詩也〕'라고 하였다.

21) 董狐 : 晉나라의 史官으로, 위세를 두려워하지 않고 사실대로 直筆을 잘하기로 명성이 높았다.

① 부자가 진나라 역사책에 기록된 내용을 본 것이다.
　夫子觀晉史之所記라

② 조돈의 從弟가 영공을 시해한 것이다.
　趙盾從弟弑靈公이라

③ 조돈이 도망가다가 진나라 국경을 벗어나기 전에 돌아온 것이다.
　盾逃去라가 未及晉境而反이라

④ 태사가 "조돈이 그 임금을 시해하였다."라고 기록한 것이다.
　太史書盾弑君이라

⑤ 조돈이 말하기를 "그렇지 않다."라고 한 것이다.
　盾曰 不如此라

⑥ 태사가 대답하기를 "그대는 진나라의 정경이 되어 도망가서는 국경을 벗어나지 못했고 돌아와서는 또 역적을 토벌하지도 않았다. 그러니 그대가 임금을 시해한 것이 아니면 누구이겠는가."라고 한 것이다.
　太史曰 汝爲晉之正卿하여 逃不出境하고 及反하여는 又不討賊하니 非汝殺其君而誰오

⑦ 그러자 조돈이 탄식하며 말하기를 "신하의 절조를 잃었다."라고 한 것이다.
　盾嗟嘆曰 臣節已壞라

⑧ 스스로에게 근심을 끼쳤다는 것이다.
　自致其憂라

⑨ 나를 두고 한 말이라는 것이다.
　謂我是已라

⑩ 부자가 탄식하며 말하기를 "동호는 옛날의 훌륭한 사관이다."라고 한 것이다.
　夫子嗟嘆曰 董狐는 古之良史官也라

⑪ 일을 기록할 때에 사람의 잘잘못을 사사로이 숨기지 않은 것이다.
　書事에 不私匿人之善惡이라

⑫ 조돈은 옛날의 훌륭한 대부라는 것이다.
　趙盾은 古之良大夫라

⑬ 국법을 위해 악명을 받아들인 것이다.
　爲國法而受惡名이라

⑭ 애석하다는 것이다.
　可惜이라

⑮ 국경을 나갔더라면 악명을 면했을 것이라는 것이다.
　出其境則免矣라

41-6[22] 鄭나라가 陳나라를 쳐서 陳나라
에 들어간 다음 子産을 시켜 晉나라에 전
리품을 바치자, 晉나라 사람이 陳나라의
죄가 무엇인지 물었다. 이에 자산이 대답
하였다.

子産

"陳나라는 周나라의 큰 德을 잊고 楚나
라의 많은 군사를 크게 믿고서 우리나라
를 쳐들어왔습니다. 이 때문에 지난해에
晉나라에 이 사실을 알렸지만 〈陳나라를
평정하겠다는〉 晉나라의 명을 받지 못하
였습니다. 그래서 또 우리나라 東門에서 전투가 벌어져서 陳나라 군사가 지나는
길마다 우물이 메워지고 나무가 베어지자, 우리나라는 크게 두려워하였습니다. 그
런데 하늘이 우리의 선한 마음을 인도하여 우리나라가 陳나라를 이길 수 있는 마
음을 열어주시자 그들이 죄를 알고서 우리나라에 항복하였기에 감히 전리품을 바
치는 것입니다."

그러자 晉나라 사람이 물었다.

"무슨 까닭으로 작은 나라를 침략하였는가?"

자산이 대답하여 말하였다.

"先王의 命에 '죄를 지은 나라에 대해서는 각기 誅罰을 행하라.'라고 하였습니다.
그리고 예전에 천자는 하나의 圻를 소유하였고 列國(大國)은 하나의 同을 소유하
였으니, 이로부터 점차 줄어드는 것이 周나라의 제도입니다. 그런데 지금은 대국
의 땅이 많게는 몇 圻나 되니, 만약 小國을 침략하지 않았다면 어떻게 이렇게 많은
땅을 소유할 수 있었겠습니까."

그러자 晉나라 사람이 말하였다.

"그 말이 이치에 맞다."

공자가 이 일을 듣고 자공에게 말하였다.

"옛 기록에 '말로써 뜻을 보완하고 文彩로써 말을 보완한다.'라고 하였다. 말을

---

22) 이 부분은 四部叢刊本을 저본으로 하였다.

하지 않으면 누가 그 뜻을 알겠으며, 말에 문채가 없다면 멀리까지 퍼지지 못할 것이다. 晉나라가 霸者로 있었던 상황에서 鄭나라가 陳나라를 쳐들어갔는데, 자산의 文辭가 아니었다면 〈전리품을 바치는 일을〉成功하지 못하였을 것이다. 제자들은 〈말을〉 신중히 해야 할 것이다.”[23)]

鄭伐陳하여 入之하고 使子産獻捷于晉하니 晉人問陳之罪焉이라 子産對曰 陳亡周之大德[①]하고 介恃楚衆[②]하여 馮陵弊邑이라 是以有往年之告[③]나 未獲命[④]하니 則又有東門之役[⑤]하여 當陳隧者에 井陻木刊[⑥]하니 弊邑大懼러니 天誘其裏[⑦24)]하여 啓弊邑心하니 知其罪하여 (校)〔授〕[25)]首於我할새 用敢獻功하노이다 晉人曰 何故侵小오 對曰 先王之命에 惟罪所在에 各致其辟[⑧]하나니 且昔天子는 一圻요 列國은 一同[⑨]이니 自是以衰가 周之制也[⑩]니이다 今大國多數圻矣니 若無侵小면 何以至焉이리오 晉人曰 其辭順하다 孔子聞之하고 謂子貢曰 志에 有之[⑪]하니 言以足志[⑫]요 文以足言[⑬]이라하니 不言이면 誰知其志며 言之無文이면 行之不遠[⑭]이니 晉爲(鄭伯)〔伯鄭〕[26)]入陳하니 非文辭면 不爲功이라 小子愼哉인저

① 武王이 큰딸 大姬를 胡公의 배필로 삼아주고 陳나라에 封한 것이다.
　　武王以元女大姬로 以配胡公하고 而封諸陳이라

② 介는 크다는 뜻이다.
　　介는 大라

③ 陳나라의 침략을 받았다고 晉나라에 알린 것이다.
　　告晉爲陳所侵이라

④ 陳나라를 평정하겠다는 晉나라의 명을 얻지 못한 것이다.
　　未得晉平陳之成命이라

⑤ 〈陳나라가〉 楚나라와 함께 鄭나라를 쳐서 東門에 이른 것이다.
　　與楚共伐(陳)〔鄭〕[27)]하여 至其東門也라

---

23) 신중히……것이다 : ≪春秋左氏傳≫ 襄公 25년 조에는 '말을 신중히 해야 할 것이다.〔愼辭哉〕'라고 되어 있다.

24) 裏 : 四庫全書本과 漢文大系本에는 '衷'으로 되어 있다.

25) (校)〔授〕: 저본에는 '校'로 되어 있으나, 四庫全書本과 漢文大系本에 의거하여 '授'로 바로잡았다.

26) (鄭伯)〔伯鄭〕: 저본에는 '鄭伯'로 되어 있으나, 四庫全書本과 漢文大系本에 의거하여 '伯鄭'으로 바로잡았다.

27) (陳)〔鄭〕: 저본에는 '陳'으로 되어 있으나, 四庫全書本과 漢文大系本에 의거하여 '鄭'으로 바로잡았다.

⑥ 陞은 막는다는 뜻이고 刊은 벤다는 뜻이다.

勝陳人²⁸⁾ 陞은 塞이요 刊은 斫也라

⑦ 誘는 인도한다는 뜻이고 裏는 善하다는 뜻이다. 하늘이 선한 마음을 인도하여 陳나라를 크게 이긴 것이다.

誘는 (進)〔導〕²⁹⁾요 裏는 善也라 天導其善하여 大執陳者也라

⑧ 辟은 주벌하다는 뜻이다.

辟은 誅라

⑨ 사방 천 리의 땅을 圻라고 하고 사방 백 리의 땅을 同이라고 한다.

地方千里曰圻요 方百里曰同也라

⑩ 大國은 사방 백 리이니 이로부터 차등을 두어 伯은 사방 70리이고 子와 男은 50리의 땅을 소유하는 것이 주나라의 제도이다. 그런데 이를 해설하는 자가 주나라의 대국은 사방 700리의 땅을 소유하였다고 하니 잘못이다.

大國方百里니 從是以爲差하여 伯은 方七十里요 子男은 五十里가 周之制也어늘 而說(學)³⁰⁾者가 以周大國으로 方七百里는 失之矣라

⑪ 志는 옛 기록이다.

志는 古之書也라

⑫ 말로써 그 뜻을 보완하여 이루는 것이다.

言以足成其志라

⑬ 문장(文彩)을 거기에 더하여 그 말을 보완하여 이루는 것이다.

加以文章하여 以足成其言이라

⑭ 말에 문채가 없으면 비록 퍼지더라도 멀리 가지 못하는 것이다.

有言而無文章이면 雖行而不遠也라

41-7³¹⁾ 楚 靈王³²⁾은 교만하고 사치하였다. 右尹 子革이 楚 靈王을 모시고 앉아

---

28) 勝陳人 : 오자가 있는 듯하다. 四庫全書本과 漢文大系本에는 '隨陳人'이라고 되어 있는데, 漢文大系本의 頭註에는 "注에 陳人은 오류이다. 隨는 陳나라에서 鄭나라에 이르는 길이다."라고 하였다.

29) (進)〔導〕 : 저본에는 '進'으로 되어 있으나, 四庫全書本과 漢文大系本에 의거하여 '導'로 바로잡았다.

30) (學) : 저본에는 있으나 漢文大系本에 의거하여 衍文으로 보아 번역하지 않았다.

31) 이 부분은 四部叢刊本을 저본으로 하였다.

32) 楚 靈王 : 公子 圍로, 康王을 시해하고 등극하여 章華臺를 지었고, 吳나라를 치고 陳나라를 멸

있었는데, 左史 倚相이 빠른 걸음으로 지나가자 楚王이 말하였다.

　"이 사람은 훌륭한 史官이니 그대는 잘 보라. 이 사람은 ≪三墳≫, ≪五典≫, ≪八索(팔삭)≫, ≪九丘≫를 읽었다."

　그러자 子革이 대답하여 말하였다.

　"훌륭한 사관이란 임금의 잘못을 기록하고 임금의 잘한 점을 드러내는데, 이 사람은 글을 潤色하는 것만으로 관직을 맡고 있으니 훌륭한 사관이라 할 수 없습니다."

　이어서 또 말하였다.

　"신이 또 예전에 듣자오니, 옛날 周 穆王[33]은 자신의 욕심을 마음껏 부려 천하를 두루 다니면서 모든 곳에 수레바퀴 자국과 말발굽 흔적을 남기려고 하였습니다. 그러자 祭公(채공) 謀父(모보)가 〈祈昭〉를 지어 왕의 私心을 막았습니다. 왕이 이 때문에 文宮에서 편안히 돌아가실 수 있었다고 합니다. 신이 의상에게 그 시에 대해 묻자 알지 못하였습니다. 그러니 더 옛날 것을 물어본다면 어찌 알겠습니까."

　왕이 물었다.

　"그대는 아는가?"

　子革이 대답하였다.

　"압니다. 그 시에 '평화로운 〈祈昭〉의 음악이여! 법도가 왕의 德音을 밝히기에 충분하네. 우리 왕의 법도를 생각하니 玉처럼 아름답고 金처럼 아름답구나. 백성들의 힘을 손상시키면서도 만족하는 마음이 없도다.'[34] 하였습니다."

　楚 靈王이 揖하고 들어간 다음 며칠 동안 음식을 올려도 먹지 않고 잠자리에 들어도 잠을 못 이루었는데 결국 사사로운 감정을 이기지 못하여 난리를 당하였다.

　공자가 이 기록을 읽고 말하였다.

　"옛 기록에 '사사로운 감정을 이기고 禮로 돌아가는 것이 仁을 하는 것이다.'[35]라

　망시키고 醉하여 蔡侯를 죽이는 등 방탕하고 잔인한 행동을 하였다.(≪史記≫〈楚世家〉)

33) 周 穆王 : 周나라 제5대 왕으로 이름은 滿이다. 昭王의 아들로, 소왕이 楚나라의 원정 도중에 죽자 즉위했다. 8종의 駿馬를 타고 전 국토를 돌아다녔으며 서방의 이민족 犬戎을 토벌하려다가 실패하여 제후의 離叛을 초래하자 형벌을 정했는데, 이때부터 주나라의 덕이 쇠퇴했다고 한다.

34) 백성들의……없도다 : ≪春秋左氏傳≫ 昭公 12년 조의 林堯叟의 注에는 "이때 穆王이 먼 곳을 유람하면서 백성의 힘을 過度하게 사용하고, 잔치를 열어 술을 마시는 일에 한도가 없었기 때문에 이와 같이 말한 것이다."라고 하였다.

고 하였으니 이 말이 참으로 좋구나. 楚 靈王이 만약 이 말과 같이 하였다면 어찌 乾谿에서 치욕을 당할 것을 기약했겠는가.[36] 子革이 左史를 비난한 것은 諷諫한 것이고, 시를 들어서 간한 것은 순리에 맞다.”

　　楚靈王은 汰侈[①]러라 右尹子革이 侍坐[②]러니 左史倚相이 趨而過한대 王曰 是良史也니 子善視之하라 是能讀三墳五典八索九丘[③]하니라 對曰 夫良史者는 記君之過하고 揚君之善이어늘 而此子以潤辭爲官하니 不可爲良史니이다 曰 臣又乃[37]嘗聞焉호대 昔에 周穆王은 欲肆其心[④]하여 將過行天下하여 使皆有車轍竝馬迹焉이어늘 祭公謀父가 作祈昭[⑤]하여 以止王心[⑥]이라 王是以獲(殆)〔沒〕[38]於文宮[39]이라하니 臣(聞)〔問〕[40]其詩焉한대 而弗知하니 若問遠焉이면 其焉能知리오 王曰 子能乎아 對曰 能하노이다 其詩曰 祈昭之愔愔(음음)乎여 式昭德音[⑦]이로다 思我王度하니 式如玉하며 式如金[⑧]이로다 刑民之力하여 而無有醉飽之心[⑨]이로다 靈王이 揖而入하여 饋不食하고 寢不寐를 數日하니 則固不能勝其情하여 以及於難하다 孔子讀其志曰 古者有志하니 克己復禮爲仁[⑩]이라하니 信善哉라 楚靈王이 若能如是면 豈期辱於乾谿[⑪]리오 子革之非左史는 所以風也요 稱詩以諫은 順哉로다

　　① 교만하고 사치한 것이다.
　　　騎汰奢侈라
　　② 右尹은 官名이고, 子革은 이름이 然丹이다.
　　　右尹은 官名이요 子革은 (煞舟)〔然丹〕[41]이라

---

35) 사사로운……것이다 : 顏淵이 仁을 묻자 “자신의 사사로운 감정을 이기고 禮로 돌아가는 것이 仁을 하는 것이니, 하루라도 사사로운 감정을 이기고 禮로 돌아가면 천하가 仁을 허여할 것이다. 仁을 하는 것은 자신에게 달려 있으니, 남에게 달려 있는 것이겠는가.〔克己復禮爲仁 一日克己復禮 天下歸仁焉 爲仁由己 而由人乎哉〕”라고 한 공자의 말이 ≪論語≫ 〈顏淵〉에 보인다.

36) 乾谿에서……기약했겠는가 : 乾谿는 춘추시대 楚나라의 땅인 安徽省 亳縣에 있는 지명이다. 초 영왕이 이곳에 臺를 짓고는 방탕하게 놀다가 자신의 동생인 公子 比의 반란으로 인해, 산속을 방황하며 굶주림에 시달리다가 목을 매어 자살하였다.(≪春秋左氏傳≫ 昭公 13년)

37) 乃 : 四庫全書本과 漢文大系本에는 이 글자가 없다.

38) (殆)〔沒〕: 저본에는 ‘殆’로 되어 있으나, 四庫全書本과 漢文大系本에 의거하여 ‘沒’로 바로잡았다.

39) 文宮 : 漢文大系本과 ≪春秋左氏傳≫ 昭公 12년 조에는 ‘祇宮’이라고 되어 있다.

40) (聞)〔問〕: 저본에는 ‘聞’으로 되어 있으나, 四庫全書本과 漢文大系本에 의거하여 ‘問’으로 바로잡았다.

41) (煞舟)〔然丹〕: 저본에는 ‘煞舟’로 되어 있으나, 四庫全書本과 漢文大系本에 의거하여 ‘然丹’으로 바로잡았다.

③ ≪三墳≫은 三皇의 책이고, ≪五典≫은 五帝의 典籍이다. ≪八索≫의 '索'은 法이라는
   뜻이고, ≪九丘≫는 나라에서 모은 기록이다.[42]

   三墳은 三皇之書요 五典은 五帝之典이요 八索의 索은 法이요 (丘)[九][43]丘는 國聚也라

④ 肆는 욕심을 극도로 부린 것이다.

   肆는 極이라

⑤ 謀父는 周나라 卿士이다. 〈祈昭〉는 시 편명이다. ≪孟子≫〈梁惠王 下〉에 "齊 景公이 임
   금과 신하가 서로 기뻐하는 노래를 짓게 하였는데 지금의 〈徵招(치소)〉와 〈角招〉가
   이것이다."라고 하였으니 '昭'는 '招'가 되어야 한다. ≪春秋左氏傳≫에는 '招'라고 되어
   있다.

   謀父는 周卿士라 祈昭는 詩名이니 猶齊景公作君臣相說之樂하니 蓋曰徵招角招是也라하니 昭宜
   爲招라 (耳補)[左傳][44]作招라

⑥ 방탕하게 노는 왕의 마음을 저지한 것이다.

   止王心之逸遊라

⑦ 祈昭愔愔은 〈祈昭〉의 음악이 평화로우므로, 그 음악의 법도가 임금의 德音을 밝히기에
   충분하다는 말이다.

   祈昭愔愔은 言祈昭樂之安和하니 其法足以昭其德音者也라

⑧ 왕의 법도를 생각하니 마치 金과 玉처럼 순수하고 아름다운 것이다. ≪詩經≫〈大雅 棫
   樸〉에 "잘 다듬은 그 문장이요, 금옥 같은 그 바탕이로다.[追琢其章 金玉其相]"라고 하
   였다.

   思王之法度하니 如金玉純美라 詩云 追琢其章이요 金玉其相이라하니라

⑨ 길러주고 사랑해주어야 하는데 백성들의 힘을 손상시켜 그 힘을 쓰기를 이기지 못할
   듯이 하고 절제하지 못하는데도 만족해하는 마음이 없는 것이니, 물리거나 만족함이
   없다는 말이다.

   長而字어늘 刑傷民力하여 用之不勝不節호대 無有醉飽之心이니 言無厭足이라

⑩ 克은 이긴다는 뜻이다. 자신의 사사로운 감정을 이기고 예로 돌아가는 것이 仁을 하는
   것이라는 말이다.

   克은 勝이라 言能勝己私情하여 復之於禮則爲仁也라

---

42) 八索의……기록이다 : ≪春秋左氏傳≫ 昭公 12년 조 杜預의 注에 "八索은 八卦의 說이고 九丘는
    九州의 기록이다."라고 하였다.

43) (丘)[九] : 저본에는 '丘'로 되어 있으나, 四庫全書本과 漢文大系本에 의거하여 '九'로 바로잡
    았다.

44) (耳補)[左傳] : 저본에는 '耳補'로 되어 있으나, 四庫全書本과 漢文大系本에 의거하여 '左傳'으로
    바로잡았다.

⑪ 楚 靈王이 乾谿에서 章華臺를 짓자 나라 사람들이 반란을 일으켜서 결국 죽게 되었다.
靈王이 起章華之臺於乾谿하니 國人潰畔하여 遂死焉이라

41-8[45]) 叔孫穆子가 난리를 피해 齊나라로 달아나 庚宗이라는 고을에서 묵었는데
庚宗의 과부와 私通하여 牛를 낳았다. 穆子가 魯나라로 돌아와 牛를 內豎로 삼고
집안일을 주관하게 하였는데, 〈牛가〉 叔孫穆子의 두 아들[46])을 참소하여 죽이고,
叔孫穆子가 병이 들었을 때 보내온 음식을 牛가 들이지 않아 叔孫穆子가 아무것도
먹지 못하고 죽었다. 마침내 牛가 叔孫穆子의 庶子인 昭를 보좌하여 그를 후계자
로 세웠다. 叔孫昭子(昭)가 후계자가 되어 그 집안사람들에게 朝見을 받으며 말하
였다.

"豎牛가 叔孫氏의 집안에 禍를 끼쳐 중대한 順理를 어지럽혀 嫡子를 죽이고 庶子
를 세웠고, 또 우리 封邑을 쪼개어 〈季孫에게〉 죄를 용서받고자 하였으니, 이보다
큰 죄가 없다. 속히 죽이라."

마침내 豎牛를 죽였다. 공자가 이에 대해 말하였다.

"叔孫昭子가 자기를 세워준 豎牛의 공로를 생각하지 않은 것은 아무나 할 수 있
는 일이 아니다. 周任의 말에 '爲政者는 사사로운 공로에 대해 보상하지 않고 사사
로운 원한에 대해 징벌하지 않는다.'라고 하였고, ≪詩經≫〈大雅 抑〉에 '정직한 덕
행을 온 나라 사람들이 따른다.'라고 하였으니, 叔孫昭子가 그러한 일을 하였다."

叔孫穆子가 避難奔齊①하여 宿於庚宗之邑이러니 庚宗寡婦通焉而生牛②라 穆子返魯하여 以牛
爲內豎③하고 相家④[47])러니 牛讒叔孫二人殺之하고 叔孫有病에 牛不通其饋하여 不食而死라 牛遂
輔叔孫庶子昭而立之⑤하다 昭子旣立에 朝其家衆曰 豎牛가 禍叔孫氏하여 使亂大從⑥하여 殺適
立庶하고 又被[48]其邑하여 以求舍罪⑦하니 罪莫大焉하니 必速殺之하라한대 遂殺豎牛하다 孔子曰
叔孫昭子之不勞⑧는 不可能也니라 周任有言曰⑨ 爲政者는 不賞私勞하고 不罰私怨이라하고 詩云

---

45) 이 부분은 四部叢刊本을 저본으로 하였다.

46) 叔孫穆子의 두 아들 : 齊나라의 國氏에게서 낳은 孟丙과 仲壬을 말한다. 뒤에서 말한 嫡子는 이
들을 말한다.

47) 相家 : ≪春秋左氏傳≫ 昭公 4년 조에는 '長使爲政(자라서 家政을 맡게 하였다.)'이라고 되어 있다.

48) 被 : ≪春秋左氏傳≫ 昭公 4년 조에는 '披'로 되어 있는데, 杜預의 注에 "披는 쪼갠다는 뜻이다.
〔披 析也〕"라고 되어 있다.

有覺德行을 **四國順之**⁽¹⁰⁾라하니 **昭子有焉**하니라

① 穆子는 叔孫豹이다. 그 형인 叔孫僑如가 음란하였기 때문에 이를 피하여 齊나라로 出奔한 것이다.

穆子는 叔孫豹라 其兄僑如淫亂이라 故避之而出奔齊라

② 이름이 牛이다.

名牛라

③ 竪는 안팎으로 命을 전달하는 사람이다.

竪는 通內外之命이라

④ 커서는 마침내 집안일을 주관하도록 명하였다.

長遂命爲相家라

⑤ 庶子는 叔孫婼(야)이다.

子는 叔孫婼라

⑥ 從은 順理이다.

從은 順이라

⑦ 牛가 숙손씨의 변방 30개 고을을 취하여 뇌물로 준 것이다.⁴⁹⁾

牛取叔氏鄙三十邑하여 以行賂也라

⑧ 勞는 功이니 자신을 후계자로 세운 것을 공로로 여기지 않은 것이다.

勞는 (力)〔功〕⁵⁰⁾也니 不以立己爲功이라

⑨ 周任은 옛날의 賢人이다.

周任은 古之賢人이라

⑩ 覺은 정직하다는 뜻이다.

覺은 直이라

41-9⁵¹⁾ 鄭나라에 鄕校가 있었는데 향교의 선비들이 **執政者**를 비난하자 然明(종명)이 향교를 허물려고 하였다. 그러자 자산이 말하였다.

"무엇 때문에 허물려는가. 〈향교에서〉 집정자의 잘잘못을 논의하고 있으니, 저

---

49) 牛가……것이다 : 牛가 숙손의 봉읍을 계씨의 가신인 南遺에게 뇌물로 주고는 계씨에게 잘 말해주게 하여 자신의 죄를 용서받으려고 한 것이다.(≪春秋左氏傳≫ 昭公 5년)

50) (力)〔功〕: 저본에는 '力'으로 되어 있으나, 四庫全書本과 漢文大系本에 의거하여 '功'으로 바로잡았다.

51) 저본의 표제에 "자산이 鄕校를 허물지 않다.〔子産不毀鄕校〕"라고 되어 있다.

들이 잘한다고 하는 것은 내가 행하고 저들이 못한다고 하는 것은 내가 고치면 될 뿐이지 어찌 허물려는가. 나는 충성스러운 말이 怨恨을 줄였다는 말은 들었지만 위세를 부려 원한을 막았다는 말은 듣지 못하였다. 원한을 막는 것은 물을 막는 것과 같아 둑이 크게 터져 덮치면 해를 입는 사람이 반드시 많을 것이다. 그렇게 되면 나는 구제할 수 없다. 조금 터놓아 물을 통하게 하는 것만 못하다."

공자가 이 말을 듣고 말하였다.

"내가 이러한 일을 통해 보건대, 사람들이 자산을 仁하지 못하다고 하더라도 나는 믿지 않을 것이다."

鄭有鄕校^①한대 鄕校^②之士^③가 非論執政^④하니 然明⁵²⁾欲毁鄕校^⑤한대 子産曰 何以毁爲也^⑥오 夫議執政之善否^⑦하니 其所善者를 吾則行之^⑧하고 其所否者를 吾則改之^⑨니 若之何其毁也^⑩오 我聞忠言以損怨^⑪이요 不聞立威以防其怨^⑫이라 防怨은 猶防水也^⑬라 大決所犯에 傷人必多^⑭니 吾弗克救也^⑮라 不如小決使導之^⑯라 孔子聞是言也^⑰하고 曰吾以是觀之^⑱컨대 人謂子産 不仁이라도 吾不信也^⑲로라

① 정나라에 지방 학교가 있었던 것이다.
　　鄭國有鄕學校라
② 頭註 : 校(학교)는 음이 效이다.
　　校는 音效라
③ 향교의 선비들이다.
　　鄕學之士子라
④ 집정자의 잘못을 논의한 것이다.
　　議執政之非라
⑤ 종명이 집정자를 비방하는 것을 싫어하여 향교를 허물려고 한 것이다.
　　然明惡其毁執政하여 欲毁其鄕校라
⑥ 그러자 자산이 말하기를 "허물어 무엇하겠는가."라고 한 것이다.
　　子産曰 毁之何爲오
⑦ 사람들이 집정자의 잘하고 못한 점에 대해 논의하고 있는 것이다.
　　夫人議論執政之善不善處라
⑧ 잘한다고 하는 것을 내가 따르는 것이다.

---

52) 然明 : ≪春秋左氏傳≫ 襄公 31년 조에는 '然明'으로 되어 있다.

議其善者를 我則從之라

⑨ 못한다고 하는 것을 내가 고치는 것이다.

議其非者를 我則改之라

⑩ 어찌 허무느냐는 것이다.

如之何而毁之리오

⑪ 나는 충성스러운 말이 원한을 줄일 수 있었다는 말은 들었다는 것이다.

我聞忠言可以損其怨이라

⑫ 위세를 믿고서 원한을 막았다는 말은 듣지 못했다는 것이다.

不聞恃威以防其怨이라

⑬ 원한을 막는 것은 둑으로 물을 막는 것과 같다는 것이다.

防怨如隄防其水라

⑭ 물이 한 번 크게 터지면 사람들이 반드시 크게 해를 입는다는 것이다.

水一大決이면 傷人必甚이라

⑮ 내가 구제할 수 없다는 것이다.

我不能救라

⑯ 차라리 조금씩 터놓아서 통하게 하는 것만 못하다는 것이다.

不如(梢稍)〔稍稍〕[53]決開하여 使通導之라

⑰ 부자가 이 말을 들은 것이다.

夫子聞此語라

⑱ 내가 이를 통해 보았다는 것이다.

我由此觀之라

⑲ 사람들이 자산이 仁하지 못하다고 말하더라도 나는 믿지 않겠다는 것이다.

人言子産不仁이라도 我未之信也라

41-10[54] 晉 平公이 平丘에서 諸侯와 회합할 때에 齊侯가 맹약에 참석하였다. 鄭 나라 子産이 바쳐야 할 貢賦[55]에 대해 爭論하면서 말하였다.

"옛날 천자가 貢賦의 等次를 정할 때 爵位로써 輕重을 나누었으니 작위의 尊卑에

---

53) (梢稍)〔稍稍〕: 저본에는 '梢稍'로 되어 있으나, 慶長本에 의거하여 '稍稍'로 바로잡았다.
54) 이 부분은 四部叢刊本을 저본으로 하였다.
55) 貢賦: 賦稅를 말한다. 아랫사람이 바치는 것을 '貢'이라고 하고 윗사람이 거두는 것을 '賦'라고 한다.

따라 貢賦를 정하는 것이[56] 周나라의 제도입니다. 작위가 낮은데도 貢賦를 많이 내는 곳은 甸服뿐입니다. 鄭은 伯男인데 公侯의 貢賦를 따라 내게 하니 供給하지 못할까 두렵습니다. 감히 輕減해주기를 청합니다."

정오부터 저녁까지 쟁론하였는데, 晉나라 사람이 허락하였다.

공자가 이에 대해 말하였다.

"자산이 이번에 행한 일을 보면 나라의 근본이 될 만하다. ≪詩經≫에 '즐겁도다. 군자여! 나라의 근본이로다.'[57]라고 하였으니 자산은 사람들이 좋아하는 군자이다." 또 말하였다. "諸侯와 회합하여 貢賦의 일을 분별하였으니 예에 맞다."

晉平公이 會諸侯于平丘하니 齊侯及盟이라 鄭子産爭貢賦之所承①하여 曰 昔日에 天子班貢에 輕重以列하니 尊卑貢이 周之制也니 卑而貢重者는 甸服②58)이라 鄭은 伯(男)59)南也어늘 而使從公侯之貢③하니 懼弗給也라 敢以爲請하노라 自日中爭之하여 以至于昏한대 晉人許之하다 孔子曰 子産於是行也에 是以爲國基也로다 詩云 樂只君子여 邦家之基④라하니 子産은 君子之於樂者⑤60)라 且曰合諸侯하여 而藝貢事는 禮也⑥라

① 바쳐야 하는 貢賦의 輕重이다.
　　所承之輕重也라

② 甸服은 王圻 안에 있으니 王圻 바깥의 제후들과는 다르기 때문에 貢賦가 무거운 것이다.
　　甸服은 王圻之內니 與圻外諸侯異라 故貢重也라

③ 南은 ≪春秋左氏傳≫에 '男'으로 되어 있다. 옛날 판본의 글자는 '南'으로 되어 있으니 또한 이렇게 '南'으로 된 경우가 많다. 〈伯과 男을〉 연이어 말한 것은 公侯라고 〈연이어〉 말하는 것과 같다.[61]

---

56) 작위의……것이 : ≪春秋左氏傳≫ 昭公 13년 조에는 '爵位가 높으면 貢賦를 많이 낸다.〔列尊貢重〕'라고 되어 있다.

57) 즐겁도다……근본이로다 : ≪詩經≫ 〈小雅 南山有臺〉에 보이는데, 이 시는 어진 人才를 얻은 것을 즐거워하는 시이다.

58) 甸服 : 五服의 하나로 王都로부터 5백 리 이내의 地域을 이른다.

59) (男) : 저본에는 있으나, 四庫全書本과 漢文大系本에 의거하여 衍文으로 보아 번역하지 않았다.

60) 君子之於樂者 : ≪春秋左氏傳≫ 昭公 13년 조에는 "군자로서 즐거움을 구하는 자이다.〔君子之求樂者也〕"라고 되어 있다.

61) 연이어……같다 : '鄭伯, 男'으로 구두를 끊으면 뒤의 公侯와 맞지 않기 때문에, '鄭, 伯男'으로 구두를 끊어야 '公侯'와 '伯男'이 對를 이루어 문장이 順하다는 것이다.

　　南은 左(輔)〔傳〕⁶²⁾에 作男이니 古字作南이라 亦多有作此南이라 連言之는 猶言公侯也라

④ 〈基는〉 근본이라는 뜻이다.
　　本也라

⑤ 국가의 근본이 되면 사람들이 그 才藝를 즐거워하는 것이다.
　　能爲國之本이면 則人樂藝也라

⑥ 藝는 貢賦의 일을 분별하는 것이다.
　　藝는 分別貢獻之事也라

41-11⁶³⁾ 鄭나라 子産이 병에 걸려 子太叔⁶⁴⁾에게 말하였다.

　“내가 죽으면 그대가 정사를 맡아서 할 것이다. 오직 덕이 있는 사람만이 관대한 정치로 백성을 복종시킬 수 있고 그 다음으로 해야 하는 것은 엄격하게 다스리는 것이 가장 좋다. 〈비유하자면〉 불은 猛烈하여 사람들이 멀리서 보고 두려워하기 때문에 불에 타 죽는 사람이 드물지만, 물은 부드러워 백성들이 경시하여 함부로 대하기 때문에 물에 빠져 죽는 사람이 많은 것이다. 그러므로 관대하게 다스리는 것이 어려운 것이다.”

　자산이 죽자 자태숙이 정사를 맡아서 하였는데 차마 엄격하게 하지 못하고 관대하게만 다스려 정나라에 도적이 많이 생겼다. 자태숙이 후회하며 말하였다.

　“내가 자산의 말을 일찍 따랐더라면 오늘과 같은 지경에 이르지 않았을 것이다.”

　공자가 이 이야기를 듣고 말하였다.

　“훌륭하다. 정치가 관대하면 백성들이 얕보니 백성들이 얕보면 엄격한 정치로 바로잡고, 엄격하면 백성들이 상해를 입으니 백성들이 상해를 입으면 관대한 정치를 시행해야 한다. 관대함으로 엄격함을 보완하고 엄격함으로 관대함을 보완하여 관대함과 엄격함이 서로 보완해주기 때문에 정치가 화평한 것이다.”

　자산이 죽자 공자가 이 일을 듣고 말하였다.

---

62) (輔)〔傳〕: 저본에는 ‘輔’로 되어 있으나, 漢文大系本에 의거하여 ‘傳’으로 바로잡았다. 四庫全書本에는 ‘氏’로 되어 있다.

63) 저본의 표제에 “덕이 있는 사람은 관대한 정치로 백성을 복종시킨다.〔有德者以寬服民〕”, “자산은 옛날 백성에게 사랑을 끼친 사람이다.〔子産 古之遺愛〕”라고 되어 있다.

64) 子太叔 : 정나라의 正卿인 太叔段으로, 이름은 游吉이다.

"옛날 백성에게 사랑을 끼친 사람이다."

鄭子産有疾^①하여 謂子太叔曰^② 我死^③어든 子必爲政^④하리니 唯有德者아 能以寬服民^⑤하나니 其次莫如猛^⑥이라 夫火烈이라 民望而畏之^⑦라 故鮮^⑧死焉^⑨이어니와 水濡弱이라 民狎而玩之^⑩하니 則多死焉^⑪이라 故寬難^⑫하니라 子産이 卒^⑬커늘 子太叔爲政^⑭한대 不忍猛而寬^⑮하니 鄭國多掠盜^⑯어늘 太叔悔之^⑰曰 吾早從夫子^⑱런들 必不及此^⑲라하니라 孔子聞之曰 善哉^⑳라 政寬則民慢^㉑하니 慢則糾^㉒於猛^㉓하고 猛則民殘^㉔하니 民殘則施之以寬^㉕이라 寬以濟猛하고 猛以濟寬하여 寬猛相濟^㉖라 政是以和^㉗니라 子産之卒也^㉘에 孔子聞之曰 古之遺愛也^㉙라

① 자산이 병에 걸린 것이다.
　子産有病이라

② 태숙에게 말한 것이다.
　謂太叔曰

③ 내가 죽은 뒤이다.
　我死後라

④ 그대가 반드시 정사를 맡아 할 것이라는 것이다.
　汝必爲政事라

⑤ 오직 덕이 있는 사람만이 관대함으로 남을 복종시킬 수 있는 것이다.
　唯有德者아 以寬服人이라

⑥ 그 다음으로 해야 하는 것은 엄격함을 숭상하는 것이 가장 좋은 것이다.
　其次는 不如尙威猛이라

⑦ 불의 기세는 맹렬하여 백성들이 멀리서 바라보고 두려워하는 것이다.
　火勢炎猛하여 民望而畏라

⑧ 頭註 : 鮮(드물다)은 거성이다.
　鮮은 去聲이라

⑨ 불에 뛰어들어 죽는 사람이 적은 것이다.
　所以少有蹈火而死라

⑩ 물의 성질은 부드러워 백성들이 경시하여 함부로 대하는 것이다.
　水性柔하여 民狎而玩이라

⑪ 그러므로 빠져 죽는 사람이 많은 것이다.
　故人多溺死者라

⑫ 이 때문에 관대함을 숭상하여 백성을 다스리는 것이 어려운 것이다.

所以尙寬治民則難이라

⑬ 자산이 죽은 것이다.

子産死라

⑭ 자태숙이 자산을 대신해서 정사를 맡아서 한 것이다.

子太叔代爲政事라

⑮ 엄격함을 숭상하려 하지 않고 오직 관대함을 숭상한 것이다.

不欲尙猛하고 惟尙寬이라

⑯ 정나라가 이 때문에 도적이 많아진 것이다.

鄭國由是多盜라

⑰ 태숙이 관대하게 다스린 것을 후회한 것이다.

太叔悔用寬이라

⑱ '내가 일찍 자산의 말을 따랐더라면'이라고 한 것이다.

我早(听)〔從〕65)子産言이라

⑲ 반드시 이렇게 도적이 많은 지경에 이르지 않았을 것이라는 것이다.

必不至此多盜라

⑳ 부자가 이 일을 듣고 말하기를 "훌륭하다."라고 한 것이다.

夫子聞之曰 美哉라

㉑ 정치가 너무 관대하면 백성들이 얕보는 것이다.

政太寬則民侮라

㉒ 頭註 : 糺(바로잡다)66)은 乙과 八의 반절이다.

糺은 乙八切이라

㉓ 백성들이 얕보면 엄격함으로 바로잡는 것이다.

民慢侮則以猛攝之라

㉔ 정치가 엄격하면 백성들이 상해를 입는 것이다.

政猛則民傷殘이라

㉕ 백성들이 상해를 입으면 관대함으로 보완하는 것이다.

民傷殘則寬以濟之라

㉖ 관대함은 엄격함으로 보완하고 엄격함은 관대함으로 보완하는 것이다.

寬以猛濟하고 猛以寬濟라

---

65) (听)〔從〕: 저본에는 '听'으로 되어 있으나, 江陵本에 의거하여 '從'으로 바로잡았다.

66) 糺(바로잡다): ≪春秋左氏傳≫에는 '糾'로 되어 있다.

㉗ 정치가 화평해지는 것이다.

　　政所以和라

㉘ 자산이 죽었을 때이다.

　　及子産之死也라

㉙ 부자가 말하기를 "이는 자산의 남은 사랑이 사람들에게 미친 것이다."라고 한 것이다.

　　夫子曰 此子産餘愛及人也라

41-12[67] 공자가 齊나라로 가는 도중에 泰山[68] 옆을 지나게 되었는데, 어떤 부인이 들에서 哭을 하며 슬퍼하고 있었다. 부자가 軾을 잡고[69] 듣고서 말하였다.

"이 슬픈 곡소리는 한결같이 거듭 우환을 당한 듯하구나."

그리고는 자공에게 가서 그 연유를 물어보게 하자, 부인이 대답하였다.

"예전에 시아버지가 호랑이에게 물려 죽었고 제 남편 또한 죽었는데, 이제 제 자식마저 죽었습니다."

자공이 물었다.

"그런데 어찌하여 이곳을 떠나지 않는가?"

부인이 대답하였다.

"가혹한 정치가 없기 때문입니다."

자공이 이 일을 공자에게 고하자 공자가 말하였다.

"제자들아 기억하라. 가혹한 정치는 사나운 호랑이보다 무서운 것이다."[70]

孔子適齊할새 過泰山之側이러니 有婦人哭於野者而哀커늘 夫子式而聽之曰 此哀一似重有憂者로다 使子貢往問之한대 而曰 昔舅死於虎하고 吾夫又死焉이요 今吾子又死焉이로이다 子貢曰 何不去乎오 婦人曰 無苛政이니이다 子貢以告孔子한대 子曰 小子識之하라 苛政猛於暴虎니라

---

67) 이 부분은 四部叢刊本을 저본으로 하였다.

68) 泰山 : 五嶽의 하나로 山東省 泰安縣에 있는 산이다.

69) 軾을 잡고 : 敬意를 표한다는 말이다. 원문의 '式'은 '軾'과 통하는 글자로, 수레의 橫木이다. 예를 표할 때 이것을 잡고 몸을 굽힌다.

70) 가혹한……것이다 : 《禮記集說大全》〈檀弓 下〉嚴陵 方氏의 注에 "이 구절은 揚雄이 酷吏를 두고 '호랑이여, 호랑이여! 뿔이 나고 날개까지 달렸구나.〔虎哉虎哉 角而翼者也〕'라고 한 말과 뜻이 같다."라고 하였다.

泰山問政

41-13[71] 趙簡子[72]가 晉나라 國都의 백성들에게 1鼓鐘(무게 단위)을 징수하여 刑鼎을 주조하면서 范宣子가 제정한 刑書[73]를 새겨 넣었다. 공자가 이에 대해 말하였다.

"晉나라는 망할 것이다. 나라를 다스리는 법도를 잃었도다. 晉나라는 唐叔이 천자께 받은 법도를 준수하여 백성을 다스리는 나라이다. 卿大夫가 次序에 따라 법도를 지키기 때문에 백성들이 그 법도를 따르고 家業을 지킬 수 있는 것이니, 貴賤이 모두 이를 어기지 않는 것이 이른바 법도이다. 晉 文公이 이 때문에 執秩이라는 관직을 설치하고[74] 被廬에서 법을 만들어서 盟主가 되었다.[75] 그런데 지금 이 법

---

71) 이 부분은 四部叢刊本을 저본으로 하였다.

72) 趙簡子 : 晉나라 대부 趙鞅으로, 簡子는 시호이다.

73) 范宣子가……刑書 : 范宣子가 夷에서 군사 훈련을 할 때 國政이 되어서 '조례를 제정하는 것〔制事典〕', '형벌을 바로잡는 것〔正法罪〕' 등 9가지의 법을 제정하여 진나라의 법으로 삼은 것을 말한다.(≪春秋左氏傳≫ 文公 6년)

74) 執秩이라는……설치하고 : ≪春秋左氏傳≫ 僖公 27년 조에 "執秩을 설치해서 官爵의 등급을 바로잡았다.〔作執秩 以正其官〕"라고 하였는데 그 注에 "執秩은 爵秩을 주관하는 관직이다.〔執秩 主爵秩之官〕"라고 하였다.

75) 文公이……되었다 : 被廬는 晉나라 땅이다. 晉 文公 4년에 被廬에서 대대적으로 군사훈련을 하

도를 버리고 刑鼎을 만들어 鼎에 刑書를 새겼으니, 어찌 백성들이 귀한 사람을 존경할 것이며, 어찌 귀한 사람이 家業을 지킬 수 있겠는가. 또 貴賤에 次序가 없으니 어떻게 나라를 다스릴 수 있겠는가. 또 범선자의 형서는 夷에서 군사 훈련할 때 제정한 것이라 晉나라를 어지럽힌 제도인데 어떻게 그것을 법으로 삼겠는가.”

趙簡子가 賦晉國一鼓鍾[①][76)]하여 以鑄刑鼎호대 著范宣子所爲刑書[②]한대 孔子曰 晉其亡乎인저 失其度矣로다 夫晉國은 將守唐叔之所受法度[③]하여 以經緯其民者也[④]라 卿大夫以序守之[⑤]라 民是以能遵其道而守其業하니 貴賤不愆이 所謂度也라 文公이 是以로 作執秩之官하고 爲被廬之法[⑥]하여 以爲盟主어늘 今棄此度也하고 而爲刑鼎하여 銘在鼎矣하니 何以尊貴[⑦]며 何業之守也[⑧]리오 貴賤無序하니 何以爲國이리오 且夫宣子之刑은 夷之蒐也라 晉國亂制[⑨]니 若之何其爲法乎리오

① 30斤을 鍾이라고 하고, 4鍾을 石이라고 하고, 4石을 鼓라고 한다.
　　三十斤謂之鍾이요 鍾四謂之石이요 石四謂之鼓라

② 范宣子는 晉나라 卿인 范匄(범개)이다. 刑書를 새겨서 鼎에 드러낸 것이다.
　　范宣子는 晉卿范(自)〔匄〕[77)]라 銘其刑書하여 著鼎也라

③ 唐叔은 成王의 同母弟로 처음으로 晉나라에 封해진 자이다.
　　唐叔은 成王母弟로 始封於晉者也라

④ 經緯는 실을 짜서 무늬를 이루는 것과 같다.
　　經緯는 猶織以成文也라

⑤ 序는 次序이다.
　　序는 次序也라

⑥ 晉 文公이 覇者가 된 뒤에 被廬에서 군사훈련을 할 때에 執秩이라는 관직을 설치하고 晉나라의 법을 만들었다.
　　晉文公旣霸하고 (彊于)〔蒐于被廬〕[78)]時에 蓋作執秩之官하고 以爲晉國法也라

⑦ 백성들이 예를 버리고 刑書만을 두려워하여 더 이상 윗사람을 추대하고 받들지 않은 것이다.

───────────

면서 법령을 개정하고 예의를 보인 다음, 백성들을 전쟁에 동원해서 단번에 覇者가 되었다.(≪春秋左氏傳≫ 僖公 27년)

76) 鍾:≪春秋左氏傳≫ 昭公 29년 조에는 '鐵'로 되어 있다.

77) (自)〔匄〕: 저본에는 '自'로 되어 있으나, 四庫全書本과 漢文大系本에 의거하여 '匄'로 바로잡았다.

78) (彊于)〔蒐于被廬〕: 저본에는 '彊于'로 되어 있으나, 四庫全書本과 漢文大系本에 의거하여 '蒐于被廬'로 바로잡았다.

民將棄(神)〔禮〕⁷⁹⁾而徵於書하여 不復戴奉上也라

⑧ 백성들이 윗사람을 받들지 않으면 윗사람은 가업을 지킬 수 없는 것이다.

民不奉上이면 則上無所守也라

⑨ 夷에서 군사 훈련을 할 때〈陽處父가〉장수를 바꾸어 陽處父가 賈季에게 피살되었기 때문에⁸⁰⁾ '亂制'⁸¹⁾라고 한 것이다.

夷蒐之時에 變易軍師하여 陽(唐)〔處〕⁸²⁾父爲賈季所殺이라 故曰亂制也라

41-14⁸³⁾ 楚 昭王⁸⁴⁾이 병에 걸리자 卜人이 말하였다.

"河水의 神이 빌미가 되어 병에 걸린 것입니다."

그런데도 昭王은 하수의 신에게 제사를 지내지 않았다. 그러자 대부들이 교외에서 제사 지낼 것을 청하였는데 昭王이 말하였다.

"三代 때 王命으로 규정한 제사에는 望祭⁸⁵⁾의 범위를 넘어서 제사 지내지 않았다. 長江, 漢水, 沮水, 漳水⁸⁶⁾는 초나라가 望祭를 지내는 곳이다. 그러므로 禍福이 오는 것도 이곳을 벗어나지 않을 것이다. 내가 비록 不德하지만 하수의 신에게 죄를 얻지는 않았을 것이다."

그리고는 끝내 제사를 지내지 않았다. 공자가 이에 대해 말하였다.

"楚 昭王은 大道를 알았으니 나라를 잃지 않은 것이 당연하다.〈夏書〉⁸⁷⁾에 '저

---

79) (神)〔禮〕: 저본에는 '神'으로 되어 있으나, 四庫全書本과 漢文大系本에 의거하여 '禮'로 바로잡았다.

80) 夷에서……때문에 : 賈季는 원래 中軍帥였는데 양처보가 中軍佐로 바꾸었기 때문에 이에 원한을 품고 양처보를 죽인 것이다.(《春秋左氏傳》 文公 6년 杜預 注)

81) 亂制 :《春秋左氏傳》 昭公 29년 조 杜預의 注에 "夷에서 군사 훈련을 한 것은 文公 6년에 있었는데, 한 차례의 훈련에서 中軍의 장수를 세 차례 바꾸었으므로 賈季와 箕鄭 등으로 하여금 드디어 叛亂을 일으키게 하였기 때문에 '亂制'라 한 것이다."라고 하였다.

82) (唐)〔處〕: 저본에는 '唐'으로 되어 있으나, 《春秋左氏傳》 文公 6년 조의 내용과 漢文大系本에 의거하여 '處'로 바로잡았다.

83) 이 부분은 四部叢刊本을 저본으로 하였다.

84) 楚 昭王 : 楚 平王의 태자로, 伍子胥의 공격을 받아 나라가 거의 망할 상황에서 申包胥의 노력에 힘입어 초나라를 중흥시킨 임금이다.

85) 望祭 : 고대 山川에 제사 지낼 때에는 멀리 바라보이는 곳까지만 제사를 지냈기 때문에 '望'이라고 한다.

86) 長江……漳水 : 楚나라 경내에 있는 네 곳의 물 이름이다.

陶唐으로부터 하늘의 常道를 따라서 이 冀州 지방을 소유하였는데[88] 이제 그 도리를 잃어서 기강을 어지럽혀 드디어 멸망하게 되었구나.'라고 하였고, 또 '진실로 이렇게 하면 여기에 있게 된다.'[89]라고 하였다. 그러므로 자신의 마음으로 말미암아 常道를 따르는 것이 옳다."

楚昭王이 有疾에 卜曰 河神爲祟라호대 王弗祭어늘 大夫請祭諸郊한대 王曰 三代命祀에 祭不越望[①]하니 江漢沮漳은 楚之望也[②]라 禍福之至가 不是過乎인저 不穀이 雖不德이나 河非所獲罪也라하고 遂不祭하다 孔子曰 楚昭王은 知大道矣[③]로니 其不失國也宜哉[④]인저 夏書曰 維彼陶唐으로 率彼天常[⑤]하여 在此冀方[⑥]이어늘 今失厥道하여 亂其紀綱하여 乃滅而亡[⑦]이라하고 又曰 允出玆在玆라하니 由己率常可矣[⑧]니라

① 天子는 天地에 望祭를 지내고 諸侯는 경내의 山川에 제사를 지내기 때문에 망제의 범위를 넘어 제사 지내지 않는다고 한 것이다.
天子는 望祀天地하고 諸侯는 祀境內라 故曰祭不越望也라하니라

② 네 개의 물 이름이다.
四水名也라

③ 자기에게서 잘못을 찾고 망제의 범위를 넘어서 제사 지내지 않은 것이다.
求之於己하고 不越祀也라

④ 楚나라가 吳나라에 의해 멸망하자 소왕이 出奔하였다가 이윽고 나라를 회복한 것이다.
楚爲吳所滅하니 昭王出奔이라가 已復國者也라

⑤ 陶唐은 堯임금이다. 率은 따르다는 뜻과 같다. 天常은 하늘의 常道이다.
陶唐은 堯라 率은 猶循이라 天常은 天之常道라

⑥ 중국이 冀州가 된다.
中國爲冀라

⑦ 夏나라 桀을 말한다.

---

87) 夏書 : ≪書經≫〈五子之歌〉를 말하는데, 거기에는 "저 陶唐으로부터 하늘의 常道를 따른다.〔維彼陶唐 率彼天常〕"라는 구절이 없다.

88) 이……소유하였는데 : 요임금은 平陽에, 순임금은 蒲版에, 우임금은 安邑에 도읍하였는데 모두 冀州의 땅이므로 중앙을 들어 밖을 포괄한 것이다.

89) 진실로……된다 : ≪書經≫〈大禹謨〉에 보이는 말이다. 순임금이 우에게 왕위를 물려주려고 하자 우가 皐陶를 추천하면서 '진실한 마음에서 나오는 것도 이 사람(고요)에게 있다.'라고 한 말인데, 여기에서는 화와 복을 받는 것은 자신이 선을 행하느냐 악을 행하느냐에 달려 있다는 뜻으로 쓰였다.

謂(變)⁹⁰⁾ 夏桀이라

⑧ 善과 惡이 각기 부류가 있어서 진실로 이렇게 하면 여기에 있게 되니 常道를 잘 따르는 것이 옳다는 말이다.
言善惡各有類하여 信出此則在此하니 以能循常道可也라

41-15⁹¹⁾ 衛나라 孔文子⁹²⁾가 太叔疾로 하여금 아내를 내쫓고 자신의 딸을 아내로 삼게 하였다. 그러자 太叔疾이 처음 아내의 동생을 유혹하여 집을 지어주고 孔文子의 딸과 함께 두 명의 아내처럼 대우하였다. 孔文子가 화가 나서 太叔疾을 공격하려고 하였다. 이때 공자가 璩伯玉(거백옥)의 집에 머물고 있었는데⁹³⁾ 孔文子가 공자를 찾아가서 묻자 공자가 말하였다.

"籩篕(제사)에 관한 일은 듣고 배운 적이 있지만 兵甲(전쟁)에 관한 일은 듣지 못했습니다."⁹⁴⁾

물러나 수레를 준비하라고 명하고 떠나면서 말하였다.

"새는 나무를 선택할 수 있지만 나무가 어찌 새를 선택할 수 있겠는가."⁹⁵⁾

그러자 文子가 급히 만류하면서 말하였다.

"제가 어찌 감히 개인적인 일을 도모하겠습니까. 또한 衛나라의 환난에 대해 묻는 것입니다."

---

90) 變 : 저본에는 있으나, 四庫全書本과 漢文大系本에 의거하여 衍文으로 보아 번역하지 않았다.

91) 이 부분은 四部叢刊本을 저본으로 하였다.

92) 孔文子 : 衛나라 대부 孔圉이다. ≪論語≫ 〈公冶長〉에 子貢이 孔文子가 어찌하여 文이라는 시호를 받았는지 묻자, "明敏하면서도 배우기를 좋아하고, 아랫사람에게 묻기를 부끄러워하지 않았다. 이 때문에 '文'이라고 시호한 것이다.〔敏而好學 不恥下問 是以謂之文也〕"라고 한 공자의 말이 보인다.

93) 공자가……있었는데 : 璩伯玉은 '蘧伯玉'이라고도 한다. 衛나라 대부로 이름은 瑗이다. 공자가 위나라에 갔을 때 그의 집에 머문 적이 있었는데, 공자가 노나라로 돌아가자 거백옥이 使者를 보내왔으므로 공자가 거백옥의 안부를 물은 내용이 ≪論語≫ 〈憲問〉에 보인다. 아마도 이때인 듯하다.

94) 籩篕(제사)에……못했습니다 : 이와 비슷한 내용이 ≪論語≫ 〈衛靈公〉에도 보인다. 衛 靈公이 공자에게 陣法에 대해 묻자, 공자가 "俎豆(祭器)에 대한 일은 일찍이 들었지만, 군대에 관한 일은 배우지 못하였습니다.〔俎豆之事 則嘗聞之矣 軍旅之事 未之學也〕"라고 하고, 다음날 위나라를 떠난 일이 있었다.

95) 새는……있겠는가 : ≪史記集解≫에 服虔의 注에 "새는 자신(공자)을 비유하고, 나무는 가려는 나라를 비유한 것이다.〔鳥喻己 木以喩所之之國〕"라고 하였다.

이 말을 듣고 공자가 머무르려고 하였다. 그런데 마침 季康子가 冉求에게 전쟁에 대해 묻자, 염구가 이에 대해 대답하고 나서 덧붙여 말하였다.

"우리 선생님은 사람들 사이에서 명성이 두루 퍼졌고 귀신에게 質正해보아도 한스러울 것이 없을 정도이니 등용하신다면 이름이 날 것입니다."

계강자가 이 일을 哀公에게 이야기한 다음 幣帛을 가지고 공자를 맞이하게 하면서[96] 말하였다.

"사람들이 염구를 신임하니 장차 그를 크게 등용하십시오."

衛孔文子가 使太叔疾로 出其妻하고 而以其女妻之①어늘 疾誘其初妻之娣하여 爲之立宮하고 與文子女로 如二妻之禮한대 文子怒하여 將攻之러라 孔子舍瑻伯玉之家러니 文子就而訪焉한대 孔子曰 簠簋(보궤)之事는 則嘗聞學之矣어니와 兵甲之事는 未之聞也로이다 退而命駕而行曰 鳥則擇木이어니와 木豈能擇鳥乎리오 文子遽自止之曰 圉也豈敢度其私哉②리오 亦訪衛國之難也니이다 將止러니 會季康子問冉求之戰한대 冉求旣對之하고 又曰 夫子는 播之百姓이라 質諸鬼神而無憾③하리니 用之則有名이리이다 康子言於哀公하고 以幣迎孔子曰 人之於冉求에 信之矣니 將大用之하소서하다

① 당초에 太叔疾이 宋나라 子朝의 딸에게 장가들었는데 그 동생을 총애하였다. 자조가 出奔하자 공문자가 태숙질로 하여금 아내를 내쫓고 자신의 딸을 아내로 삼게 하였다.
初에 疾娶於宋子朝하니 其(歸孼)〔娣嬖〕[97]러니 子朝出커늘 文子使疾로 出其妻而己妻之하다

② 度는 도모하다는 뜻이다.
度는 謀라

③ 한스럽다는 뜻이다.
憾也라

41-16[98] 齊나라 陳恒[99]이 그 군주 簡公을 시해하였는데 공자가 이 일을 듣고 3일

---

96) 幣帛을……하면서 : 이 부분은 ≪史記≫ 〈孔子世家〉에 "이때에 季康子가 公華, 公賓, 公林을 내쫓고 폐백으로 공자를 맞이하자 공자가 노나라로 돌아갔다.〔會季康子逐公華公賓公林 以幣迎孔子 孔子歸魯〕"라고 하여 조금 더 자세하게 기록되어 있다.

97) (歸孼)〔娣嬖〕 : 저본에는 '歸孼'로 되어 있으나, ≪春秋左氏傳≫ 哀公 11년 조와 漢文大系本에 의거하여 '娣嬖'로 바로잡았다.

98) 이 부분은 四部叢刊本을 저본으로 하였다.

동안 목욕재계하고 조정에 가서 哀公에게 아뢰었다.

"陳恒이 그 군주를 시해하였으니 그를 討伐하소서."

애공이 허락하지 않았다. 공자가 세 차례 청하자 애공이 물었다.

"魯나라는 齊나라 때문에 약화된 지 오래되었습니다. 그대는 어떻게 토벌하려고 하십니까?"

공자가 대답하였다.

"陳恒이 그 군주를 시해하였으니 백성 중에 편들지 않는 자가 반은 될 것입니다. 노나라의 많은 백성에다 제나라 백성의 반을 보탠다면 이길 수 있을 것입니다."[100]

그러자 애공이 말하였다.

"그대는 季氏에게 고하십시오."

공자가 사절하고 물러나 사람들에게 말하였다.

"내가 大夫로 있었기 때문에 감히 아뢰지 않을 수 없었다."

齊陳恒이 弑其簡公한대 孔子聞之하고 三日沐浴而遂朝하여 告於哀公曰 陳恒이 弑其君하니 請伐之하소서 公弗許한대 三請이어늘 公曰 魯爲齊弱久矣니 子之伐也는 將若之何오 對曰 陳恒이 弑其君하니 民之不與者半이라 以魯之衆으로 加齊之半이면 可克也리이다 公曰 子告季氏하라 孔子辭①하고 退而告人曰 以吾從大夫之後라 吾不敢不告也니라

① 계씨에게 고하지 않은 것이다.
　　不告季氏라

---

99) 陳恒 : 陳成子로, 齊 簡公을 시해한 뒤에 平公을 옹립하고는 스스로 재상이 되어 公族 중에 강성한 자를 모두 죽이고 제나라의 권력을 장악하였다.(≪史記≫ 〈齊世家〉)

100) 陳恒이……것입니다 : 陳恒이 簡公을 시해한 일은 ≪春秋左氏傳≫ 哀公 14년 조와 ≪論語≫ 〈憲問〉에도 보이는데, 이 부분에 대해서 程子는 "이 부분의 기록은 孔子의 말씀이 아니다. 만일 이 말과 같다면 이것은 힘으로 한 것이지 義理로 한 것이 아니다. 공자의 뜻은, 반드시 장차 그 죄를 바로 지목하여 위로는 天子에게 아뢰고 아래로는 方伯에게 말한 다음 동맹국을 거느리고 토벌하려고 하셨을 것이니, 齊나라를 이길 수 있는 것에 대해서는 공자의 餘事이다. 어찌 魯나라 사람이 많고 적음을 따지겠는가.〔此非孔子之言 誠若此言 是以力 不以義也 若孔子之志 必將正名其罪 上告天子 下告方伯 而率與國以討之 至於所以勝齊者 孔子之餘事也 豈計魯人之衆寡哉〕"라고 하여 공자의 말이 아니라고 주장하였다.(≪論語集註≫ 〈憲問〉)

41-17[101] 子張이 물었다.

"≪書經≫에 '高宗이 3년 동안 말하지 않았으나 말을 하면 和樂하였다.'[102]라고 하였는데 그러한 일이 있습니까?"

공자가 대답하였다.

"어찌 그렇지 않겠는가. 예전에 천자가 돌아가시면 世子가 家宰에게 3년 동안 정사를 一任하였다.[103] 成湯이 돌아가시자 太甲이 伊尹에게 명령을 들었고, 武王이 돌아가시자 成王이 周公에게 명령을 들었으니,[104] 그 뜻은 똑같다."

子張問曰 書云 高宗三年不言이나 言乃雍[105]이라하니 有諸①잇가 孔子曰 胡爲其不然也리오 古者天子崩커든 則世子委政於家宰三年하니 成湯旣沒에 太甲聽於伊尹②하고 武王旣喪에 成王聽於周公하니 其義一也니라

① 雍은 기뻐하는 음성을 형용한 것이니, ≪尙書≫에 "말하면 기뻐 화락하였다."라고 하였다. 有諸는 그러한 일이 있었는지 물은 것이다.
　　雍은 歡聲貌니 尙書에 云 言乃雍和라하니라 有諸는 問有之也라
② 太甲은 成湯의 손자이다.
　　太甲은 湯孫이라

41-18[106] 衛나라 孫桓子[107]가 齊나라를 침략하는 도중에 제나라 군대를 만나 싸

---

101) 이 부분은 四部叢刊本을 저본으로 하였다.
102) 高宗이……和樂하였다 : ≪書經≫ 〈周書 無逸〉에 보인다.
103) 천자가……一任하였다 : ≪論語≫ 〈憲問〉에도 이와 비슷한 내용이 보인다. 거기에 高宗이 居喪 중에 3년 동안 말하지 않은 이유에 대해 자장이 묻자, 공자가 "어찌 반드시 高宗만 그러했겠는가. 옛사람들이 다 그러하였으니, 君主가 죽으면 百官들은 자기의 직책을 총괄하여 家宰에게 3년 동안 명령을 들었다.[何必高宗 古之人皆然 君薨 百官總己 以聽於家宰三年]"라고 하였는데, 朱熹는 "百官들이 家宰에게 명령을 들었기 때문에 君主가 3년 동안 말하지 않을 수 있었던 것이다."라고 풀이하였다.
104) 成湯이……들었으니 : 伊尹은 殷나라의 어진 재상으로, 成湯이 죽은 뒤에 그 손자 太甲이 無道하게 행동하자 그를 3년 동안 桐宮에 추방하였다가 다시 회개하자 맞아들였다. 周公은 周 武王의 동생으로, 武王이 죽자 직접 왕위에 오르라는 주변의 유혹을 뿌리치고 어린 조카 成王을 보좌하여 나라를 잘 다스렸다.(≪書經≫ 〈太甲 上〉, ≪史記≫ 권35 〈管蔡世家〉)
105) 雍 : ≪禮記≫ 〈檀弓 下〉에는 '讙'으로 되어 있다.
106) 이 부분은 四部叢刊本을 저본으로 하였다.
107) 孫桓子 : 孫良夫로 衛나라 卿이다. 孫林夫의 아버지이다.

위 패배하였다. 이때 제나라 사람이 틈을 타 공격하여 新築의 大夫를 사로잡았다. 그러자 仲叔于奚가 그 군대를 거느리고 가서 桓子를 구하여 환자가 이에 죽음을 면하게 되었다. 뒤에 위나라 사람이 중숙우해에게 고을을 상으로 주자 우해가 사양하고 曲懸의 음악과 繁纓(반영)[108]을 갖추고 조현할 수 있도록 청하였는데, 衛侯가 허락하고 이를 세 官府에 기록하게 하였다. 이때 자로가 위나라에서 벼슬하고 있었는데 이 일을 보고 공자를 찾아가서 묻자 공자가 대답하였다.

"애석하다. 고을을 많이 주는 것만 못하다. 器物과 名號만은 남에게 빌려주어서는 안 되니, 이는 임금이 주관하는 것이기 때문이다. 명호에 맞게 하여 백성의 信賴를 얻고 신뢰를 바탕으로 기물을 지켜내며 기물로써 거기에 담긴 예를 표현하는 것이다. 예로써 義를 행하고 義로써 이익을 내며 이익으로 백성을 다스리는 법이니, 이는 정치의 큰 綱領이다. 만약 이것을 남에게 빌려준다면 政權을 주는 것과 마찬가지이다. 정권을 잃으면 국가도 따라서 망하게 되어 막을 수가 없는 것이다."

衛孫桓子가 侵齊하여 遇敗焉①한대 齊人乘之하여 執[109]新築大夫하니 仲叔于奚가 以其衆救桓子하여 桓子乃免하다 衛人이 以邑賞仲叔于奚한대 于奚辭하고 請曲懸之樂②과 繁纓以朝③어늘 許之하고 書在三官④이라 子路仕衛라가 見其故하고 以訪孔子한대 孔子曰 惜也라 不如多與之邑이니라 惟器與名은 不可以假人⑤이니 君之所司⑥일새라 名以出信하며 信以守器하며 器以藏禮⑦하며 禮以行義하며 義以生利하며 利以平民하나니 政之大節也라 若以假人이면 與人政也니 政亡則國家從之하리니 不可止也니라

① 桓子는 孫良夫이다. 제나라를 침략하는 중에 제나라 군대와 만나 제나라에 패배한 것이다.
　　桓子는 孫良夫也라 侵齊라가 與齊師遇하여 爲齊所敗也라
② 제후는 軒懸[110]을 쓴다. 軒懸은 四面에서 한쪽 면을 비워두기 때문에 '曲懸의 음악'이

108) 繁纓(반영) : ≪春秋左氏傳≫ 成公 2년 조 杜預 注에는 "말의 粧飾이다. 모두 諸侯의 복식이다.〔馬飾 皆諸侯之服〕"라고 되어 있고, ≪通鑑節要≫ 威烈王 23년 조의 釋義에는 "繁은 말갈기 위의 장식이고, 纓은 말 가슴 앞의 장식이다.〔繁 馬鬣上飾 纓 馬膺前飾〕"라고 되어 있다.
109) 執 : 四庫全書本에는 이 글자가 없고 ≪春秋左氏傳≫ 成公 2년 조의 杜預 注에는 "于奚는 新築을 지키는 대부이다.〔于奚 守新築大夫〕"라고 하였다.
110) 軒懸 : 제후의 음악을 말한다. '懸'은 '縣'과 통용된다. ≪周禮≫ 〈春官 小胥〉에 "악기를 배열하는 위차를 바로잡는데, 왕은 宮縣이고, 제후는 軒縣이고, 대부는 判縣이고, 士는 特縣이다.〔正樂縣之位 王宮縣 諸侯軒縣 卿大夫判縣 士特縣〕"라고 하였는데, 宮縣은 동서남북 사면에 악기를 배치하는 것이고, 軒縣은 동서북 삼면에 악기를 배치하는 것이고, 判縣은 동서 양면에 악기를 배치하

라고 하는 것이다.

諸侯는 軒懸이라 軒懸은 闕一(向)〔面〕¹¹¹⁾也라 故謂之曲懸之樂이라

③ 馬纓(말 가슴걸이)은 가슴에 걸어 재갈들을 묶는 것이다. 황금으로 장식한다.

馬纓은 當膺以索群銜이라 以黃金爲飾也라

④ 司徒는 名號를 기록하고 司馬는 服飾을 기록하고 司空은 功勳을 기록한다.

司徒는 書名하고 司馬는 書服하고 司空은 書勳也라

⑤ 器는 禮樂의 기물이고, 名은 尊卑의 명호이다.

器는 禮樂(以)〔之〕¹¹²⁾器요 名은 尊卑(以)〔之〕¹¹³⁾名이라

⑥ 司는 주관한다는 뜻이다.

司는 主라

⑦ 어떤 기물이 있은 뒤에야 그 기물을 가지고 예를 행할 수 있기 때문에 '기물로써 거기
에 담긴 예를 표현한다.'라고 한 것이다.

有器然後에 得行其禮라 故曰器以藏禮라하니라

41-19¹¹⁴⁾ 公父文伯¹¹⁵⁾의 어머니가 길쌈을 게을리하지 않자 공보문백이 〈그만두
라고〉諫하였다. 그러자 그 어머니가 말하였다.

"옛날 王后는 몸소 검은 면류관 끈을 짜고, 公侯의 부인은 갓끈과 면류관의 덮개
를 더 짜고, 卿의 內子는 큰 띠를 더 만들고, 命婦는 祭服을 완성하고, 列士(元士)
의 妻는 朝服을 더 만들고, 庶士(下士)로부터 이하의 아내는 각기 그 남편의 옷을
해 입혔다. 그리하여 봄에 社祭를 지내고서 일을 부여하고 겨울에 烝祭를 지내고
서 일한 功을 바치게 하여, 남녀가 공적을 바치고 잘못이 있으면 형벌을 받았으니

는 것이고, 特縣은 동쪽 한 면만 악기를 배치하는 것이다.

111) (向)〔面〕: 저본에는 '向'으로 되어 있으나, 四庫全書本과 漢文大系本에 의거하여 '面'으로 바로
잡았다.

112) (以)〔之〕: 저본에는 '以'로 되어 있으나, 四庫全書本과 漢文大系本에 의거하여 '之'로 바로잡
았다.

113) (以)〔之〕: 저본에는 '以'로 되어 있으나, 四庫全書本과 漢文大系本에 의거하여 '之'로 바로잡
았다.

114) 이 부분은 四部叢刊本을 저본으로 하였다.

115) 公父文伯: 魯나라 대부 季悼子의 손자이고 公父穆伯의 아들인 公父歜(촉)이다. 魯나라의 실
권자였던 季康子의 사촌인데, 그의 어머니 敬姜은 賢母로 일컬어져서 《列女傳》에까지 올랐다.

이것이 聖王의 제도였다. 지금 나는 寡婦이고 너는 또 높은 지위에 있으니 朝夕으로 삼가고 근면하더라도 先人의 功業이 잊혀질까 염려되는데 하물며 태만히 한다면 어떻게 형벌을 피할 수 있겠는가.”

공자가 이 일을 듣고 말하였다.

“제자들아 기억하라. 계씨의 부인은 過失이 없다고 할 수 있느니라.”

公父文伯之母^①가 紡績不解어늘 文伯諫焉한대 其母曰 古者에 王后는 親織玄紞(담)^②하고 公侯之夫人은 加之紘綖(굉연)^③하고 卿之內子는 爲大帶^④하고 命婦는 成祭服^⑤하고 列士之妻는 加之以朝服하고 自庶士已下는 各衣其夫하나니 社而賦事하며 烝而獻功^⑥하여 男女(紡)〔效〕¹¹⁶⁾績하여 愆則有辟^⑦이 聖王之制也라 今我寡也요 爾又在位하니 朝夕恪勤이라도 猶恐忘先人之業이어든 況有怠墮면 其何以避辟이리오 孔子聞之曰 弟子志之하라 季氏之婦는 可謂不過矣니라

① 文伯의 어머니는 敬姜이다.
　　文伯母는 敬姜也라

② 紞은 관에 드리우는 것이다. 紞(귀막이 끈)은 丁과 敢의 反切이다.
　　紞은 冠垂者라 紞은 丁敢反이라

③ 갓끈이 굽어 위로 올라간 것을 紘이라 한다. 綖은 면류관의 덮개이다. 紘은 爲와 萌의 反切이고, 綖은 令과 戰, 余와 旃 두 글자의 反切이다.
　　纓屈而上者謂之紘이요 綖은 冠之上覆也라 紘은 爲萌反이요 綖은 令戰余旃二反이라

④ 卿의 처가 內子이다.
　　卿之妻爲內子라

⑤ 대부의 처가 命婦이다.
　　大夫之妻爲命婦라

⑥ 남자와 여자는 봄가을로 부지런히 농사일을 하고 겨울에 烝祭를 지내고서 功을 바친다.
　　男女는 春秋而勤歲事하고 (各祭)〔冬烝〕¹¹⁷⁾祭而獻其功也라

⑦ 績은 功績이고, 辟은 刑法이다.
　　績은 功也요 辟은 法也라

---

116) (紡)〔效〕: 저본에는 ‘紡’으로 되어 있으나 四庫全書本과 漢文大系本, 《列女傳》에 의거하여 ‘效’로 바로잡았다.

117) (各祭)〔冬烝〕: 저본에는 ‘各祭’로 되어 있으나, 四庫全書本과 漢文大系本에 의거하여 ‘冬烝’으로 바로잡았다.

41-20[118]　樊遲가 공자에게 물었다.

"鮑牽[119]이 제나라 임금을 섬길 때에 執政으로서 절개를 굽히지 않았으니 충성 스럽다고 할 수 있습니다. 그런데 임금이 그에게 刖刑을 내렸으니 그 임금이 지극 히 사리에 어두워서 그런 것입니까?"

공자가 대답하였다.

"옛날 선비는 나라에 道가 있으면 충성을 다하여 임금을 보좌하였고, 나라에 道 가 없으면 물러나 피하였다. 지금 鮑莊子(鮑牽)는 淫亂한 조정에서 녹을 먹고 있으 면서 군주가 사리에 밝은지 어두운지를 헤아리지 못하여 刖刑이라는 큰 형벌을 받 았다. 이는 그의 지혜가 해바라기[120]만 못한 것이다. 해바라기는 그래도 자신의 뿌리는 보호할 수 있느니라."

樊遲問於孔子曰 鮑牽이 事齊君할새 執政不撓하니 可謂忠矣①어늘 而君刖(월)之하니 其爲至闇 乎잇가 孔子曰 古之士者는 國有道則盡忠以輔之하고 國無道則退身以避之니라 今鮑(疾)〔莊〕[121] 子食於淫亂之朝하고 不量主之明暗하여 以受大刖하니 是智之不如葵로다 葵猶能衛其足②이니라

① 齊나라 慶剋이 夫人[122]과 私通하자 鮑牽이 이 사실을 알고서 國武子에게 고하였는데, 國武子가 慶剋을 불러 꾸짖었다. 慶剋이 이를 부인에게 고하자 부인이 노하였다. 國子 (국무자)가 齊 靈公의 재상이 되어 제후들과 會合하러 나가고 高無咎와 鮑牽은 남아서 나라를 지켰다. 還國하여 都城에 이르려 할 때에 성문을 닫고 旅客을 검색하자, 부인이 讒訴하기를 "高無咎와 鮑牽이 임금을 성안으로 들이지 않으려고 합니다."라고 하였다. 그러자 드디어 鮑牽의 발꿈치를 베어 버렸다.

齊慶剋이 通於夫人이어늘 鮑牽知之하여 以告(匡)〔國〕[123]武子한대 武子召慶剋而讓之러라 慶剋 告夫人하니 夫人怒하다 (閔子子因需)〔國子相靈〕[124]公以會於諸侯하고 高鮑(去)〔處〕[125]守러니

---

118) 이 부분은 四部叢刊本을 저본으로 하였다.

119) 鮑牽 : 제나라의 대부로 鮑叔牙의 증손이다.

120) 해바라기 : '葵'에 대해 楊伯峻은 "古代에는 葵를 茱蔬로 사용하여, 시들기 전에 그 잎만을 따 고 뿌리를 해치지 않아, 다시 연한 잎이 피어나게 하였다."라고 하여 葵를 해바라기가 아닌 채소 의 한 종류로 보아야 본문의 내용과 부합한다고 하였다.(≪春秋左傳注≫ 成公 17년)

121) (疾)〔莊〕 : 저본에는 '疾'로 되어 있으나, ≪春秋左氏傳≫ 成公 17년 조의 내용과 四庫全書本, 漢文大系本에 의거하여 '莊'으로 바로잡았다.

122) 夫人 : ≪春秋左氏傳≫ 成公 17년 조의 내용에 의거하였을 때, 여기의 夫人은 聲孟子이다. 聲 孟子는 齊 靈公의 어머니이다.

123) (匡)〔國〕 : 저본에는 '匡'으로 되어 있으나, ≪春秋左氏傳≫ 成公 17년 조의 내용과 四庫全書 本, 漢文大系本에 의거하여 '國'으로 바로잡았다.

還將及至에 閉門而(牽)〔索〕[126]客한대 夫人訴之曰 高鮑將不納君이라한대 遂刖鮑牽之足이라

② 해바라기는 잎을 기울여 해를 따라 돌기 때문에 그 뿌리를 보호할 수 있다고 한 것이다.

葵傾葉隨日轉이라 故曰衛其足也라하니라

41-21[127] 子游가 공자에게 물었다.

"부자께서 子産이 은혜로운 사람이라고 극구 말씀하시니 그 이유를 들을 수 있겠습니까?"

공자가 대답하였다.

"그 은혜가 백성을 사랑하는 데 있을 뿐이었다."

자유가 물었다.

"백성을 사랑하는 것을 德으로 가르친다고 하니, 이것이 어찌 은혜를 베푸는 것에 그치겠습니까?"

공자가 대답하였다.

"자산이라는 사람은 백성들의 어머니와 같았다. 능히 먹여 주긴 하였지만 가르치지는 못하였다."

자유가 물었다.

"그 일에 대해 말씀해주실 수 있겠습니까?"

공자가 대답하였다.

"자산이 타고 다니는 수레로 겨울에 물을 건너는 자들을 태워 건네준 것[128]이

---

124) (閔子子因需)〔國子相靈〕: 저본에는 '閔子子因需'로 되어 있으나, ≪春秋左氏傳≫ 成公 17년 조의 내용과 四庫全書本, 漢文大系本에 의거하여 '國子相靈'으로 바로잡았다.

125) (去)〔處〕: 저본에는 '去'로 되어 있으나, ≪春秋左氏傳≫ 成公 17년 조의 내용과 四庫全書本, 漢文大系本에 의거하여 '處'로 바로잡았다.

126) (牽)〔索〕: 저본에는 '牽'으로 되어 있으나, ≪春秋左氏傳≫ 成公 17년 조의 내용과 四庫全書本, 漢文大系本에 의거하여 '索'으로 바로잡았다.

127) 이 부분은 四部叢刊本을 저본으로 하였다.

128) 자산이……것: 자산이 鄭나라의 國政을 맡고 있을 때에 자신이 타고 다니는 수레를 가지고 溱水와 洧水에서 사람들을 건네준 일이 있었다. 孟子가 이에 대해 "은혜로우나 정치하는 법을 모르는 것이다.〔惠而不知爲政〕"라고 하였는데, 朱熹는 "惠는 사사로운 은혜와 작은 이익을 말하고, 政은 公平하고 正大한 체통과 紀綱·法度의 施行이 있는 것이다.〔惠 謂私恩小利 政則有公平正大之體 綱紀法度之施焉〕"라고 풀이하였다.(≪孟子集註≫〈離婁 下〉)

사랑만 있고 가르침이 없다는 증거이다.”

子游問於孔子曰 夫子之極言子産之惠也하시니 可得聞乎잇가 孔子曰 惠在愛民而已矣니라 子游曰 愛民謂之德教니 何迺施惠哉리오 孔子曰 夫子産者는 猶衆人之母也라 能食之나 弗能教也니라 子游曰 其事可言乎잇가 孔子曰 子産以所乘之輿로 濟冬涉者가 是愛無教也니라

41-22[129) 哀公이 공자에게 물었다.

“여러 대부들이 모두 寡人에게 나이가 많은 사람을 공경하라고 권합니다. 어째서입니까?”

공자가 대답하였다.

“임금께서 이런 말씀을 하시니, 장차 천하 사람들이 실로 恩澤을 입을 것입니다. 어찌 魯나라뿐이겠습니까.”

애공이 물었다.

“어째서입니까? 그 의미를 들을 수 있겠습니까?”

공자가 대답하였다.

“옛날에 有虞氏는 德이 있는 사람을 귀하게 여기면서도 나이가 많은 사람을 높였고, 夏后氏는 爵位가 있는 사람을 귀하게 여기면서도 나이가 많은 사람을 높였으며, 殷人은 富貴한 사람을 귀하게 여기면서도 나이가 많은 사람을 높였고, 周人은 친한 사람을 귀하게 여기면서도 나이가 많은 사람을 높였습니다. 虞, 夏, 殷, 周 시대에는 천하에 훌륭한 왕이 있어서 나이 많은 사람을 버린 경우가 있지 않았습니다. 나이가 많은 사람이 천하에 귀하게 여겨진 지가 오래되었으니 어버이를 섬기는 일에 버금갔던 것입니다.

이 때문에 조정에서 작위가 같을 경우 나이가 많은 사람을 높였으며, 70세가 되면 조정에서 지팡이를 짚고[130) 임금이 묻고자 하면 자리를 깔아 주었으며, 80세가 되면 조정에서 벼슬하지 않고 임금이 묻고자 하면 그 집을 찾아갔으니, 공손한

---

129) 이 부분은 四部叢刊本을 저본으로 하였다.

130) 70세가……짚고 : ≪禮記≫ 〈王制〉에는 “50세가 되면 집안에서 지팡이를 짚고, 60세가 되면 鄕에서 지팡이를 짚고, 70세가 되면 나라에서 지팡이를 짚고, 80세가 되면 조정에서 지팡이를 짚는다.〔五十杖於家 六十杖於鄕 七十杖於國 八十杖於朝〕”라고 되어 있다.

도리가 조정에 두루 퍼졌기 때문입니다.

  길을 갈 때에는 어깨를 나란히 하여 걷지 않으며, 조금 뒤처지게 걷거나 그렇지 않으면 따라 가며, 斑白의 노인은 도로에서 짐을 지지 않았으니, 공손한 도리가 도로에 두루 퍼졌기 때문입니다. 鄕에 거처할 때에는 나이 많은 사람을 존중하여 늙고 궁한 사람을 곤란하게 하지 않았으며, 강한 사람이 약한 사람을 犯하지 않았으며, 많은 사람이 적은 사람을 사납게 대하지 않았으니, 공손한 도리가 州巷[131]에 두루 퍼졌기 때문입니다.

  옛날의 道는 50세가 되면 임금이 사냥하는 일에 동원되거나 힘으로 하는 일을 하지 않았으며, 사냥한 짐승을 나누어줄 때에는 長者에게 후하게 주었으니, 공손한 도리가 蒐狩(사냥)[132]에 두루 퍼졌기 때문입니다. 軍隊의 什伍[133]에서 작위가 같을 경우 나이가 많은 사람을 높였으니, 공손한 도리가 군대에 두루 퍼졌기 때문입니다.

  聖王의 가르침은 孝悌가 조정에서 일어나서 도로에서 행해지고 州巷에 이르며 사냥하는 데에 퍼지고 군대에서도 두루 행해졌습니다. 그래서 사람들이 감동하여 의리를 지키고 죽을지언정 감히 도리에 어긋나는 짓을 하지 않았던 것입니다.”

  애공이 말하였다.

  “좋은 말씀입니다. 과인이 비록 듣기는 하였지만 그 도리를 성취하지는 못하겠습니다.”

  哀公問於孔子曰 二三大夫가 皆勸寡人使隆敬於高年하니 何也오 孔子對曰 君之及此言하시니 將天下實賴之니 豈唯魯哉리잇고 公曰 何也오 其義可得聞乎잇가 孔子曰 昔者에 有虞氏는 貴德而尙齒하고 夏后氏는 貴爵而尙齒하고 殷人은 貴富而尙齒①하고 周人은 貴親而尙齒하니 虞夏殷周는 天下之盛王也라 未有遺年者焉하니 年者貴於天下久矣니 次于事親이라 是故로 朝廷에 同爵而尙齒하며 七十에 杖於朝하고 君問則席②하며 八十則不仕朝[134]하고 君問則就之하나니 而悌達乎

---

131) 州巷 : 일반적으로 백성들이 사는 곳을 말한다. ≪禮記集說大全≫〈祭義〉鄭氏 注에 “1鄕은 5州이고 巷은 閭와 같다.”라고 하였다.

132) 蒐狩(사냥) : ≪禮記集說大全≫〈祭義〉陳澔의 注에 “봄에 수렵하는 것을 蒐라고 하고, 겨울에 수렵하는 것을 狩라고 한다.”라고 하였다.

133) 什伍 : 군대의 편제 단위이다. ≪禮記集說大全≫〈祭義〉陳澔의 注에 “5人이 伍이고 2伍가 什이다.”라고 하였다.

134) 不仕朝 : ≪禮記≫〈祭義〉에는 ‘조회가 끝나기를 기다리지 않다.〔不俟朝〕’라고 되어 있다.

朝廷矣며 其行也에 肩而不竝③하고 不錯則隨④하며 斑白者는 不以其任於道路⑤하나니 而悌達乎
道路矣며 居鄕에 以齒而老窮不匱¹³⁵⁾하며 强不犯弱하며 衆不暴寡하나니 而悌達乎州巷矣며 古之
道는 五十에 不爲甸役⑥하며 頒禽에 隆之長者하나니 而悌達乎蒐狩矣며 軍旅什伍에 同爵則尙
齒하나니 而悌達乎軍旅矣니이다 夫聖王之敎는 孝悌가 發諸朝廷하여 行於道路하며 至於州巷하며
放於蒐狩하며 循於軍旅하나니 則衆感以義死之언정 而弗敢犯하나이다 公曰 善哉라 寡人雖聞之나
弗能成이로이다

① 富貴하여 대대로 俸祿을 받는 집안이다.
　　富貴世祿之家라
② 임금이 묻고자 하면 그에게 자리를 깔아주고서 묻는 것이다.
　　君欲問之則爲之設席而問焉이라
③ 감히 長者와 어깨를 나란히 하여 걷지 않는 것이다.
　　不敢與長者竝肩也라
④ 錯은 雁行이다. 아버지의 항렬은 뒤따라가고 형의 항렬은 나란히 걷되 조금 뒤쳐져 가
　　는 것이다.
　　錯은 雁行이라 父黨은 隨行이요 兄黨은 雁行也라
⑤ 任은 짐이니 젊은 사람이 대신 짊어지는 것이다.
　　任은 負也니 少者代之也라
⑥ 50세가 되면 비로소 늙게 되므로, 힘으로 하는 일을 하지 않고 사냥하는 데 동원되지
　　않는 것이다.
　　五十에 始老하니 不爲力役之事하고 不爲田獵之徒也라

41-23¹³⁶⁾ 哀公이 공자에게 물었다.

“과인이 듣기로 동쪽으로 집을 늘리는 것은 상서롭지 못하다고 하던데¹³⁷⁾ 정말
그렇습니까?”

공자가 대답하였다.

---

135) 不匱 : 《禮記》〈祭義〉에는 ‘버리지 않다.〔不遺〕’라고 되어 있다.
136) 저본의 표제에 “상서롭지 못한 일이 다섯 가지가 있다.〔不祥者五〕”라고 하였다.
137) 동쪽으로……하던데 : 《論衡》〈四諱篇〉에는 애공이 서쪽으로 집을 늘리려 하자 사관이 간쟁
　　하여 그만두었다는 내용이 보인다. 郭鍾錫은 ‘東益’에 대해 《俛宇先生文集》〈答朴會中〉에서 “東
　　益은 마을 이름으로 동익이라는 마을에 상서롭지 못한 집이 있었다.”라고 풀이하였다.

"타인에게 손해를 끼쳐 자신이 이득을 보는 것은 몸의 상서롭지 못한 일이고, 노인을 버리고 어린이를 돌보는 것은 집안의 상서롭지 못한 일이고, 어진 사람을 가려 물리치고 무능한 사람을 들어 쓰는 것은 나라의 상서롭지 못한 일이고, 老成한 사람이 가르치지 않고 어린 사람이 배우지 않는 것은 풍속의 상서롭지 못한 일이고, 聖明한 사람은 숨어 은거하고 愚昧한 사람이 권력을 휘두르는 것은 천하의 상서롭지 못한 일입니다. 이처럼 상서롭지 못한 일이 다섯 가지가 있으니, 동쪽으로 집을 늘리는 것은 여기에 들지 않습니다."

哀公問於孔子曰 寡人聞東益不祥이라하니 信有之乎^①잇가 孔子曰 夫損人自益^②은 身之不祥^③이요 棄老取幼^④는 家之不祥^⑤이요 擇賢而任不肖^⑥는 國之不祥^⑦이요 老者不敎^⑧하고 幼者不學^⑨은 俗之不祥^⑩이요 聖人伏匿^⑪하고 愚者擅權^⑫은 天下不祥^⑬이니 不祥有五^⑭하니 東益不與焉^⑮하니이다

① 애공이 부자에게 묻기를 "동쪽으로 집을 늘리는 것이 상서롭지 못하다고 하던데 진실로 그러합니까?"라고 한 것이다.
　　公問夫子호대 東益之宅有不祥이라하니 信然乎잇가

② 타인에게 손해를 끼쳐 자신이 이득을 보는 것이다.
　　損他人以益己라

③ 一身의 상서롭지 못한 일이다.
　　一身之不祥也라

④ 노인은 내쫓고 어린이는 보살피는 것이다.
　　老則棄逐하고 幼則撫恤이라

⑤ 一家의 상서롭지 못한 일이다.
　　一家之不祥也라

⑥ 賢人을 가려서 물리치고 小人을 들어 쓰는 것이다.
　　揀退賢人하고 任用小人이라

⑦ 이는 나라의 상서롭지 못한 일이다.
　　此國之不祥이라

⑧ 노성한 사람이 자제들을 가르치지 않은 것이다.
　　老成人不敎訓子弟라

⑨ 어린 사람은 힘써 배울 줄 모르는 것이다.
　　幼年不知務學이라

⑩ 이는 풍속의 상서롭지 못한 일이라는 것이다.

　　此風俗之不祥이라

⑪ 聖德을 가진 사람은 숨어 은거하는 것이다.

　　聖德之人藏隱이라

⑫ 우매한 사람이 나와 권력을 휘두르는 것이다.

　　愚昧之人出而專權이라

⑬ 이는 천하의 상서롭지 못한 일이라는 것이다.

　　此天下之不祥也라

⑭ 이렇게 다섯 가지 상서롭지 못한 일이 있는 것이다.

　　有此五不祥이라

⑮ 동쪽으로 집을 늘리는 것은 관계가 없다는 것이다.

　　不係於東益이라

41-24[138] 공자가 季孫에게 갔을 때 계손의 家臣이 계손에게 다음과 같이 아뢰었다.

"임금께서 사람을 시켜 田地를 빌려달라고 하는데 빌려주어야 합니까?"

계손이 아무 말 하지 않자 공자가 말하였다.

"제가 듣기로 임금이 신하에게 取하는 것을 '취한다[取]'라고 하고, 신하에게 주는 것을 '하사한다[賜]'라고 하며, 신하가 임금에게 취하는 것을 '빌린다[假]'라고 하고, 임금에게 주는 것을 '바친다[獻]'라고 한다고 합니다."

그러자 계손이 안색이 바뀌며 깨우치고서 말하였다.

"저는 진실로 이러한 뜻을 몰랐습니다."

그리고는 가신에게 이렇게 명하였다.

"지금부터는 임금께서 취하시는 것이 있거든 다시는 '빌린다[假]'라고 일절 말하지 말라."

孔子適季孫이러니 季孫之宰謁曰 君使求假於田[139]하니 特與之乎잇가 季孫未言한대 孔子曰 吾聞之호니 君取於臣을 謂之取요 與於臣을 謂之賜요 臣取於君을 謂之假요 與於君을 謂之

---

138) 이 부분은 四部叢刊本을 저본으로 하였다.

139) 田 : ≪韓詩外傳≫ 권5에는 '馬'로 되어 있다.

獻이라하노이다 季孫色然悟曰 吾誠未達此義라하고 遂命其宰曰 自今已往으로 君有取之어든 一切不得復言假也하라

제42편 자세한 예절에 대한 자공의 질문
曲禮子貢問 第四十二①

이 편은 공자가 세세한 예절에 대해 보고, 듣고, 설명하고, 탄식한 것을 기록하였는데, 子貢의 물음을 가장 첫 장에 실은 편이기에, 편명을 '曲禮子貢問'으로 삼았다. ≪禮記≫〈禮器〉에 "經禮가 3백 가지이고, 曲禮가 3천 가지이다.〔經禮三百 曲禮三千〕"라고 하였는데, 경례는 예에 있어서 綱領이 되는 것을 말하고 곡례는 그 강령을 실천하기 위해 필요한 자세한 절목을 말한다. 공자가 말하는 예는 기본에 충실한 것으로, 임금은 임금으로서, 신하는 신하로서의 본분을 다하고, 喪事에는 슬픔을, 제례에는 공경을 중시하여 허례허식을 하지 않는 것이다.

① 자공이 자세한 예절에 대해 물었으므로 이로 인하여 편명을 붙인 것이다.
子貢問曲禮라 因以名篇하니라

42-1[1] 자공이 공자에게 물었다.

"晉 文公이 실제로는 천자를 부르고 제후들에게 조현하게 하였는데, 부자께서 ≪春秋≫를 지으실 적에 '天王이 河陽에서 사냥하였다.〔天王狩於河陽〕'[2]라고 기록하였습니다. 어째서입니까?"

공자가 대답하였다.

---

1) 저본의 표제에 "진 문공이 천자를 부르다.〔晉文公召天子〕"라고 되어 있다.

2) 晉……사냥하였다 : 이 기록은 ≪春秋左氏傳≫ 僖公 28년 조에 보인다. 이에 앞서 晉나라는 당시의 적대국이었던 楚나라를 대패시켜 그 기세가 등등하였다. 이를 기회로 晉侯는 諸侯를 크게 會합하여 天子를 섬기는 것으로 명분과 실리를 쌓고자 하였다. 하지만 제후들을 거느리고 천자에게 조현하면 침탈한다는 혐의를 받을까 염려하여 주나라로 가지 않고, 王에게 晉나라 땅인 河陽에 나와 사냥하도록 설득하여 제후들이 신하의 禮를 다하게 한 것이다.

"신하로서 임금을 부르는 것은 교훈이 될 수 없다. 그러므로 또한 제후들을 거느리고 천자를 섬긴 것이라고 기록하였을 뿐이다."

子貢問於孔子曰^① **晉文公實召天子**하고 **而使諸侯朝焉**^②이어늘 **夫子作春秋云 天王狩於河陽**이라하니 **何也**^③잇고 **孔子曰 以臣召君**은 **不可以訓**^④이라 **亦書其率諸侯事天子而已**^⑤니라

① 자공이 부자에게 물은 것이다.

　子貢問夫子라

② 진 문공이 溫 땅에서 제후들을 회합하고서 襄王을 부르고, 또 하양에서 사냥하게 하고 이로 인하여 제후들을 조현하게 한 것이다.

　晉文公會諸侯于溫하여 召襄王하고 且使守於河陽하고 因使諸侯朝라

③ 지금 부자께서 ≪춘추≫를 지으실 적에 도리어 "천왕이 하양에서 사냥하였다."라고 기록한 것은 어째서이냐고 한 것이다.

　今夫子作春秋에 乃言天王狩于河陽은 是如何잇고

④ 부자가 말하기를 "신하로서 임금을 부르는 것은 교훈으로 남길 것이 못 된다."라고 한 것이다.

　夫子言 以臣而召其君은 不足以垂訓이라

⑤ 그러므로 제후들을 거느리고서 천자를 섬긴 것이라고 기록하였다는 것이다.

　故書其率諸侯以事天子라

42-2 공자가 송나라에 있을 때 桓魋(환퇴)[3]가 자신의 石槨을 만든 지 3년이 되도록 완성하지 못한 것을 보고 부자가 정색하여 말하였다.

"이처럼 사치스럽게 만든단 말인가. 죽었으면 차라리 속히 썩게 하는 것이 낫다."

冉子(염유)가 수레를 몰다가 물었다.

"禮에 凶事는 미리 대비하지 않는다고 합니다.[4] 이것은 무슨 말입니까?"

---

3) 桓魋(환퇴) : 송나라의 대부이다. 환퇴가 공자를 죽이려 하자, 공자가 微服 차림으로 송나라를 지난 일이 ≪孟子≫〈萬章 上〉에 보인다.

4) 禮에……합니다 : 사람이 죽기 전에 喪具를 준비하지 않는다는 말이다. ≪禮記≫〈檀弓 上〉에 "喪事의 도구를 미리 갖추는 것을 군자는 부끄럽게 여긴다. 군자는 하루 이틀 사이에 준비할 수 있는 것은 미리 준비하지 않는다.〔喪具 君子恥具 一日二日而可爲也者 君子弗爲也〕"라고 하였고, ≪春秋左氏傳≫ 隱公 원년 조에도 "아직 죽지 않은 사람에게 부의물을 미리 주었으니, 예가 아니다.〔預凶事 非禮也〕"라고 하였다.

부자가 대답하였다.

"죽은 다음에 시호를 의논하고, 시호를 정한 뒤에 葬地를 택하고, 장사를 지낸 뒤에 사당을 세우는 법이다. 이는 모두 신하와 자식 된 자가 하는 일이기 때문에 미리 맡기지 않는데 하물며 스스로 만드는 것에 있어서이겠는가."

孔子在宋①에 見桓魋自爲石槨호대 三年而不成②하고 夫子愀③然(초연)曰④ 若是其靡也⑤여 死不如速朽之愈⑥로다 冉子僕曰⑦ 禮에 凶事不豫라하니 此何謂也⑧잇고 夫子曰 既死而議謚(시)⑨⑩하고 謚定而卜葬⑪하고 既葬而立廟⑫하니 皆臣子之事라 非所豫屬也⑬어든 況自爲之哉⑭아

① 부자가 송나라에 있을 때이다.

　　夫子在宋國이라

② 환퇴가 石槨을 만들었는데 3년이 지나도록 완성하지 못한 것을 본 것이다.

　　見桓魋作石槨호대 三年未成이라

③ 頭註 : 愀(정색하다)는 七과 小의 반절이다.

　　愀는 七小切이라

④ 부자가 정색하고 말한 것이다.

　　夫子作色而言이라

⑤ 이처럼 사치한다는 것이다.

　　如此奢侈라

⑥ 사람이 죽으면 차라리 속히 썩게 하는 것이 낫다는 것이다.

　　人之死不如速朽腐之爲也라

⑦ 염유가 부자를 위하여 수레를 몰다가 물은 것이다.

　　冉有爲夫子僕하여 而問曰

⑧ 예에 喪事는 미리 대비하지 않는다고 하니, 이는 어째서이냐고 한 것이다.

　　在禮에 喪事不豫備라하니 (比)〔此〕5)何爲也잇고

⑨ 頭註 : 謚(시호)는 音이 示이다.

　　謚는 音示라

⑩ 죽은 다음에야 시호를 의논하는 것이다.

　　既沒之後에 方議謚號라

⑪ 시호를 정한 뒤에야 葬地를 택하는 것이다.

　　謚號既定에 方卜葬地라

_____

5) (比)〔此〕: 저본에는 '比'로 되어 있으나, 江陵本과 慶長本에 의거하여 '此'로 바로잡았다.

⑫ 장사를 지낸 다음에야 사당을 세우는 것이다.

葬事旣畢에 方立廟之라

⑬ 이는 모두 신하와 자식 된 자의 일이기 때문에 마땅히 미리 맡겨 대비해서는 안 된다는 것이다.

此皆人臣人子之事라 不當以先屬備也라

⑭ 하물며 환퇴가 자신의 석곽을 만드는 것에 있어서이겠느냐고 한 것이다.

況桓魋自爲石郭哉아

42-3⁶⁾ 南宮敬叔이 富를 축적한 것 때문에 定公에게 죄를 지어 衛나라로 달아났는데, 衛侯가 돌아가기를 청하자 보화를 싣고 와서 정공을 조현하였다.⁷⁾ 부자가 이 일을 듣고 말하였다.

"이처럼 많은 재물을 쓴단 말인가. 지위를 잃었으면 차라리 속히 가난해지려고 하는 것이 낫다."

子游가 곁에서 모시고 있으면서 말하였다.

"감히 묻습니다. 무슨 말입니까?"

공자가 대답하였다.

"부유하면서도 예를 좋아하지 않는 자에게는 재앙이 따르는 법이다. 경숙은 부를 축적한 것 때문에 지위를 잃었는데도 또 잘못을 고치지 않으니, 나는 그에게 후환이 있을까 두렵다."

경숙이 이 이야기를 듣고 孔氏(공자)에게 달려가 사죄한 다음 禮法에 따라 재화를 나누어주었다.

南宮敬叔이 以富得罪於定公하여 奔衛①한대 衛侯請復(복)之②하니 載其寶以朝③어늘 夫子聞之曰 若是其貨也④여 喪⑤不若速貧之愈⑥니라 子游侍曰⑦ 敢問何謂⑧잇고 孔子曰 富而不好禮는 殃也⑨니 敬叔以富喪矣로대 而又弗改⑩하니 吾懼其有後患也⑪라 敬叔聞之하고 驟如孔氏⑫하고 而後循禮施⑬散焉⑭이라

6) 저본의 표제에 "보화를 싣고 와서 조현하였다.〔載寶而朝〕"라고 되어 있다.

7) 南宮敬叔이……조현하였다 : 남궁경숙은 노나라 대부 孟僖子의 아들 仲孫閱인데, 復位를 위해서 보화를 싣고 와서 정공에게 뇌물을 상납한 것이다.(《禮記集說大全》〈檀弓 上〉)

① 경숙이 많은 재물을 축적한 것 때문에 魯定公에게 죄를 지어 외국으로 달아난 것이다.
敬叔因多財하여 得罪於魯定公하여 而奔走外國이라

② 위후가 경숙에게 노나라 조정에 돌아갈 것을 청한 것이다.
衛侯請歸敬叔於朝라

③ 이어 자신의 보옥을 싣고 와서 군주를 조현한 것이다.
仍載其寶玉以朝主라

④ 부자가 이 일에 대해 들어 알고서 이에 말하기를 "이처럼 많은 재물을 쓴단 말인가."라고 한 것이다.
夫子聞知하고 乃曰 如此多財아

⑤ 頭註 : 喪(잃다)은 거성이다.
喪은 去聲이라

⑥ 喪은 지위를 잃다는 뜻이니, 지위를 잃었으면 차라리 속히 가난해지려고 하는 것이 낫다는 것이다.
喪은 失位也니 失位不若速貧之爲上이라

⑦ 자유가 모시고 앉아서 물은 것이다.
子游侍坐而問曰

⑧ "감히 묻습니다. 속히 가난해지려고 한다는 것은 무슨 말입니까?"라고 한 것이다.
敢問 何謂速貧이니잇고

⑨ 부자가 대답하기를 "재물이 많은데도 예를 좋아할 줄을 모르는 富者는 그 몸에 재앙이 따르는 법이다."라고 한 것이다.
夫子言 富者多(才)〔財〕8)호대 不知好禮者는 殃及其身이라

⑩ 경숙은 본래 부를 축적한 것으로 인하여 지위를 잃었는데 지금 또 잘못을 고치지 않은 것이다.
敬叔은 本因富而失位어늘 今又不能改過라

⑪ 나는 경숙에게 훗날 다시 환난이 있을까 두렵다는 것이다.
吾恐敬叔後更有患이라

⑫ 경숙이 부자의 말을 듣고 곧장 공씨에게 가서 사죄한 것이다.
敬叔見夫子之言하고 逕往孔氏而謝焉이라

⑬ 頭註 : 施(베풀다)는 거성이다.
施는 去聲이라

---

8) (才)〔財〕: 저본에는 '才'로 되어 있으나, 江陵本과 慶長本에 의거하여 '財'로 바로잡았다.

⑭ 이에 예법에 따라 재화를 나누어준 것이다.

乃依循禮法而散其財貨라

42-4 공자가 제나라에 있을 때 제나라에 큰 가뭄이 들어 봄에 기근이 닥쳤다. 경공이 공자에게 물었다.

"어떻게 해야 합니까?"

공자가 대답하였다.

"흉년에는 勞役을 일으키지 않고, 馳道를 정비하지 않으며, 기도할 때에는 폐백과 옥만을 사용하고, 제사 지낼 때에는 악기를 매달지 않으며, 제사에는 下級의 희생을 사용하는 법입니다. 이것은 현명한 임금이 자신을 낮추어 백성들을 구제하는 예입니다."

孔子在齊①에 齊大旱하여 春飢②어늘 景公問於孔子曰 如之何③잇고 孔子曰 凶年엔 力役不興④하며 馳道不修⑤하며 祈以幣玉⑥하며 祭祀不懸⑦하며 祀以下牲⑧하나니 此는 賢君自貶以救民之禮也⑨니이다

① 부자가 제나라에 있을 때이다.

夫子在齊國이라

② 제나라에 큰 가뭄이 들어 봄에 백성들이 굶주린 것이다.

齊國大旱하여 春月民飢라

③ 齊侯가 부자에게 묻기를 "백성을 구제하려면 어떻게 해야 합니까?"라고 한 것이다.

齊侯問夫子호대 救民當如何오

④ 부자가 대답하기를 "흉년에는 백성들에게 노역을 시켜서는 안 됩니다."라고 한 것이다.

夫子言 凶荒之歲에 不可勞役於百姓이라

⑤ 임금이 다니는 길을 정비하지 않는 것이다.

君所行之道不修라

⑥ 기도할 때에는 폐백과 옥만을 사용하고 희생을 바치는 예를 쓰지 않는 것이다.

祈禱惟用幣帛與玉이요 不用牲禮라

⑦ 제사를 지낼 때에는 음악을 연주하지 않는 것이다.

祭祀不作樂이라

⑧ 제사에는 太牢를 사용하지 않고 오직 小牢만 사용하는 것이다.[9]

祭不用太牢요 惟用少牢라

⑨ 이것은 賢德이 있는 임금이 자신을 낮추어 백성을 구제하는 예가 이와 같다는 것이다.
　此는 賢德之君이 自貶損以救百姓之禮如此라

42-5[10) 공자가 季氏의 집에 갔는데 季康子가 대낮에 內寢에서 거처하고 있었다. 공자가 무슨 질병이 있는지 묻자 계강자가 나와서 보았다. 말을 마치고 공자가 물러나자 자공이 물었다.

"계손이 병도 없는데 무슨 질병이 있는지 묻는 것이 예입니까?"

그러자 공자가 대답하였다.

"무릇 예는 군자가 큰일[11)이 있지 않으면 집 밖에서 자지 않고, 재계할 때가 아니거나 병에 걸렸을 때가 아니면 대낮에 내침에서 거처하지 않는 법이다. 이 때문에 밤에 집 밖에서 잘 경우에는 弔問하더라도 괜찮고, 대낮에 내침에서 거처하고 있을 경우에는 무슨 질병이 있는지 묻더라도 괜찮은 것이다."

孔子適季氏한대 康子晝居內寢이라 孔子問其所疾하니 康子出見之하다 言終에 孔子退하니 子貢問曰 季孫不疾而問諸疾이 禮與잇가 孔子曰 夫禮는 君子不有大故면 則不宿於外하며 非致齊也하고 非疾也면 則不晝處於內라 是故夜居外엔 雖弔之라도 可也요 晝居於內엔 雖問其疾이라도 可也니라

42-6[12) 공자가 大司寇[13)로 있을 때에 나라의 마구간에 불이 나자, 공자가 조정에서 물러나 불이 난 곳에 갔다.[14) 고을 사람 중에 스스로 불을 끄기 위해 온 자가

---

9) 제사에……것이다 : 제사의 규모를 줄인다는 말이다. 태뢰는 소·양·돼지를 희생으로 사용하는 것이고, 소뢰는 양과 돼지만을 희생으로 사용하는 것을 말한다.(《禮記》〈玉藻〉嚴陵 方氏 注)

10) 이 부분은 四部叢刊本을 저본으로 하였다.

11) 큰일 : 일반적으로 喪事나 전쟁을 가리킨다.

12) 이 부분은 四部叢刊本을 저본으로 하였다.

13) 大司寇 : 刑獄을 주관하는 장관으로, 공자가 大司寇로 있었던 때는 魯 定公 9년부터 14년까지이다.

14) 공자가……갔다 : 《論語》〈鄕黨〉에 "마구간에 불이 나자 공자가 조정에서 물러나 말하기를 '사람이 다쳤는가?'라고 하고 말에 대해서는 묻지 않았다.〔廐焚 子退朝曰 傷人乎 不問馬〕"라는 내용이 보이는데, 이때의 일을 가리킨 듯하다.

있으면 절을 하였는데 士에게는 한 번 하고 大夫에게는 두 번 하였다. 자공이 물었다.

"감히 묻습니다. 어째서입니까?"

공자가 대답하였다.

"불을 끄러 온 사람에게 또한 서로 위문하는 방법이다. 나는 有司이기 때문에 절을 한 것이다."

孔子爲大司寇에 國廐焚이어늘 子退朝而之火所러니 鄕人有自爲火來者어든 則拜之호대 士一하고 大夫再러라 子貢曰 敢問何也니잇고 孔子曰 其來者亦相弔之道也라 吾爲有司라 故拜之하니라

42-7 공자가 말하였다.[15)]

"管仲은 簋(궤)에 조각하고 朱紘(주굉)을 썼으며, 병풍을 설치하고 反坫을 두었으며, 기둥머리 斗拱에는 산 모양을 새기고 들보 위 동자기둥에는 마름을 그렸으니, 어진 대부이지만 그 윗사람은 견디기 어려웠을 것이다.[16)] 晏平仲은 선조를 제사 지낼 때에 제기를 덮지 않을 만큼의 작은 돼지 어깨를 사용하였고 여우 갖옷 한 벌을 30년 동안 입었으니, 어진 대부

管仲

이지만 그 아랫사람은 견디기 어려웠을 것이다.[17)] 군자는 윗자리에 있을 때에는 아랫사람을 참람하게 대하지 않고 아랫자리에 있을 때에는 윗사람을 능멸하지 않

15) 공자가 말하였다 : 이 부분은 "管仲은 너무 사치하고 晏子는 너무 검소한 잘못이 있는데 그중에서 누가 더 낫습니까?"라는 자공의 질문에 공자가 답한 말이다.(≪孔子家語≫ 四部叢刊本)

16) 그……것이다 : 천자나 제후만이 할 수 있는 것들을 관중이 참람하게 하였기 때문에 이렇게 말한 것이다. ≪禮記≫ 〈禮器〉에 "군자가 〈관중에 대해서〉 참람하다고 평가하였다.〔君子以爲濫矣〕"라고 하였다.

17) 그……것이다 : 안평중이 자신이 하던 것처럼 아랫사람들에게 그렇게 하도록 강요하였기 때문에 이렇게 말한 것이다. ≪禮記≫ 〈禮器〉에 "군자가 〈안평중에 대해서〉 속이 좁다고 평가하였다.〔君子以爲隘矣〕"라고 하였다.

는다."[18]

孔子曰 管仲은 鏤簋而朱紘[①]하며 旅樹而反坫[②]하며 山節藻梲[③]하니 賢大夫也나 而難爲上[④]이요 晏平仲은 祀其先祖에 而豚肩不揜豆[⑤]하며 一狐裘三十年[⑥]하니 賢大夫也나 而難爲下[⑦]라 君子는 上不僭下[⑧]하고 下不偪上[⑨]하니라

① 簋는 제기이고 鏤는 새겨 꾸미는 것이다. 朱紘은 천자가 쓰는 면류관의 끈이다.
簋는 祭器요 鏤는 刻而飾之也라 朱紘은 天子冕之紘이라

② 旅는 설치하는 것이고 樹는 병풍이니, 천자는 外屛이고 제후는 內屛이다.[19] 反坫은 두 기둥 사이에 있는 것으로, 군주끼리 우호를 다질 때 술을 올리는 예를 마친 다음 그 위에 술잔을 도로 갖다 놓는 받침대이다.
旅는 施也요 樹는 屛也니 天子外屛이요 諸侯內屛이라 反坫은 在兩楹之間하여 人君好會에 獻酢禮畢하고 反爵於其上이라

③ 節은 두공이니 산과 구름 모양을 새기고, 梲은 들보 위 동자기둥이니 마름 문양을 그린다.
節은 栭(이)也니 刻爲山雲이요 梲은 梁上短柱니 畫藻文也라

④ 관중은 어진 대부이지만 그 윗사람은 견디기 어렵다는 것이다.
管仲은 賢大夫也나 難於爲上이라

⑤ 제사에는 돼지 어깨만 사용하는데 담는 제기를 덮지 않은 것이다.
祭祀에 惟用豚肩이로대 不揜所盛之豆라

⑥ 여우 갖옷 한 벌로 30년 동안 바꾸지 않고 입은 것이다.
衣一狐裘三十年不換이라

⑦ 晏子 또한 어진 대부이지만 그 아랫사람은 견디기 어렵다는 것이다.
晏子는 亦賢大夫나 難於爲下라

⑧ 윗자리에 있을 때에는 아랫사람을 참람하게 대하지 않는 것이다.
居上位엔 不僭下라

⑨ 아랫자리에 있을 때에는 윗사람을 능멸하지 않는 것이다.
在下位엔 不陵上이라

---

18) 군자는……않는다 : 이 부분은 《禮記》〈雜記 下〉에 "군자는 위로는 윗사람이 하는 일을 참람하게 하지 않고, 아래로는 아랫사람을 핍박하지 않는다.〔君子上不僭上 下不偪下〕"라고 되어 있다.
19) 천자는……內屛이다 : 《禮記正義》〈曲禮 上〉에 "천자는 外屛이니 屛이 路門 밖에 있고, 제후는 內屛이니 屛이 노문 안에 있다."라고 하였다.

42-8[20] 자로가 공자에게 물었다.

"臧武仲이 군대를 거느리고 邾나라 사람과 狐鮐에서 싸우다가 패배를 당하였습니다.[21] 이때 군사들이 많이 죽었는데 처벌하지 않았으니 이는 옛날의 道가 그러한 것입니까?"

공자가 대답하였다.

"군주의 군사를 거느리고 갔다가 패배하였으면 죽어야 하고, 군주의 나라와 고을을 지키다가 위태롭게 하였으면 자신도 죽는 것이 옛날의 바른 도리이다. 하지만 군주가 전투에 참여하였거나 군주의 詔書가 있을 경우에는 처벌할 수 없다."

子路問於孔子曰 臧武仲이 率師하여 與邾人戰于狐鮐라가 遇敗焉하여 師人多喪이어늘 而無罰하니 古之道然與잇가 孔子曰 凡謀人之軍師라가 敗則死之하고 謀人之國邑이라가 危則亡之가 古之正也어니와 其君在焉者와 有詔면 則無討①니라

① 詔는 군주의 下敎이니 군주의 하교가 있으면 신하는 처벌할 수 없는 것이다.
詔는 君之敎也니 有君敎則臣無討라

42-9[22] 晉나라가 宋나라를 치려할 때에 사람을 시켜 宋나라를 정탐하게 하였다. 이때 송나라 陽門의 介夫(甲士)가 죽자 司城 子罕[23]이 슬피 哭을 하고 있었는데 정탐하는 자가 돌아가 晉侯에게 말하였다.

"陽門의 一介 介夫가 죽었는데 子罕이 슬피 곡을 하자 백성들이 모두 기뻐하고 있었습니다. 이걸로 봐서는 아마도 송나라를 쳐서는 안 될 것 같습니다."

공자가 이 일을 듣고 말하였다.

"훌륭하다. 나라를 정탐함이여! ≪詩經≫에 '백성의 喪에 온 힘을 다해 구제한

---

20) 이 부분은 四部叢刊本을 저본으로 하였다.

21) 臧武仲이……당하였습니다 : 狐鮐는 邾나라 땅으로 狐駘라고도 한다. 邾나라와 莒나라가 鄫나라를 치자, 장무중이 鄫나라를 구원하기 위해 邾나라를 侵攻하였다가 狐駘에서 패배한 사실이 ≪春秋左氏傳≫ 襄公 4년 조에 보인다.

22) 이 부분은 四部叢刊本을 저본으로 하였다.

23) 司城 子罕 : 司城은 宋나라에서 水土의 일을 맡은 관원으로, 곧 司空이다. 宋 武公의 諱가 司空이기 때문에 司城으로 고친 것이다. 子罕은 宋나라의 어진 大夫로 성은 樂이고, 이름은 喜이다. 청렴하기로 유명하였다.

다.'²⁴⁾라고 하였는데 자한이 그러하였다. 비록 晉나라가 아니더라도 천하에 어떤 나라가 대적할 수 있겠는가. 이 때문에 周任이 '위정자의 사랑을 백성들이 기뻐하는 사람과는 대적할 수 없다.'라고 한 것이다."

晉將伐宋에 使人覘之^①러니 宋陽門之介夫死^②어늘 司城子罕哭之哀한대 覘之反言於晉侯曰 陽門之介夫死어늘 而子罕哭之哀한대 民咸悅하니 宋殆未可伐也로이다 孔子聞之曰 善哉라 覘國乎여 詩云 凡民有喪에 匍匐救之라하니 子罕有焉이라 雖非晉國이라도 其天下孰能當之^③리오 是以 周任有言曰 民悅其愛者는 弗可敵也라하니라

① 살펴보는 것이다.
　觀也라

② 陽門은 宋나라 城門이다. 介夫는 갑옷을 입고 성문을 방어하는 자이다.
　陽門은 宋城門也라 介夫는 被甲御門者라

③ 비록 晉나라가 아니라 천하에 강한 나라라도 오히려 대적할 수 없다는 말이다.
　言雖非晉國이라도 使天下有强者로 猶不能當也라

42-10²⁵⁾ 楚나라가 吳나라를 공격할 때에 工尹 商陽²⁶⁾이 陳棄疾²⁷⁾과 함께 오나라 군대를 추격하여 따라잡자, 진기질이 말하였다.

"國事이다. 그대는 활을 손에 들라."

商陽이 활을 손에 들자, 기질이 말하였다.

"그대는 쏘라."

그러자 활을 쏘아 맞춰 한 사람을 죽인 다음 활을 활집에 넣었는데 또 따라잡자 기질이 전처럼 말하여 또 두 사람을 죽였다. 한 사람을 죽일 때마다 자신의 눈을 감더니 〈3명을 죽이고서〉御者에게 수레를 멈추게 하고 말하였다.

"나는 조정에서 앉아본 적도 없고 연회에도 참석해본 적이 없으니²⁸⁾ 세 사람을

―――――――――

24) 백성의……구제한다 : 《詩經》〈邶風 谷風〉에 보인다.

25) 이 부분은 四部叢刊本을 저본으로 하였다.

26) 工尹 商陽 : 工尹은 楚나라의 官名으로 百工을 주관하는 장관이다. 商陽에 대해서는 자세한 기록이 없다.

27) 陳棄疾 : 楚나라의 公子이다. 魯 昭公 8년에 군사를 이끌고 陳나라를 멸망시켜 陳을 초나라의 일개 縣으로 만든 공로로 인해 陳棄疾로 불렸다.

죽인 것으로도 임금께 復命하기에 충분하다."

공자가 이 일을 듣고 말하였다.

"사람을 죽이는 와중에도 또 예가 있도다."

그러자 자로가 발끈하여 앞으로 나와 말하였다.

"신하의 절개는 임금의 大事를 맡으면 온 힘을 다해서 하고 죽은 뒤에야 그만두는 법인데, 부자께서는 어찌하여 이를 좋게 여기십니까?"

공자가 대답하였다.

"그러하다. 네 말이 맞다. 나는 그가 사람을 차마 죽이지 못하는 마음만을 높이 평가한 것뿐이다."

楚伐吳할새 工尹商陽이 與陳棄疾追吳師하여 及之러니 棄疾曰 王事也라 子手弓而可니라 商陽手弓한대 棄疾曰 子射諸인저 射之하여 (斃)〔斃〕²⁹⁾一人하고 韔(창)其弓①이어늘 又及한대 棄疾謂之하여 又(及棄疾復謂之)³⁰⁾斃二人이라 每斃一人에 輒掩其目하여 止其御曰 吾朝不坐하고 燕不與②하니 殺三人이 亦足以反命矣라하다 孔子聞之曰 殺人之中에 又有禮焉이로다 子路怫然하여 進曰 人臣之節은 當君大事하여 唯力所及이요 死而後已어늘 夫子何善此시니잇고 子曰 然하다 如汝言也라 吾取其有不忍殺人之心而已니라

① 韔은 〈활집에〉 넣는다는 뜻이다.

　　韔은 韜라

② 士는 신분이 낮기 때문이다.

　　(亡畀)〔士卑〕³¹⁾故也라

42-11³²⁾ 邾나라 사람이 어미는 같고 아비가 다른〔同母異父〕 형제가 죽어 장차

---

28) 나는……없으니 : 이 부분에 대해 ≪禮記正義≫ 〈檀弓 下〉에는 "路寢에서 조회하고 연회할 때에는 大夫는 위에 앉고 士는 아래에 선다. 그렇다면 商陽과 御者는 모두 士일 것이다.〔朝燕於寢 大夫坐於上 士立於下 然則商陽與御者 皆士也〕"라고 하였다.

29) (斃)〔斃〕 : 저본에는 '斃'로 되어 있으나, 四庫全書本과 漢文大系本에 의거하여 '斃'로 바로잡았다.

30) (及棄疾復謂之) : 저본에는 있으나, ≪禮記≫ 〈檀弓 下〉와 四庫全書本, 漢文大系本에 의거하여 衍文으로 보아 번역하지 않았다.

31) (亡畀)〔士卑〕 : 저본에는 '亡畀'로 되어 있으나, 四庫全書本과 漢文大系本에 의거하여 '士卑'로 바로잡았다.

服을 입게 되었다. 그래서 顔克[33]을 통해 공자에게 예를 물었는데 공자가 대답하였다.

"繼父와 함께 산 자는 아비가 다른 형제를 위해 從服[34]을 입고, 함께 살지 않은 경우에는 계부에게도 또 복을 입지 않는데[35] 하물며 그 아들에 있어서이겠는가."

邾人이 以同母異父之昆弟死하여 將爲之服이라 因顔克而問禮於孔子한대 子曰 繼父同居者는 則異父昆弟에 從爲之服이요 不同居는 繼父且猶不服이어든 況其子乎아

42-12[36] 齊나라 군대가 魯나라를 침략하자[37] 公叔務人이 堡壘에 들어와 지팡이에 의지한 채 쉬고 있는 백성들을 만났다. 그러자 공숙무인이 울면서 말하였다.

"나라에서 고되게 徭役을 시키고 과중하게 세금을 부담하게 하면서도, 君子(爲政者)가 국사를 도모하지 못하고 戰士가 목숨을 바쳐 싸우지 못한다면 이는 옳지 못한 일이다. 내가 이미 이렇게 말을 하였으니 감히 힘써 싸우지 않겠는가."[38]

그리고는 이웃의 嬖童인 汪錡[39]와 함께 수레를 타고 적진에 뛰어들어 전사하였다. 모두 殯所를 차려주었는데, 노나라 사람들이 童子 汪錡를 殤禮[40]로 장사 지내

---

32) 이 부분은 四部叢刊本을 저본으로 하였다.

33) 顔克 : 공자의 제자로 공자가 匡 땅에서 위험에 처했을 때 공자를 호위하던 사람 중에 한 사람이다.

34) 從服 : 남을 따라서 입는다는 뜻으로, 姻親이나 임금의 친속을 위해 상복을 입는 것을 말하는데, ≪禮記集說大全≫〈大傳〉鄭玄의 注에 "종복은 예컨대 남편이 아내의 부모를 위하거나, 아내가 남편의 親黨(친족)을 위해 상복을 입는 것과 같은 것이다.〔從服 若夫爲妻之父母 妻爲夫之黨服〕"라고 하였다.

35) 함께……않는데 : 繼父와 함께 살지 않은 경우란 再嫁하는 어머니를 따라간 자식의 경우를 말한다. 공자는 이 경우에 복을 입지 않는다고 하였는데, ≪儀禮注疏≫〈喪服〉의 傳에는 "함께 살았으면 齊衰 朞年服을 입고, 따로 살았으면 자최 3개월 복을 입는다."라고 하였다.

36) 이 부분은 四部叢刊本을 저본으로 하였다.

37) 齊나라……침략하자 : 魯나라 郎 땅에서의 전투를 가리키는 것으로, ≪春秋左氏傳≫ 哀公 11년 조에 보인다.

38) 내가……않겠는가 : ≪春秋左氏傳≫ 哀公 11년 조 杜預 注에 "이미 사람들이 죽기로 싸우지 않는다고 말하였으니, 내가 감히 죽기로 싸우지 않을 수 없다는 말이다."라고 하였다.

39) 汪錡 : 魯 哀公의 嬖童이다.

40) 殤禮 : 20세를 넘기지 못하고 일찍 죽은 자를 제사 지내는 예로, 나이에 따라 상·중·하 세 등급으로 나누어 상복을 줄여서 입고 장례 의식도 강등한다.

지 않고자 하여 공자에게 물었는데 공자가 대답하였다.

"창과 방패를 잡고서 싸워 社稷을 보호하였으니 殤禮로 장사 지내지 말아야 할 것이다."

齊師侵魯할새 公叔務人①41)이 遇人入保하여 負杖而息②이라 務人泣曰 使之雖病③하고 任之雖重④이나 君子弗能謀하고 士弗能死면 不可也라 我則既言之矣니 敢不勉乎아하고 與其隣重童汪錡로 乘往하여 奔敵死焉하다 皆殯이어늘 魯人欲勿殤童汪錡라 問於孔子하니 曰 能執干戈以衛社稷하니 可無殤乎인저

① 魯 昭公의 아들 公爲이다.
昭公之子公爲라

② 먼저 제나라 군대를 피해 들어가서 보루에 들어가려 할 때에 피로하고 지쳐서 지팡이를 목 위에 걸쳐놓고 팔짱을 끼고 휴식하고 있는 자를 본 것이다. 保는 고을의 작은 城이다.
見先避入齊師하여 將入保할새 疲倦하여 加杖頸上하고 兩手抜之休息者也라 保는 縣邑小城也라

③ 당시의 徭役을 말한다.
謂時徭役이라

④ 당시의 賦稅를 말한다.
謂時賦稅라

42-13[42) 공자가 衛나라에 있을 때에 衛나라 사람 중에 죽은 이를 장사 지내 보내는 이가 있었다. 부자가 이 모습을 보고 말하였다.

"훌륭하다. 喪을 치름이여! 모범이 될 만하도다. 제자들아, 기억해두어라."

그러자 자공이 물었다.

"부자께서는 어떤 점을 좋게 여기신 것입니까?"

공자가 대답하였다.

"장사를 지내러 갈 때에는 죽은 이를 思慕하는 듯이 하고 돌아올 때에는 의심하는 듯이 하였다."43)

41) 公叔務人 : ≪禮記≫ 〈檀弓 下〉에는 '公叔禺人'으로 되어 있다.
42) 이 부분은 四部叢刊本을 저본으로 하였다.

자공이 말하였다.

"차라리 속히 돌아가서 虞祭[44]를 지내는 것이 낫지 않겠습니까?"[45]

그러자 공자가 대답하였다.

"이는 죽은 이에 대한 情이 지극한 것이다. 제자들아, 기억해두어라. 나는 저렇게 하지 못하였다."

孔子在衛할새 衛之人有送葬者어늘 而夫子觀之曰 善哉라 爲喪乎여 足以爲法也로소니 小子識之하라 子貢問曰 夫子何善爾잇고 〔曰〕[46] 其往也如慕하고 其返也如疑로다 子貢曰 豈若速返而虞哉①리잇고 子曰 此情之至者也니라 小子識之하라 我未之能也호라

① 장사를 지내고 돌아와 제사 지내는 것을 虞祭라고 한다.
返葬而祭를 謂之虞也라

42-14[47] 卞 땅의 어떤 사람이 어머니가 죽어 어린애처럼 절제하지 않고 울고 있었다. 공자가 말하였다.

"그 울음이 슬프기는 슬프지만 계속 이어가기는 어려운 일이다. 禮란 남에게 전할 수 있고 남이 이어갈 수 있어야 한다.[48] 그러므로 哭하고 뛰는 데에도 절도가

---

43) 장사를……하였다 : ≪禮記纂言≫〈檀弓〉 鄭氏 注에 "慕는 어린아이가 부모를 따라가면서 우는 것을 말하고, 疑는 돌아가신 어버이가 저곳에 계시는 것을 슬퍼하여 돌아가려고 하지 않는 듯이 하는 것이다.〔慕 謂小兒隨父母啼呼 疑者 哀親之在彼 如不欲還然〕"라고 하였다.

44) 虞祭 : 장례를 치른 뒤 죽은 이의 혼백을 평안하게 하기 위하여 지내는 제사로, 장례를 치른 날 지내는 初虞, 초우제 이후 柔日에 지내는 再虞, 재우제 이후 剛日에 지내는 三虞를 모두 통틀어 이르는 말이다.

45) 차라리……않겠습니까 : ≪禮記集說大全≫〈檀弓 上〉 陳澔 注에 "자공은 의심하는 듯이 하면 돌아오는 것이 더디니 차라리 속히 돌아가 우제의 예를 행하는 것이 낫다고 생각한 것이다. 이는 예의 常道만 알고, 情의 지극함을 살피지 못한 것이다.〔子貢以爲如疑則反遲 不若速反而行虞祭之禮 是知其禮之常 而不察其情之至矣〕"라고 하였다.

46)〔曰〕: 저본에는 없으나 ≪禮記≫〈檀弓 上〉과 四庫全書本에 의거하여 '曰'을 보충하여 번역하였다.

47) 이 부분은 四部叢刊本을 저본으로 하였다.

48) 남에게……한다 : ≪禮記集說大全≫〈檀弓 上〉에서 嚴陵 方氏는 '전하다〔傳〕'와 '잇다〔繼〕'의 차이를 다음과 같이 설명하였다. "傳은 자신으로 말미암아 後人에게 전하는 것을 말하고 繼는 남으로 하여금 이전의 것을 잇게 하는 것을 말한다. ≪孟子≫에 '舜은 천하에 모범이 되어서 후세에 전할 만하였다.'라고 하였고, 또 '군자는 基業을 創建하고 傳統을 계승하여 이을 수 있게 한다.'라고 하였으니 이것이 傳과 繼의 辨別일 것이다.〔傳 言由己以傳於後 繼 言使人有繼於前 孟子曰 舜爲

있고 喪服을 벗는 것도 일정한 기일이 있는 것이다."

卜⁴⁹⁾人이 有母死而孺子之泣者어늘 孔子曰 哀則哀矣나 而難繼也라 夫禮는 爲可傳也며 爲可繼也라 故哭踊有節하고 而變除有期니라

42-15⁵⁰⁾ 魯나라 사람 중에 아침에 大祥을 지내고 저녁에 노래를 부르는 자가 있었다. 자로가 이를 비웃자 공자가 말하였다.

"由야! 네가 남에게 예를 갖추라고 요구하는 것을 끝내 그만둘 수 없겠느냐. 삼년상을 지낸 것 또한 오래한 것이다."

자로가 나가자 공자가 말하였다.

"더 많은 시간을 기다릴 것이 있겠는가. 한 달만 넘겼으면 좋았을 것이다."⁵¹⁾

魯人有朝祥而暮歌者어늘 子路笑之한대 孔子曰 由아 爾責於人을 終無已夫아 三年之喪이 亦以久矣니라 子路出커늘 孔子曰 又多乎哉^①아 踰月則其善也니라

① 又는 '더〔復〕'라는 뜻이다. 노래할 수 있는 날이 더 오래지 않아 있을 거라는 말이다.
　又는 復也라 言其可以歌不復久也라

42-16⁵²⁾ 자로가 공자에게 물었다.

"슬픕니다. 가난이라는 것이! 어버이가 살아계실 때에는 제대로 봉양할 수 없고 돌아가신 뒤에는 禮를 갖출 수 없으니 말입니다."

공자가 대답하였다.

"콩을 먹고 물만 마시더라도 마음을 다하여 어버이를 기쁘게 하면 그것을 孝라

　　法於天下 可傳於後世 又曰 君子創業垂統 爲可繼也 此傳繼之辨歟〕"라고 하였다.

49) 卜 : 《禮記》〈檀弓 上〉에는 '弁'으로 되어 있다.

50) 이 부분은 四部叢刊本을 저본으로 하였다.

51) 한……것이다 : 공자가 魯나라 사람을 안타깝게 여긴 이유에 대해서 《禮記集說大全》〈檀弓 上〉 長樂陳氏의 注에는 "《禮記》〈喪服四制〉에 '大祥을 지낸 날에 素琴을 연주한다.'라고 한 것은 잘못된 일이 아니지만 大祥을 지낸 날에 노래하는 것이 좋지 않다고 한 것은, 琴을 연주하는 것은 형식적으로 하는 것이지만 노래는 마음에서 우러나와서 하는 것이기 때문이다.〔記曰祥之日 鼓素琴 不爲非 而歌則爲未善者 琴自外作 歌由中出故也〕"라고 하였다.

52) 이 부분은 四部叢刊本을 저본으로 하였다.

고 할 수 있다. 손과 발 같은 형체만 斂襲하여 곧장 매장하고 槨이 없더라도 자기 형편에 맞게 하면 그것을 禮라고 할 수 있다. 그러니 가난을 어찌 슬퍼하겠느냐."

子路問於孔子曰 傷哉라 貧也여 生而無以供養하며 死則無以爲禮也로이다 孔子曰 啜菽飮水나 盡其歡心을 斯爲之孝乎인저 斂手足形하여 旋葬而無槨①이나 稱其財를 爲之禮니 貧何傷乎리오

① 旋은 '곧〔便〕'의 뜻이다.

旋은 便이라

42-17[53] 吳나라 延陵季子[54]가 上國에 聘問하기 위해 齊나라에 갔다가 돌아오는 길에 그의 큰 아들이 嬴邑과 博邑[55] 사이에서 죽었다. 공자가 이를 듣고 말하였다.

"延陵季子는 吳나라 사람으로 禮法에 익숙한 자이다."

그리고는 가서 장사 지내는 법을 살폈다. 연릉계자는 斂襲할 때에는 계절에 맞는 옷을 입힐 뿐이었고, 그 壙中은 구덩이만 가릴 정도로 파고 물이 나는 데까지 깊이 파지 않았으며, 埋葬할 때에는 明器[56]를 넣지 않았고, 매장한 다음 봉분할 때에는 넓이[57]는 구덩이를 덮을 만하고 높이는 사람을 가릴 만한 정도로 하였다. 봉분을 마치자 계자가 왼쪽 어깨를 드러내고 오른쪽으로 그 봉분한 곳을 돌면서 또 세 차례 이렇게 號哭하였다.

"뼈와 살이 흙 속으로 돌아가는 것은 운명이지만 魂과 氣는 가지 못할 데가 없느니라. 가지 못할 데가 없느니라."

그리고는 드디어 떠났다. 공자가 말하였다.

"연릉계자의 喪禮는 禮法에 맞다."

---

53) 이 부분은 四部叢刊本을 저본으로 하였다.

54) 延陵季子 : 吳나라 季札로, 延陵에 봉해졌으므로 延陵季子라고도 불리는데, 上國에 두루 朝聘하면서 당시의 어진 사대부들과 사귀었다.

55) 嬴邑과 博邑 : 모두 齊나라에 있는 지역으로 지금의 山東省 泰安縣 지역이다.

56) 明器 : 장사 지낼 때에 亡人이 生時에 쓰던 것과 비슷하게 만들어 무덤에 넣던 부장품을 말한다. 일반적으로 나무나 대나무, 흙 등으로 만든다.

57) 넓이 : 원문의 '廣輪'은 《禮記集說大全》〈檀弓 下〉陳澔 注에 "'廣'은 '가로〔橫〕'를 가리키고 '輪'은 '세로〔直〕'를 가리킨다."라고 하였다.

吳延陵季子聘于上國하여 遺齊라가 於其返也에 其長子死於嬴博之間^①이어늘 孔子聞之曰 延陵季子는 吳之習於禮者也라하고 往而觀其葬焉한대 其斂은 以時服而已^②요 其壙은 掩坎하고 深不至於泉하며 其葬은 無(盟)〔明〕⁵⁸⁾器之贈이요 旣葬에 其封은 廣輪揜坎하고 其高可(時)⁵⁹⁾隱也러니 旣封에 則季子乃左袒하고 右還其封하여 且號者三曰 骨肉歸于土는 命也어니와 若魂氣則無所不之라 則無所不之라하고 而遂行하니 孔子曰 延陵季子之禮其合矣라

① 嬴과 博은 지명이다.

　嬴博은 地名也라

② 계절에 맞는 옷만 입히고 더 장식하지 않은 것이다.

　隨冬夏之服하고 無所加라

42-18 子游가 喪葬에 사용하는 도구에 대해 묻자, 공자가 대답하였다.

"집의 형편에 따라 알맞게 하는 것이다."

"집의 형편에 따라 어떻게 한도를 정합니까?"

공자가 대답하였다.

"〈재물이〉 있더라도 예에 지나치게 해서는 안 되고, 진실로 없으면 시신의 손과 발 같은 형체만 斂襲한 다음 곧바로 장사 지내되 관을 매달아 封(하관)한들 어찌 비난하는 사람이 있겠느냐. 그러므로 喪事는 슬픔이 부족하고 예가 남음이 있기보다는 차라리 예가 부족할지언정 슬픔이 남는 것이 낫고, 祭禮는 공경함이 부족하고 예가 남음이 있기보다는 차라리 예가 부족할지언정 공경함이 남는 것이 낫다."⁶⁰⁾

子游問喪之具^①한대 孔子曰 稱家之有亡(무)^②焉^③이라 曰有亡에 惡^④乎齊^⑤잇고 孔子曰 有也則無過禮^⑥하고 苟亡矣어든 斂手足形하여 還(선)葬호대 懸棺而封^⑦이언들 人豈有非之者哉^⑧리오 故夫喪亡은 與其哀不足而禮有餘^⑨론 不若禮不足而哀有餘也^⑩며 祭禮는 與其敬不足而禮有

---

58) (盟)〔明〕: 저본에는 '盟'으로 되어 있으나, 四庫全書本과 漢文大系本에 의거하여 '明'으로 바로잡았다.

59) (時): 저본에는 있으나 ≪禮記≫ 〈檀弓 下〉에 의거하여 衍文으로 보아 번역하지 않았다.

60) 喪事는……낫다 : 喪事는 슬픔을 위주로 하고 제례는 공경함을 위주로 해야 한다는 말이다. 이와 비슷한 내용이 ≪論語≫ 〈八佾〉에 보인다. 林放이 예의 근본에 대해 묻자, 공자가 "예는 사치하기보다는 차라리 검소한 것이 낫고, 喪은 형식적으로 잘 치르기보다는 차라리 슬퍼하는 것이 낫다.〔禮 與其奢也 寧儉 喪 與其易也 寧戚〕"라고 하였다.

餘^⑪론 不若禮不足而敬有餘也^⑫니라

① 자유가 묻기를 "喪葬에는 어떠한 도구를 사용해야 합니까?"라고 한 것이다.
子游問 喪葬之具가 如何잇고

② 頭註：亡(없다)는 音이 無이다.
亡는 音無라

③ 부자가 말하기를 "다만 집의 형편에 따라 예를 정하는 것이다."라고 한 것이다.
夫子言 但隨家之有亡以爲禮라

④ 頭註：惡(어찌)는 音이 烏이다.
惡는 音烏라

⑤ 재물이 있고 없음에 따라 어떻게 한도를 정하느냐고 한 것이다.
有財無財則何以爲限잇고

⑥ 부자가 말하기를 "집에 재물이 있으면 예에 지나치게 해서는 안 된다."라고 한 것이다.
夫子言 家有財則不可過乎禮라

⑦ 진실로 재물이 없으면 다만 손과 발 같은 형체만 염습한 다음 곧바로 장사 지내는 것이다. 封은 '하관하다〔窆〕'라는 뜻이다.
誠無財矣면 但斂其手足形體하고 卽⁶¹⁾葬之라 封은 讀爲窆이라

⑧ 어찌 네가 옳지 않다고 말하는 사람이 있겠느냐는 것이다.
豈有人言汝不是리오

⑨ 상사는 슬픔이 부족하고 예가 또 남음이 있게 하기보다는 〈이와 반대로 하는 것이 낫다는 것이다.〉
凡喪事는 與其哀戚不足而禮又⁶²⁾有餘라

⑩ 상사는 슬픔을 위주로 함을 말한 것이다.
言喪主乎哀也라

⑪ 제사는 공경함이 부족하고 禮文이 남음이 있게 하기보다는 〈이와 반대로 하는 것이 낫다는 것이다.〉
凡祭祀는 與其恭敬不足而禮文有餘라

⑫ 제사는 공경함을 위주로 함을 말한 것이다.
言祭主乎敬也라

---

61) 卽 : 江陵本과 慶長本에는 '而'로 되어 있다.
62) 又 : 慶長本에는 '文'으로 되어 있다.

42-19[63) 伯高[64)가 衛나라에서 죽어 공자에게 訃告를 보내오자 공자가 말하였다.

"나는 어디에서 哭을 할까? 형제라면 내가 사당에서 곡하고, 아버지의 벗이라면 내가 사당문 밖에서 곡하고, 스승이라면 내가 正寢에서 곡하고, 붕우라면 내가 寢門 밖에서 곡하고, 아는 사람이라면 내가 들에서 곡하였다. 이제 들에서 곡하면 너무 疏遠하고 正寢에서 곡하면 너무 지나치다. 伯高는 賜를 통해 나를 보았으니 나는 賜의 집에 가서 곡하겠다."

그리고는 마침내 子貢(賜)에게 명하여 喪主가 되게 하고 말하였다.

"너를 위해 곡하러 온 자에게는 너는 절하고, 백고를 알아서 조문하러 온 자에게는 너는 절하지 말라."

곡을 마치고 子張에게 가서 조문하게 하였는데 자장이 도착하기 전에 冉求가 위나라에 있다가 비단 한 묶음과 말 네 필을 賻儀로 보냈다. 공자가 이 일을 듣고 말하였다.

"이상한 짓을 하였도다. 나로 하여금 백고에게 예를 갖추지 못하게 한 자는 염구일 것이다."[65)

伯高死於衛하여 赴於孔子한대 子曰 吾惡乎哭諸오 兄弟는 吾哭諸廟하고 父之友는 吾哭諸廟門之外하고 師는 吾哭之寢하고 朋友는 吾哭之寢門之外하고 所知는 吾哭之諸野하노니 今於野則已疏하고 於寢則已重이라 夫由賜也하여 而見我하니 吾哭於賜氏호리라하고 遂命子貢하여 爲之主하고 曰 爲爾哭也來者는 汝拜之하고 知伯高而來者는 汝勿拜하라 旣哭에 使子張往弔焉한대 未至에 冉求在衛라가 攝束帛乘馬而以將之한대 孔子聞之曰 異哉라 徒使我不成禮於伯高者는 是冉求也인저

42-20[66) 자로가 누이의 상을 당하였는데 상복을 벗을 때가 되었는데도 벗지 않

---

63) 이 부분은 四部叢刊本을 저본으로 하였다.

64) 伯高 : 당시 사람으로 자세한 것은 미상이나, 공자와 친분이 두터운 사람이었을 것이다.(≪禮記集說大全≫〈檀弓 上〉陳澔 注)

65) 이상한……것이다 : ≪禮記集說大全≫〈檀弓 上〉陳澔의 注에 "염구는 재물을 보내 예를 행할 줄만 알았지 성인의 마음은 정성을 다하고 재물로 하지 않음을 알지 못한 것이다.〔冉子知以財而行禮 不知聖人之心則于其誠 不于其物也〕"라고 하였다.

66) 이 부분은 四部叢刊本을 저본으로 하였다.

자 공자가 물었다.

"어찌하여 벗지 않느냐?"

자로가 대답하였다.

"저는 형제가 적어 차마 벗지 못하겠습니다."

그러자 공자가 말하였다.

"길가는 보통 사람도 모두 차마 그렇게 하지 못하지만, 선왕이 예법을 제정한 것
은 지나친 사람은 낮추어 나아가게 하고 이르지 못한 사람은 발돋움하여 미치게
한 것이니라."

자로가 이 말을 듣고 드디어 상복을 벗었다.

　　子路有姊之喪에 可以除之矣而弗除한대 孔子曰 何不除也오 子路曰 吾寡兄弟而弗忍也로이다
孔子曰 行道之人도 皆弗忍하나 先王制禮는 過之者俯而就之하고 不至者企而及之니라 子路聞
之하고 遂除之하니라

42-21[67][68] 伯魚[69]가 어머니의 상을 당하여 1년이 되었는데도 哭을 하고 있었다.
공자가 곡소리를 듣고 물었다.

"곡을 하는 자는 누구인가?"

門人이 대답하였다.

"鯉입니다."

공자가 말하였다.

"아, 심하다. 이는 예에 맞지 않다."[70]

---

67) 이 부분은 四部叢刊本을 저본으로 하였다.

68) 42-20과 42-21은 모두 情이 두터워 禮法으로 감정을 제어하지 못한 것에 대해 공자가 꾸짖는
내용이다. 이에 대해 ≪禮記集說大全≫ 〈檀弓 上〉 臨天 吳氏의 注에는 "伯魚는 出母의 喪期가 지
난 뒤이니 哭을 하지 말아야 하는데 여전히 곡을 하였고, 子路는 누이의 상에 大功服의 喪期가
찼으니 상복을 벗어야 하는데 여전히 벗지 않았다. 이는 모두 정이 지나치고 두터운 것이지만
예법에는 맞지 않기 때문에 부자가 모두 그 지나침을 억누른 것이다. 그리하여 伯魚는 마침내
그만두었으니 곡을 그만둔 것이고 子路는 마침내 벗었으니 상복을 벗은 것이다.〔伯魚於出母之喪
期後 當不哭矣 而猶哭 子路於嫁姊之喪 大功服滿 當除矣 而猶不除 皆情不過厚 而於禮不可 故夫子皆抑其過
伯魚遂除之 除其哭也 子路遂除之 除其服也〕"라고 하였다.

69) 伯魚 : 공자의 아들 鯉로, 백어는 그의 字이다.

백어가 이 말을 듣고 드디어 곡을 그만두었다.

伯魚之喪母也에 期而猶哭이어늘 夫子聞之曰 誰也오 門人曰 鯉也니이다 孔子曰 嘻라 其甚也니 非禮也라 伯魚聞之하고 遂除之하니라

42-22[71] 有若이 공자에게 물었다.

"나라의 임금이 〈宗親 관계에 있는〉 백성에게 어떻게 대해야 합니까?"

공자가 대답하였다.

"모두 宗親으로서 해야 할 도리가 있다. 그러므로 비록 존귀한 임금이라 하더라도 오히려 백성과 그 친족 관계를 폐기하지 않으니, 이는 恩愛를 숭상한 것이다. 또 族人으로 친척 관계에 있다 하더라도 감히 임금을 친척으로 대할 수 없으니, 이는 겸양을 표시한 것이다."

有若이 問於孔子曰 國君之於百姓[72]에 如之何잇고 孔子曰 皆有宗道焉이라 故雖國君之尊이라도 猶百姓不廢其親하니 所以崇愛也요 雖以族人之親으로도 而不敢戚君하니 所以謙也[①]니라

① 戚은 친척이다. 임금을 존경하여 감히 친척처럼 대하지 못하는 것이다.

　　戚은 親也라 尊敬君하여 不敢如其親也라

---

70) 아……않다 : 伯魚는 공자의 後嗣인데 백어의 어머니가 쫓겨나서 죽었다. 出母에게는 期年이 지나면 곡을 하지 않는 것이 禮인데 백어가 여전히 곡을 하고 있었으므로 부자가 심하다고 탄식한 것이다.(≪禮記集說大全≫ 〈檀弓 上〉 陳澔 注)

71) 이 부분은 四部叢刊本을 저본으로 하였다.

72) 百姓 : 여기서 백성은 임금과 소원한 宗親을 뜻한다. 四庫全書本에는 同姓으로 되어 있다.

제43편 자세한 예절에 대한 자하의 질문
曲禮子夏問 第四十三①

　　이 편도 42편과 마찬가지로 세세한 예절에 대해 공자가 한 말을 기술하였는데, 子夏가 물은 내용이 많은 편이기에, 편명을 '曲禮子夏問'으로 삼았다. 부모를 죽인 원수, 형제를 죽인 원수, 종형제를 죽인 원수에 대한 보복을 달리한다든지, 군주가 될 世子가 長幼의 질서를 지킴으로써 어른을 공경하는 예절을 보인다든지, 小連과 大連은 東夷 사람이지만 삼년상을 잘 치렀다든지, 蒯聵의 난리에 죽은 子路의 죽음을 슬퍼하여 집안의 젓갈을 엎어버렸다든지 등의 실행해야 할 예절을 자세하고 구체적으로 기술하였다.

　　① 자하가 자세한 예절을 물었으므로 이로 인하여 편명을 붙인 것이다.
　　　子夏問曲禮라 因以名篇하니라

子夏

43-1[1] 子夏가 공자에게 물었다.
"부모의 원수에 대해서는 어떻게 해야 합니까?"
　공자가 대답하였다.
"거적을 깔고 방패를 베개 삼으며, 벼슬에 나아가지 않고 그와 같은 하늘 아래에 살지 않으며, 조정[2]이나 시장에서 만나면 무기

---

1) 이 부분은 四部叢刊本을 저본으로 하였다.
2) 조정 : 여기에서 조정은 임금이 신하들과 국사를 의논하는 곳이 아니라, 野外나 시골의 구석 등 공무를 처리하는 곳이다.(《禮記集說大全》〈檀弓 上〉陳澔 注)

를 가지러 돌아갈 것 없이 그 자리에서 싸우는 것이다."

자하가 말하였다.

"청컨대 묻습니다. 형제의 원수에 대해서는 어떻게 해야 합니까?"

공자가 대답하였다.

"벼슬에 나아가되 그와 같은 나라에 있지 않으며, 임금의 命을 받들고 사신으로 가거든 비록 그를 만나더라도 싸우지 않는 것이다."

자하가 말하였다.

"從兄弟의 원수에 대해서는 어떻게 해야 합니까?"

공자가 대답하였다.

"주도적으로 하지 않으며 당사자가 원수를 갚을 수 있으면 무기를 들고 뒤에서 돕는다."

子夏가 問於孔子曰 居父母之仇호대 如之何잇고 孔子曰 寢苫枕干하며 不仕^①하고 弗與共天下 也하며 遇於朝市어든 不返兵而鬪^②니라 曰 請問居昆弟之仇호대 如之何잇고 孔子曰 仕호되 弗與同 國하며 銜君命而使어든 雖遇之不鬪니라 曰 請問從昆弟之仇호대 如之何잇고 曰 不爲魁요 主人能 報之어든 則執兵而陪其後니라

① 干은 방패이다.

　　干은 楯이라

② 병기가 늘 몸에서 떠나지 않는 것이다.

　　兵常不離於身이라

43-2³⁾ 자하가 물었다.

"三年喪에 卒哭을 마친 다음 金革(전쟁)의 일을 피하지 않는 것이 예입니까? 당 초에 有司가 이렇게 법을 만든 것입니까?"

공자가 대답하였다.

"夏后氏의 喪禮는 삼년상에 빈소를 차린 다음 致仕⁴⁾하였고, 殷人은 장례를 치른 다음 致事하였고, 周人은 卒哭을 마친 다음 致事하였다. 옛 기록에 '군자(임금)는

---

3) 이 부분은 四部叢刊本을 저본으로 하였다.

4) 致仕 : 벼슬을 사양하고 물러난다는 뜻으로 '致事'와 같다.

어버이를 잃은 남의 情을 빼앗지 못하고, 또한 〈신하는〉 어버이에 대한 孝誠을 빼앗길 수 없기 때문이다.'⁵⁾라고 하였다."

자하가 물었다.

"喪中에 金革의 일을 피하지 않는 것이 잘못된 것입니까?"

공자가 대답하였다.

"내가 老聃에게 듣기로 '魯公 伯禽은 까닭이 있어 그렇게 하였던 것인데 지금 사람 중에 삼년 상중에 이익을 얻기 위해 그렇게 하는 자는 내가 알지 못하겠다.'라고 하였다."

子夏問 三年之喪에 旣卒哭하고 金革之事를 無避가 禮與잇가 初有司爲之乎^①잇가 孔子曰 夏后氏之喪은 三年旣殯而致仕⁶⁾하고 殷人은 旣葬而致事하고 周人은 旣卒哭而致事^②하니 記曰 君子不奪人之親이요 亦不奪故也라하니라 子夏曰 金革之事를 無避가 非與잇가 孔子曰 吾聞諸老聃호니 曰 魯公伯禽은 有爲爲之也^③니 (公)〔今〕⁷⁾以三年之喪으로 從利者는 吾弗知也로라하니라

① 有司는 직임을 맡고 있는 관리이다.
有司는 當(吏職)〔職吏〕⁸⁾也라

② 致事는 임금에게 벼슬을 돌려주는 것이다. 卒哭은 시도 때도 없이 곡하는 것을 그치는 것이다. 대부는 3개월이 되어 장례를 치르고 5개월이 되어 졸곡하며, 士는 장례를 치른 다음 졸곡을 한다.
致事는 還政於君也라 (子)〔卒〕⁹⁾哭은 (之)〔止〕¹⁰⁾無時之哭이라 大夫三月而葬하고 (三)〔五〕¹¹⁾

---

5) 군자(임금)는……때문이다 : ≪禮記集說大全≫ 〈曾子問〉 陳澔 注에 "君子는 임금을 가리킨다. 신하가 부모의 상을 당하였을 때 임금이 치사를 허락하는 것은 어버이를 잃은 신하의 마음을 빼앗을 수 없기 때문이고, 임금이 명을 내려도 신하가 喪次를 차마 떠나지 못하는 것은 어버이를 잃은 효성을 빼앗길 수 없기 때문이다.〔君子 指人君也 臣遭父母之喪 而君許其致事 是不奪人喪親之心也 雖君有命 而不忍違離喪次 是不可奪其喪親之孝也〕"라고 하였다.

6) 仕 : ≪禮記≫ 〈曾子問〉과 四庫全書本, 漢文大系本에는 '事'로 되어 있다.

7) (公)〔今〕 : 저본에는 '公'으로 되어 있으나, ≪禮記≫ 〈曾子問〉과 四庫全書本, 漢文大系本에 의거하여 '今'으로 바로잡았다.

8) (吏職)〔職吏〕 : 저본에는 '吏職'으로 되어 있으나, 四庫全書本과 漢文大系本에 의거하여 '職吏'로 바로잡았다.

9) (子)〔卒〕 : 저본에는 '子'로 되어 있으나, 四庫全書本과 漢文大系本에 의거하여 '卒'로 바로잡았다.

10) (之)〔止〕 : 저본에는 '之'로 되어 있으나, 四庫全書本과 漢文大系本에 의거하여 '止'로 바로잡았다.

11) (三)〔五〕 : 저본에는 '三'으로 되어 있으나, 四庫全書本과 漢文大系本에 의거하여 '五'로 바로잡

月而卒哭하며 士旣葬而卒哭也라

③ 伯禽이 어머니의 喪中에 있을 때 동쪽의 戎이 不義한 일을 저질렀다. 이때 백금이 方伯
의 지위에 있었으므로 주벌하지 않을 수 없었던 것이다.[12]

伯禽이 有母之喪에 東方有戎爲不義할새 伯禽爲方伯하여 以不得不誅之라

問禮老聃

43-3[13] 자하가 공자에게 물었다.

"전해오는 기록에 周公이 成王을 도와 攝政할 때에 世子가 행해야 할 예법을 가
르쳤다고 하던데 그러한 일이 있습니까?"

공자가 대답하였다.

"옛날 성왕이 천자의 지위를 이어 받았지만 어려서 천자의 자리에 올라 일을 할
수가 없었다. 그래서 주공이 섭정하여 다스릴 때에 伯禽에게 세자가 행해야 할 법

앗다.

12) 伯禽이……것이다 : 伯禽은 周公의 아들이다. 武王이 죽은 해에 武庚이 반란을 일으키고 徐戎이
이에 호응하자, 주공이 東征하여 殷나라의 난리를 평정하면서 백금을 보내 서융을 정벌하게 하
였다.(≪禮記集說大全≫〈曾子問〉臨川 吳氏 注)

13) 저본의 표제에 "伯禽에게 세자가 행해야 할 법도를 들어 보이다.〔抗世子法於伯禽〕"라고 되어
있다.

도를 들어 보였다.[14] 이는 성왕으로 하여금 부자와 군신 간의 도리를 알게 하려고 해서이니, 성왕을 善하게 하려는 것이었다. 자식 된 도리를 안 뒤에야 아버지가 될 수 있고, 신하 된 도리를 안 뒤에야 임금이 될 수 있고, 남을 섬기는 도리를 안 뒤에야 남을 부릴 수 있는 것이다. 이 때문에 백금에게 세자가 행해야 할 법도를 들어 보여 성왕으로 하여금 부자, 군신, 장유 간의 의리를 알게 하신 것이다.

子夏問於孔子曰[①] 記云 周公相成王할새 敎之以世子之禮라하니 有諸[②]잇가 孔子曰 昔者에 成王嗣位호대 幼未能莅阼[③]라 周公攝政而治[④]할새 抗世子之法於伯禽[⑤]은 欲王之知父子君臣之道니 所以善成王也[⑥]라 夫知爲人子者然後에 可以爲人父[⑦]요 知爲人臣者然後에 可以爲人君[⑧]이요 知事人者然後에 可以使人[⑨]이라 是故로 抗世子之法於伯禽[⑩]하여 使成王知父子君臣長[⑪]幼之義焉[⑫]이라

① 자하가 부자에게 물은 것이다.
　　子夏問夫子라

② 전해오는 기록에 "주공이 세자가 행해야 할 예법으로 성왕을 가르쳤다."라고 하던데 과연 그러한 일이 있었느냐고 한 것이다.
　　傳記言 周公以世子之禮로 敎成王이라하니 果有是事否잇가

③ 부자가 대답하기를 "옛날 성왕이 처음 천자가 되었을 때 어려서 천자의 자리에 올라 일을 할 수가 없었다."라고 한 것이다.
　　夫子言 昔成王이 初爲天子에 幼年未能踐位라

④ 주공이 천자의 정사를 대신해서 천하를 다스린 것이다.
　　周公攝天子政而治天下라

⑤ 백금에게 세자가 행해야 할 법도를 들어 보인 것이다.
　　擧世子之法於伯禽之身이라

⑥ 성왕으로 하여금 부자와 군신의 도리를 알게 하려고 하였으니 바로 그 몸을 선하게 하려는 것이다.
　　欲令成王知父子君臣之道하니 正所以善其身也라

⑦ 자식 노릇을 잘한 뒤에야 아버지가 될 수 있는 것이다.
　　能爲人子然後에 能爲父라

⑧ 신하 노릇을 잘한 뒤에야 임금이 될 수 있는 것이다.

---

14) 주공이……보였다 : 주공이 성왕에게 직접 보여줄 수 없어서, 자기 아들인 伯禽에게 세자의 법도를 들어 보여 배우게 한 것이다.

能爲人臣然後에 能爲君이라

⑨ 남을 섬기기를 잘한 뒤에야 남을 부릴 수 있는 것이다.

能事人然後에 能使人이라

⑩ 그러므로 주공이 백금에게 세자가 행해야 할 법도를 가르친 것이다.

故周公敎伯禽以世子之法이라

⑪ 頭註 : 長(어른)은 丁과 丈의 반절이다.

長은 丁丈反이라

⑫ 또 성왕으로 하여금 부자, 군신, 장유의 의리를 알게 하려고 한 것이다.

又欲使成王知父子君臣長幼之義也라

43-4[15] 세자가 태학에서 선비들과 나이에 따라 序列할 경우에 나라 사람들이 보고 말하기를 '이 분은 장차 나의 군주가 될 분인데 나이 때문에 나에게 사양하는 것은 어째서인가?'라고 물으면, 〈예를 아는 사람이〉'아버지가 살아계실 때에는 예가 당연히 그러한 것이다.'라고 대답한다. 그러면 사람들이 부자간의 도리를 알게 될 것이다. 그 다음번에 보고 말하기를 '이 분은 장차 나의 군주가 될 분인데 나이 때문에 나에게 사양하는 것은 어째서인가?'라고 물으면, 〈예를 아는 사람이〉'임금이 자리에 계실 때에는 예가 당연히 그러한 것이다.'라고 대답한다. 그러면 사람들이 군신 간의 의리를 알게 될 것이다. 또 그 다음번에 보고 말하기를 '이 분은 장차 나의 군주가 될 분인데 나이 때문에 나에게 사양하는 것은 어째서인가?'라고 물으면, 〈예를 아는 사람이〉'어른을 공경하는 예가 그러한 것이다.'라고 대답한다. 그러면 사람들이 장유 간의 예절을 알게 될 것이다."

世子齒於學①이어든 則國人觀之曰 此將君我而與我齒讓은 何也②오 曰有父在則禮然③이라하니 然而衆知父子之道矣④라 其二曰[16] 此將君我而與我齒讓은 何也⑤오 曰有君在則禮然⑥이라하니 然而衆知君臣之義也⑦라 其三曰[17] 此將君我而與我齒讓은 何也⑧오 曰長長也則禮然⑨이라하니

---

15) 43-3에 이어지는 孔子의 말이다.

16) 其二曰 : 이 부분에는 주석이 없는데 慶長本에는 '그 다음에 보고 말하기를〔其次見之曰〕'이라고 되어 있다.

17) 其三曰 : 이 부분에도 주석이 없는데 慶長本에는 '또 그 다음에 보고 말하기를〔又其次見之曰〕'이라고 되어 있다.

然而衆知長幼之節矣^⑩라

① 세자가 태학에 입학하여 선비들과 나이에 따라 서열한 것이다.
　世子入學하여 與(七)〔士〕¹⁸⁾序齒라

② 세자는 장차 나의 군주가 될 분인데 어찌하여 나와 나이에 따라 서열하느냐고 한 것이다.
　世子將爲我之君이어늘 何爲與我序年齒오

③ 아버지가 위에 계실 때에는 예가 당연히 이러해야 한다고 말한 것이다.
　言有父在上에 禮當如此라

④ 사람들이 모두 부자간의 도리가 있음을 알게 된다는 것이다.
　則衆皆知有父子之道라

⑤ 풀이는 앞과 같다.
　解同上이라

⑥ 임금께서 위에 계실 때에는 예가 당연히 이러해야 한다고 말한 것이다.
　言有君在上에 禮當如此라

⑦ 사람들이 모두 군신 간의 의리가 있음을 알게 된다는 것이다.
　則衆皆知有君臣之義라

⑧ 풀이는 앞에 보인다.
　解見上이라

⑨ 어른을 공경하는 예가 이러해야 한다고 말한 것이다.
　言敬長之禮則如此라

⑩ 사람들이 장유 간의 차서를 알게 된다는 것이다.
　則衆知長幼之序라

43-5¹⁹⁾ 子夏가 부자에게 물었다.

　"喪禮에서 小功 이상²⁰⁾은 虞祭, 祔祭, 練祭, 大祥祭²¹⁾ 때 모두 목욕을 할 수 있

---

18) (七)〔士〕: 저본에는 '七'로 되어 있으나, 慶長本에 의거하여 '士'로 바로잡았다.

19) 이 부분은 四部叢刊本을 저본으로 하였다.

20) 小功 이상 : 小功은 5개월 복이다. 소공 이상은 大功(9개월), 齊衰(1년), 斬衰(3년)이다.

21) 虞祭……大祥祭 : 虞祭는 장례를 치른 뒤 죽은 이의 혼백을 평안하게 하기 위하여 지내는 제사
　이다. 祔祭는 卒哭祭 다음 날, 돌아가신 분의 새 신주를 그의 할아버지와 할머니의 신위가 안치
　되어 있는 사당에 모실 때 지내는 제사이다. 練祭는 小祥으로 죽은 뒤 1년, 정확히는 13개월 만

지만, 삼년상에서는 자식은 정성을 다해야 하므로 목욕을 삼가야 할 것입니다."

공자가 대답하였다.

"어찌 제사 때에만 목욕을 하겠는가. 삼년의 상중에 몸에 종기가 나면 씻고, 머리에 부스럼이 생기면 머리를 감으며, 병이 나면 술도 마시고 고기도 먹는 법이니, 수척해져서 병이 나도록 군자는 그렇게 두지 않는다. 〈상중에〉 수척해져서 죽은 경우를 두고 군자는 자식이 없다고 하니,[22] 제사를 지낼 때 목욕하는 것은 心身을 깨끗하게 하기 위해서이지 치장하기 위해서가 아니다."

子夏問於夫子曰 凡喪에 小功已上은 虞祔練祥之祭에 皆沐浴호대 於三年之喪에 子則盡其情矣로이다 孔子曰 豈徒祭而已哉리오 三年之喪에 身有瘍則浴하고 首有瘡則沐하며 病則飮酒食肉하나니 毁瘠而病을 君子不爲也니라 毁則死者는 君子爲之無子하니 則祭之沐浴爲齊潔也요 非爲飾也니라

43-6[23] 자하가 공자에게 물었다.

"客이 와서 머무를 곳이 없으면 부자께서는 '살아서는 내 집에 머물도록 하라.'라고 하시고, 客이 죽어서 殯所를 차릴 곳이 없으면 부자께서는 '내 집에 빈소를 차리라.'[24]라고 하셨습니다. 감히 묻습니다. 이것이 禮입니까? 아니면 仁者의 마음입니까?"

공자가 대답하였다.

"내가 老聃에게 듣기로 '남을 내 집에 머물게 할 때에는 한 집안사람같이 대하라.'[25]라고 하였다. 〈살아서〉 한 집안사람같이 대했는데 〈죽어서〉 빈소를 차려주

에 지내는 제사를 말하는데, 練服을 입기 때문에 練祭라고 한다. 大祥祭는 죽은 뒤 2년, 정확히는 25개월 만에 지내는 제사이다.

22) 상중에……하니 : 수척해져서 죽게 되면 喪期를 마칠 자식이 없기 때문에 자식이 없다고 말한 것이다. ≪禮記集說大全≫〈雜記 下〉臨川 吳氏의 注에 "보통 사람이 자식이 있는 것을 귀하게 여기는 것은 바로 부모의 상을 마치기 위해서인데 〈수척해서〉 죽게 되면 자식이 있던 자가 자식이 없게 된다. 자식이 없으면 부모의 상을 마칠 사람이 없으니 효라고 할 수 있겠는가.〔夫人之所貴乎有子者 正欲其終 死則有子者復無子矣 無子則無人終父母之喪 可謂孝乎〕"라고 하였다.

23) 이 부분은 四部叢刊本을 저본으로 하였다.

24) 내……차리라 : ≪論語≫〈鄕黨〉에 "朋友가 죽어서 장례를 치러 줄 친척이 없으면 '내 집에 殯所를 차리라.'〔朋友死 無所歸 曰於我殯〕"라고 한 공자의 말이 있다.

지 않는 이치가 어디에 있겠는가. 仁者가 예를 제정하였기 때문에 예를 살피지 않을 수 없는 것이다. 예는 등급에 따라 같지 않지만 본질은 다르지 않으며, 성대하게 하지도 않고 그렇다고 축소시키지도 않아 그 義에 맞게 적절하게 해야 한다. 그러므로 '내가 싸우면 이기고 제사를 지내면 복을 받는다.'라고 한 것이니 올바른 방도대로 하기 때문이다."

子夏問於孔子曰 客至하여 無所舍어든 而夫子曰 生於我乎館이라하시고 客死하여 無所殯矣어든 夫子曰 於我乎殯[26]이라하시니 敢問禮與잇가 仁者之心與잇가 孔子曰 吾聞諸老聃호니 曰 館人에 使若有之라하니 惡有(之惡)[27]有之而不得殯乎아 夫仁者가 制禮者也라 故禮者는 不可不省也니 禮不同不異하고 不豐不殺이요 稱其義하여 以爲之宜라 故曰我戰則剋하고 祭則受福이라하니 蓋得其道矣일새니라

43-7[28] 자공이 물었다.

"晏子에게 듣기로 少連과 大連[29]은 居喪을 잘하였다고 하는데 특별히 칭찬할 만한 것이 있습니까?"

공자가 대답하였다.

"부모의 상에 3일 동안 게을리하지 않고,[30] 3개월 동안 해이하지 않았으며,[31] 1년 동안 悲哀에 젖었고,[32] 3년 동안 근심하였다.[33] 이들은 東夷의 자식으로 예

---

25) 남을……대하라 : ≪石鼓論語答問≫〈鄕黨〉에 "朋友死 無所歸 曰於我殯"이라는 구절을 풀이하면서 ≪공자가어≫의 이 부분을 인용하였는데, 그 말미에 "옛날에는 사람을 보고 머물게 하지도 않았고 머물 곳을 묻지도 않았지만, 자신의 집에 사람을 머물게 해주었으면 응당 한 집안사람으로 대하였을 뿐이다.〔古者 見人弗能館 不問其所舍 旣館矣 則當以同室待之爾〕"라고 하였다.

26) 於我乎殯 : ≪禮記≫〈檀弓 上〉에는 '死於我乎殯'이라고 되어 있다.

27) (之惡) : 저본에는 있으나, 四庫全書本과 漢文大系本에 의거하여 衍文으로 보아 번역하지 않았다.

28) 이 부분은 四部叢刊本을 저본으로 하였다.

29) 少連과 大連 : 부모의 喪을 잘 치러 명성이 높은 형제이다. 이 중 少連은 공자가 거론한 7인의 逸民 중 한 사람이다.(≪論語≫〈微子〉)

30) 3일……않고 : 3일은 부모가 막 죽었을 때로, 이때에는 물이나 미음을 먹지 않는다.

31) 3개월……않았으며 : 3개월은 부모의 시신이 빈소에 있어 부모의 장례를 치르기 전으로, 아침저녁으로 奠을 올리고 수시로 곡을 한다.

32) 1년……젖었고 : 1년이 된 뒤에는 朝夕으로 哭을 한다.

에 통달한 자였다."

子貢問曰 聞諸晏子호니 少連大連은 善居喪이라하니 其有異稱乎잇가 孔子曰 父母之喪에 三日不怠하며 三月不解하며 朞悲哀하며 三年憂하니 東夷之子로 達於禮者也라

43-8[34] 공자가 衛나라를 가다가 옛 여관 주인의 喪을 만나 들어가 슬피 곡을 하고 나와서 자공에게 驂馬[35]를 벗겨서 賻儀하게 하였다.[36] 그러자 자공이 물었다.

"아는 사람의 喪에는 부의하지도 않았는데 옛 여관 주인의 상에 너무 많이 부의한 것이 아닙니까?"

공자가 대답하였다.

"내가 좀 전에 들어가 곡할 때에 喪主가 한 번 애통해하자 나도 눈물이 나왔다. 나는 눈물을 흘렸으면서 아무것도 주지 않는 것을 싫어한다.[37] 제자야! 내 말대로 행하여라."[38]

孔子適衛라가 遇舊館人之喪하여 入而哭之哀하고 出하여 使子貢脫驂以贈之한대 子貢曰 所於識之喪에 不能有所贈하시니 贈於舊館이 不已多乎잇가 孔子曰 吾向入哭之할새 遇一哀而出涕하니 吾惡夫涕而無以將之하노니 小子行焉하라

43-9 계평자가 죽자, 장차 임금의 寶玉인 璠璵(번여)를 함께 묻으려 하였고 또 珠

---

33) 3년……근심하였다 : 3년은 상복을 벗기 전까지로 이때에는 늘 초췌해 있고 근심을 한다.

34) 이 부분은 四部叢刊本을 저본으로 하였다.

35) 驂馬 : 수레를 끄는 네 마리 말 중에서 바깥쪽에 맨 두 필의 말을 가리킨다.

36) 공자가……하였다 : 공자의 애제자인 顏淵이 죽자 그의 아버지 顏路가 공자의 수레를 팔아 槨을 만들어줄 것을 청하였는데 공자는 사양하였고, 상대적으로 친분이 두텁지 않은 옛 여관 주인의 喪에 참마를 부의한 것에 대해, 胡氏는 君子가 재물을 쓸 때에는 재물의 有無를 따지지 않고 의리에 맞는지를 따질 뿐이라고 하였다.(≪論語集註≫〈先進〉)

37) 나는……싫어한다 : ≪禮記≫〈檀弓 上〉에는 "나는 눈물이 까닭 없이 나오는 것을 싫어한다.〔予惡夫涕之無從也〕"라고 되어 있다.

38) 내가……행하여라 : 공자가 눈물을 흘리고 부의한 이유에 대해 ≪禮記集說大全≫〈檀弓 上〉陳澔의 注에는 "喪主가 한 번 애통해 하자 눈물이 나온 것은 그만큼 정이 두터웠기 때문이다. 정이 두터운 자에 대해 예물을 薄하게 할 수 없기 때문에 참마를 풀어서 부의한 것이다. 대체로 부의는 情에 알맞게 할 뿐이니 客으로서 떠돌 때에는 다른 재화가 없기 때문이다.〔遇一哀而出涕 情亦厚矣 情厚者禮不可薄 故解脫驂馬以爲之賻 凡以稱情而已 客行 無他財貨故也〕"라고 하였다.

玉을 주었다. 공자가 中都의 宰로 있으면서 이 일을 듣고 급히 계단을 올라가 잘못을 바로잡으면서 말하였다.

"죽은 사람을 보내는 데 보옥을 쓰는 것은 들 한가운데에 시신을 말리는 것과 같습니다. 백성들에게 간사하고 이득을 취하는 단서를 보이는 것이고 시신에게도 해가 있게 되니, 어찌 보옥을 쓰겠습니까. 또 효자는 자신의 감정대로 하여 부모의 시신을 위태롭게 하지 않고, 충신은 간사한 조짐을 열어 임금에게 해를 끼치지 않습니다."

이에 보옥을 쓰는 것을 그만두었다.

季平子卒^①커늘 將以君之璠^②璵^③斂^④하고 贈以珠玉^⑤한대 孔子爲中都宰하여 聞之^⑥하고 歷級而救焉^⑦하여 曰 送而以寶玉은 是猶曝尸於中原也^⑧라 其示民以姦利之端^⑨하고 而有害於死어니 安用之^⑩리오 且孝子는 不順情以危親^⑪하고 忠臣은 不兆姦以陷君^⑫하니라한대 乃止^⑬하다

① 계평자는 노나라 대부이다.
　　平子는 魯大夫라
② 頭註 : 璠(보옥 이름)은 步와 干의 반절이다.
　　璠은 步干切이라
③ 頭註 : 璵(옥 이름)는 音이 餘이다.
　　璵는 音餘라
④ 임금의 玉器를 함께 묻으려고 한 것이다.
　　欲用君之玉器同葬이라
⑤ 또 珠玉을 준 것이다.
　　又贈之以珠玉이라
⑥ 이때에 부자가 노나라에서 벼슬하고 있으면서 이 일을 들은 것이다.
　　時夫子仕魯聞其事라
⑦ 급히 계단을 올라가 그 잘못을 바로잡은 것이다.
　　遽登階而救其失이라
⑧ 죽은 사람을 보내는데 보옥을 쓰는 것은 바로 들 한가운데에 시신을 말리는 것과 같으니, 이는 도적을 불러들이는 것이라고 한 것이다.
　　言送死而用玉은 正如曝尸於中野니 是招盜也라
⑨ 백성들의 간사하고 탐하는 마음을 일으키는 단서를 여는 것이다.
　　啓民起姦貪之心이라

⑩ 도리어 시신에게도 해가 있으니 어찌 보옥을 쓰겠느냐는 것이다.

反有害於死者之身하니 安用寶玉哉리오

⑪ 또 효자는 자신의 감정대로 하여 이미 돌아가신 부모를 위태롭게 하지 않는 것이다.

且孝子는 不順人情以危其已死之親이라

⑫ 충신은 간사하고 도적질하는 단서를 열어 그 임금을 위해한 데에 빠뜨리지 않는 것이다.

忠臣은 不開姦盜之端以陷害其君이라

⑬ 보옥을 쓰지 않은 것이다.

不用寶玉이라

43-10[39] 公父文伯[40]이 죽어 그의 妻妾이 모두 곡을 하면서 목이 쉬자 敬姜이 그들에게 경계하여 말하였다.

"내가 듣기로 밖으로 벗과 사귀기를 좋아하는 자는 선비가 따라 죽고, 안으로 여색을 좋아하는 자는 여자가 따라 죽는다고 하였다. 이제 내 아들이 요절하였는데 나는 내 아들이 여색을 좋아하였다는 소문이 나는 것을 싫어한다. 너희 부인들이 죽은 지아비의 제사를 받들고자 한다면 수척한 안색을 하지 말고, 눈물을 훔치지 말며, 가슴을 치지 말고,[41] 슬퍼하는 모습을 짓지 말며, 加服하지 말고 降服하여[42] 예를 따라 조용히 치르도록 하라. 이것이 내 아들의 덕을 빛내는 일이다."

공자가 이 일을 듣고 말하였다.

"젊은 여자의 지혜는 나이 많은 부인만 못하고 젊은 남자의 지혜는 나이 많은 장부만 못한 법이니, 公文氏의 부인은 지혜롭구나. 감정을 절제하고 禮制를 줄여서 아들의 훌륭한 덕을 밝히려고 하였다."

公父文伯卒에 其妻妾이 皆行哭失聲이어늘 敬姜戒之曰 吾聞好外者는 士死之하고 好內者는 女

---

39) 이 부분은 四部叢刊本을 저본으로 하였다.

40) 公父文伯 : 41-19 각주 참조.

41) 가슴을……말고 : 너무 애통해하지 말라는 말이다. 가슴을 치는 것은 극도로 애통하거나 비통함을 표시하는 행위이다.

42) 加服하지……降服하여 : 喪服의 등급을 낮추고 올리지 않는다는 말이다. 服喪 관계에 있는 사람들이 특별한 이유로 본래 입어야 할 正服에 등급을 더해 더 중한 상복을 입는 것을 加服이라고 하고 이와 반대로 정복에 등급을 낮추어 더 가벼운 상복을 입는 것을 降服이라고 한다.

死之라하니 今吾子早殀에 吾惡其以好內聞也라 二三婦人之欲供先祀者①인댄 請無瘠色하며 無揮涕하며 無拊膺②하며 無哀容하며 無加服하고 有降服하여 從禮而靜이 是昭吾子也니라 孔子聞之曰 女智無若婦요 男智莫若夫니 公文氏之婦智矣라 剖情損禮하여 欲以明其子爲令德也라

① 改嫁하지 않고 남아서 죽은 지아비의 제사를 받들고자 한다는 말이다.
言欲留不改嫁하여 供奉先人之祀라

② 揮涕는 곡을 하지 않고 흐르는 눈물을 손으로 훔치는 것이다. 拊는 친다는 뜻과 같고 膺은 가슴을 말한다.
揮涕는 不哭하고 流涕以手揮之라 拊는 猶撫也요 膺은 謂胸也라

43-11[43)] 子路가 子羔와 위나라에서 벼슬하고 있을 때 위나라에 蒯聵(괴외)의 난리[44)]가 있었다. 공자가 노나라에 있으면서 이 일을 듣고 말하였다.

"柴(자고)야, 오너라. 由(자로)가 죽을 것이다."[45)]

이윽고 위나라의 사자가 와서 말하였다.

"자로가 죽었습니다."

부자가 뜰 가운데서 곡을 하였는데

子路

---

43) 저본의 표제에 "자로가 위나라에서 죽다.[子路死於衛]"라고 되어 있다.

44) 蒯聵(괴외)의 난리 : 괴외는 衛 靈公의 아들이다. 괴외가 세자 시절에 영공의 부인인 南子의 음란함을 미워하여 그를 죽이려다 실패하여 宋나라를 거쳐 晉나라로 망명하였다. 그 뒤 영공이 죽자 위나라에서는 괴외를 받아들이지 않고 괴외의 아들인 輒을 임금으로 세웠다. 후에 망명하였던 괴외가 본국으로 돌아오려고 하였는데 출공이 군사를 보내 아버지의 입국을 막자, 괴외가 위나라 권신인 孔悝(공회)와 공모하여 난리를 일으켰다. 결국 첩이 쫓겨났는데 이때 자로는 첩을 섬기고 있었으므로 첩을 위해 싸우다 죽었다.(《春秋左氏傳》 哀公 15년, 《史記》 卷37 〈衛康叔世家〉)

45) 柴(자고)야……것이다 : 이 부분은 《春秋左氏傳》에도 비슷한 내용이 보이는데 조금 다르다. 《春秋左氏傳》에는 원문의 '曰' 뒤의 말을 모두 공자의 말로 보아 '柴는 살아서 돌아오겠지만 由는 난리에 죽을 것이다.'라고 하여 공자가 자고와 자로에 대해 추측하는 말로 보았다.(《春秋左氏傳》 哀公 15년)

조문하는 사람이 있어 부자가 절을 하였다. 곡을 마치고 사자를 앞으로 나오게 하여 죽을 때의 정황에 대해 묻자, 사자가 대답하였다.

"젓을 담갔습니다."

그러자 마침내 〈집안의〉 젓을 엎어버리게 하였다.

子路與子羔仕於衛^①할새 衛有蒯瞶之難^②이라 孔子在魯하여 聞之曰 柴也其來^③하라 由也死矣^④로다 旣而衛使至하여 曰子路死焉^⑤이로이다 夫子哭之於中庭⁴⁶⁾이러니 有人弔者어늘 而夫子拜之^⑥하다 已哭하고 進使者而問故^⑦한대 使者曰 醢(해)^⑧之矣^⑨로이다하여늘 遂令覆(복)醢^⑩하다

① 자로와 자고가 함께 위나라에서 벼슬한 것이다.
   子路子羔俱仕衛國이라

② 위나라 태자 괴외가 송나라로 달아나자 趙簡子가 괴외를 보내 위나라로 돌아가게 하였는데 위나라 사람들이 군사를 일으켜 공격하여 들어오지 못하게 한 것이다.
   衛太子蒯瞶奔宋한대 趙簡送蒯瞶歸衛어늘 衛人發兵擊之하여 不得入이라

③ 고시를 불러 오게 하고서 그에게 말한 것이다.⁴⁷⁾
   呼高柴而來하여 與之言이라

④ 중유는 필시 난리에 죽을 것이라는 것이다.
   仲由必死於難이라

⑤ 말을 마치자 위나라의 사자가 이르러 자로가 이미 죽었다고 말한 것이다.
   言畢에 衛國使者至하여 言子路已死라

⑥ 곡하고 있는 부자를 조문하는 사람이 있었는데 부자가 절을 한 것이다.
   有人來弔夫子哭者어늘 夫子拜之라

⑦ 곡을 마치고 위나라 사자를 나오게 하여 그 연유에 대해 물은 것이다.
   哭罷하고 進衛使而問因由라

⑧ 頭註 : 醢(젓갈)는 音이 賄이다.
   醢는 音賄라

⑨ 사자가 말하기를 "중유의 시신이 이미 젓이 되었습니다."라고 한 것이다.
   使者曰 仲由之尸已爲醢矣라

---

46) 夫子哭之於中庭 : 이 부분에는 주석이 없는데 慶長本에는 '부자가 뜰 가운데서 자로를 곡하였다.[夫子哭子路於中庭]'라고 되어 있다.

47) 고시를……것이다 : 慶長本에는 이 부분의 주석이 "고시는 반드시 죽지 않고 돌아올 것이라고 말한 것이다.[言高柴必不死而來]"라고 하여 ≪春秋左氏傳≫의 내용과 비슷하다.

⑩ 부자가 이에 집안의 젓을 엎어버리게 한 것이다.

　　夫子乃命傾其家醢라

43-12[48]   季桓子가 죽자 魯나라 대부가 朝服을 입고 弔問하였는데 子游가 공자에게 물었다.

"예에 맞습니까?"

부자가 대답하지 않았다. 훗날 또 무덤을 만들고 封墳하지 않는 것에 대해 묻자 공자가 대답하였다.

"지금 나는 東西南北을 떠도는 사람인지라 무덤을 표시하지 않을 수 없다. 나는 봉분을 堂 모양처럼 쌓은 것을 보았고, 또 堤防 모양처럼 쌓은 것을 보았으며, 또 큰 집의 지붕을 덮은 모양처럼 쌓은 것을 보았고, 또 도끼 모양처럼 쌓은 것을 보았는데[49] 나는 도끼 모양처럼 쌓은 것을 따르겠다."

이에 봉분하니 높이가 4자였다. 공자가 먼저 돌아오고 虞祭를 지낼 때 門人들이 뒤늦게 왔는데, 이때 비가 매우 많이 내려 묘가 무너져서 修築하고 돌아온 것이었다. 공자가 물었다.

"너희들은 어찌하여 늦게 왔느냐?"

문인이 대답하였다.

"防 땅의 묘가 무너졌습니다."

공자가 응답하지 않자 〈문인이 공자가 잘못 들으신 것으로 알고〉 세 번을 말하였는데 공자가 줄줄 눈물을 흘리면서 말하였다.

"내가 듣기로 옛날에는 무덤을 修築하지 않았다고 하였다. 장사 지낸 지 25개월이 되면 大祥을 지내고, 大祥을 지낸 뒤 5일 후에 琴을 연주하되 하나의 곡조를 끝까지 연주하지 않으며, 10일이 지나 禫祭를 지낸 뒤에 笙簧을 연주하며 노래하는

---

48) 이 부분은 四部叢刊本을 저본으로 하였다.

49) 나는……보았는데 : 이것은 네 가지 모양으로 封土하는 것을 말한다. 堂 모양은 人家의 집처럼 평평하고 방정하면서도 높은 형태이고, 제방 모양은 둑처럼 좁고 긴 형태이고, 큰 집의 지붕을 덮은 모양은 큰 집의 지붕처럼 옆으로 길고 낮은 형태이고, 도끼 모양은 도끼날처럼 위가 좁은 형태이다. 앞의 세 경우는 모두 功力이 많이 들고 쌓기 어렵지만 도끼 모양으로 봉토하는 것은 검소하면서도 쉽게 쌓을 수 있기 때문에 공자가 이것을 따르겠다고 한 것이다.(≪禮記集說大全≫〈檀弓 上〉陳澔 注)

것이다."

　季桓子死에 魯大夫朝服而弔어늘 子游問於孔子曰 禮乎잇가 夫子不答이러라 他日에 又問墓而不墳한대 孔子曰 今丘也는 東西南北之人이라 不可以弗識也니라 吾見封之若堂者矣①요 又見若坊者矣②요 又見履50)夏屋者矣요 又見若斧形者矣니 吾從斧者焉호리라 於是封之하니 崇四尺이러라 孔子先反하고 虞할새 門人後러니 雨甚至라 墓崩하여 修之而歸러라 孔子問焉曰 爾來何遲오 對曰 防墓崩이러이다 孔子不應하니 三云한대 孔子泫然而流涕曰 吾聞之호니 古不修墓라 及二十五月而大祥하고 五日而彈琴不成聲하고 十日過禫而成笙歌③라하니라

　　① 堂 모양은 사방이 방정하면서도 높은 형태이다.
　　　堂形은 四方(若)〔而〕51)高者라
　　② 제방 모양은 옆이 줄어들고 위에는 평평하면서도 긴 형태이다.
　　　坊形(殺)〔旁〕52)殺(쇄)하고 平上而長이라
　　③ 공자는 大祥을 지내고 25개월째에 禫祭를 지내기 때문에 10일이 지나 그 달을 넘겨서 노래한 것이다.53)
　　　孔子는 大祥하고 二十五月禫이라 故十日踰月而歌也라

43-1354) 공자가 어머니의 상을 치르고 練祭55)를 마쳤는데 陽虎56)가 조문을 와서

---

50) 履：≪禮記≫〈檀弓 上〉에는 '覆'로 되어 있다.

51) (若)〔而〕：저본에는 '若'으로 되어 있으나, 漢文大系本에 의거하여 '而'로 바로잡았다.

52) (殺)〔旁〕：저본에는 '殺'로 되어 있으나, 四庫全書本과 漢文大系本에 의거하여 '旁'으로 바로잡았다.

53) 공자는……것이다 : ≪儀禮≫〈士虞禮〉에 '中月而禫'이라는 말이 있는데, '中月'에 대해서 두 가지 해석이 있다. 첫째 王肅의 설로 '中月'을 '月中'의 뜻으로 보아, 大祥을 지내고 나서 그달 중에 다시 禫祭를 지낸다는 것이다. 둘째 ≪儀禮≫ 注를 낸 鄭玄의 설로, '中'을 '間'의 뜻으로 보아, 大祥과 禫祭 사이에 한 달을 띄운다는 주장으로서 상제의 기간을 모두 27개월로 보는 것이다.(≪通典≫ 권87〈喪制〉) 이 부분은 王肅이 注를 낸 부분이므로 25개월째에 大祥을 치르고 26개월째에 담제를 치른다고 주장한 것이다.

54) 이 부분은 四部叢刊本을 저본으로 하였다.

55) 練祭：사람이 죽은 지 한 돌 만에 지내는 제사인 小祥을 말한다. 小祥 후 禫祭 전까지 練絲로 만든 상복인 練服을 입는데 연사는 生絲에 상대되는 말로, 무명과 모시 등의 생사를 잿물에 담갔다가 삶은 뒤에 물에 빨아 말려서 희고 광택이 나게 만든 실을 말한다. 이 때문에 소상을 연제라고도 한다.

56) 陽虎：陽貨라고도 칭한다. 魯나라 사람으로, 季氏의 가신이 되어 季平子를 섬기다가 계평자가 죽은 뒤에는 국정을 專橫하였다.

사사로이 공자에게 말하였다.

"지금 계씨가 境內의 선비들을 초청하여 크게 연향을 베풀려고 하는데[57] 그대는 들었습니까?"

공자가 대답하였다.

"저는 듣지 못했습니다. 만약 이 소식을 들었다면 비록 喪中에 있는 몸이지만 또한 가보려고 하였을 것입니다."

그러자 양호가 말하였다.

"그대는 옳지 못하다고 생각하지 않습니까? 계씨가 선비들을 대접하면서 그대는 초청하지 않았습니다."

양호가 나가자 曾點이 물었다.

"그렇게 말한 것은 무슨 뜻입니까?"

공자가 대답하였다.

"내가 衰服을 입고 있는 몸으로 오히려 그의 말에 응답한 것은 그의 예의 없는 말을 비난한 것이 아님을 보여준 것이다."[58]

孔子有母之喪에 既練이러니 陽虎弔焉하여 私於孔子曰 今季氏將大饗境內之士하니 子聞諸아 孔子答曰 丘弗聞也로이다 若聞之인댄 雖在衰絰이나 亦欲與往호리라 陽虎曰 子謂不然乎아 季氏饗士가 不及子也로다 陽虎出커늘 曾點問曰 (吾)〔語〕[59]之何謂也잇고 孔子曰 己則衰服에 猶應其言은 示所以不非也[①]니라

① 공자가 衰服을 입고 있는 상황에서 양호의 말이 예에 맞지 않았기 때문에 공자가 대답하여 그의 말을 비난한 것이 아님을 보인 것이다.
　　孔子衰服에 陽虎之言犯禮라 故孔子答之하여 以示不非其言者也라

---

57) 지금……하는데 : ≪史記≫〈孔子世家〉에는 "공자가 어머니의 상중에 季氏가 선비들에게 연향을 베풀자 공자가 참석하려고 하였는데, 陽虎가 물리치면서 말하기를 '계씨가 선비들에게 연향을 베푼 것은 감히 그대를 대접하려는 것이 아니다.'라고 하자 공자가 물러났다. 이때 공자의 나이 17세였다."라는 기록이 있는데 ≪史記正義≫에 "양호는 공자가 어리다는 이유로 쫓아냈다."라고 하였다.

58) 내가……것이다 : 練祭에 조문하는 것은 예에 맞지 않은데, 양호의 말에 대답하지 않으면 예를 모르는 사람이라고 비난하는 것이 되기 때문에 그의 말에 대답하여 그를 비난한 것이 아님을 보여준 것이다.

59) (吾)〔語〕: 저본에는 '吾'로 되어 있으나, 四庫全書本에 의거하여 '語'로 바로잡았다. 漢文大系本에는 '答'으로 되어 있다.

43-14[60] 공자의 집을 지키던 개[61]가 죽자 〈공자가〉 자공에게 말하였다.

"路馬가 죽으면 장막으로 싸서 묻어주고 개가 죽으면 수레 덮개로 싸서 묻어주는 것이다. 그러니 너는 가서 묻어주어라. 내가 듣기로 해진 장막을 버리지 않는 것은 말을 묻어주기 위해서이고, 해진 수레 덮개를 버리지 않는 것은 개를 묻어주기 위해서라고 한다. 지금 나는 가난하여 수레 덮개가 없으니 묻을 때에 자리[蓆]라도 주어 개의 머리가 흙에 함몰되지 않게 하여라."

孔子之守狗死커늘 謂子貢曰 路馬死[①]어든 則藏之以帷하고 狗則藏之以蓋하나니 汝往埋之하라 吾聞弊帷不棄는 爲埋馬也요 弊蓋不棄는 爲埋狗也라하니 今吾貧無蓋하니 於其封也에 與之蓆하여 無使其首陷於土焉하라

① 路馬는 늘 타고 다니는 말이다.[62]

　路馬는 常所乘馬라

---

60) 이 부분은 四部叢刊本을 저본으로 하였다.

61) 공자의……개 : ≪禮記≫〈檀弓 下〉에는 '공자가 기르던 개[孔子之畜狗]'라고 되어 있다.

62) 路馬는……말이다 : ≪禮記集說大全≫〈檀弓 下〉 陳澔 注에는 '임금이 타는 말[君之乘馬]'이라고 하였다.

제44편 자세한 예절에 대한 공서적의 질문
曲禮公西赤問 第四十四①

이 편도 세세한 예절에 대해 공자가 한 말을 기술하였는데, 公西赤의 물음을 가장 첫 장에 실은 편이기에, 편명을 '曲禮公西赤問'으로 삼았다. 관직에서 물러난 大夫가 죽었을 경우에는 士의 예로 장사를 치른다든지, 嫡子가 죽었을 경우에는 嫡孫을 세운다든지, 장례에 인형을 묻는 것은 殉葬하는 풍습과 비슷하여 좋지 않다든지, 자로가 기존의 제사 지내던 관습을 바꾸고 공경함으로 제사를 지냈다든지 등의 실행해야 할 예를 자세하고 구체적으로 제시하였다.

① 공서적이 자세한 예절에 대해 물었으므로 이로 인하여 편명을 붙인 것이다.
公西赤問曲禮라 因以名篇하니라

44-1 公西赤이 공자에게 물었다.

"대부가 죄를 지어 면직되었다가 죽으면 그 장례는 어떻게 지내야 합니까?"

공자가 대답하였다.

"대부가 자신의 직무를 폐기하였거든 종신토록 벼슬하지 못하게 하고, 죽으면 士의 예로 장사 지낸다."

公西赤問於孔子曰① 大夫以罪免卒이어든 其 葬也如之何②잇고 孔子曰 大夫廢其事어든 終身 不仕③하고 死則葬之以士禮④니라

公西赤

① 공서화가 부자에게 물은 것이다.

　　公西華問夫子라

② 대부가 죄를 지어 나라를 떠났다가 죽으면 무슨 예로 장사 지내느냐고 한 것이다.

　　大夫以罪去國死어든 以何禮葬之니잇고

③ 부자가 대답하기를 "대부가 직무를 유기하였으면 종신토록 벼슬하지 못하게 한다."라고 한 것이다.

　　夫子言 大夫罷政이어든 終身不仕官이라

④ 대부보다 한 등급을 낮추어 〈장사 지낸다는 것이다.〉

　　降大夫一等이라

44-2[1] 公儀仲子[2]가 자신의 嫡子가 죽자 〈嫡孫을 세우지 않고〉 그 아우를 喪主로 세웠는데, 檀弓[3]이 子服伯子[4]에게 물었다.

"어째서입니까? 제가 전에 듣지 못했던 禮입니다."

그러자 자복백자가 대답하였다.

"공의중자 또한 古人의 道를 행한 듯합니다. 옛날 文王은 〈長子인〉 伯邑考를 놔두고 武王을 세웠고,[5] 微子는 그의 손자인 腯(돈)을 놔두고 그 아우 衍을 세웠습니다."

자유가 공자에게 이에 대해 묻자 공자가 대답하였다.

"아니다. 周나라 제도는 嫡孫을 세운다."

公儀仲子가 嫡子死에 而立其弟어늘 檀弓問子服伯子曰 何居오 我未之前聞也로이다 子服伯子曰 仲子亦猶行古人之道로이다 昔者에 文王은 捨伯邑考①하고 而立武王하며 微子는 捨其孫腯하고 立其弟衍하니이다 子游以(聞)〔問〕[6]諸孔子한대 子曰否라 周制立孫하니라

───────────

1) 이 부분은 四部叢刊本을 저본으로 하였다.

2) 公儀仲子 : 魯나라 사람으로, 公儀는 氏이고 仲子는 字이며, 魯나라와 같은 姬姓이다.

3) 檀弓 : 魯나라 사람으로, 예에 밝았기 때문에 ≪禮記≫에 〈檀弓〉으로 편명을 붙였다.

4) 子服伯子 : 子服景伯으로, 魯나라 大夫 仲孫蔑의 玄孫이다.

5) 文王은……세웠고 : 文王이 武王을 後嗣로 세운 일에 대해 ≪禮記集說大全≫〈檀弓 上〉陳澔의 注에는 "先儒가 權道이거나 殷나라 제도를 따른 것이라고 하는데 모두 알 수 없다. 그렇지 않다면 太王이 〈三男인〉 季歷에게 왕위를 물려준 것처럼 나이에 상관없이 덕이 있는 사람을 후계자로 세우는 뜻인 듯하다.〔先儒以爲權 或亦以爲遵殷制 皆未可知 否則以德不以長亦如太王傳位季歷之意歟〕"라고 하였다.

① 伯邑考는 文王의 長子이다. 문왕 또한 아들을 세웠고 손자를 세우지는 않았다는 말이다.

　　伯邑考는 文王之長子也라 言文王亦立子而不立孫也라

44-3 자유가 공자에게 물었다.

"장례에 진흙으로 수레를 만들고 풀로 인형을 만드는 일이 예로부터 있었습니다. 하지만 지금 사람들은 정교하게 인형을 만들기도 하니 이는 죽은 자에게 아무런 이익이 없습니다."

공자가 대답하였다.

"풀로 인형을 만드는 것은 좋지만 정교하게 인형을 만드는 것은 仁하지 못하니,[7] 산 사람을 써서 〈순장하는 것과〉 가깝지 않겠는가."

子游問於孔子曰[1] 葬者에 塗車芻靈이 自古有之[2]나 然今人或有偶[3]하니 是無益於喪[4]이니이다 孔子曰 爲芻靈者는 善矣[5]어니와 爲偶人者는 不仁[6]하니 不殆於用人乎[7]아

① 자유가 부자에게 물은 것이다.

　　子游問夫子라

② 葬送할 때에 흙으로 수레를 만들고 풀을 엮어서 사람을 만드는 일은 예로부터 그러하였다는 것이다.

　　送葬에 用土爲車하고 束草爲人은 從古如此라

③ 지금은 나무를 깎아 정교하게 인형을 만든다는 것이다.

　　今有刻木爲偶人이라

④ 죽은 자에게 아무런 이익이 없다는 것이다.

　　無益於死者라

⑤ 풀을 엮어 인형을 만드는 것은 뒷마무리를 잘하는 것이라는 것이다.

　　爲草人則善於後라

---

6) (聞)〔問〕: 저본에는 '聞'으로 되어 있으나, ≪禮記≫〈檀弓 上〉과 四庫全書本에 의거하여 '問'으로 바로잡았다.

7) 정교하게……못하니 : ≪孟子≫〈梁惠王 上〉에, 맹자가 "仲尼께서 말씀하시기를 '처음으로 허수아비를 만든 자는 아마 후손이 없을 것이다.' 하였으니, 이는 사람의 형상을 만들어 장례에 사용하였기 때문이다.〔仲尼曰 始作俑者 其無後乎 爲其象人而用之也〕"라고 하였는데, 주희의 주에 "옛날에는 풀을 엮어 사람을 만들어서 喪轝를 호위하게 하였는데, 中古에는 얼굴과 눈, 機發이 사람과 매우 유사하였으므로, 공자가 不仁함을 미워한 것이다."라고 하였다.

⑥ 나무를 깎아 인형을 만드는 것은 仁한 덕이 아니라는 것이다.

　　爲(本)〔木〕⁸⁾人者는 非仁德也라

⑦ 어찌 산 사람을 쓰는 것과 다르겠냐고 한 것이다.

　　何異於用生人乎리오

44-4 자로가 季氏의 家臣으로 있었는데, 계씨가 제사 지낼 적에 어둑할 때 奠禮를 행하였는데 하루 종일도 부족하여 횃불을 밝히고 계속 이어나갔다. 비록 건장한 모습과 공경한 마음이 있는 자라도 모두 피로해져서 有司가 비스듬히 서거나 기대서서 제사에 임하니 매우 不敬하였다. 뒷날 제사를 지낼 때에 자로가 참여하였는데 室內의 일은 戶에서 주고받고⁹⁾ 堂上의 일은 계단 앞에서 주고받아¹⁰⁾ 동틀 때에 제사를 지내기 시작하여 저물녘에 마쳤다. 공자가 이 일을 듣고 말하였다.

　"누가 由가 예를 모른다고 하겠는가."

　　子路爲季氏宰^①러니 季氏祭할새 逮昏而奠^②호대 終日不足하여 繼以燭^③하니 雖有彊力之容과 肅敬之心이라도 皆倦怠矣^④라 有司跛倚以臨祭^⑤하니 其爲不敬也大矣^⑥로다 他日祭에 子路與焉^⑦하니 室事交于戶^⑧하고 堂事當于階^⑨하여 質^⑩明而始行事^⑪하여 晏朝而徹^⑫하니 孔子聞之曰^⑬ 孰爲由也而不知禮^⑭오하니라

① 자로가 가신이 된 것이다.

　　子路爲家臣이라

② 계씨가 제사 지낼 때에 어둑할 때에 비로소 奠禮를 행한 것이다.

　　季氏祭祀할새 及暗하여 始行奠禮라

③ 하루 종일 예를 행하였는데도 마치지 못하고 또 횃불을 밝히고 이어간 것이다.

　　一日行禮未畢하고 又繼之以燭이라

④ 비록 힘차게 일을 하고 공경한 마음이 있는 자라도 모두 피로해진 것이다.

---

8) (本)〔木〕：저본에는 '本'으로 되어 있으나, 慶長本에 의거하여 '木'으로 바로잡았다.

9) 室內의……주고받고：≪禮記集說大全≫〈禮器〉陳澔의 注에 의하면, 室內의 일은 正祭를 지낼 때 실내에서 시동을 섬기는 것을 말한다. 이때 外人이 제수를 가지고 戶에 이르면 內人이 호에서 받아서 시동 앞에 차린다.

10) 堂上의……주고받아：≪禮記集說大全≫〈禮器〉陳澔의 注에 의하면, 堂上의 일은 正祭를 지낼 때 당상에서 시동을 인도하는 것을 말한다. 이때 堂下의 사람이 제수를 보내 계단 앞에 이르면 당상의 사람이 계단에서 받는다.

雖强力行事하고 祗敬之心이라도 皆倦怠矣라

⑤ 제사에 참여한 집사가 모두 다리에 힘이 빠진 것이다.
　執事之人與祭가 足力皆乏이라

⑥ 매우 不敬한 것이다.
　大爲不敬이라

⑦ 뒷날 자로가 제사에 참석한 것이다.
　他日에 子路與祭라

⑧ 실내의 집사들이 문에 있는 것이다.
　室內執事之人이 在於門中이라

⑨ 당상의 집사들이 계단 앞에 있는 것이다.
　堂上執事之人이 在於階前이라

⑩ 頭註 : 質(바르다)[11)]는 音이 至이다.
　質은 音至라

⑪ 동틀 무렵에 예를 행하기 시작한 것이다.
　天明에 方行禮라

⑫ 저물녘에 마친 것이다.
　日晏而畢이라

⑬ 부자가 이 일을 듣고 말한 것이다.
　夫子聞其事曰

⑭ 자로 또한 예를 안다는 것이다.
　子路亦知禮라

延祐 丁巳年(1317, 元 仁宗 6)에 精一書舍에서 陳實夫가 판각하였다.

延祐丁巳陳實夫刻于精一書舍

---

11) 質(바르다) : ≪儀禮≫〈士冠禮〉에 "동틀 무렵에 일을 행한다.〔質明行事〕"라고 하였는데, 鄭玄의
　注에 "質은 바르다는 뜻이다.〔質 正也〕"라고 하였다.

후서　後序

　　≪孔子家語≫는 모두 당시 公・卿・士・大夫 및 72제자가 공자를 찾아가서 서로 묻고 대답한 말이다. 제자들이 각기 자신이 물은 것을 기록하였으니 ≪論語≫, ≪孝經≫과 기록된 시기가 같다. 제자들이 正實하면서도 일에 절실한 것을 모아서 따로 ≪論語≫로 편찬하였고, 그 나머지는 모두 모아 기록하여 ≪孔子家語≫라고 이름을 붙였다. 무릇 의논하여 변론하고 분류하여 판단하고 비교하여 하나로 모은 것은 실로 夫子의 본래 뜻인데, 엮고 지은 文辭가 왕왕 근거가 없는 말로서 번다하여 긴요하지 않은 내용이 많은 것은, 또한 72제자가 각기 전체를 함께 서술하고 윤색까지 하는 과정에서 그 재주가 더러 우열이 있기 때문에 그렇게 된 것이다.

　　孔子家語者는 皆當時公卿士大夫及七十二弟子之所諮訪交相對問言語也라 旣而諸弟子各自記其所問焉하니 與論語孝經竝時라 弟子取其正實而切事者하여 別出爲論語하고 其餘則都集錄하여 名之曰孔子家語라하니라 凡所論辯流判較歸는 實自夫子本旨也어늘 屬(촉)文下辭가 往往頗有浮說煩而不要者는 亦由七十二子各共敍述首尾하고 加之潤色호대 其材或有優劣故로 使之然也라

　　공자가 돌아가신 뒤에 隱微한 말이 끊겼고 72제자가 죽은 뒤에 큰 義理가 어그러졌다. 六國의 시대에 儒道가 나뉘자, 遊說하는 선비들이 각기 교묘한 뜻으로 枝葉적인 것을 만들었지만 孟軻와 荀卿만은 전수받은 것을 지켜 보존하였다. 秦 昭王 때에 荀卿이 秦나라에 들어가서 秦 昭王이 그와 從遊하면서 儒術에 대해 묻자 순경이 공자의 말과 여러 나라의 일과 72제자의 말을 가지고 모두 백여 篇을 지어서 주었다. 이로 말미암아 진나라에 이에 대한 기록이 모두 남아 있게 되었다. 秦始皇의 시대에 李斯가 書籍을 불태웠지만, ≪공자가어≫는 諸子書와 같은 반열로 취급되었기 때문에 불에 타지 않았다.

孔子旣沒에 而微言絶하고 七十二弟子終에 而大義乖라 六國之世에 儒道分散하니 游說之士가 各以巧意而爲枝葉이로대 唯孟軻荀卿은 守其所習이라 當秦昭王時하여 荀卿入秦에 昭王從之하여 問儒術한대 荀卿以孔子之語及諸國事와 七十二弟子之言으로 凡佰[1]餘篇을 與之라 (子)[2]由此로 秦悉有焉하니라 始皇之世에 李斯焚書어늘 而孔子家語與諸子同列이라 故不見滅이라

漢 高祖가 秦나라를 이기고 모두 거두어 모아서 3尺의 竹簡에 실어 기록하였는데 古文이 많았다. 呂氏가 漢나라의 국정을 專橫할 때에 미쳐서는 모아서 숨겨 두었는데 그 후 주벌되어 죽은 뒤로 ≪공자가어≫가 세상에 흩어지자, 好事家가 더러 각자 자신의 뜻에 맞게 글을 보태거나 빼버렸기 때문에 똑같은 하나의 일인데 글이 달라지게 되었다. 孝景帝 말년에 천하의 禮書를 모으고 구하자 이때 京師의 사대부들이 모두 서적을 官에 보냈으므로 呂氏가 전한 ≪공자가어≫를 찾았는데, 여러 나라의 일과 70제자의 말들이 마구잡이로 뒤섞여 알 수가 없었다. 그래서 掌書에게 맡겨 曲禮에 관한 여러 篇 중에서 어지러운 簡冊들을 합하여 祕府에 보관하게 하였다.

高祖克秦하고 悉斂得之하여 皆載於三[3]尺竹簡하니 多有古文字라 及呂氏專漢하여는 取歸藏之러니 其後被誅亡에 而孔子家語乃散在人間이어늘 好事者或各以意로 增損其言이라 故使同是一事而輒異辭라 孝景皇帝末年에 募求天下禮書한대 于時京師士大夫가 皆送官하여 得呂氏之所傳孔子家語러니 而與諸國事及七十子[4]辭로 妄相錯雜하여 不可得知일새 以付掌書하여 與曲禮衆篇亂簡으로 合而藏之祕府라

漢 武帝 元封 年間(B.C. 110~B.C. 105)에 내(孔安國)가 京師에서 벼슬하면서 선인들의 典籍이 장차 泯滅될까 염려되었다. 그래서 여러 公卿大夫에게 개인적으로 선물을 보내 副本을 구하여 모두 얻은 다음 유사한 일끼리 편차하여 44편으로 撰集하였다. 또 〈曾子問禮〉 한 편은 〈曾子問〉에 따로 소속시켰으므로 더 이상 기록하

---

1) 佰 : 四庫全書本과 漢文大系本에는 '百'으로 되어 있다.
2) (子) : 저본에는 있으나, 四庫全書本과 漢文大系本에 의거하여 衍文으로 보아 번역하지 않았다.
3) 三 : 四庫全書本과 漢文大系本에는 '二'로 되어 있다.
4) 七十子 : 四庫全書本과 漢文大系本에는 '七十二子'로 되어 있다.

지 않았다. 제자들의 글에서 공자의 말이라고 하면서 인용한 것이 ≪공자가어≫에 남아 있지 않은 이유는 또한 자신이 개인적으로 전한 것이기 때문이다. 그래서 모두 취하지 않은 것이니 훗날의 군자들은 잘 살피지 않아서는 안 될 것이다.

元封之時에 吾仕京師할새 竊懼先人之典辭가 將遂泯滅이라 於是因諸公卿大夫하여 私以人事하여 募求其副하여 悉得之하고 乃以事類相次하여 撰集爲四十四篇하고 又有曾子問禮一篇은 自別屬曾子問이라 故不復錄이라 其諸弟子書所稱引孔子之言者가 本不存乎家語는 亦以其已自有所傳也라 是以皆不取也하니 將來君子不可不鑑이라

孔安國은 字가 子國으로 공자의 12세 손이다. 공자가 伯魚를 낳고 伯魚가 子思를 낳았는데 이름이 伋이다. 〈伋이〉 일찍이 宋나라에서 곤란한 일을 당하자 ≪中庸≫ 47편을 지어 聖祖의 功業을 서술하여 제자인 孟軻의 무리 수백 인에게 전수하였다. 62세에 졸하였다. 子思는 子上을 낳았는데 이름이 白이다. 47세에 졸하였다. 叔梁紇이 처음으로 妻를 내쫓았는데 伯魚도 처를 내쫓았고 子思도 처를 내쫓았으므로 '孔氏三世出妻'라고 하였다.

孔安國

子上은 子家를 낳았는데 이름이 傲이고 後名은 求이다. 45세에 졸하였다. 子家는 子直을 낳았는데 이름이 欄(개)이다. 46세에 졸하였다. 子直은 子高를 낳았는데 이름이 穿이다. 또한 儒家와 관련된 내용 12편을 짓고 ≪讕言≫이라 하였다. 57세에 졸하였다. 子高는 武를 낳았는데 자는 子順이며 이름은 微이고 後名은 斌(빈)이다. 魏 文王 때에 재상을 지냈고 57세에 졸하였다. 子武는 子魚를 낳았는데 이름이 鮒이고, 또 子襄을 낳았는데 이름이 騰이고, 또 子文을 낳았는데 이름이 祔이다.

子魚는 後名이 甲이다. 子襄은 경서를 좋아하고 박학하였으나 秦나라의 법이 매우 가혹한 것을 두려워하였다. 그래서 ≪家語≫, ≪孝經≫, ≪尙書≫, ≪論語≫를

夫子의 옛집 벽에 숨겼다. 子魚는 陳나라 王涉의 博士와 太師로 있었는데 陳下에서
죽었다. 元路를 낳았는데 또 다른 자는 元生이며 이름은 育이고 後名은 隨이다. 子
文은 寂(최)를 낳았는데 자가 子産이다. 〈子産은〉 뒤에 高祖를 따랐고 左司馬와 將
軍으로서 韓信을 보좌하여 垓下에서 楚軍을 격파하여 그 공로로 蓼侯(요후)에 봉해
졌다. 53세에 졸하였다. 시호는 夷侯이다. 子産의 長子는 환관이 되어 벼슬이 太
常에 이르렀고, 次子인 襄은 자가 子士이고 後名은 讓이다. 孝惠皇帝의 博士로 있
다가 長沙王의 太傅로 좌천되었다. 57세에 졸하였다. 季中을 낳았는데 이름이 員
이다. 57세에 졸하였다. 武와 子國을 낳았다.

　孔安國者는 字子國이니 孔子十二世孫也라 孔子生伯魚하고 魚生子思하니 名伋이라 嘗遭困于
宋하여 作中庸之書四十七篇하여 以述聖祖之業하여 授弟子孟軻之徒數百人이라 年六十二而
卒이라 子思生子上하니 名白이라 年四十七而卒이라 自叔梁紇始出妻하여 及伯魚亦出妻하고 至子
思又出妻라 故稱孔氏三世出妻라하니라 子上은 生子家하니 名傲요 後名求라 年四十五歲而卒이라
子家生子直하니 名檟라 年四十六而卒이라 子直生子高하니 名穿이라 亦著儒家語十二篇하니 名曰
讕言이라 年五十七而卒이라 子高生武하니 字子順이요 名微요 後名斌이라 爲魏文王相이라 年五十
七而卒이라 子武生子魚하니 名鮒요 及子襄하니 名騰이요 及子文하니 名祔라 子魚後名甲이라 子襄이
以好經書博學이러니 畏秦法峻急하여 乃壁藏其家語孝經尙書及論語於夫子之舊堂壁中하니라
子魚는 爲陳王涉博士太師러니 卒陳下라 生元路하니 一字元生이요 名育이요 後名隨라 子文이 生
寂하니 字子産이라 後從高祖하여 以左司馬將軍으로 佐韓信하여 破楚於垓下하여 以功封蓼侯라 年
五十三而卒이라 諡曰夷侯라 長子滅嗣하여 官至太常이요 次子襄은 字子士요 後名讓이라 爲孝惠
皇帝博士라가 遷長沙王太傅라 年五十七而卒이라 生季中하니 名員이라 年五十七而卒이라 生武及
子國이라

　子國은 어려서 申公에게서 ≪詩經≫을 배웠고 伏生에게서 ≪尙書≫를 전수받았
으며, 커서는 경전을 두루 보았고 물음에 일정한 스승이 없었다. 40세에 諫議大夫
가 되었다가 侍中과 博士로 옮겨졌다. 天漢(漢 武帝의 연호) 후기에 魯恭王이 공자
의 옛집을 허물다가 벽 속에서 ≪詩經≫과 ≪尙書≫를 발견하고는 모두 子國에게
보내자, 子國이 古今의 文字를 고찰하여 논의하고 여러 뛰어난 사람들의 뜻을 뽑
아서 ≪古文論語訓≫ 11편, ≪孝經傳≫ 2편, ≪尙書傳≫ 58편을 지었는데, 모두

벽 속에서 발견된 科斗文字(蝌蚪文字)로 된 本을 대상으로 한 것이었다. 또 ≪孔子家語≫를 集錄하여 44편을 만들었는데 완성한 뒤에 마침 巫蠱 사건[5]이 일어나 폐기되어 시행되지 못하였다. 자국은 博士로 있다가 臨淮太守가 되었는데 관직에 있은 지 6년이 지나 병으로 免職되었고 60세에 자신의 집에서 졸하였다. 그 뒤에 孝成皇帝가 光祿大夫 劉向[6]에게 조칙을 내려 수많은 책을 校定하게 하니 모두 기록하여 ≪古今文書論語別錄≫이라고 이름을 붙였다.

子國은 少學詩於申公하고 受尙書於伏生하며 長則博覽經傳하여 問無常師라 年四十에 爲諫議大夫라가 遷侍中博士라 天漢後에 魯恭王壞孔子故宅이라가 得壁中詩書하여 悉以歸子國한대 子國乃考論古今文字하고 撰衆師之義하여 爲古文論語訓十一篇과 孝經傳二篇과 尙書傳五十八篇하니 皆所得壁中科斗本也라 又集錄孔子家語하여 爲四十四篇이러니 旣成에 會値巫蠱事하여 寢不施行이라 子國은 由博士하여 爲臨淮太守러니 在官六年에 以病免이라가 年六十卒于家라 其後孝(武)〔成〕[7]皇帝가 詔光祿大夫劉向하여 校定衆書하니 都記錄하여 名古今文書論語別錄이라하니라

子國의 손자 孔衍이 박사로 있을 때에 글을 올려 ≪공자가어≫에 대해 다음과 같이 변론하였다.[8]

"신은 듣건대 明王은 남의 공로를 가리지 않고 大聖人은 남의 작은 善도 빠뜨리지 않는다고 하니, 이 때문에 明聖해질 수 있는 것입니다. 폐하께서 밝은 조서를 내리고 여러 儒者에게 자문하여 천하의 서적들을 모을 적에 간곡하게 말을 다하지 않음이 없었고, 通明하고 재주 있는 大夫에게 그 뜻을 校定하도록 명하여 옛날 기

---

5) 巫蠱 사건 : 漢 武帝 때에 있었던 옥사이다. 武帝가 晩年에 병치레를 많이 하여 혹시 누가 저주한 소치가 아닌가 하고 의심하던 차에, 江充이 태자의 궁중에 木人이 많이 묻혀 있다고 무함하였다. 그러자 태자는 겁이 나서 반란을 일으켰다가 자살을 하고, 그 후유증으로 승상 이하 서민에 이르기까지 전후 수만 명이 죽음을 당하였다.(≪漢書≫ 〈武帝紀〉, 〈江充傳〉)

6) 劉向 : 前漢 말기의 학자이자 정치가로 자는 子政이다. 황실의 宗親으로 漢 宣帝 때 名儒로 선발되어 궁중 내에 설치된 궁중도서관인 石渠閣에서 五經을 강의하였으며, 흩어져 있던 先秦의 古籍들을 수집하여 자신이 직접 교감, 분류하고 이를 바탕으로 아들 劉歆과 함께 ≪七略≫을 저술하여 목록학의 비조로 추앙되었다. 각 시대의 고사와 설화를 모은 ≪新序≫와 ≪說苑≫을 지었다.

7) (武)〔成〕: 저본에는 '武'로 되어 있으나, 四庫全書本과 漢文大系本에 의거하여 '成'으로 바로잡았다.

8) 글을……변론하였다 : 이 내용은 ≪御選古文淵鑑≫ 권16 〈上書辨明家語〉에 보인다.

록된 글을 오늘날 크게 그 의미를 드러내게 하였습니다. 그래서 立言하는 선비들이 不朽한 업적을 남기게 되었으니 이는 명왕의 법도를 따르고 대성인의 풍모를 따른 것입니다. 비록 唐帝(堯)의 찬란한 事業과 周王(주나라)의 성대한 文章[9]이라도 이처럼 지극하지는 않을 것입니다. 그러므로 글을 짓는 선비들이 모두 大倫의 뜻을 헤아리기를 즐거워하는 것입니다.

子國孫衍이 爲博士에 上書辯之하여 曰 臣聞호대 明王不掩人之功하고 大聖不遺人之善이라하니 所以能其明聖也니이다 陛下發明詔하고 諮群儒하여 集其天下書籍에 無言不悉하고 命通才大夫校定其(議)〔義〕[10]하여 使遲載之文으로 以大著於今日이라 立言之士가 垂於不朽하니 此則蹈明王之軌요 遵大聖之風者也라 雖唐帝之煥然과 周王之彧彧이라도 未若斯之極也라 故述作之士가 莫不樂測大倫焉이니이다

신의 조부 故 臨淮太守 安國은 孝武皇帝 때에 벼슬하였는데, 經學으로 이름이 났고 儒學으로 관리가 되어 道義를 도와서 밝혀 前朝에서 칭송을 받았습니다. 당시 魯恭王이 공자의 옛집을 허물다가 古文인 科斗文字로 기록된 《尙書》, 《孝經》, 《論語》를 발견하였는데, 세상 사람들 중에 능히 아는 자가 없었습니다. 안국이 이 때문에 今文으로 판독하여 그 뜻을 訓傳으로 달았으며,[11] 또 《공자가어》를 撰次하였습니다. 일을 다 마쳤는데 마침 巫蠱의 사건이 일어나 결국 각기 폐기되고 당시에 시행되지 못하였습니다. 그러나 그 典雅하고 正實한 내용은 세상에 전해지는 것과는 같은 수준으로 놓고 논할 수 없습니다.

臣祖故臨淮太守安國은 建仕於孝武皇帝之世러니 以經學爲名하고 以儒雅爲官하여 讚明道義하여 見稱前朝니이다 時에 魯(共)〔恭〕[12]王이 壞孔子故宅이라가 得古文科斗尙書孝經論語한대

世人莫有能言者러니 安國爲之今文讀하여 而訓傳其義하며 又撰次孔子家語한대 旣畢訖에 會值
巫蠱事起하여 遂各廢하여 不行于時라 然其典雅正實은 與世所傳者로 不可同日而論也니이다

　　光祿大夫 劉向은 당시에 시행되지 못할 것이라고 생각하였기 때문에 ≪尙書≫는
≪別錄≫에 기록하지 않고 ≪論語≫는 一家로 명명하지 못하게 하였으니, 신은 이
점이 참으로 애석합니다. 또 百家의 글들은 모두 다 기록하였는데 하물며 공자 집
안에 보관된 책들이 古文의 正實임을 의심하겠습니까. 또 戴聖[13]은 모두 근세의
보잘 것 없는 儒者라 曲禮의 내용이 부족하다고 하여 ≪공자가어≫에서 어지럽게
뒤섞인 글과 子思, 孟軻, 荀卿의 글을 모아서 보태고는 ≪禮記≫라고 총칭하였습
니다. 이제 오히려 이미 ≪禮記≫에 실려 있는 것을 보니, 바로 ≪공자가어≫에 있
는 본래 내용을 제거하였습니다. 이는 그 근원을 없애고 지엽을 남겨두는 것이니
또한 근심스럽지 않겠습니까. 어리석은 신은 마땅히 이러한 것을 본보기로 삼아
모두 기록하여 별도로 보아야 한다고 생각합니다. 그러므로 감히 몽매함을 무릅쓰
고 아룁니다.”
　　이렇게 上奏하자 천자가 허락하였는데 즉시 論定하지 못하다가 孝成皇帝가 붕어
하고 유향 또한 병으로 죽어 결국 學官에 나열되지 못하였다.

　　光祿大夫向은 以爲其時所未施之故로 尙書則不記於別錄하고 論語則不使名家也하니 臣竊惜
之니이다 且百家章句無不畢記어든 況孔子家古文正實而疑之哉잇가 又戴聖은 皆近世小儒라
以曲禮不足이라하여 而乃取孔子家語雜亂者及子思孟軻荀卿之書하여 以裨益之하고 總名曰
禮記라하니이다 今(向)〔尙〕[14]見其已在禮記者則便除家語之本篇하니 是爲滅其原而存其末也니
不亦難乎잇가 臣之愚以爲宜如此爲例하여 皆記錄別見이라 故敢昧冒以聞하노이다 奏上하니 天子
許之러니 未卽論定而遇帝崩하고 向又病亡하여 遂不果立하니라

---

12) (共)〔恭〕: 저본에는 ‘共’으로 되어 있으나, 四庫全書本과 漢文大系本에 의거하여 ‘恭’으로 바로
　　잡았다.
13) 戴聖: 前漢 때 사람으로, 漢 宣帝 때 博士가 되었다. 戰國시대 때부터 漢나라 초기까지 공자의
　　제자들이 기록한 禮에 관한 논저들을 모아 오늘날의 ≪禮記≫로 불리는 ≪小戴禮記≫를 편찬하
　　였다. 여기에서는 ≪大戴禮記≫를 편찬한 숙부 戴德까지 아울러 가리킨다.
14) (向)〔尙〕: 저본에는 ‘向’으로 되어 있으나, 四庫全書本에 의거하여 ‘尙’으로 바로잡았다.

194

신간소왕사기　新刊素王事紀[1]

新刊素王事紀目錄

魯司寇像　　　　　　　先聖紀年圖
先聖世系圖

歷代追崇事始
　廟宇　　　　　　　　祠祭
　行幸　　　　　　　　正南面
　賜袞冕　　　　　　　州縣學廟
　設戟　　　　　　　　二仲丁祀
　祭用三獻　　　　　　獻官法服
　賜禮器　　　　　　　賜樂
　設拜　　　　　　　　頒祝
　賜贊　　　　　　　　禁淫祀
　賜書　　　　　　　　賜田
　蠲稅役　　　　　　　襲封
　世宦曲阜　　　　　　墓給灑掃
　墓禁樵採　　　　　　拜謁涖政

泰定甲子秋蒼巖書院刊行

---

1) 新刊素王事紀 : 素王은 王者의 덕을 지니고 있으나 王位는 갖지 못하였다는 의미로 공자를 가리키는 말이다. 《新刊素王事紀》는 공자의 事跡과 후대 추숭한 사실 등이 실려 있는데, 1324년 (泰定 元年) 元나라 왕광모의 주해본이 蒼巖書院에서 간행될 때 함께 작성된 자료이다.

魯나라 司寇¹⁾의 像

魯司寇像^①

① 옥빛과 붉은빛이 감도는 안색에 녹
색 비녀와 황색 갓끈, 자줏빛 갓옷
을 착용하였다.
　玉紅色에 綠簪과 黃纓과 紫褐(求)〔裘〕²⁾라

魯司寇像

≪孔氏祖庭廣記≫³⁾에 다음과 같이 기
록되어 있다.

"先聖께서는 남과 다른 형질을 타고 나
셨으니 모두 49가지의 특이점이 있으셨
다. 反首⁴⁾와 우묵한 얼굴, 가운데가 뒤

1) 魯나라 司寇 : 공자의 벼슬이 魯나라 大司寇에 이르렀기 때문에 불리게 된 칭호이다. ≪史記≫
〈孔子世家〉에 "그 후 定公이 공자를 中都의 邑宰로 삼으니, 1년 만에 사방에서 모두 본받았다.
중도의 읍재에서 司空으로 승진하였고 사공에서 大司寇로 승진하였다.〔其後定公以孔子爲中都宰 一
年 四方皆則之 由中都宰爲司空 由司空爲大司寇〕"라고 하였다.

2) (求)〔裘〕 : 저본에는 '求'로 되어 있으나, 慶長本에 의거하여 '裘'로 바로잡았다.

3) 孔氏祖庭廣記 : 金나라 때 공자의 51대손인 孔元措(1182~1251)가 12권으로 편찬한 책이다. 본
래 공자의 47대손인 孔傳이 1124년 ≪공씨조정광기≫ 2권을 지었는데, 姓譜에서 世系에 이르
기까지 사적을 기술한 것이었다. 공원조가 이를 기초로 증보하여 남경에서 출판하였다. 후에 금
나라 조정에 의해 곡부로 돌아가 제사를 받들게 되자 다시 곡부에서 중각하였는데, 이것이 현전
하는 가장 오래된 판본이다. 이 책에 실린 공자 故居의 문헌과 공씨 묘림의 碑刻은 공자 연구에
있어 매우 진귀한 자료로 평가받고 있다.

4) 反首 : 머리 가운데가 우묵하고 둘레는 높은 형태를 가리키는 것으로 보인다. ≪史記≫〈孔子世
家〉의 "태어날 때부터 머리 위가 圩頂하였기 때문에 이름을 丘라고 하였다.〔生而首上圩頂 故因名
曰丘云〕"라는 구절에 대해 司馬貞의 ≪史記索隱≫에서 "圩頂은 정수리 위가 낮은 것을 말하므로
공자의 정수리가 反字와 같다는 것이다. 反字라는 것은 지붕의 反과 같으니, 가운데가 낮고 네
귀퉁이가 높은 것이다.〔圩頂言頂上窊也 故孔子頂如反字 反字者 若屋宇之反 中低而四傍高也〕"라고 설명
하였다. 이에 따르면 反首의 反字는 反字의 反字와 같은 의미로 해석해야 할 것이다. 反首를 "反
首拔舍"의 의미로 머리를 늘어뜨린다고 해석하는 경우도 있으나, 문맥상 타고난 모습으로 보아

어나온 이마와 높은 코, 河水 같이 긴 눈과 바다 같이 큰 입, 큰 입술과 빛나는 미간, 평평한 턱과 輔喉,[5] 騈齒[6]와 용 같은 형상, 거북이 같은 등과 범 같은 손바닥, 騈脅[7]과 솟은 가슴, 오목한 정수리와 산처럼 불룩한 배꼽, 숲처럼 널찍한 등과 날개를 드리운 듯한 긴 팔, 움푹 꺼진 머리, 언덕처럼 두툼한 뺨과 제방처럼 긴 눈썹, 땅 같이 네모난 발과 깊이 통하는 七竅,[8] 우레 같은 목소리와 윤택한 배가 있다.

얼굴은 蒙倛[9]와 같고 손은 무릎 아래로 늘어지고, 눈썹은 열두 빛깔이 나고 눈에는 예순네 개의 결이 있고, 서 있으면 봉황이 우뚝 선 듯하고 앉아 있으면 용이 웅크린 듯하고, 손바닥에 천문을 쥐고 있고 발바닥에 度자 모양이 있고, 멀리서 바라보면 엎드린 듯하고 가까이 가서 보면 올라갈 듯하고, 상반신은 길고 하반신은 짧고, 등줄기는 굽고 귀는 뒤로 붙었고, 눈초리는 사해를 경영할 듯 날카롭고 귀는 珠庭[10]에 드리우고, 가슴에는 '제작하여 정하면 세상이 부합하리라.〔制作定世符〕'[11]라는 글자가 있다. 신장은 9척 6촌, 허리둘레는 10圍[12]이다."[13]

야 하므로 맞지 않는 듯하다.

5) 輔喉 : 미상이다. 튀어나온 울대뼈로 해석하기도 한다.

6) 騈齒 : 치열이 중첩된 것을 가리킨다. 帝嚳, 文王 등이 병치를 가졌다고 알려져 있으며, 범인과 다른 성인의 儀表로 여겨진다.

7) 騈脅 : 갈비뼈가 긴밀하게 연결되어 통뼈가 된 것을 가리킨다. 宋의 林堯叟가 "騈은 합하는 것이고 脅은 갈비뼈이니, 겨드랑이 아래 갈비뼈가 합하여 하나처럼 된 것이다.〔騈 合也 脅 肋也 蓋腋下 肋骨 合比若一〕"라고 주를 낸 바 있다.

8) 七竅 : 사람 머리에 있는 일곱 개의 구멍으로, 두 눈과 두 귀, 두 콧구멍과 입을 가리킨다.

9) 蒙倛 : 섣달 역신을 쫓는 데 쓰던 신령이다. 《荀子》〈非相篇〉楊倞의 注에 "倛는 方相이다. 머리에 덤불을 쓴 것 같기 때문에 蒙倛라 한다.〔倛 方相也 其首蒙茸然 故曰蒙倛〕"라고 하였다.

10) 珠庭 : 珠庭은 풍성하게 나와 있는 이마를 가리키는 말로, 왕의 관상으로 일컬어진다.

11) 제작하여……부합하리라 : 《春秋演孔圖》에는 "制作定世符運"의 여섯 글자가 쓰여 있었다고 하였다.

12) 圍 : 길이의 단위이다. 양손의 엄지와 검지를 이었을 때의 길이가 1圍이다.

13) 先聖께서는……10圍이다 : 四十九表는 공자의 비범한 모습을 보여주는 표시 49가지를 가리킨다. 49가지가 있다고 언급한 최초의 기록은 《路史》 권19에 보이는데, '堤眉', '谷竅', '參臂', '騈脅', '腰大十圍', '長九尺有六寸'이 거론되어 있다. 《孔氏祖庭廣記》에는 43가지가 거론되어 있다. 이 문장은 《공씨조정광기》에서 인용하였다고 하나 문장 순서가 다르고, '隆鼻', '其頭似帝唐', '其顙似帝舜', '皋陶', '其肩類子産', '自腰以下不及禹三寸'이 누락되어 있다. 明나라 張岱의 《夜航船》 권13〈容貌部〉에 《공씨조정광기》에서 인용하였다고 하면서 모두 49가지의 표시를 열거하고 있다. 본래 《공씨조정광기》에 보이는 皋陶 항목이 빠지고, '圩頂', '面如蒙倛', '手

祖庭廣記에 曰 先聖은 生有異質하니 凡四十九表라 反首와 洼面(와면)과 月角과 日準과 河目①과 海口와 斗脣과 昌顔과 均頤와 輔(侯)〔喉〕[14]와 駢齒와 龍形와 龜脊과 虎掌와 駢脇와 參膺와 圩頂(우정)과 山臍와 林背와 翼臂와 洼頭와 阜胅와 堤眉와 地足과 谷竅과 雷聲과 澤腹이요 面如蒙倛하고 手垂過膝하며 眉一十二彩요 目六十四理라 立如鳳峙하고 坐如龍蹲하며 手握天文하고 足履度字하며 望之如仆하고 就之如升하며 脩上과 趨(촉)下와 末僂와 後耳요 視若營四海하고 耳垂珠庭하고 胸有文하니 曰制作定世符라 身長九尺六寸이요 腰大十圍라하니라

① 위아래 눈언저리가 평평하고 길다.
上下眶(광)이 平而長이라

○ 공자께서 주나라에 갔을 때 주나라 대부 萇弘이 劉文公에게 말하였다.

"내가 孔仲尼를 살펴보니 聖人의 표시가 있었습니다. 河水 같이 긴 눈에 용 같은 이마는 黃帝의 모습이고, 팔이 길고 거북 같은 등을 하고 있으며 키는 9척 6촌이니 成湯의 용모입니다. 말마다 선왕을 일컫고 몸소 겸양을 실천하며 많이 듣고 잘 외우고 사물을 널리 알아 잘 알지 못하는 것이 없으니 성인이 나온 것이 아니겠습니까?"[15]

○ 孔子適周에 周大夫萇弘이 語劉文公曰 吾觀孔仲尼호니 有聖人之表라 河目而龍顙은 黃帝之形貌也요 脩肱而龜背하고 長九尺有六寸하니 成湯之容體也라 言稱先王하고 躬履謙讓하고 洽聞强記하고 博物不窮하니 抑非聖人之興者乎아하니라

○ 제나라 태사 子與가 노나라에 가서 공자를 뵈었다.

자여가 말하였다.

"그대의 이름을 듣고서도 그대의 모습을 보지 못한 지 오래되었습니다. 지금 이

垂過膝', '脩上趨下', '末僂後耳', '視若營四海', '胸有文曰制作定世符'가 더 추가되어 있다. 인용문에 누락이 있으나 문장 순서가 일치한다. 따라서 인용문은 현전하는 ≪공씨조정광기≫를 직접 인용한 것이 아니라, ≪夜航船≫에서 인용한 서목과 같은 문헌에서 인용한 것이거나 다른 문헌에서 재인용한 것으로 추정된다.

14) (侯)〔喉〕: 底本에는 '侯'로 되어 있으나, ≪孔氏祖庭廣記≫에 의거하여 '喉'로 바로잡았다.

15) 공자께서……아니겠습니까: ≪孔叢子≫ 권1〈嘉言〉에 보인다. 원문에는 '龍顙'이 아니라 '隆顙'이라고 되어 있다.

후로는 태산이 높고 깊은 바다가 크구나하고 알게 되었습니다."[16]

○ 齊子與邁魯하여 見孔子라 子與曰 聞子之名호대 不覩子之形이 久矣러니 今而後에 知泰山之爲高와 淵海之爲大라하니라

○ 先聖의 47세손 孔傅[17]가 말하였다.

"家廟에 소장된 것 가운데, 공자께서 燕居服을 입으시고 顔子께서 따르고 있는 그림을 小影이라고 하니, 초상 중에 본래 모습에 가장 가깝다. 唐나라 때 劉禹錫의 新州廟碑[18]에 '堯임금의 머리와 禹임금의 귀에 華冠을 쓰고 상아 장식을 찼다. 鄒魯에서 가져온 것이다.'[19]라고 한 것이 곧 전해진 小影이다."

○ 先聖四十七世孫孔傅云 家廟所藏에 衣燕居服하고 顔子從行을 謂之小影이라하니 於像에 最眞이라 唐劉禹錫新州廟碑에 謂堯頭禹耳요 華冠象佩니 取之自鄒魯者가 卽所傳小影也라하니라

○ 46세손 孔宗壽[20]가 말하였다.

"집에 소장한 그림 가운데, 선성께서 안석에 기대어 앉아서 열 명의 제자를 거느리고 계신 것 역시 '小影'이라고 한다. 선성께서 서 계시고 안연이 모시고 있는 것을 세상에서는 '行敎'라고 하는데, '행교'는 세상에 전하는 본이 있으나 '소영'은 摹寫한 것 가운데 잘못된 것이 많다."

○ 四十六世孫孔宗壽云 家藏所畵에 先聖이 按几而坐하고 從其十弟子者를 亦謂之小影이요 其立而顔淵侍者를 世謂之行敎니 行敎는 已有世本이어니와 小影은 摹者多訛라하니라

---

16) 제나라……되었습니다 : ≪孔子家語≫ 〈本姓解〉에 보인다.

17) 孔傅 : 1065~1139. 初名은 孔若古, 자는 世文, 호는 杉溪이다. 산동 곡부 출신이다. 관직은 右朝議大夫에 이르렀다. 저서로 ≪孔子編年≫, ≪東家雜記≫, ≪杉溪集≫이 있다. 孔傳으로 표기한 곳도 많다.

18) 新州廟碑 : ≪劉賓客文集≫ 〈許州文宣王新廟碑〉를 가리킨다.

19) 堯임금의……것이다 : 〈許州文宣王新廟碑〉에는 "堯頭禹身 華冠象佩之容 取之自鄒魯"라고 되어 있다.

20) 孔宗壽 : ≪孔氏祖庭廣記≫에 治平 4년(1067)에 仙源縣主簿, 紹聖 원년(1094)에 右宣德郎으로서 선원현 지현을 지냈다고 한다. 孔傅의 조부 孔道輔가 공종수의 아버지 孔良輔의 맏형이다.

○ 廣陵 馬大年[21]이 夏縣의 현령이 되어 司馬朴[22]의 집에 기거할 때 소장되어 있던 先聖의 화상을 보았다. 바로 당나라 사람 王維[23]의 필적이었는데, 눈 속의 정신과 광채가 전혀 닮지 않았다. 일반적인 화상은 상반신이 길고 하반신이 짧으며 등이 약간 굽어 있는데, 전하는 기록으로 고증해보면 이런 모습이 당연한 것이다.

《莊子》에 "老萊子가 나무를 하러 갔다가 선성을 우연히 만나고 돌아와 '이곳에 어떤 사람이 있었는데, 상반신은 길고 하반신은 짧았으며 등이 조금 굽고 귀가 뒤로 붙어 있었으며 눈초리가 사해를 경영할 듯하였습니다.'라고 고하였다."[24]라고 하였다. 그 형상은 모두 그릴 수 있으나, 눈초리가 사해를 경영할 듯하다는 것은 摩詰(王維)이 아니면 그릴 수 없을 것이다. 그러나 형상을 그리는 것은 지엽적인 것이다. 《論語》에 성인의 기상을 "공자께서는 온화하면서도 엄숙하시고 위엄이 있으면서도 사납지 않으시고 공손하면서 편안하시다."라고 기록한 것은 비록 마힐이라도 그려낼 수 없을 것이다.

○ 廣陵馬大年이 爲夏縣令하여 寄居司馬朴家할새 見所藏先聖畫像하니 乃唐人王維筆이니 眼中神彩가 殊不類라 常像은 上長下短하고 背微僂하니 以傳考之하면 當然이라 莊子에 載老萊子出薪하여 遇先聖하고 反以告曰 有人於此하니 脩上而趨(촉)下하고 末僂而後耳하며 視若營四海[①]라하니 其像은 皆可畫로대 若夫視若營四海는 則非摩詰이면 不能作也라 抑形狀은 末也니 論語에 記聖人之氣象曰 子는 溫而厲하며 威而不猛하며 恭而安은 則雖摩詰이라도 亦莫作也[②]라

① 〈郭象의〉注에 "상반신은 길고 하반신은 짧다."라고 되어 있다. 末僂는 조금 굽은 것이다. 後耳는 귀가 뒤에 가까이 있다는 것이다. 눈초리가 사해를 경영할 듯하였다는 것은 세상을 걱정하는 모습이 손에 잡힐 듯한 것이다.

---

21) 馬大年 : 馬永卿(?~1136). 자는 大年이다. 1109년 進士가 되었다. 永城主簿로 있을 때 亳州로 유배를 온 劉安世를 만나 가르침을 받았다. 江都, 淅川, 夏縣, 關中에 관리로 나갔었다. 저서로 《元城語錄》, 《嫩眞子》 등이 있다.

22) 司馬朴 : ?~? 자는 文季이다. 어릴 때 외조부 范純仁의 집에서 자랐고, 외조부의 공으로 인해 벼슬길에 나아갔다. 右司員外郎, 兵部侍郎을 역임하였다.

23) 王維 : 701~761. 자는 摩詰이다. 安祿山의 난 이후 肅宗에게 기용되어 尙書右丞이 되었다. 長安 교외에 있는 輞川에 별장을 짓고 벗들과 시화를 즐기며 살았다. 시뿐만 아니라 산수화에도 능하여 南宗畫의 시조로 추앙받았다.

24) 莊子에……고하였다 : 《莊子》〈外物〉에 보인다. 본래 老萊子의 제자가 공자를 만나고 돌아와 노래자에게 고하는 것으로 되어 있다.

注에 長上而促下라 末僂는 微曲也요 後耳는 耳近後也라 視若營四海는 則憂世之容可掬이라

② ≪孔氏祖庭廣記≫에 보인다.[25]

見祖庭廣記하니라

---

25) 孔氏祖庭廣記에 보인다 : ≪孔氏祖庭廣記≫에서 이 부분을 찾을 수 없다. 마영경이 왕유가 그린
　화상을 본 이야기는 마영경의 문집 ≪嬾眞子≫ 권4에 실려 있다. 본래 이를 인용하면서 다른 내
　용이 덧붙여진 것으로 보인다.

先聖께서 차례로 聘問한 연대기의 도표
先聖歷聘紀年之圖

2세에서 30세까지 魯나라에 살다.

二歲至三十歲히 在魯하다

3세에 〈부친〉 叔梁 紇이 죽다.

三歲에 叔梁紇卒하다

19세에 宋나라 井官氏[1]에게 장가들다.

十九歲에 娶(朱)〔宋〕[2] 井官氏하다

20세에 아들 鯉가 태어나다. 乘田[3]이 되다. 委吏[4]가 되다.

二十歲에 子鯉生하다 爲乘田하고 爲委吏하다

24세에 모친 顏氏가 죽다.

---

1) 井官氏 : '㓞官氏', '亓官氏', '幷官氏' 등 書種과 판본에 따라 표기가 상이하다.
2) (朱)〔宋〕 : 底本에는 '朱'로 되어 있으나, ≪孔子家語≫ 〈本姓解〉에 의거하여 '宋'으로 바로잡았다.
3) 乘田 : 노나라의 관직명으로, 가축을 기르는 말단 관리이다. ≪孟子注疏≫ 趙岐의 注에 "乘田은 동산의 관리이다. 여섯 가지 가축을 기르는 것을 주관하는 자이다.〔乘田 苑囿之吏也 主六畜之芻牧者也〕"라고 하였다.
4) 委吏 : 노나라 관직명으로, 창고 지키는 관리이다. ≪孟子注疏≫ 趙岐의 注에 "委吏는 창고에 비축하는 것을 주관하는 관리이다.〔委吏 主委積倉庾之吏也〕"라고 하였다.

二十四歲에 母顏氏卒하다

27세에 郯 땅에 가다.

二十七歲에 適郯하다

29세에 晉에 가서 琴을 연주하는 것을 배우다.

二十九歲에 適晉하여 學鼓琴하다

34세에 周나라에 가서 老聃에게 예를 묻고, 萇弘에게 樂을 묻고 노나라로 돌아오다.

三十四歲에 適周하여 問禮老聃하며 訪樂萇弘하고 反魯하다

訪樂萇弘

35세에 齊나라에 가서 7년을 머물다. 또 본래 주나라에 간 것과 제나라에 머문 것이 모두 7년이 된다.

三十五歲에 適齊하여 留七年하다 又本適周와 留齊가 共七年이라

42세에 魯나라로 돌아가 14년을 머물다.

四十二歲에 反魯하여 留十四年하다

51세에 中都宰⁵⁾가 된다.

五十一歲에 爲中都宰하다

52세에 司空⁶⁾이 되다. 司寇⁷⁾가 되다.

五十二歲에 爲司空하고 爲司寇하다

56세에 재상의 일을 섭정하여 3개월간 국정을 다스리다.

五十六歲에 攝行相事하여 與聞國政三月하다

56세에 衛나라에 가서, 10개월 머물다가 위나라를 떠나다.⁸⁾ 匡 땅을 지날 때 광 땅 사람들이 포위하다.⁹⁾ 蒲 땅을 지나 다시 위나라로 돌아가다. 위나라를 떠나서¹⁰⁾ 曹나라를 지나 宋나라로 가다. 司馬相魋가 해치자,¹¹⁾ 鄭나라로 가다.

---

5) 中都宰 : 中都를 다스리는 지방관이다. 中都는 산동 지방의 汶上에 있던 도성이다.

6) 司空 : 西周 시기 설치된 다섯 관직 가운데 하나로, 치수 및 토목공사를 맡아보던 벼슬이다.

7) 司寇 : 西周 시기 설치된 다섯 관직 가운데 하나로, 형벌 및 규찰을 담당했던 벼슬이다.

8) 10개월……떠나다 : 어떤 자가 衛 靈公에게 공자를 참소하여 위 영공이 公孫余假에게 공자를 감시하도록 하였으므로, 공자가 죄를 얻지나 않을까 걱정하여 떠난 것이다.(≪史記≫ 〈孔子世家〉)

9) 匡……포위하다 : 예전에 노나라에서 난을 일으켰던 陽虎가 匡 땅에 와서 포악한 짓을 하였는데, 광 땅 사람들이 공자의 무리를 양호 무리로 오인하여 5일간 억류했던 일을 가리킨다.(≪史記≫ 〈孔子世家〉)

10) 위나라를 떠나서 : 위 영공이 아내 南子와 같은 수레를 타고 환관 雍渠를 侍者로 태우고 宮門을 나서 거만하게 다니면서, 공자를 다른 수레에 태워 뒤따라오게 하였다. 공자가 위 영공이 여색

五十六歲에 適衛라가 十月去衛하여 過匡할새 匡人圍之하다 過蒲하여 復反衛하고 去衛過曹適宋하니 司馬相魋害之어늘 適鄭하다

匡人解圍

57세에 鄭나라에서 陳나라로 가서 3년을 머물다.

五十七歲에 自鄭適陳하여 留三年하다

59세에 衛나라에 갔다가 떠나서 晉나라로 가다가 河水에 이르러 다시 위나라로 돌아갔다가,[12] 陳나라로 가서 1년을 머물다.

을 좋아하고 덕을 쌓는 데 게으른 모습에 실망하여 위나라를 떠난 것이다.(≪史記≫〈孔子世家〉)

11) 司馬相魋가 해치자 : 공자가 큰 나무 아래에서 제자들에게 예에 대하여 강론할 때, 사마상퇴가 공자를 살해하려고 큰 나무를 뽑아버린 일을 가리킨다.(≪史記≫〈孔子世家〉)

12) 衛나라에……돌아갔다가 : 위 영공이 공자를 제대로 쓰지 못하자 공자가 趙簡子를 만나기 위해 떠났으나, 하수를 건너려고 할 때 조간자가 어진 대부 竇鳴犢과 舜華를 죽였다는 소식을 듣고는 실망하여 다시 돌아간 것이다. 그러나 위 영공이 공자와 대화 도중 날아가는 기러기를 보며 귀를 기울이지 않자 다시 위나라를 떠났다.(≪史記≫〈孔子世家〉)

五十九歲에 適衛하고 去適晉이라가 及河하여 復反衛하고 如陳하여 留一年하다

61세에 陳나라에서 蔡나라로 가다.

六十一歲에 自陳適蔡하다

62세에 蔡나라에서 葉 땅으로 갔다가 다시 섭 땅을 떠나 채나라로 돌아오다.

六十二歲에 自蔡如葉이라가 復去葉하여 反蔡하다

63세에 진나라와 채나라 사이에 머물 적에 楚 昭王이 초빙하니, 채나라와 진나라에서 무리를 보내 들에서 포위하다. 초나라에 갔으나 쓰이지 못하고 위나라로 돌아오다.

六十三歲에 留陳蔡間할새 楚昭王聘之하니 蔡陳發徒하여 圍于野하다 適楚不用하니 反衛하다

64세에 위나라에서 5년 간 머물다.

六十四歲에 在衛留五年하다

66세에 부인 井官氏가 죽다.

六十六歲에 夫人井官氏卒하다

68세에 노나라에서 폐백으로써 공자를 맞이하여 마침내 위나라에서 노나라로 돌아갔으나 벼슬을 하지 않고 《書》를 서술하고 禮를 전하고 《詩》를 산삭하고 樂을 바로잡고 《周易》을 차례 짓고 《春秋》를 수찬하다.

六十八歲에 魯以幣迎孔子하니 遂自衛反魯하다 不仕하고 迺敍書하며 傳禮하며 刪詩하며 正樂하며 序易하며 修春秋하다

69세에 아들 鯉가 죽다.

六十九歲에 子鯉卒하다

71세에 기린이 잡힌 것에 충격을 받고 ≪春秋≫를 절필하다.

七十一歲에 感獲麟하여 而春秋絶筆하다

西狩獲麟

73세 여름 4월 기축일에 돌아가시다. 5월 성 북쪽 泗水 가에 장사 지내다.

七十三歲夏四月己丑에 卒하고 五月에 葬城北泗水上하다

공자 世系의 도표　孔子世系之圖

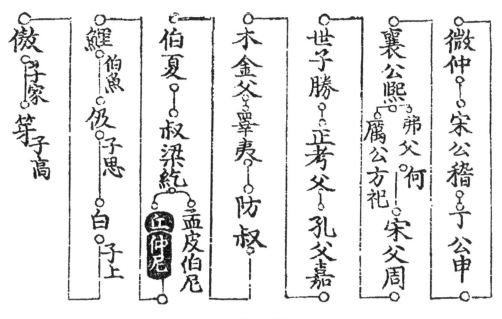

孔子世系之圖

微仲[1]

宋公 稽[2]

丁公 申[3]

襄公 熙[4]

---

1) 微仲 : 姓은 子, 이름은 衍, 호는 仲思이다. 周나라 제후국 宋나라의 2대 군주이다. 殷나라 왕 帝乙의 아들이자 제후국 송나라 시조인 微子 啓의 아우이다.

2) 宋公 稽 : 姓은 子, 이름은 稽이다. 미중의 아들로, 아버지가 죽은 후 작위를 물려받아 송나라 3대 군주가 되었다.

3) 丁公 申 : 성은 子, 이름은 申, 시호는 丁이다. 송공 계의 아들로, 아버지가 죽은 후 작위를 물려받아 송나라 4대 군주가 되었다.

4) 襄公 熙 : 宋 丁公의 아들로, 이름이 熙이다. 형인 宋 湣公이 죽은 후 작위를 물려받아 5대 군주

弗父 何⁵⁾ 厲公 方祀⁶⁾⁷⁾

宋父 周⁸⁾

世子 勝⁹⁾

正考父¹⁰⁾

孔父 嘉¹¹⁾

木金父¹²⁾

睪(고)夷¹³⁾

防叔¹⁴⁾

伯夏¹⁵⁾

가 되었으나, 자기가 작위를 물려받아야 마땅하다고 생각한 형의 아들 鮒祀에게 죽임을 당하였다. ≪史記≫〈宋微子世家〉에는 '煬公'으로 표기되어 있다.

5) 弗父 何 : 성은 子, 이름은 何, 자는 弗父이다. 宋 湣公의 장자로, 아우 鮒祀가 즉위한 후 송나라 上卿에 봉해지고, 栗 땅을 채읍으로 받았다. 공자의 元祖이다.

6) 厲公 方祀 : 성은 子이다. 이름은 ≪史記≫〈宋微子世家〉에는 鮒祀로 되어 있다. 송 민공의 둘째 아들로, 숙부 양공을 죽이고 즉위하였다. 작위를 형 불보 하에게 주었으나 형이 받지 않아 7대 군주에 올랐다.

7) 襄公……方祀 : 불보 하와 여공의 아버지가 양공 희로 표기되어 있으나, ≪史記≫에 의거하였을 때 湣公 共이 되어야 옳을 것이다.

8) 宋父 周 : 弗父 何의 아들로, 송나라의 卿이었다.

9) 世子 勝 : 宋父 周의 아들로, 송나라의 卿이었다.

10) 正考父 : 世子 勝의 아들로, 戴公, 武公, 宣公의 세 임금을 섬겼으나 더욱더 공손하게 섬겼으며, 청렴결백한 인물이었다고 한다.

11) 孔父 嘉 : ?~B.C. 710. 성은 子, 이름은 嘉, 자는 孔父이다. 宣公이 죽을 때 작위를 둘째 아들 穆公에게 물려주었다. 목공이 병이 깊자 공보 가를 불러서 작위를 자신의 아들이 아니라 형 殤公에게 줄 것을 부탁하였다. 공보 가가 반대하자 아들 公子 馮을 정나라로 떠나보내고 형에게 작위를 물려주었다. 상공이 즉위한 후 세 차례 정나라를 쳤는데, 大司馬인 공보 가가 대패하고 돌아왔다. 공보 가의 처에게 반해 있던 太宰 華督은 대패한 일로 백성이 원망한다는 말을 퍼뜨려 공보 가를 죽이고 처를 빼앗았으나 처는 도중에 자살하였다. 상공이 노하자, 화독은 상공을 죽이고 공자 풍을 정나라에서 맞이하여 세웠다.(≪史記≫〈孔子世家〉)

12) 木金父 : 孔父 嘉의 아들로, 華督의 핍박을 피해 아들과 손자를 데리고 魯나라 鄹邑으로 이주하였고, '孔'을 姓으로 쓰기 시작하였다.

13) 睪(고)夷 : 木金父의 아들이다. 노나라 대부로, 祁父라고도 불린다. 1723년 청의 雍正帝에 의해 裕聖王에 追封되었다.

14) 防叔 : 睪夷의 아들이다. 노나라 防의 대부이다. 1723년 淸의 雍正帝에 의해 貽聖王에 追封되었다.

15) 伯夏 : 防叔의 아들이다. 노나라 대부이다. 1723년 청의 雍正帝에 의해 昌聖王에 追封되었다.

叔梁 紇¹⁶⁾

孟皮 伯尼¹⁷⁾　丘 仲尼¹⁸⁾

鯉 伯魚¹⁹⁾

伋 子思²⁰⁾

白 子上²¹⁾

傲 子家²²⁾

(笒)〔穿〕²³⁾ 子高²⁴⁾²⁵⁾

≪春秋左氏傳≫ 昭公 7년 조에 다음과 같이 실려 있다.

魯나라 대부 孟僖子²⁶⁾가 죽으려 할 때에 대부들을 불러놓고 말하였다.

"내가 들으니 앞으로 통달할 이가 있는데 이름이 '孔丘'라 한다. 聖人(湯王)의 후

---

16) 叔梁紇 : 성은 孔, 이름은 紇, 자는 叔梁이다. 노나라 鄹邑의 대부이다. 施氏와 결혼하여 9명의
　　딸을 낳았고, 첩에게서 아들 孟皮를 얻었다. 70세에 顏徵在를 들여 공자를 낳았다.

17) 孟皮 伯尼 : 성은 孔, 이름은 皮, 자는 伯尼이다. 孟皮 혹은 伯皮로 불린다. 숙량흘의 맏아들로,
　　정처에게서 딸밖에 없자 첩에게서 얻은 아들이다. 절름발이라 아버지의 작위를 이을 수 없었으
　　므로, 만년에 숙량흘이 안씨를 들이게 된 원인이 되었다. 1남 1녀를 두었는데, 아들은 공자의
　　제자 72현 가운데 하나인 孔忠이고, 딸은 공자 제자인 南宮適에게 출가하였다.

18) 丘 仲尼 : 공자이다. 이름은 丘, 자는 仲尼이다.

19) 鯉 伯魚 : 성은 孔, 이름은 鯉, 자는 伯魚이다. 공자의 아들이다. 태어났을 때 魯 昭公이 잉어를
　　보내와 이름을 鯉라 지었다고 한다. 아버지보다 먼저 죽었다. 1102년 송의 徽宗에 의해 泗水侯
　　에 추봉되었다.

20) 伋 子思 : 성은 孔, 이름은 伋, 자는 子思이다. 曾子에게 배웠고, 魯 穆公에 출사하였다. 宋 徽
　　宗이 沂水侯로, 元 文宗이 沂國述聖公으로, 明 世宗이 述聖公으로 추봉하였다.

21) 白 子上 : 성은 孔, 이름은 白, 자는 子上이다. 공급의 아들이다. 47세에 죽었다.

22) 傲 子家 : 성은 孔, 이름은 求, 혹은 傲 혹은 永을 쓰기도 한다. 자는 子家이다. 공백의 아들이다.

23) (笒)〔穿〕 : 底本에는 '笒'로 되어 있으나, 慶長本에 의거하여 '穿'으로 바로잡았다.

24) 穿 子高 : 성은 孔, 이름은 穿, 자는 子高이다. 孔箕의 아들이다. 51세에 죽었다. 초나라, 조나
　　라 등에서 초빙한 바 있으나 모두 거절하였다고 한다. ≪孔叢子≫ 및 ≪公孫龍子≫에 公孫龍과
　　함께 '白馬非馬'에 대해 논변한 내용이 실려 있다.

25) 傲……子高 : 孔求와 孔穿 사이에 孔箕가 누락되어 있는 것으로 보인다. 공기는 공구의 아들이
　　자 공천의 아버지로, 자는 子京이다. 47세에 죽었다.(≪史記≫ 〈孔子世家〉)

26) 孟僖子 : 성은 姬, 이름은 貜(확)이고 시호는 僖이며 세칭 仲孫貜이라 하였다. 노나라 孟孫氏의
　　8대 종주이다. 周禮를 힘써 배웠다. B.C. 518년 임종할 때, 아들 孟懿子와 南宮敬叔에게 공자
　　를 스승으로 삼으라고 유언하였다.

예이나 宋나라 때 멸문하였다.”

左傳昭七年에 魯大夫孟僖子將死할새 屬(촉)其大夫曰 吾聞將有達者하니 曰孔丘라 聖人之後也나 而滅於宋이라하니라

○ 齊나라 太史 子與가 南宮敬叔에게 말하였다.

“공자는 선성의 후예이니, 弗父 何 이래 대대로 덕망과 겸양이 있어서, 하늘이 복을 준 것입니다.”[27]

○ 齊太史子與가 謂南宮敬叔曰 孔子는 先聖之嗣니 自弗父何以來로 世有德讓이라 天所祚也라하니라

○ ≪공자가어≫에 다음과 같이 실려 있다.

“공자의 선조는 宋나라의 후손이다. 殷나라 微子 啓[28]는 帝乙[29]의 元子이자 紂[30]의 庶兄이다. 圻內[31]의 제후의 신분으로 들어와 왕의 卿士가 되었다. 微는 나라 이름이고, 子는 작위이다. 武王이 은나라를 정벌하고 紂의 아들 武庚[32]을

微子

---

27) 제나라……입니다 : ≪孔子家語≫〈本姓解〉에 보인다.

28) 微子 啓 : 성은 子, 이름은 啓이다. 殷나라 왕 帝乙이 같은 아내에게서 세 아들 啓, 仲衍, 受德 세 아들을 얻었으나, 계와 중연은 어머니가 첩의 신분일 때 낳았고 수덕은 正妻의 신분일 때 낳았으므로, 막내인 수덕이 적자가 되어 왕의 자리에 올랐으니, 그가 은나라 마지막 왕인 紂이다. 주에게 여러 차례 충간을 하였으나 받아들여지지 않았다. ≪論語≫에서 ‘殷三仁’ 중 하나로 거론된다. 주나라가 선 후 은나라의 옛 땅을 받아 宋의 제후에 봉해졌다. ≪呂氏春秋≫〈當務〉

29) 帝乙 : 성은 子, 이름은 羨이다. 은나라 30대 임금이다. 즉위한 후 국세가 쇠락하기 시작하여, 말년에 朝歌로 천도하였다.

30) 紂 : 帝辛. 성은 子, 이름은 受 혹은 受德, 시호는 紂이다. 帝乙의 아들로, 은나라 마지막 임금이다. 酒池肉林 등의 고사로 잘 알려져 있는 대표적인 폭군이다.

31) 圻內 : 황성 주변 1,000리 안의 땅을 가리킨다.

朝歌[33]에 봉하고 湯王의 제사를 받들게 하였다. 후에 무경이 管叔, 蔡叔, 霍叔과 함께 주나라를 어지럽히자,[34] 주공이 동쪽으로 정벌하여, 죄인을 다스렸다. 그리고 봉작을 바꾸어 미자에게 주고, 은나라의 뒤를 송나라로 잇도록 하였다. 미자 계가 죽자 아우 仲思衍이 微나라를 승계하였다. 그러므로 微仲이라고 부른다. 미자와 미중은 모두 '微'라는 국호를 가지고 죽었고, 稽에 이르러 '公'이라고 부르게 되었다. 弗父 何에 이르러, 나라를 아우 厲公에게 양보하였고, 弗父 何의 후손은 마침내 대대로 송나라의 卿을 지냈다. 孔父 嘉에 이르러 다섯 대가 지나 친족의 관계가 다하여, 별도로 公族이 되었고, 비로소 孔을 氏로 삼았다."[35]

47대 후손 孔傅가 譜牒을 따져서 말하였다.

"鄭나라에 孔張[36]이 있으니, 子孔[37]에서 나왔다. 衛나라에 孔達[38]이 있고 魏나라에 孔悝[39]가 있으니 姬姓에서 나왔다. 모두 子氏의 후손이 아니니, 성은 같으나 종족은 다르기 때문이다. 孔氏 가운데 성이 子인 이들이 선성의 후손이다. 대대로 노나라 사람으로, 함께 祖廟에 산다."

---

32) 武庚 : 紂의 아들로, 어려서부터 총명하고 학문을 좋아하였다. 은나라가 망한 후 은나라의 옛 땅에 제후로 봉해졌다. 어린 成王이 즉위하자, 이에 불만을 품은 衛나라의 管叔, 鄘나라의 蔡叔, 邶나라의 霍叔과 힘을 합쳐 난을 일으켰다. 周公이 군대를 이끌고 동쪽으로 정벌하여 무경과 관숙을 주살하고, 채숙은 축출하고 곽숙은 폐하여 서인으로 만들었다.

33) 朝歌 : 은나라 마지막 수도이다. 현재 河南城 북쪽 淇縣에 위치해 있었다.

34) 무경이……어지럽히자 : 三監之亂을 가리킨다. 管叔, 蔡叔, 霍叔은 모두 周 武王의 친동생들로, 무경을 감시하도록 朝歌의 동쪽, 서쪽과 남쪽, 북쪽에 각기 衛나라, 鄘나라, 邶나라를 설치하고 이들을 제후로 봉하였다. 무왕이 죽고 어린 成王이 즉위하자 무왕의 친동생인 周公이 섭정하니, 이에 의심을 품고 무경과 함께 난을 일으켰다. 주공이 난을 평정한 뒤, 은나라의 도읍을 조가에서 商丘로 옮겨 미자 계를 봉하고 나라 이름을 宋이라고 하였다.

35) 공자의……삼았다 : ≪孔子家語≫ 〈本姓解〉에 실려 있다.

36) 孔張 : 춘추시대 정나라의 대부이다. 증조부는 정나라 穆公, 조부는 公子嘉이다.

37) 子孔 : 公子 嘉이다. 정나라 穆公의 아들이다. 춘추시대 정나라의 司徒, 當國을 지냈다. 후대에 공씨가 되었다.

38) 孔達 : 성은 姬, 씨는 孔이다. 춘추시대 위나라의 卿이다. 위나라 成公 때 정권을 잡았다. 후에 晉나라의 압력으로 인해 죽음을 청하여 위나라 穆公에게 죽었다.

39) 孔悝 : 성은 姬, 씨는 孔이다. 위나라 대부로, 위나라 靈公의 외손이다. 영공의 서자인 蒯聵가 영공 부인 南子를 죽이려다 실패하여 晉으로 피하였다가 아들 輒이 즉위하자 돌아와 자리를 되찾으려 하였다. 이때 외삼촌 공리의 힘에 기대 정변을 일으켰는데, 이때 반대편에게 죽임을 당하였다. 공자 제자 子路가 그의 가신으로 있으면서 구하려다가 역시 피살되었다. 괴외가 위나라 군주가 된 후 공리의 도움을 기려 銘鼎을 남겼다.

○家語曰 孔子之先은 宋之後라 殷微子啓는 帝乙之元子요 紂之庶兄이니 以圻內諸侯로 入爲王卿士라 微는 國名이요 子는 爵이라 武王伐殷하고 封紂子武庚於朝歌하여 使奉湯祀러니 後에 武庚이 與管蔡霍叔亂周어늘 周公東征하여 罪人斯得하고 乃改命微子하고 後殷國於宋하다 啓卒에 弟仲思衍이 嗣微之後故로 號微仲이라 二微는 俱以微之號自終이라 至于稽하여 乃稱公하다 迨弗父何하여 以國讓弟厲公하니 何之後가 遂世爲宋卿이라 至孔父嘉하여 五世親盡하니 別爲公族하여 始以孔爲氏라하니라 四十七代孫傳가 推譜牒曰 鄭有孔張하니 出於子孔이요 衛有孔達하고 魏有孔悝하니 出於姬姓이라 皆非子氏後하니 蓋姓同而族異일새라 孔氏子姓이 爲先聖後者니 世爲魯人하여 同居祖廟라하니라

역대로 공자에게 내려진 諡號·爵號의 도표

歷代封諡爵號圖

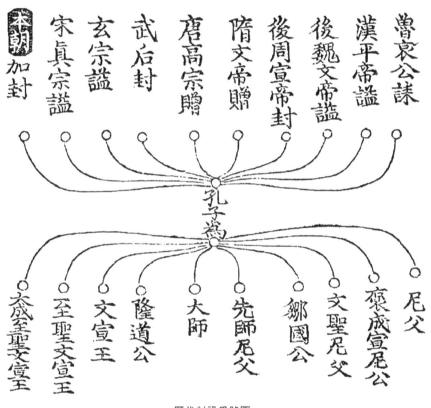

歷代封諡爵號圖

魯 哀公이 공자의 죽음을 애도하면서 尼父라고 하였다.[1]

---

1) 魯……하였다 : 애공 16년 공자가 죽자, 애공이 애도하여 "하늘이 나를 가엾게 여기지 않아 한
   원로를 남겨 나 한 사람을 도와 임금 자리에 있게 하지 않는구나. 외로워 나는 병이 난 것 같구
   나. 아아! 슬프도다, 尼父여! 스스로 법으로 삼을 곳이 없구나.〔旻天不弔 不憖遺一老 俾屏余一人以
   在位 煢煢余在疚 嗚呼哀哉 尼父 無自律〕"라고 하였다.(≪春秋左氏傳≫ 哀公 16년)

魯哀公이 誄孔子하여 爲尼父하다

漢 平帝[2]가 공자에게 시호를 내려 褒成宣尼公이라고 하였다.

漢平帝가 諡孔子하여 爲褒成宣尼公하다

後魏 文帝[3]가 공자에게 시호를 내려 文聖尼父라 하였다.

後魏文帝가 諡孔子하여 爲文聖尼父하다

後周 宣帝[4]가 공자를 봉하여, 鄒國公으로 삼았다.

後周宣帝가 封孔子하여 爲鄒國公하다

隋 文帝[5]가 공자에게 추증하여 先師尼父라 하였다.

隋文帝가 贈孔子하여 爲先師尼父하다

唐 高宗[6]이 공자에게 추증하여 太師라 하였다.

唐高宗이 贈孔子하여 爲大師하다

---

2) 漢 平帝 : 前漢의 14대 황제 劉衎(B.C. 9~5)이다. B.C. 1년 9세의 나이로 王莽에 의해 황제에 즉위하였고, 4년 왕망의 딸을 황후로 맞이하였으며 이듬해 왕망에게 독살되었다. 1년에 공자에게 시호를 추증하였는데, 이것이 공자의 첫 번째 봉호이다.

3) 後魏 文帝 : 北魏의 孝文帝 元宏(467~499)을 가리킨다. 493년 수도를 낙양으로 옮기고 대대적인 한족 문화 동화정책을 시행하여, 북위의 문화를 발전시켰으나 선비족의 고유 특색은 퇴색시키는 결과를 가져왔다. 492년 공자에게 시호를 내렸다.

4) 後周 宣帝 : 北周의 4대 황제이다. 성은 宇文, 이름은 贇이다. 1년간 재위하였으며, 주색에 빠져 지낸 어리석은 군주로 평가된다. 580년 공자를 추국공에 봉하였다.

5) 隋 文帝 : 隋나라 高祖 文皇帝 楊堅(541~604)을 가리킨다. 北周의 武帝에게 隨州刺史의 벼슬을 받았다. 宣帝에게 딸을 시집보내고, 실질적인 정권을 잡았다. 580년 隋王으로 봉해졌고, 이듬해 8세의 靜帝에게 양위 받아 수나라를 개국하였다. 581년 공자에게 봉호를 추증하였다.

6) 唐 高宗 : 唐나라 3대 황제 李治(628~683)를 가리킨다. 나당연합을 통해 고구려와 백제를 멸망시켰다. 666년 공자에게 봉호를 추증하였다.

武后[7]가 공자를 봉하여 隆道公으로 삼았다.

武后가 **封孔子**하여 **爲隆道公**하다

玄宗[8]이 공자에게 시호를 내려 文宣王이라 하였다.

玄宗이 **諡孔子**하여 **爲文宣王**하다

宋 眞宗[9]이 공자에게 시호를 내려 至聖文宣王이라 하였다.

宋眞宗이 **諡孔子**하여 **爲至聖文宣王**하다

본조에서 공자를 더 높이 봉하여[10] 大成至聖文宣王이라 하였다.

本朝가 **加封孔子**하여 **爲大成至聖文宣王**하다

≪宋史≫를 살펴보면, 眞宗이 처음에 夫子에게 玄聖文宣王이라는 시호를 내렸다가 나중에 廟號를 諱하여[11] '至'로 고쳤다. 처음에는 '帝'라는 호칭을 더하자고 논의하였으나, 누군가가 宣聖께서 周나라 陪臣이었으므로 '帝'라는 칭호는 마땅하지 않다고 말하여 마침내 왕의 작위를 따르도록 조서를 내렸다.

---

7) 武后 : 則天武后(624~705)를 가리킨다. 본래 唐나라 太宗의 궁인으로 황궁에 들어갔으나, 高宗의 눈에 들어 황후가 되었다. 고종이 죽은 후 아들들을 차례로 황위에 올리고 실권을 행사했다. 690년 스스로 황제의 자리에 올라 국호를 周라고 하였다. 690년 공자에게 봉호를 추증하였다.

8) 玄宗 : 唐나라 6대 황제 李隆基(685~762)를 가리킨다. 태종 이래 다시 한 번 당나라의 융성을 이끌었으나, 楊貴妃에게 빠져 정사를 그르친 것으로도 유명하다. 739년 공자에게 왕의 봉작을 내렸다.

9) 宋 眞宗 : 宋나라 3대 황제 趙恒(968~1022)을 가리킨다. 학문과 시를 좋아하였고, 과거제도를 확립한 황제로 알려져 있다. 요나라의 공격으로 국세가 위축되었다. 1008년 공자를 玄聖文宣王에 추봉하였고, 1012년 다시 至聖文宣王이라는 시호를 내렸다.

10) 본조에서……봉하여 : 1308년 元 武宗(1281~1311)이 공자의 시호를 加封한 일을 가리킨다. 여기에서 본조는 원나라 조정을 가리킨다.

11) 나중에……諱하여 : 宋 眞宗은 도교의 신인 趙玄郎을 황실의 元祖라 하여, 1012년 廟號를 聖祖라 하고, 上靈高道九天司命保生天尊大帝로 추존하였다. 그리고 조현랑의 이름인 '玄'과 '郎'을 휘하였으므로, 공자의 시호 역시 개칭하게 된 것이다.

按宋史컨대 眞宗이 初에 諡夫子玄聖文宣王이러니 後에 以廟諱로 改諡至라 初에 議加帝號하니
或言 宣聖은 周陪臣이니 號帝非宜라하여늘 遂詔從王爵하다

역대로 추숭한 일의 시초　歷代追崇事始[1]

[1] 선성을 추숭한 일이 없는 시대가 없었기 때문에 이루 다 기재할 수가 없다. 그러므로 지금 이름을 붙여 일의 시초를 기록한다.

追崇先聖이 無代無之하여 不可勝載라 今名錄事始하노라

사당　廟宇

魯 哀公 17년(B.C. 478)에 집에 사당을 세우고 1백 호로 지키게 하였다.[1]

魯哀公十七年에 仍堂第立廟하여 俾百戶守之하다

魯哀立廟

제사　祠祭

前漢의 高祖가 노나라를 들러[2) 太牢[3)로 공자에게 제사를 지냈다.

前漢高帝가 過魯하여 以太牢로 祠孔子하다

過魯祀聖

---

1) 魯……하였다 : 공자가 세상을 떠난 지 2년째 되는 해인 B.C. 478년, 노나라 애공이 공자를 기리기 위해 살고 있던 집을 壽堂으로 봉하고, 집 안에 의관과 琴, 수레, 책 등의 공자 유물을 소장하게 하였다고 한다. 壽堂은 죽은 사람의 棺을 안치하고 제사를 지내는 곳이다. 이곳에서 제자들이 歲時에 따라 제사를 지냈고, 이것이 孔廟의 시초가 되었다. ≪孔氏祖庭廣記≫ 권8에 "노애공 17년 舊宅에 사당을 세우고 陵墓를 지키도록 1백 호를 두었다.〔魯哀公十七年 因立廟於舊宅 置守陵廟百戶〕"라는 기록이 보인다.

2) 前漢의……들러 : 高祖는 漢나라의 초대 황제인 太祖 劉邦(B.C. 247~B.C. 195)을 가리킨다. B.C. 196년 英布가 반란을 일으켜, 유방이 병중에 직접 정벌에 나서게 되었다. 이듬해 10월 會甄에서 격파하고, 돌아가는 길에 魯 땅을 지나게 되었다. ≪資治通鑑≫ 권12에 "11월, 上이 魯 땅을 지날 때 太牢로 공자에게 제사를 지냈다.〔十一月 上過魯 以太牢祠孔子〕"라고 하였다. 유방은 돌아온 후 병이 깊어져 곧 죽었다.

3) 太牢 : 희생으로 쓰는 소를 가리킨다. 牢는 희생을 묶어두는 곳으로, ≪通鑑節要≫에 太牢는 소, 小牢는 양이라고 하였다. 또는 천자의 제사에 소, 양, 돼지 세 종류의 희생을 쓰는 것을 가리키기도 한다.

○ 後漢의 光武帝가 董憲을 격파하고 수레를 타고 돌아올 때[4] 闕里[5]에 행차하여 太司空으로 하여금 제사를 지내게 하였다.

○ 後漢光武가 破董憲하고 車駕還할새 幸闕里하여 使太司空祀하다

○ 후한의 明帝가 동쪽으로 巡狩[6]를 하고 돌아올 때 魯 땅을 들러서 闕里에 행차하여, 太牢로 제사를 지냈다.[7]

○ 後漢明帝가 東巡狩하고 還할새 過魯하여 幸闕里하여 以太牢祀하다

후한의 章帝가 元和 2년(85)에 동쪽으로 순수하고 돌아올 때, 魯 땅을 들러 闕里에 행차하여 太牢로 공자 및 72현에게 제사를 지냈다. 이때 六代의 음악을 연주하고 20세 이상의 孔氏 남자 63인을 크게 모았다. 이에 孔僖[8]에게 말하였다.

"오늘 모임에서 어떻게 하면 卿의 종족에게 光榮이 있겠는가?"

대답하였다.

"제가 들으니 현명한 왕과 성스러운 군주 가운데 先師를 높이고 도를 귀하게 여기지 않는 분은 없다고 하였습니다. 지금 폐하께서 직접 萬乘의 천자 지위를 굽혀서 욕되이 궐리에 오셨습니다. 이것이 바로 선사를 높이 예우하는 것이자 聖德을 더욱 빛나게 하는 것입니다. 光榮 같은 것은 감히 받들 바가 아닙니다."

---

4) 後漢의……돌아올 때 : 光武帝는 後漢의 초대 황제 세조 劉秀(B.C. 6~57)를 가리킨다. 劉邦의 9대손으로, 王莽이 세운 新나라 말기 하북에서 병사를 일으켜 황제에 등극했다. 29년 東海郡을 근거지로 하고 있던 董憲을 공격하여 대패시켰다.

5) 闕里 : 공자가 태어난 마을이다. 唐나라의 張守節이 《史記正義》에 《括地志》를 인용하여, "伍緝之의 《從征記》에 '闕里는 洙水를 등지고 泗水를 마주하고 있으니 바로 이곳이다.'라고 하였으니, 살펴보면 부자께서 鄹에서 태어나서 성장하여 曲阜로 옮겨갔으므로 이에 闕里라 부르게 된 것이다.〔伍緝之從征記云 闕里背洙面泗 卽此也 按夫子生在鄹 長徙曲阜 乃號闕里〕"라고 하였다.

6) 巡狩 : 황제가 제후국을 순행하는 것을 가리킨다. 《孟子》〈梁惠王 下〉에 "천자가 제후에게 가는 것을 巡狩라고 한다. 순수라는 것은 지키는 곳을 순행하는 것이다.〔天子適諸侯曰巡狩 巡狩者 巡所守也〕"라고 하였다.

7) 후한의……지냈다 : 후한의 明帝는 顯宗 劉莊(28~75)으로, 2대 황제이다. 72년 闕里에 가서 공자 및 72제자에 제사를 지냈다.

8) 孔僖 : ?~88. 자는 仲和이다. 공자의 19대손이다. 85년 황제를 따라 상경하여 東觀에서 校書를 하다가 후에 臨晉令으로 부임하였으며, 임소에서 죽었다.(《後漢書》〈孔僖傳〉)

황제가 웃으며 말하였다.

"성인의 자손이 아니라면 어찌 이런 말을 하겠는가?"[9]

○ 後漢章帝元和二年에 東巡狩하고 還할새 過魯하여 幸闕里하여 以太牢祠孔子及七十二賢할새 作六代之樂하고 大會孔氏男子二十以上者六十三人이라 因謂孔僖曰 今日之會가 寧於卿宗有光乎아하니 對曰 臣聞明王聖主는 莫不尊師貴道라하니 今陛下親屈萬乘하여 辱臨闕里하니 此乃崇禮先師요 增輝聖德이니 至於光榮하여는 非所敢承이니이다하니 帝笑曰 非聖者子孫이면 焉有斯言이리오하다

왕의 지위에 오르다 正南面

唐 太宗 貞觀[10] 2년(628), 房玄齡[11]이 말하였다.

"周公과 仲尼는 모두 성인입니다. 그러나 학교에서 釋奠[12]을 지내는 것은 夫子 때문입니다. 大業[13] 이전에는 모두 孔子를 先聖이라 하고 顔子를 先師라 하였으며 周公에게는 별도로 제사를 지냈습니다."

이에 주공에게 釋奠을 지내던 것을 혁파하고, 공자를 올려 先聖으로 삼고 안자를 배향하였다.[14]

---

9) 후한의……하겠는가 : 후한의 章帝는 肅宗 劉炟(57~88)로, 후한의 3대 황제이다. 85년 궐리에 가서 공자 및 72제자에 제사를 지내고 공씨 남자들을 모아 잔치를 베풀고 돈과 비단을 내렸다. 그리고 孔僖를 데리고 돌아가 校書郎中에 임명하였다.(《後漢書》〈孔僖傳〉)

10) 唐……貞觀 : 唐 太宗은 당나라 2대 황제 李世民(598~649)을 가리킨다. 貞觀은 당 태종의 연호 가운데 하나이다. 수나라 말기의 전쟁으로 인하여 인구 및 세금이 감소하였으나, 魏徵, 房玄齡, 長孫無忌 등의 보좌를 받으며, 외세를 제압 회유하고 租庸調 제도를 확립하고, 均田制, 府兵制를 마련하고, 과거제도를 정비하는 등 현종 연간까지 이어지는 당나라 발전의 기초를 만들었다. 이를 '貞觀의 治'라고 한다.

11) 房玄齡 : 579~648. 이름은 喬, 자는 玄齡이다. 隋나라 말기 渭北에서 秦王이었던 李世民에게 투신하여, 謀士로 활약하였다. 이세민이 즉위한 후, 中書令으로서 조정의 정책을 책임졌다. 尙書左僕射, 司空 등을 역임하였고 梁國公에 봉해졌다. 시호는 文昭이다.

12) 釋奠 : 공자에게 지내는 제사를 가리킨다. 본래 釋은 '두다[置]'는 뜻이고 奠은 祭需를 의미하여, 제수를 늘어놓는 것을 뜻하였으나, 先聖 孔子에게 지내는 제사로 의미가 고정되었다. 봄, 가을 두 차례 지낸다.

13) 大業 : 隋 煬帝의 연호로, 605년에서 616년 사이를 가리킨다.

14) 唐……배향하였다 : 《新唐書》 권15 〈禮樂志〉에 보인다.

唐太宗貞觀二年에 房玄齡言 周公仲尼는 皆聖人이나 然釋奠於學은 以夫子也니이다 大業以前에 皆以孔子爲先聖하고 顔子爲先師요 別祀周公하나이다 於是에 罷周公하고 升孔子爲先聖하여 以顔子配하다

高宗 永徽 연간[15]에 다시 주공을 先聖으로 삼고 공자를 先師로 삼았다.[16]

高宗永徽中에 復聖周公하고 師孔子하다

顯慶[17] 2년(657), 長孫無忌[18]가 말하였다.[19]

"漢·魏 이래로 取舍가 각기 달라서, 공자와 안자를 번갈아 先師로 삼았고, 주공과 尼父를 번갈아 先聖으로 삼았습니다. 그러다가 貞觀 말엽에 친히 황제께서 綸音을 내리셔서 ≪禮記≫의 분명한 기록에 의거하고 康成[20]의 심오한 학설을 참작하여 공자를 先聖으로 바로잡게 하였습니다. 주공은 禮樂을 제작하였으니 王者와 동등하게 제사를 지내야 마땅합니다."

이에 조서를 내려 주공을 武王의 사당에 배향하고 공자를 선성으로 삼았다.[21]

顯慶二年에 長孫無忌言 漢魏以來로 取舍各異하여 孔子顔子를 互作先師하고 周公尼父를 迭爲先聖이러니 貞觀之末에 親降綸言하여 依禮記之明文하고 酌(成康)〔康成〕[22]之奧說하여 正夫子爲先聖하니이다 若周公은 作禮樂하니 當同王者之祀니이다하니 乃詔하여 以周公配武王하고 以孔子

---

15) 永徽 연간 : 永徽는 唐 高宗이 가장 오래 사용한 연호로, 650년에서 655년 사이를 가리킨다.

16) 高宗……삼았다 : ≪新唐書≫ 권15 〈禮樂志〉에 보인다.

17) 顯慶 : 顯慶은 唐 高宗의 두 번째 연호로, 656년에서 661년까지 사용되었다.

18) 長孫無忌 : 594~659. 자는 機輔이다. 北魏의 황족 拓跋氏의 후손으로, 나중에 長孫氏로 바꾸었다. 李世民을 보좌하여 당이 건국된 후 개국공신이 되었고, 이세민이 황위에 오른 뒤에도 요직을 거치며 중추적인 역할을 하였다. 여동생이 이세민의 황후이기도 하다. 고종이 측천무후를 황후로 들이는 것에 반대하여 유배를 갔다가 압박을 받아 자결하였다.

19) 長孫無忌가 말하였다 : 장손무기가 당나라 고종에게 올린 〈先代帝王及先聖先師議〉를 가리킨다.(≪全唐文≫ 권136)

20) 康成 : 鄭玄(127~200)의 자이다. 후한의 경학가로, 전한과 후한의 경학을 집대성한 인물이다.

21) 顯慶……삼았다 : 해당 기록은 ≪新唐書≫ 권15 〈禮樂志〉에 보인다.

22) (成康)〔康成〕 : 底本에는 '成康'으로 되어 있으나, ≪全唐文≫ 〈先代帝王及先聖先師議〉에 의거하여 '康成'으로 바로잡았다.

爲先聖하다

玄宗 開元 27년(739), 공자에게 文宣王이라는 시호
를 내리고, 袞冕[23)]을 입혔으며, 두 京師[24)] 및 州·縣
의 학교에 공자가 비로소 모두 南面[25)]을 하게 되었
다.[26)] 앞서 開元 8년(720)에 조서를 내려 10哲[27)]을
좌상으로 만들었고, 72賢 및 從祀한 모든 儒者[28)]의
그림을 사당 벽에 걸었다. 이때 이르러 모두 추증하여
작위를 내렸는데, 차등을 두었다.[29)]

玄宗開元二十七年에 諡孔子하여 爲文宣王하고 衣袞冕하며
二京及州縣學에 孔子始皆南面하다 先是에 開元八年에 詔十哲
爲坐像하고 七十二賢及從諸祀儒를 圖于廟壁이러니 至是하여 皆
贈爵有差하다

袞冕

---

23) 袞冕 : 袞服과 冕冠을 가리킨다. 황제가 종묘에서 제사 지낼 때 쓰던 복장이다.

24) 두 京師 : 長安과 洛陽을 가리킨다. 여기에서는 두 곳에 있는 국자감을 가리킨다.

25) 南面 : 남쪽을 향함. 군주가 정사를 들을 때 북쪽에 앉아 남쪽을 향한 것에서 유래하여, 군주의
지위에 앉은 것을 가리킨다.

26) 玄宗……되었다 : 《通鑑節要》 開元 27년(739)의 기록에 《舊唐書》의 〈玄宗本紀〉와 〈禮樂志〉
에 근거하여 "8월 공자를 追諡하여 文宣王으로 삼고, 남쪽을 향해 앉고, 왕자의 복식을 입혔
다. 제자들을 追贈하여 모두 公, 侯, 伯으로 삼았다.〔八月 追諡孔子 爲文宣王 南向坐 被王者之服 追
贈弟子 皆爲公侯伯〕"라고 하였다.

27) 10哲 : 공자 제자인 顔淵, 閔子騫, 冉伯牛, 仲弓, 宰我, 子貢, 冉有, 季路, 子游, 子夏를 가리킨
다. 《論語》〈先進〉에 "陳과 蔡 사이에 나를 따르던 자들이 모두 문하에 있지 않구나. 덕행은
안연, 민자건, 염백우, 중궁이 뛰어났고, 언어는 재아, 자공이 뛰어났고, 정사는 염유, 계로가
뛰어났고, 문학은 자유와 자하가 뛰어났다.〔從我於陳蔡者 皆不及門也 德行 顔淵閔子騫冉伯牛仲弓 言
語 宰我子貢 政事 冉有季路 文學 子游子夏〕"라고 하였다.

28) 從祀한……儒者 : 22賢을 가리킨다. 左丘明, 卜子夏, 公羊高, 穀梁赤, 伏勝, 高堂生, 戴聖,
毛萇, 孔安國, 劉向, 鄭衆, 杜子春, 馬融, 盧植, 鄭玄, 服虔, 何休, 王肅, 王弼, 杜預, 范甯,
賈逵이다.

29) 앞서……두었다 : 開元 8년(720) 李元瓘의 주청에 따라 10哲의 塑像을 만들고 70제자와 22賢
의 순서를 바로잡아 그림을 벽에 걸었다고 한다.(《舊唐書》〈禮儀志〉)

衰服과 冕冠을 내리다 賜衰冕

唐 玄宗 開元 27년(739), 공자가 南面하여 앉도록 바로 잡고 궁에서 곤복과 면관을 내어 입혔다. 그러나 그 후 先聖과 門人이 모두 곤복을 입었다.

唐玄宗開元二十七年에 **正孔子南面坐**하고 **內出衰冕衣之**하다 **然其後**에 **先聖與門人**은 **通服衰**하다

鎭圭

宋 徽宗 崇寧[30] 4년(1105), 太常寺[31]에 명을 내려 文宣王의 관복을 고증하여 바로잡도록 하여 면관 12旒 곤복 9章[32]을 쓰도록 하였으며, 이어서 鎭圭[33]를 내려 王者의 儀禮와 똑같이 하였다.

宋徽宗崇寧四年에 **下太常**하여 **考正文宣王冠服**하니 **如冕十二旒**와 **服九章**이라 **仍賜鎭圭**하여 **同王者之儀**하다

金 世宗 大定 14년(1174), 國子監의 청을 따르도록 조서를 내려, 선성은 면관 12류 곤복 12장을 쓰도록 하고, 兗國公[34]은 繅斿九就[35]를 쓰도록 하였다.

---

30) 宋……崇寧 : 徽宗은 송나라 8대 황제 趙佶(1100~1125)을 가리킨다. 崇寧은 1102년에서 1106년까지 쓰인 휘종의 연호이다.

31) 太常寺 : 宗廟儀禮를 관장하는 관서이다. 秦나라 때 奉常이라 하던 것이 漢나라 때 太常으로 개칭되었고, 北齊 때 이르러 太常寺가 처음 설치되었다가 淸나라 말에 폐지되었다.

32) 면관……9章 : 면관은 황제에서 경대부까지 쓰던 의례용 관으로, 신분에 따라 冕板에 늘어뜨린 旒의 개수가 달라진다. 12旒는 황제가 쓰던 것으로 면판 앞뒤로 각각 12줄씩 늘어뜨리면, 매 류에 12개씩 다섯 색깔의 옥을 끼웠다. 고대에 곤복은 열두 개의 무늬를 넣은 12章을 썼으나, 주나라 때는 아홉 가지 무늬를 넣은 九章服으로 바꾸었다. 아홉 가지 무늬 가운데 용, 산, 華蟲, 불, 宗彝의 다섯 가지는 상의에 넣고, 藻, 粉米, 黼, 黻의 네 가지는 치마에 넣는다.

33) 鎭圭 : 1척 2푼 길이로, 四鎭의 산을 새겨 장식한 홀을 가리킨다. '鎭'은 안정시킨다〔安〕는 뜻으로, 사방을 안정시킨다는 의미를 지닌다. ≪周禮≫〈春官 大宗伯〉에 "옥으로 여섯 가지 신표를 만들어 邦國의 등급을 나눈다. 王은 鎭圭를 잡고, 公은 桓圭를 잡고, 侯는 信圭를 잡고, 伯은 躬圭를 잡고, 子는 穀璧을 잡고, 男은 蒲璧을 잡는다.〔以玉作六瑞 以等邦國 王執鎭圭 公執桓圭 侯執信圭 伯執躬圭 子執穀璧 男執蒲璧〕"라고 하였다.

金世宗大定十四年에 詔從國子監請하여 先聖은 冠十二旒와 服十二章이요 其兗國公은 繅旒九就^①하다

① ≪孔氏祖庭廣記≫에 보인다.
　祖庭廣記라

州·縣의 학교에 공자 사당을 세우다
州縣學廟

唐 太宗 貞觀 4년(630), 주·현의 학교에 모두 孔子의 사당을 세우도록 조서를 내렸다.[36]

唐太宗貞觀四年에 詔州縣學에 皆作孔子廟하다

戟을 설치하다　設戟

宋 太祖 乾隆 2년(961), 공자 사당의 문에 의례에 따라 戟 16枚를 세우도록[37] 조서를 내렸다.[38] 徽宗 政和 원년(1111), 더 늘려 24매가 되었다.

戟

---

34) 兗國公 : 顔淵을 가리킨다. 739년 당 현종이 연국공으로 추봉하였다.

35) 繅旒九就 : 면관에 9류를 쓰는 것을 가리킨다. '旒'는 '旒'와 고대 통용하던 글자로, 繅旒는 드리워진 류를 의미한다. ≪周禮≫ 〈夏官 弁師〉에 "제후가 드리우는 류는 9줄이다.〔諸侯之繅旒九就〕"라고 하였다.

36) 唐……내렸다 : ≪新唐書≫ 〈禮樂志〉에 보인다.

37) 戟……세우도록 : 戟은 창이다. 고대 3품 이상은 문 앞에 창을 세웠다. 당 현종 이래로 太廟, 社, 궁전은 24개, 1품은 16개, 군왕 이하는 14개에서 10개까지 차등이 있었다.

38) 송……내렸다 : 송 태조는 북송의 초대 황제 趙匡胤(927~976)이다. 建隆은 960년에서 963년까지 쓰였던 송 태조의 연호이다. 그러나 공자묘에 극을 세운 일은 건륭 3년 즉, 962년에 있었던 것으로 기록되어 있다. ≪續資治通鑑≫ 建隆 3년 6월에 "을미일, 中使를 파견하여 酒果를 두루 내렸다. 다시 조서를 내려 1품의 의례를 쓰도록 하고, 문선왕묘 문에 16극을 세우도록 하였다.〔乙未 遣中使遍賜酒果 尋又詔用一品禮 立十六戟於文宣王廟門〕"라고 하였다.

宋太祖建隆二年에 詔廟門準儀立戟十六枚러니 徽宗政和元年에 增爲二十四戟하다

두 仲月의 上丁日에 제사를 지내다　二仲丁祀

北齊는 봄과 가을의 두 仲月[39]에 先聖과 先師에 석전을 지내도록 제정하였다. 隋는 國子寺[40]에서 매년 네 중월 上丁日[41]에 선성과 선사에 석전을 드리고, 주·군의 학교에서는 봄과 가을의 두 중월에 석전을 지내도록 제정하였다.[42] 唐 玄宗 開元 28년(740), 봄과 가을 두 중월 상정일에 석전을 지내도록 조서를 내렸다.[43]

北齊는 制春秋二仲에 釋奠于先聖先師하다 隋는 制國子寺每歲以四仲月上丁에 釋奠先聖先師하고 州郡學은 則以春秋二仲月하다 唐玄宗開元二十八年에 詔祭春秋二仲上丁하다

제사에 三獻을 쓰다　祭用三獻

唐 太宗 貞觀 21년(647), 許敬宗[44] 등이 청하여, 國學[45]에서 석전을 지낼 때 祭酒가 初獻을, 司業이 亞獻을, 博士가 終獻을 담당하고, 말로 "황제께서 아무개 官을 파견하여 예를 행합니다."라고 하는 것을 영구한 제도로 삼았다.[46]

---

39) 봄과……仲月 : 중월은 각 계절의 가운데 달로, 봄과 가을의 중월은 2월과 8월이다.

40) 國子寺 : 北齊 때 관학인 國子學을 고친 관서로, 太學과 병존하였다. 隋나라 때 太常寺에 예속시키고 학관을 두었다가, 593년 독립시키면서 다시 국자학으로 개칭하였다.

41) 上丁日 : 매달 上旬의 丁日을 가리킨다.

42) 北齊는……제정하였다 : 《隋書》〈禮儀志〉에 보인다.

43) 唐……하였다 : 《舊唐書》〈禮儀志〉에 보인다.

44) 許敬宗 : 592~672. 자는 延族이다. 본래 隋나라 李密의 記室이었으나 이밀이 패한 후 唐에 투항하였다. 이세민이 그의 재주를 듣고 초빙하여 학사로 삼았다. 이세민이 즉위한 후 著作郎, 中書舍人 등을 역임하였다. 측천무후의 즉위를 지지하였기 때문에, 무측천 시대에도 출세를 거듭하여, 右相에 올랐다. 670년 은퇴하였고 이듬해 죽었다.

45) 國學 : 국자감을 가리킨다. 祭酒 1인, 司業 2인, 丞 1인, 主簿 1인을 두어, 국가 교육을 담당하도록 하였다.

46) 唐……삼았다 : 본래는 儒官이 스스로 좨주가 되어 곧바로 박사 성명으로 아뢰었고, 주와 현에서도 마찬가지로 하였으나, 허경종 등이 《禮記》 등을 살펴 국학과 주·현이 똑같이 할 수 없

唐太宗貞觀二十一年에 許敬宗等請하여 國學釋奠에 令祭酒初獻하고 司業亞獻하고 博士終獻하며 詞稱皇帝謹遣某官行禮로 以爲永制하다

玄宗 開元 연간에 三獻을 三公[47]이 행하도록 칙서를 내렸다.

玄宗開元中에 勅三獻以三公行禮하다

헌관의 법복　獻官法服

唐 太宗 貞觀 21년(647), 조서를 내려 先聖에게 釋奠을 지낼 때 헌관은 社祭[48]와 같이 明衣[49]를 지급하도록 하였다.

唐太宗貞觀二十一年에 詔釋奠先聖할새 獻官을 如社祭給明衣하다

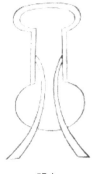

宋 大觀[50] 원년(1107), 신료들이 말하기를 "太學에서 先聖에게 제사를 지낼 때는 法服을 입고 郡·邑에서 지낼 때는 常服을 입으니, 州·郡에 제사의 복식을 반포하기를 청합니다."라고 하였다. 복식을 郡·邑에 반포하여 스스로 만들도록 조서를 내렸다.

宋大觀元年에 臣僚言 太學은 祭先聖에 服法服하고 郡邑則常服하니 請頒祭服式于州郡하노이다하니 詔以服式頒郡邑自製①하다

明衣

음을 아뢰어 바꾼 것이다.(≪舊唐書≫〈禮儀志〉)

47) 三公 : 조정에서 가장 높은 관직으로, 당나라 때는 太尉, 司徒, 司空을 삼공이라고 하였다.

48) 社祭 : 토지신에 지내는 제사이다. 社는 토지신을 가리킨다. 농경에 관련된 것이기 때문에, 일반적으로 곡식의 신, 山林川澤의 신 등에도 함께 제사를 지냈다.

49) 明衣 : 재계 기간에 목욕한 후 입는 깨끗한 내의를 가리킨다. ≪論語≫〈鄕黨〉에 "재계할 때는 반드시 명의가 있으니, 베로 만든다.〔齊 必有明衣 布〕"라고 하였다.

50) 大觀 : 大觀은 北宋의 徽宗 趙佶의 연호로, 1107년에서 1110년까지이다.

① 冕冠은 앞은 둥글고 뒤는 네모나며 앞은 아래를 향하고 뒤는 치켜 올라가 있으며 겉은 검은 색이고 안은 붉은 색이며 너비는 8촌이고 길이는 1척 2촌이다. 綖(연)은 면관의 위를 덮는 것이다. 衡은 면관을 유지하는 것으로 검은 紘(굉)[51]을 사용하고 푸른 纊(광)[52]을 늘어뜨려 귀를 막는다. 紘은 笄의 좌우에 매달아서, 턱을 따라 아래로 내려와 매듭을 지은 것을 緌(수)라 하고, 늘어진 나머지를 綏(유)라 하는데, 붉은 가선을 써서 감히 다섯 가지 색을 갖추지 않는다. 旒마다 각기 12개의 옥을 쓴다. 初獻官은 류가 다섯 가닥이고 복식은 세 가지 무늬를 쓰는데, 상의에는 粉米[53]를 그리고, 치마에 黼(보)[54]와 黻(불)[55]을 수놓는다. 亞獻官과 終獻官은 류가 세 가닥이고 복식에는 무늬가 없고 치마에만 보를 수놓을 뿐이다. 芾(불)[56]은 앞에 대고 佩[57]는 좌우에 차는데 혁대에 매고, 組綬[58]로 매달며 大帶를 또 이어서 그 위에 더한다. 패는 옥으로 만들고 옥이 없으면 銅으로 대신한다. 中衣[59]는 붉은 색 홑옷으로 치마가 이어진 것이 深衣[60]의 제도와 같다. 먼저 몸에 걸치고 그 후에 祭服을 덧입는다. 屨[61]는 鄭盾이 "각기 그 치마의 색을 본뜬다."라고 하였다.[62] ≪儀禮≫ 〈士冠禮〉에 "爵弁服[63]에는 纁裳을 입고 신은 絇(구),[64] 繶(억),[65] 純(준)[66]을 흑색으로 하되 준의 너비는 1촌이다."라고 하였

---

51) 紘(굉) : 冕冠에 다는 끈이다.

52) 纊(광) : 冕冠의 좌우에 드리운 솜이다.

53) 粉米 : 쌀알이 여러 개 있는 모양의 무늬이다.

54) 黼(보) : 흑색과 백색을 섞어 도끼 모양으로 수놓은 무늬이다.

55) 黻(불) : 흑색과 백색을 섞어 弓자 두 개가 서로 등지고 있는 모양으로 수놓은 무늬이다.

56) 芾(불) : 蔽膝을 가리킨다. 茀, 紼, 韍 등으로도 표기한다. 가죽으로 만든 장신구로 앞쪽에 늘어뜨린다.

57) 佩 : 옥으로 만든 장신구로, 덕을 상징하는 德佩와 맡은 일을 상징하는 事佩 두 개가 있어서 나누어 허리 좌우에 늘어뜨린다.

58) 組綬 : 佩를 매는 끈이다. 본래 組는 印信, 주머니 등을 매는 가는 줄이고, 綬는 佩를 끼운 줄을 가리키는데, 일반적으로 두 개를 함께 쓴다.

59) 中衣 : 안에 받쳐 입는 옷을 가리킨다.

60) 深衣 : 고대 복식 가운데 하나로, 웃옷과 치마를 따로 재단하여 만든 뒤 이어 붙인 옷이다.

61) 屨 : 목이 없는 신 가운데 바닥이 홑으로 된 신을 가리킨다. 겹바닥으로 된 신은 舃(석)이라 하였다.

62) 鄭盾이……하였다 : ≪周禮注疏≫ 권16 〈屨人〉에 "鄭玄이 이르기를 모든 屨와 舃은 각기 치마의 색을 본뜬다.〔玄謂凡屨舃 各象其裳之色〕"라고 주석이 달려 있다. 鄭盾은 鄭玄의 오기로 보이며, 원문의 '蒙'은 '象'의 와전으로 보인다.

63) 爵弁服 : 爵弁을 쓸 때 차려입는 복식이다. 작변은 冠의 한 종류로, 爵과 雀은 통하므로, 참새 머리처럼 생겨서 붙여진 명칭이라 한다. 鄭玄이 "爵弁이라는 것은 冕과 제도가 같고 흑색이나 旒가 없다.〔爵弁者 制如冕 黑色 但無纊耳〕"라고 주를 내었다.(≪周禮注疏≫ 〈士冠禮〉)

64) 絇(구) : 신코의 장식을 가리킨다.

다. 綦[67]는 신을 매는 것이다.

冕은 前圓後方하고 前俛後仰하며 玄表朱裏하고 廣八寸이요 長尺二寸이라 綖은 冠上覆者라 衡은 維持冠者니 施玄紞하고 垂靑纊하여 以塞耳라 紘은 繫於笄左右하니 順頤而下結을 謂之綏요 垂其餘를 謂之緌라 用朱緣하고 不敢備五采라 每旒에 各十二玉이라 初獻은 五旒요 其服三章이니 畫粉米於衣하고 綉黼與黻於裳하며 亞終獻은 三旒요 其服無文호대 惟裳에 綉黼黻而已라 芾은 當前하고 佩는 設於左右하니 革帶以繫之하고 組綬以負之하며 大帶를 又從而加其上이라 佩는 以玉爲之나 闕玉이면 以銅代라 中衣는 朱單連裳이 如深衣之制하니 先施諸身하고 後加祭服이라 屨는 鄭盾云 各蒙其裳之色이라하고 士冠禮에 爵弁에 纁裳하고 屨는 黑絇繶純하되 純博寸이라하니라 綦는 所以繫屨也라

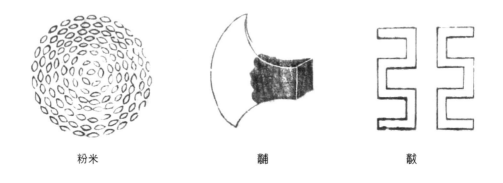

粉米　　　　　　黼　　　　　　黻

禮器를 내리다　賜禮器

徽宗 政和 6년(1116), 禮器 1副를 하사하였다.

徽宗政和六年에 賜禮器一副[1]하다

① 옛날 禮器는 모두 聶崇義[68]의 ≪三禮圖≫[69]에 나오는 모양이었다. 朱文公이 거듭 분명하게 말씀하시기를, "政和 연간에 議禮局[70]에서 제조한 제기는 모두 삼대의 남은 법식

---

65) 繶(억) : 신의 가장자리를 박아서 꾸미는 끈목을 가리킨다.

66) 純(준) : 신 입구의 테두리에 두르는 끈목으로 만든 가선을 가리킨다.

67) 綦 : 신 뒤꿈치에 매는 두 가닥의 끈을 가리킨다.

68) 聶崇義 : ?~? 五代부터 북송 초기에 활약한 경학자이다. 젊은 시절부터 禮學에 정통하여, 국자감 ≪禮記≫ 박사 벼슬을 하였다. 후에 周 世宗의 명을 받아 祭器를 복원하여 주조하였다. 저서로 ≪三禮圖集注≫가 있다.

69) 三禮圖 : ≪三禮圖集注≫ 20권을 가리킨다. 북송 때 섭숭의가 고대의 ≪三禮圖≫ 여러 종을 모아서 편찬하고 해석한 책이다. 도면은 380여 폭에 이르고, 원문은 십여 만 자이다.

을 상고하였으므로 제도가 정밀하고 기상이 純古하여 후대의 모범이 될 만하다."[71]라
고 하였다.

舊禮器는 皆聶崇義三禮圖樣이라 朱文公嘗申明曰 政和中에 議禮局(禱)〔鑄〕[72]造祭器는 皆考
三代遺法하여 制度精密하고 氣象純古하니 可爲後來法式이라하니라

음악을 내리다　賜樂

唐 玄宗 開元 27년(739), 조서를 내려 선성에게 제사를 지낼 때 음악은 宮縣[73]
을 쓰고 춤은 六佾[74]을 쓰도록 하였다.[75]

唐玄宗開元二十七年에 詔祀先聖에 樂用宮縣하고 舞用六佾하다

宋 太祖가 조서를 내려 文宣王에게 제사 지낼 때 음악으로 永安曲을 쓰도록 하
였다.[76]

宋太祖가 詔祭文宣王에 樂用永安之曲①하다

　① 竇儀[77]이 12악곡을 올렸다.

---

70) 議禮局 : 본래는 制禮局이다. 1120년 설치되어, 고금의 궁실, 거마와 복색, 器用, 관혼상제의
　　연혁과 제도를 의논하던 관서로, 1120년 폐지되었다.

71) 정화……만하다 : 주희의 ≪晦庵別集≫ 권5 〈釋奠申禮部檢狀〉에 나온다.

72) (禱)〔鑄〕: 底本에는 '禱'로 되어 있으나, ≪晦庵別集≫에 의거하여 '鑄'로 바로잡았다.

73) 宮縣 : 宮懸이라고도 표기한다. 천자가 쓰는 음악 제도의 등급이다. 가운데 관악기를 중심으로
　　동서남북 네 면을 모두 鐘磬으로 둘러싸고 각 면의 모서리에 鼗鼓(도고)를 편성한다.

74) 六佾 : 궁중에서 추는 춤의 한 형태로, 6명씩 여섯 줄의 대형을 이룬다. 주로 제후가 사용하
　　였다.

75) 唐……하였다 : 이때 낙양과 장안에서 제사를 지낼 때 희생은 太牢로 하고 음악은 宮縣을 쓰고
　　춤은 六佾을 추도록 하였으며, 주·현에서는 희생은 少牢로 하고 음악을 쓰지 않도록 하였다.
　　(≪新唐書≫〈禮樂志〉)

76) 宋……올렸다 : 960년, 竇儀이 順으로 끝나는 명칭을 지닌 악장 12곡을 安자로 끝나는 명칭을
　　지닌 12곡으로 고쳐서, 각종 행사에 사용하게 되었는데, 文宣王 孔子와 武成王 呂尙의 제례에는
　　'永安'이라는 곡을 사용하였다.(≪宋史≫〈樂志〉)

77) 竇儀 : 919~960. 자는 望之이다. 五代부터 북송 때까지 활약한 관료이다. 後晉에서 進士가 되
　　었다. 宋初에 禮部侍郞으로서 국가 의례를 주관하였다.

寶儼이 上十二樂曲이라

徽宗이 大晟樂이 이루어지자 조서를 내려 반포하고 연습하여 쓰도록 하였다.[78]

徽宗이 大晟樂成에 詔頒降肄習하여 用之하다

절을 하다　設拜

後周 高祖 廣順[79] 2년(952), 친히 兗州에 정벌하러 갔다가 〈공자의〉 사당에 행차하여 再拜하였다. 그러자 어떤 이가 말하였다.

"천자가 다른 시대의 陪臣에게 절하는 것은 마땅치 않습니다."

황제가 말씀하셨다.

"부자께서는 성인이다. 모든 왕들이 법칙으로 취하니 어찌 절하지 않을 수 있겠느냐?"

묘소에 올라 다시 절하였다.

後周高祖廣順二年에 親征至兗이라가 幸廟再拜하니 或言 天子는 不當拜異代陪臣하니이다 帝曰 夫子는 聖人也라 百王取則(칙)하니 安得不拜리오하고 登墓復拜①하다

① ≪孔氏祖庭廣記≫에 다음과 같이 되어 있다.

"後周의 高祖가 친히 慕容彦超[80]를 정벌하러 연주성에 도착해 격파하려 하였다. 꿈을 꾸었는데, 어떤 사람이 모습은 매우 크고 기이하며 왕의 옷을 입었는데 황제에게 '내일 성을 함락할 것이다.'라고 하였다. 아침에 황제가 '꿈의 징조가 이러하니 어찌 힘쓰지 않겠는가?'라고 하고 마침내 무리를 독려하여 성을 공격하였다. 午時가 되자 성을

---

78) 徽宗이……하였다 : 1105년, 휘종의 지시에 따라 魏漢津이 律度를 만들고, 帝鼐와 景鍾을 주조하고 음악을 완성하자, 이름을 大晟樂이라 하고 雅樂이라고 부르며 천하에 반포하고 敎坊에 전파하였다.(≪宋史≫〈樂志〉)

79) 後周……廣順 : 高祖는 五代十國시대 後周를 세운 郭威(904~954)를 가리킨다. 자는 文仲. 묘호는 太祖이며, 시호는 聖神恭肅文武孝皇帝이다. 廣順은 951년부터 953년까지 쓰인 연호이다.

80) 慕容彦超 : ?~952. 선비족의 한 갈래인 吐谷渾 출신이다. 五代十國시대 後漢 高祖 劉知遠의 同母弟이다. 唐 明宗을 섬겨 벼슬이 刺史까지 올랐다. 계책이 뛰어나 郭威의 견제를 받게 되었고, 곽위가 군대를 일으킨 후에 패배하여 兗州로 도망갔다. 952년 패하여 죽었다.

함락하여 골목을 따라 들어가니 마침 부자의 사당이 있었다. 황제가 환하게 깨닫고 말하기를, '어제 꿈에 나온 이가 아마도 부자셨으리라! 그렇지 않다면 어찌 길이 사당과 만났겠는가?'라고 하였다. 御駕를 멈추고 전각에 올라 깊은 곳을 바라보니, 꿈속에서 본 것과 똑같았다. 기뻐하며 절을 하였다. 마침내 몸소 궐리에 행차하여 제사를 지냈다. 이어서 제사에 사용한 은으로 만든 술그릇과 향로를 사당에 남겨두도록 조서를 내렸다. 다시 聖林에 행차하여 묘소에 절을 하고 소속 관원들에게 사당 건물을 보수하고 나무 베는 것을 금하도록 조서를 내렸다."

祖庭廣記曰 周高祖가 親征慕容彦超하여 至兗州城하여 將破러니 夢一人이 狀甚魁異하고 被王者服이라 謂帝曰 明日當得城이라하다 及旦에 帝曰 夢兆如此하니 可不務乎아하고 遂督衆攻城하여 及午陷之하여 取委巷入하니 適夫子廟在어늘 帝豁然曰 昨夢은 殆夫子乎인저 不然이면 何路與廟會리오 因駐蹕하고 升殿瞻遂하니 一如夢中所見이라 感喜下拜하고 遂躬幸闕하여 因拜奠하고 詔留所奠銀酒器及鑪於廟하다 復幸聖林하여 拜墓하고 勅所屬葺祠宇하고 禁樵採하다

祝文을 반포하여 내리다　頒降祝文

宋 徽宗 崇寧 4년, 祝文을 반포하여 내렸다. 내용은 다음과 같다.

宋徽宗崇寧四年에 頒降祝文云

先聖의 축문은 다음과 같다.

"모년 모월 모일에 모관 아무개가 감히 至聖文宣王께 밝게 고합니다. 생각하옵건대, 문선왕께서는 본디 하늘이 내신 분이시자 탄생하시면서부터 도를 아신 분입니다. 禮樂을 바르게 정리하시고 文敎를 열어 고양시키셨으니, 남기신 功烈과 기풍을 천 년이 지나도 우러릅니다. 이 末學으로 하여금 仁에 의지하고 藝에 노닐게 하십니다.[81] 삼가 制幣[82]와 牲齊,[83] 粢盛[84]과 여러 제물로써 공손히 옛 典章을 받들어 공경히 진설하여 밝게 올립니다. 兗國公과 鄒國公[85]을 배향하오니 흠

---

81) 仁에……하십니다 : ≪論語≫ 〈述而〉에 보인다.

82) 制幣 : 제사 지낼 때 바치던 1장 8척짜리의 비단을 가리킨다.

83) 牲齊 : 희생과 술을 가리킨다. '齊'는 술로, 제사에 五齊를 쓴다고 하였는데 청탁의 정도에 따라 나눈 다섯 종류의 술이다.(≪周禮≫ 〈天官 酒正〉)

84) 粢盛 : 제기에 담긴 黍稷을 가리킨다.

향하소서."

先聖祝文이라 維年月日에 具官姓名은 敢昭告于至聖文宣王하노이다 惟王은 固天攸縱이요 誕降生知라 經緯禮樂하고 闡揚文敎하니 餘烈遺風을 千載是仰이라 俾玆(宋)〔末〕[86]學으로 依仁游藝라 謹以制幣牲齊와 粢盛庶品으로 祇奉舊章하여 式陳明薦하고 以兗國公鄒國公配하노니 尙饗하소서

兗國公의 祝文은 다음과 같다.

"이에 仲春과 仲秋에 옛날 사실에 따라 삼가 지성문선왕께 석전을 올립니다. 생각하옵건대, 연국공께서는 학문을 좋아하는 즐거움[87]을 簞瓢의 처지에도 고치지 않았고[88] 속세의 자취를 없앴으니 가신 길을 따를 만합니다. 덕행으로 세상을 부지하시고 마음은 禹稷[89]과 같으시며 전체를 갖추었으되 미약하시어,[90] 素王에 짝합니다. 삼가 制幣, 牲齊, 粢盛과 여러 제물로 떳떳한 법도에 따라 공경히 진설하여 配神으로 從祀하오니 흠향하소서."

兗國公祝文이라 爰以仲春仲秋에 率遵故(賓)〔實〕[91]하여 謹修釋奠于至聖文宣王하노이다 惟公은 好學之樂을 簞瓢不改하고 絶塵之縱하니 步趨可望이라 德行扶世하고 心同禹稷하고 具體而微하여 素王是配라 謹以制幣牲齊와 粢盛庶品으로 式(神)〔陳〕[92]常典①하여 從祀配神하노니 尙饗하소서

---

85) 鄒國公 : 맹자를 가리킨다. 1083년 10월 神宗이 孟軻를 鄒國公에 봉하였다.(≪宋史≫〈神宗本紀〉)

86) (宋)〔末〕: 底本에는 '宋'으로 되어 있으나, ≪大唐開元禮≫에 의거하여 '末'로 바로잡았다.

87) 학문을……즐거움 : 공자가 안연을 평가한 말이다. ≪論語≫〈雍也〉에 "안회라는 이가 있어 학문을 좋아하였습니다. 노여움을 옮기지 않았으며, 잘못을 두 번 범하지 않더니, 불행히도 단명하여 죽었습니다.〔有顔回者好學 不遷怒 不貳過 不幸短命死矣〕"라고 하였다.

88) 簞瓢의……않았고 : 공자가 안연을 평가한 말이다. ≪論語≫〈雍也〉에 "어질구나, 回여! 한 대그릇의 밥과 한 표주박의 물을 마시며 누항에 사는 것을 남들은 그 근심을 견디지 못하는데, 회는 그 즐거움을 바꾸지 않는구나.〔賢哉 回也 一簞食 一瓢飮 在陋巷 人不堪其憂 回也不改其樂〕"라고 하였다.

89) 禹稷 : 夏禹와 后稷을 가리킨다. 堯와 舜의 명을 받아 치수를 하고 백성들에게 농사를 가르쳤다. ≪孟子≫〈離婁 下〉에 "禹와 稷이 태평성세를 만나 세 번이나 자기 집 문 앞을 지나갔으나 들어가지 않으니, 공자께서 어질게 여기셨다.〔禹稷當平世 三過其門而不入 孔子賢之〕"라고 하였다.

90) 전체를……미약하시어 : 안연에 대한 평가이다. ≪孟子≫〈公孫丑 上〉에 "자하·자유·자장은 모두 성인의 한 부분만 갖추었고, 염우·민자건·안연은 전체를 갖추었으되 미약하다.〔子夏子游子張 皆有聖人之一體 冉牛閔子顔淵 則具體而微〕"라고 하였다.

91) (賓)〔實〕: 底本에는 '賓'으로 되어 있으나, ≪大唐開元禮≫에 의거하여 '實'로 바로잡았다.

① 가을에는 明獻(밝게 올림)이라고 한다.

　　秋云明獻이라

鄒國公의 祝文은 다음과 같다.

"생각하옵건대, 추국공께서는 공자로부터 백여 년 후에 태어나시어, 마치 직접 본 듯이 성인을 아셨고 말씀으로 楊墨[93]을 물리치시어 세 성인을 계승하셨고, 세상을 부지하고 백성을 인도하셨으니, 받들어 배향하고 제사를 드립니다."

시작과 끝은 연국공 축문과 같다.

孟子

鄒國公祝文이라 惟公은 後生孔子百有餘歲하여 其(如)〔知〕[94]聖人이 如親見之하며 辭闢楊墨하여 三聖是承하고 扶世道民하니 (以登)〔登以〕[95]配祀라 首尾同兗公①이라

① 朱文公의 〈釋奠禮說〉에 이르기를 "이 축문은 당나라에서 시작되어 지금 그대로 쓰고 있다."라고 하였다. 5년 후 다시 반포된 것은 당시 中書가 지은 것이다.

　　朱文公釋奠禮說謂 此祝文은 始於唐하여 今襲用之라 後五年再頒하니 則當時中書所撰이라

先聖의 祝文은 다음과 같다.

"생각하옵건대, 문선왕께서는 쇠종을 쳐서 소리가 퍼지게 하고 옥경을 쳐서 소리를 거두시어 집대성을 하셨으며[96] 도가 있어 가르침을 세우셔서 만세에 법을

---

92) (神)〔陳〕: 底本에는 '神'으로 되어 있으나, ≪大明集禮≫에 의거하여 '陳'으로 바로잡았다.

93) 楊墨: 爲我說을 주장한 楊朱와 兼愛說을 주장한 墨翟을 가리킨다.

94) (如)〔知〕: 底本에는 '如'로 되어 있으나, ≪大明集禮≫에 의거하여 '知'로 바로잡았다.

95) (以登)〔登以〕: 底本에는 '以登'으로 되어 있으나, ≪大明集禮≫에 의거하여 '登以'로 바로잡았다.

96) 쇠종을……하셨으며 : 맹자가 공자를 평가한 말이다. ≪孟子≫ 〈萬章 下〉에 "공자를 집대성하셨다고 이르니, 집대성이라는 것은 음악을 연주할 때 쇠종을 쳐서 소리를 시작하고 옥경을 쳐서 소리를 거두어들이는 것과 같다. 쇠종을 치는 것은 조리를 시작하는 것이고 옥경을 치는 것은 조리를 마치는 것이니, 조리를 시작하는 것은 智의 일이요, 조리를 마치는 것은 성인의 일이다.〔孔子之謂集大成 集大成也者 金聲而玉振之也 金聲也者 始條理也 玉振之也者 終條理也 始條理者 智之事也 終條理者 聖之事也〕"라고 하였다.

드리우셨습니다."

先聖祝文이라 **惟王**은 **金聲玉振**하여 **集厥大成**하고 **有道立敎**하여 **垂憲萬世**라

兗國公의 祝文은 다음과 같다.

"생각하옵건대, 연국공께서는 학술과 학업이 약간 도달하지 못하였고,[97] 어짊은 四科[98]에서 으뜸이시니, 실로 亞聖[99]이십니다."

兗國公祝文云 惟公은 **有學術業**이 **未達一間**이나 **賢冠四科**하니 **實惟亞聖**이라

鄒國公의 祝文은 다음과 같다.

"생각하옵건대, 추국공께서는 말을 알고 덕을 알았으며 역시 진실로 행하고[100] 이단을 물리쳐서 세 성인을 계승하셨습니다."

시작과 끝은 앞과 같다.

鄒國公祝文云 惟公은 **知言知德**하여 **亦克允蹈**하고 **攘剔異端**하여 **以承三聖**이라 **首尾竝如前**이라

贊을 내리다　賜贊

唐 睿宗 太極[101] 원년(712), 직접 贊을 짓고 돌에 다음과 같이 새겼다.

---

97) 약간……못하였고 : 揚雄이 안연을 평가한 말이다. ≪法言≫〈問神〉에 "중니는 문왕에 잠심하여 도달하였고, 안연 역시 중니에 잠심하였지만 약간 도달하지 못하였다.〔仲尼潛心於文王矣 達之 顔淵亦潛心於仲尼矣 未達一間耳〕"라고 하였다.

98) 四科 : 孔門四科를 가리킨다. 德行, 政事, 文學, 言語의 방면에 뛰어난 제자들 가운데 안연이 가장 으뜸이었다.

99) 亞聖 : 성인의 다음 가는 위치를 가리킨다. 漢의 禰衡이 〈顔子碑〉에서 안연을 "아성의 덕〔亞聖德〕"이라 하여 처음 안연을 아성이라고 하였고, 당 현종이 "안자는 이미 아성이라 하니, 品秩을 넉넉히 해야 한다〔顔子淵旣云亞聖 須優其秩〕"라고 하면서 兗國公에 봉하였다.

100) 말을……행하고 : 揚雄이 맹자를 평가한 말이다. ≪法言≫〈君子〉에 "어떤 이가 맹자가 말을 안다고 한 요체와 덕을 안다고 한 깊은 뜻을 물으니 아는 것이 중요한 것이 아니라 역시 진실로 행하는 것이 중요한 것이다.〔或問孟子知言之要 知德之奧 曰非苟知之 亦允蹈之〕"라고 하였다.

101) 唐……太極 : 唐 睿宗은 당나라 5대 황제 李旦(662~716)을 가리킨다. 太極은 712년 1월부터 4월까지 썼던 예종의 연호이다.

"아아, 부자여! 진실로 聖德을 지니셨네. 道는 높일 만하고 威儀는 어그러지지 않았네. ≪詩≫를 산삭하고 禮를 정하시어 모든 왕이 법칙으로 취하였네. 내가 어찌 박이나 오이겠는가[102]라고 하시며 동서남북으로 다니셨네."

宋나라 때 여러 군주들이 거듭 찬을 지었다.

唐睿宗太極元年에 親製贊하여 刻石曰 猗歟라 夫子여 實有聖德하여 其道可尊하고 其儀不忒이라 刪詩定禮에 百王取則하니 吾豈(瓠)〔匏〕[103]瓜리오 東西南北이라 宋世諸君이 荐有之라

退修詩書

부정한 제사를 금하다 禁淫祀

東魏 孝文帝 延興[104] 2년(472)에 다음과 같이 조서를 내렸다.

---

102) 내가……오이겠는가 : 공자의 말을 인용한 것으로 쓰이지 못한 채 한 곳에 머물러 있지 않겠다는 의지를 표현한 말이다. ≪論語≫〈陽貨〉에 "내가 어찌 박이나 오이겠는가? 어찌 매달린 채 먹히지도 않고 지내겠는가?〔吾豈匏瓜也哉 焉能繫而不食〕"라고 하였다.

103) (瓠)〔匏〕: 底本에는 '瓠'라고 되어 있으나, ≪全唐文≫에 따라 '匏'로 바로잡았다.

104) 東魏……延興 : 孝文帝는 元宏(467~499)으로, 南北朝시대 北魏의 제7대 황제이다. 延興은 471년부터 476년까지 효문제가 썼던 연호이다.

"尼父는 성현의 자질을 타고 났으며 生而知之[105]의 덕을 체득하셨고 이치를 궁구하고 性을 다하여[106] 도가 사해에 빛난다. 근래 제사 의례의 典籍이 버려지고 예의에 관한 規章이 사라져, 마침내 무녀와 요사스러운 무당이 예가 아닌 예를 함부로 올리고 희생을 죽이고 북을 치며 춤을 추고 광대들이 음란한 행동을 하니 어찌 신명을 높이고 聖道를 공경하는 것이랴. 이후로 공자묘에 제사를 지낼 때는 술과 포만을 쓰도록 제한하고, 부인들이 함께 섞여서 바라지 말아야 될 복을 비는 것을 허락하지 말고, 범한 사람은 위반한 죄로 논하라. 공적인 제사는 常禮와 같이 하여, 희생과 粢盛을 풍성하고 정결히 하도록 힘쓰고, 일을 할 때는 공경을 다하여 숙연하게 하도록 하라."[107]

東魏孝文帝延興二年에 詔曰尼父는 稟達聖賢之資하고 體生知之德하며 窮理盡性하여 道光四海라 頃者에 祠典浸廢하고 禮章殄滅하여 遂致女巫妖覡이 淫進非禮하며 殺牲鼓舞하고 倡優媟狎하니 豈所以尊明神敬聖道者哉리오 今後로 祭孔子廟에 制用酒脯而已요 不聽婦人合雜하여 以祈非望之福하노니 犯者는 以違制論하라 其公祀如常禮하여 犧牲粢盛을 務盡豐潔하고 臨事致敬하여 令肅如也[①]하라

① 魯나라 지역의 풍속을 살펴보니 지금 歲時에 밥과 탕을 병에 담아 사당에 나아가고, 기도하고 제사하는 자는 士인지 庶人인지 묻지 않는다. 魏나라 孝文帝의 이 조서를 보니, 그 유래가 오래되었다.
按魯俗컨대 今歲時에 殕壺詣廟하고 禱祭者不問士庶하나니 觀魏文此詔하니 則其來尙矣라

책을 내리다　賜書

宋 太宗 至道[108] 3년(997), 御書 六經을 하사하였다.

---

105) 生而知之 : 태어나면서 도를 터득한 사람을 가리킨다. ≪論語≫〈季氏〉에 "태어나면서 도를 터득한 자는 상등이고, 배워서 알게 된 자는 그 다음이고, 힘들게 애써서 배운 자는 또 그 다음이니 힘들다고 배우지 않는 자는 최하등의 사람이 되는 것이다.〔生而知之者 上也 學而知之者 次也 困而學之 又其次也 困而不學 民斯爲下矣〕"라고 하였다.

106) 이치를……다하여 : 성인의 경지를 가리킨다. ≪周易≫〈說卦傳〉에 "도덕에 화순하고 의리에 맞게 하며, 이치를 궁구하고 性을 다하여 命에 이르는 것이다.〔和順於道德而理於義 窮理盡性 以至於命〕"라고 하였다.

107) 東魏……하라 : 472년 2월 효문제가 내린 조서의 내용이 ≪魏書≫〈高祖本紀〉에 보인다.

眞宗이 御製書 150軸을 하사하고 아울러 황실에서 공양 기물을 하사하였다.[109]

仁宗 慶曆[110] 8년(1048), 국자감의 책을 하사하였다.

宋太宗至道三年에 御書六經以賜하다 眞宗賜御製書一百五十軸하고 幷內降供養器物하다 仁宗慶曆八年에 賜全監書하다

田地를 내리다 賜田

宋 眞宗 祥符[111] 원년(1008), 전지 100頃을 하사하였다.

宋眞宗祥符元年에 賜田百頃하다

哲宗 元祐[112] 원년(1086), 전지 100大頃을 더 하사하였다.

哲宗元祐元年에 添賜田一百大頃①하다

① 8년 3월 16일, 칙서를 내려 예전에 하사한 전지 100頃은 균등히 族人에게 지급하고 새로 하사한 전지 100경 가운데 20경은 廟學의 생원들을 넉넉하게 해주고, 20경은 歲時 제사에 충당하고, 10경은 전각과 뜰의 주렴과 장막, 집물을 설치하고, 50경은 해마다 쌀을 내다 팔아서 祠宇를 보수하는 비용을 대도록 하였다.

八年三月十六日에 勅將舊賜田一百頃은 均給族人하며 新賜田百頃은 撥二十頃하여 廟學(瞻)〔瞻〕[113]生員하고 二十頃은 充歲時祭祀하고 十頃은 置殿庭簾幙什物하고 其五十頃은 歲收出糶하여 修葺祠宇하다

---

108) 宋……至道 : 宋 太宗은 송나라 제2대 황제 趙炅(939~997)을 가리킨다. 至道는 송 태종의 마지막 연호로, 995년에서 997년까지 쓰였다.

109) 眞宗이……하사하였다 : 997년 9월, 眞宗이 공자의 45세손인 孔延世를 曲阜縣令으로 삼고 文宣公을 襲封하게 하였으며, 九經 및 太宗의 御書, 祭器, 銀, 비단을 하사하였다고 한다.(≪續資治通鑑≫ 〈宋紀〉)

110) 仁宗 慶曆 : 仁宗은 北宋 4대 황제 趙禎(1010~1063)을 가리킨다. 慶曆은 1041년에서부터 1048년까지 사용하였던 연호이다.

111) 祥符 : 祥符는 眞宗이 사용한 연호 大中祥符를 가리킨다.

112) 哲宗 元祐 : 哲宗은 北宋 제7대 황제 趙煦(1076~1100)을 가리킨다. 元祐는 철종의 첫 번째 연호이다.

113) (瞻)〔瞻〕 : 底本에는 '瞻'으로 되어 있으나, ≪孔氏祖庭廣記≫에 따라 '瞻'으로 바로잡았다.

金 章宗 明昌[114] 원년(1190), 3월 교지를 내려 本廟(文廟)에서 대대로 지급받은 전답의 증감된 수량을 갖추어 아뢰도록 하였다.

본묘에서 말하였다.

"예전에 하사받은 전답 200大頃은 병화를 입어 48大頃 86畝가 남았습니다."

후에 戶部에서 豐縣[115]의 區村, 張村, 新村, 潘村 등지에 공문을 내려 보내 부족한 수를 채우도록 하여, 官畝 단위로 123頃 2畝 1分 5厘 7毫가 되었다.

金章宗明昌元年三月에 旨令本廟하여 具隨代給到田土增損數申하니 本廟言 舊賜田二百大頃은 因值兵火하여 見存四十八大頃八十六畝니이다하다 後에 戶部符下於豐縣區村張村新村潘村等處하여 貼撥足數하니 計官畝一百二十三頃二畝一分五釐七毫[①]라

> ① 3년에 교지를 내려, 네 번 다섯 번 과거에 응시하여 終場까지 갔던 士人 가운데에서 뽑아 廟學의 生員에 충당하고, 孔氏 자손 가운데 13세 이상은 취학하도록 허락하되 인원의 제한을 두지 않고, 府學에서 선비를 양성하는 예에 따라 모든 사람에게 달마다 官錢 2貫과 쌀 3斗를 지급하고 小學은 이것의 반을 지급하며, 인력을 함께 쓰되 兗州 射糧軍[116] 내에서 차출하고, 필요한 집물은 太學의 예를 따르고 관에서는 부응하여 州官 가운데 진사 출신자에게 맡겨 관리하도록 하였다.
>
> 三年에 旨於四擧五擧終場士人內 選充廟學生員하고 其孔氏子孫年十三以上은 聽就學호대 不限人員하고 依府學養士例하여 人月幫官會二貫米三斗하고 小學半之하며 合用人力호대 於兗州射糧軍內撥差하고 所需什物은 依太學例하고 官爲應副하여 委州官進士出身者提擧하다

조세와 부역을 면제하다 蠲稅役

唐 高宗 乾封 원년(666)에 조서를 내려 孔氏 자손들은 모두 부역을 면제하고, 제사 지낼 때 闔門[117]을 하지 않도록 하였다.

---

114) 金……明昌 : 章宗은 金나라 제6대 황제인 完顔璟(1168~1208)을 가리킨다. 明昌은 장종의 첫 번째 연호로, 1190년부터 1196년까지 쓰였다.

115) 豐縣 : 현재 중국 江蘇省 徐州市 일각에 있던 행정지역이다.

116) 射糧軍 : 金나라 초기 각 路에서 모집하여 잡역에 충당하였던 사졸을 가리킨다.

117) 闔門 : 제사 절차 가운데 하나로, 三獻을 마치고 밥에 숟가락을 꽂는 侑食을 행한 후 모든 제관이 문을 닫고 나오는 절차를 가리킨다. 아홉 숟가락의 밥을 먹을 시간을 기다린 후 문을 열고 들어가는 것은 啓門이라고 한다.

唐高宗乾封元年에 詔孔氏子孫하여 竝除賦役하고 闔門勿事하다

宋 太宗 太平興國 2년(977)에 曲阜縣에 조서를 내려, 문선공 집안은 대대로 성인의 후손이기 때문에 庸과 調[118]를 부과하지 않도록 하였다. 周 顯德[119] 연간에 사신을 보내 均田할 때 도리어 編戶[120]를 똑같이 하였다가 지금 특별히 면제한 것이다.[121]

宋太宗太平興國二年에 詔曲阜縣하여 文宣公家는 歷代以聖人之後로 不與庸調하다 周顯德에 遣使均田에 抑同編戶러니 今可特免이라

金 熙宗 皇統[122] 5년(1145), 行臺[123] 戶部에서 분부하여 兗州에서 아뢰었다. "공자 廟宅에 하사한 전지는 皇宋[124] 때부터 조세와 부역을 실어다 바친 적이 없습니다. 폐한 齊나라 阜昌[125] 5년(1134)에 이르러, 孔若鑑과 그 뒤를 이은 孔端立 등이 글을 올려[126] 皇宋에서 唐의 뒤를 이어 본가의 부역을 모두 면제해 달라고

---

118) 庸과 調 : 稅制의 종류이다. 당나라 때 정립된 조세제도를 租庸調라고 일컫는데, 租는 토지에서 생산된 곡물에 부과하는 조세이고, 庸은 사람에게 부과하는 부역이고, 調는 가구별로 부과하는 토산품이다.

119) 顯德 : 後周를 세운 太祖 郭威(904~954)가 사용하기 시작하여, 世宗 柴榮(921~959), 恭帝 柴宗訓(953~973)까지 954년부터 962년까지 사용하였던 연호이다.

120) 編戶 : 호구책에 기록해 넣는 것을 가리킨다. 예전에 지방관이 3년에 한 번 백성들의 호구를 조사하여 책에 기록한 것에 연유한 용어로 평민을 의미하는 말로도 쓰인다.

121) 宋……것이다 : ≪資治通鑑≫에는 太平興國 3년(978) 10월에 있었던 일로 기록하고 있다.

122) 金……皇統 : 熙宗은 金나라 3대 황제인 完顔亶(1119~1150)을 가리킨다. 皇統은 그의 두 번째 연호로, 1141년부터 1149년까지 사용하였다.

123) 行臺 : 魏晉에서 金나라에 이르기까지 중앙의 尚書省에서 지방에 설치하였던 분관 기구이다. 1137년 金나라가 齊나라를 폐하고 汴京에 行臺尚書省을 설치하여 제나라 영토를 관리하도록 하였다가 1150년 폐지하였다.

124) 皇宋 : 宋나라를 가리킨다. 金나라 때이므로 皇宋이라는 용어는 적당하지 않고 본래 ≪孔氏祖庭廣記≫의 원문에도 '宋'으로 표기되어 있다. '皇'자는 후대 삽입된 것으로 보인다.

125) 阜昌 : 阜昌은 劉豫(1073~1146)가 쓰던 연호이다. 유예는 본래 宋나라 사람으로서, 1130년 金나라 조정에서 大齊皇帝에 책봉하였다가 1137년 廢帝하였다. 부창은 1130년부터 1137년까지 사용하였다.

126) 孔若鑑과……올려 : 공약감이 진정을 올린 것은 天眷 원년, 즉 1138년이다. 阜昌 5년 제나라가 다시 조세를 걷었으므로, 1138년에 전례에 따라 면제해 달라는 소장을 올린 것이다.(≪孔氏

아뢰었습니다."

尙書省에서 아뢰었다.

"신들이 공자의 후손을 상세히 참고하니, 온 천하에 이런 집안은 오직 하나뿐이 었습니다. 타인이 전례의 부합 여부를 원용하기 어려우니 전대에서 시행한 대로 따르소서."

조서를 내려 따르도록 하였다.

金熙宗皇統五年에 行臺戶部符하여 兗州申호대 孔子廟宅賜田은 自皇宋時로 不曾輸納稅役이러니 至廢齊阜昌五年하여 孔若鑑續後孔端立等狀陳하여 該皇宋承唐後에 俱免本家賦役이라하여늘 尙書 省奏호대 臣等參詳孔子之後하니 擧天下止一家라 他人自難攀例合無하니 依前代施行하소서하니 詔從之[①]라

① ≪孔氏祖庭廣記≫에 보인다.
　　廣記라

봉작을 세습하다　襲封

漢 高祖가 魯 땅을 들러 공자에게 제사를 지내고 9세손 孔騰을 奉嗣君에 봉하였다. 대대로 이를 따랐다. 元魏[127] 孝文帝가 비로소 조서를 내려 공자 종손 한 사람을 선택하여 崇聖侯에 봉하고 공자의 제사를 받들도록 하였다. 그리고 세습하도록 하도록 하였다.

漢高帝가 過魯하여 祠孔子하고 封九世孫孔騰하여 爲奉嗣君하니 歷代踵行之라 至元魏孝文帝하여 始詔選孔宗子一人하여 封崇聖侯하고 奉孔子祀하여 仍世襲하다

宋 太宗이 44대손 孔宜[128]에게 역대 世代數를 물은 적이 있었는데, 공의가 사실

---

127) 元魏 : 北魏를 가리킨다. 이전 시대의 魏나라와 구분하여, 元氏가 다스렸기 때문에 부르게 된 국호이다.

128) 孔宜 : 941~986. 자는 不疑이고, 孔仁玉의 맏아들이다. 10세 때부터 문장을 잘하였다. 966년 曲阜縣 主簿를 제수받았고, 黃州軍事推官, 佐理軍務를 역임하였다. 宋나라 太宗 때 司農寺丞에

대로 대답하니 황제가 감탄하며 말하였다.

"집안의 세대수가 이와 같은 경우가 있단 말인가?"

宋太宗이 **嘗問四十四代孫孔宜**호대 **歷世之數**한대 **宜以實對**하니 **上嘆曰 家世有如此者乎**아하니라

仁宗 至和 2년(1055), 조서를 내려 공자 후손을 衍聖公에 봉하였다.

仁宗至和二年에 **詔封孔子後**하여 **爲衍聖公**①하다

① 太常博士 祖無擇129)이 다음과 같이 말하였다.

"이전의 역사를 살펴보니 봉작을 물려받은 공자 후손을 漢나라와 魏나라 때는 褒成, 褒崇, 尊聖이라 하였고, 晉나라와 宋나라 때는 奉聖이라 하였고, 後魏 때에는 崇聖이라 하였고 北齊 때에는 恭聖이라 하였고, 後周 및 隋나라 때는 나란히 鄒國에 봉하였고, 唐나라 초에는 褒聖이라 하였다가 開元 초에 공자에게 시호를 추증하여 文宣王이라고 하자, 드디어 후손을 文宣公으로 삼았습니다. 그러나 조상의 시호를 후손에게 주어서는 안 됩니다. 해당 부서에 회부하여 다시 다른 시호를 정하여 주십시오."

마침내 고쳐서 46대손 宗愿을 衍聖公에 봉하였다.

〈仁宗의〉 조서는 다음과 같다.

"공자의 후손에게 爵號를 주어 기리고 드러내는 것은 유래가 오래되었다. 漢 元帝가 공자를 褒聖宣尼公으로 봉한 이래로 후손이 세습하여 褒聖侯가 되었으니, 褒聖은 국명이고 宣尼는 시호이며 公과 侯는 작위이다. 당나라에 이르러 공자의 시호를 고쳐서 文宣王이 되었고 자손은 세습하여 文宣公이 되었다. 국명은 제거하고 시호를 세습한 것은 잘못된 禮이다. 짐이 이전 가르침을 살펴보니 모두 한나라의 잘못을 제거하고 당나라의 구습을 혁신하여 이름을 바르게 하는 것이 당연하다고 한다. 마땅히 고쳐서 至聖 文宣王에 봉하고 후손 종원은 연성공으로 삼는다."

元祐 원년(1086) 46대손 孔宗翰130)이 다음과 같이 아뢰었다.

"세습하여 작위를 봉하는 것은 본래 사당을 모시기 위해서입니다. 지금 다른 관직을

발탁되고, 太子右贊善大夫에 임명되었으며, 文宣公을 세습하였다.

129) 祖無擇 : 1011~1084. 자는 擇之이다. 穆修에게 고문을 배우고 孫明復에게 경학을 배웠다. 宋 仁宗 때 진사가 되었다. 遠州 지사를 거쳐 영종 때 知制誥, 權知開封府 등을 역임하였다. 신종 때 왕안석을 풍간하다가 忠正君節度副使로 좌천되었다. 시를 잘 지었으며, 저서로 ≪龍學文集≫이 있다.

130) 孔宗翰 : 1029~1088. 자는 周翰이다. 仁宗 때 진사가 되어 知兗源縣에 제수되었다. 哲宗 때 司馬光의 추천으로 太常博士가 되었으며, 여러 주의 판관을 거쳤다. 1086년 공자의 봉작을 세습한 자가 기타 관직을 겸직하지 않도록 청을 올려서 고향으로 돌아갔다.

겸하게 되어 고향에 있지 못하고 조정에서 이미 다른 곳에 있도록 윤허하였으니 어찌 조상의 廟堂을 더 생각할 수 있겠습니까? 사당이 무너지고 헐리더라도 예사로 생각하고 괴이한 일이라 여기지 않을 것입니다. 해당 부서에 회부하여 마땅한 시호를 내리시고, 이후로 봉작을 세습하는 사람이 다른 관직을 겸하는 것을 허락하지 마시고 평생 고향에서 벼슬을 하도록 한다면, 가볍게 떠나서는 안 된다는 것을 알아 반드시 예를 엄격하고 정결하게 행하고 친족들과 매우 화목하게 지낼 것이니, 그렇게 된다면 실로 쇠락한 宗中에게 다행일 것입니다."[131]

그렇게 하라는 聖旨를 받들었다.

太常博士祖無擇言컨대 按前史컨대 孔子後襲封者를 漢魏는 曰褒成褒崇尊聖이라하고 晉宋은 曰奉聖이라하고 後魏는 曰崇聖이라하고 北齊는 曰恭聖이라하고 後周及隋는 竝封鄒國하고 唐初는 曰褒聖이라하다가 開元初에 追諡孔子하여 爲文宣王하고 遂以其後로 爲文宣公이라 然祖諡는 不可加後嗣하니 乞下有司하여 更定別號하소서하여 遂改封四十六代孫宗愿하여 爲衍聖公하다 制曰 孔子之後를 以爵號襃顯은 其來遠矣라 自漢元帝가 封孔子하여 爲襃聖宣尼公으로 其後襲爲襃聖侯하니 襃聖은 國也요 宣尼는 諡也요 公侯는 爵也라 至唐하여 改諡孔子하여 爲文宣王하고 子孫因嗣하여 爲文宣公하니 去國名而襲諡號는 禮之失也라 朕稽考前訓호니 皆謂去漢之失하고 革唐之舊하여 正名爲當하니 宜改封至聖文宣王하고 後宗愿爲衍聖公하노라하다 元祐元年에 四十六代孫孔宗翰奏曰 襲封疏爵은 本爲侍祠어늘 今乃兼領他官하여 及不在故郡하고 朝廷旣許居外하니 何能更戀祖堂이리오 以至祠宇頹弊라도 恬不爲怪하니 乞下有司하여 諡其所宜하고 今後로 不許襲封之人은 別領他官하고 終身使在鄕里하면 則知其不可輕去하여 必能嚴潔禮事하고 厚睦親族하리니 實衰宗之幸이니이다한대 奉聖旨依하다

대대로 곡부에서 벼슬살이를 하다 世宦曲阜

≪孔氏祖庭廣記≫에 다음과 같이 실려 있다.

"孔氏가 고향의 관직에 임명된 것은, 譜牒과 孔林의 사당에 있는 碑刻을 살펴보면 東漢 桓帝 때 28대손 樹가 노나라를 위해 종사하면서 시작되어, 한나라가 끝날 때까지 11인이 있었고 後魏에서 唐까지 8인이 있었다. 당 현종 개원 27년(739) 조서를 내려 30대손 璲를 兗州長史에 임명하여 대대로 끊이지 않았다. 송 휘종 숭녕 3년(1104) 칙서를 내려 문선왕의 후손 가운데 항상 1인을 兗州 僊源縣 관원에

임명하도록 하고 가장 長子가 세습하도록[132] 허락하였다."

　祖庭廣記曰 孔氏鄕官은 考之譜牒及林廟碑刻컨대 始自東漢桓帝에 二十八代孫樹가 爲魯從事하여 終漢世十有一人이요 後魏迄唐八人이라 唐玄宗開元二十七年에 詔以三十璲로 任兗州長史하여 世世勿絶이라 宋徽宗崇寧三年에 勅文宣王之後를 常聽一人注兗州僊源縣官하여 許最長承襲[①]이라하다

> ① 이보다 앞서 宋 仁宗 皇祐 3년(1051)에 조서를 내려 "연주 선원현은 국조 이래 대대로 공자의 자손을 知縣事에 임명하여 공자 사당의 제사를 받들도록 하였으나 근세 폐지되어 행하지 않게 되었으니 선성을 존중하는 바가 아니다. 이제부터 마땅히 공씨 자제 가운데 뽑아서 충원하라."라고 하였다.
>
> 　宋 哲宗 元祐 원년(1086)에 칙서를 내려 신분이 봉작을 세습하는 데 부합하는 사람에게 承奉郎[133]을 제수하여 支供을 더하여 지급하고 본래 資品에 따르게 하며 3년에 한 번 심리하여 임용하고, 本路(산동)의 按察官이 천거하고 吏部에서 규율하는 關升, 資任에 의거하며, 직접 사당에서 제사를 지내는 大禮를 행할 때마다 나아가며, 동지와 정월의 조회에 궐에 가서 배석하는 것을 허락하였다.
>
> 　先是에 仁宗皇祐三年에 詔曰 兗州僊源縣은 國朝以來로 世以孔子子孫으로 知縣事하여 使奉承廟祀러니 近歲廢而不行하니 非所以尊先聖也라 自今으로 宜復於孔氏子弟中選充하라하다 哲宗元祐元年에 勅身合襲封人與除(永)〔承〕[134]奉郎하여 添支供給하고 隨本資하며 三年理하여 爲一任用하되 本路按察官薦擧하고 依吏部格關升資任하여 每(過)〔遇〕[135]親祠(六)〔大〕[136]禮하고 冬正朝會에 許赴闕陪位하다

　金 章宗 明昌 연간에 51대손 孔元措[137]를 文林郎[138]에 선대를 이어 보임하고,

---

132) 송……세습하도록 : 1104년 휘종이 칙서를 내려 공자 후손의 親屬 1인에게 특별히 判司簿尉의 벼슬을 줄 테니 孔若虛에게 벼슬 받을 사람을 아뢰도록 하고, 이후에 사고가 있으면 가장 長子가 세습하라고 하였다. 공자의 47대손인 공약허가 본가에서 가장 장자였던 孔宗哲을 추천하였다.(≪東家雜記≫)

133) 承奉郎 : 隋나라 때 처음 설치된 文官 散官의 명칭으로, 조정의 八郎 가운데 여섯 번째 위치였다.

134) (永)〔承〕: 底本에는 '永'으로 되어 있으나, ≪孔氏祖庭廣記≫에 의거하여 '承'으로 바로잡았다.

135) (過)〔遇〕: 底本에는 '過'로 되어 있으나, ≪孔氏祖庭廣記≫에 의거하여 '遇'로 바로잡았다.

136) (六)〔大〕: 底本에는 '六'으로 되어 있으나, ≪孔氏祖庭廣記≫에 의거하여 '大'로 바로잡았다.

137) 孔元措 : 1182~1251. 자는 夢得이다. 1191년 4월 10세의 나이로, 문림랑에 제수되었고 연성공을 습봉하였다. 이어서 金 章宗이 4품의 품계를 내리고 中議大夫를 제수하였다. 1197년에는 곡부현 현령을 겸임하였다. 이후 宣宗, 哀宗까지 3대에 걸쳐 금나라 조정에서 벼슬을 하였

이듬해 교지를 내려 品秩이 4품이 되도록 하고 등급을 뛰어넘어 中議大夫를 제수하였다. 이후로 봉작을 세습하는 경우 모두 이에 준하였다.

金章宗明昌中에 以五十一代元措로 補文林郞襲封하고 明年旨令秩是四品하여 超授中議大夫라 後襲封은 竝準此^①라

① 칙서는 대략 다음과 같다.
"예로부터 작위는 이미 높였으나 다만 품계는 저처럼 낮으니, 반드시 명분을 바르게 해야 하지만 이는 옛것을 그대로 따르는 것보다 어렵다. 이 때문에 百王의 훌륭한 법을 일으키고 영화롭게 5품으로 資品을 높인다."
制詞略云 自古昔으로 已尊其爵이나 顧散階如彼卑요 必也正名이나 難於仍其舊라 是以興百王之令典하고 峻五品之華資云云이라하다

묘소에 灑掃를 공급하다   墓給灑掃

宋 文帝 義熙 19년¹³⁹⁾ 조서를 내려 군민 가운데 선성의 묘소 부근에 거주하는 5호에게 부역을 면제하여 묘소의 灑掃를 공급하도록 하였다.¹⁴⁰⁾

宋文帝義熙十九年에 詔郡民居先聖墓側五戶하여 除其賦役하고 供給灑掃^①하다

① 元嘉 19년의 일이라고도 한다. 노 애공이 사당을 설치하여 애초에 이미 능묘를 지키는 100호를 두었고, 한나라 때 그대로 유지하였다. 당나라 초에 廟戶가 20호였고 현종 때 묘소를 지키도록 5호를 두었다가 후에 역시 100호를 두었다. 송나라 때 묘소를 지키도록 50호를 늘렸고 후에 灑掃를 위한 50호와 孔林을 살피는 5호를 定數로 삼았다. 멸망한 금나라 때에도 그대로 하였다.
又云 元嘉十九年이라하니라 魯哀公이 置廟에 初已有守陵廟百戶러니 漢因之라 唐初에 廟戶二十이러니 玄宗時給墓五戶하고 後亦百戶라 宋增守墓五十戶하고 後以灑掃五十戶와 看林五戶爲定

다. 1227년 《孔氏祖庭廣記》를 저술하였다. 금나라가 망한 후 곡부에 돌아와, 70세에 죽었다.

138) 文林郞 : 관직이 아닌 정7품 文官의 散官의 명칭이다.

139) 宋……19년 : 宋 文帝는 남북조시대 劉宋의 3대 황제 劉義隆(407~453)을 가리킨다. 義熙는 東晉 安帝의 연호로, 송 문제의 연호인 元嘉의 오기이다. 원가 19년은 442년이다.

140) 宋……하였다 : 元嘉 19년 12월 魯郡의 孔景 등 공자 묘소 부근에 거주하는 5호에게 부역을 면제하여 묘소의 쇄소를 공급하도록 하고 아울러 松柏 600그루를 심었다는 기록이 보인다. 《宋書》〈本紀 文帝〉

額하다 亡金因之라

묘소에 벌채를 금지하다　墓禁樵採

後周 高祖 廣順 2년(952), 칙서를 내려 벌채를 금하였다.

後周高祖廣順二年에 勅禁樵採하다

宋 徽宗 大觀 원년(1107), 상을 걸고 벌채를 금하였다.

宋徽宗大觀元年에 立賞하여 禁採斫하다

배알하고 나서 정사에 임하다　拜謁涖政

漢 高祖 12년(B.C. 195)에 조서를 내려 諸侯王과 卿相은 郡에 이르거든 먼저 殿에 배알하고 뒤에 정사에 임하도록 하였다.

漢高帝十二年에 詔諸侯王卿相은 至郡이어든 先殿謁而後從政하다

宋 太宗 淳化 4년(993), 監庫 사신의 청에 따라 先聖廟의 六衙에서 매달 초하루와 보름에 분향을 하도록 하였다.

宋太宗淳化四年에 從監庫使臣請하여 先聖廟六衙에 朔望焚香하다

高宗 紹興 14년(1144) 10월, 칙서를 내려 州와 縣의 문신이 관소에 도착하면 학교에 나아가 先聖을 알현한 후에야 정사를 볼 수 있도록 허락하였다.

高宗紹興十四年十月에 勅州縣文臣이 到官이어든 詣學謁先聖하고 方許視事하다

寧宗 嘉泰[141] 연간에, 조서를 내려 武臣도 똑같이 하도록 하였다.

寧宗嘉泰中에 詔武臣理合一體하다

金나라 天德[142) 연간에 칙서를 내려 관직을 맡은 자가 임소에 이르면 먼저 宣聖廟에 나아가 제사를 지낸 후에야 다음 神廟에 나아가도록 허락하였다. 법령 첫 장에 이를 기재하였다.[143)

金天德中에 勅職官到任이어든 先詣宣聖廟拜奠訖하고 方許詣以次神廟이라 著之令甲이라

---

141) 寧宗 嘉泰 : 寧宗은 南宋 4대 황제 趙擴(1168~1224)을 가리킨다. 嘉泰는 영종의 두 번째 연호로 1201년부터 1204년까지 쓰였다.

142) 天德 : 金나라 제4대 황제 海陵煬王 完顔亮(1122~1161)의 연호이다. 완안량은 폐위되었으므로, 묘호가 없이 해릉왕으로 불린다. 天德은 1149년에서 1153년까지 쓰인 연호이다.

143) 金나라……기재하였다 : ≪孔氏祖庭廣記≫에 따르면 天德 원년인 1149년의 일이다.

성조통제공자묘사　聖朝通制孔子廟祀[1]

至大[2] 2년(1309), 정월 22일 集賢院[3]에서 아뢰었다.

"孔夫子는 황제께서 보위에 오르신 이후부터 大成至聖文宣王이라는 名號를 더 봉하였고 봄가을 두 丁日에 똑같이 太牢로 제사를 지내왔습니다. 이제부터 매년 항상 격식대로 제사를 지내게 해주십시오. 무슨 말을 아뢰든 聖旨를 받들겠습니다. 이와 같은 것을 삼가 아룁니다."

至大二年正月二十二日에 集賢院奏호대 孔夫子는 自皇帝登寶位로 加封大成至聖文宣王 名號來하고 春秋二丁에 合用大牢祭하니 有今後每年做常川體例祭呵하소서 怎生奏呵라도 奉 聖旨하리이다 那般者欽此하노이다

　○ 釋奠儀

희생을 살피다　省牲

하루 전날 晡時[4]에, 세 獻官과 監察官이 省牲所 계단으로 나아가 동쪽과 서쪽을

---

1) 聖朝通制孔子廟祀 : 元나라 武宗 至大 2년(1309) 尙書省에서 제정, 편찬하기를 주청하여 集賢院 에서 제정되었다. 文廟의 제사의식과 음악 등이 기록되어 있다. 무종 2년에 법전이 제정되었다 고 전할 뿐 법전 명칭은 전하지 않는데, '聖朝通制'가 그 법전 이름으로 추정된다. 본래 원의 법 전은 詔制·條格·斷例 등을 갖추고 있다. 따라서 ≪聖朝通制孔子廟祀≫는 ≪聖朝通制≫ 가운데 條格 17항에 해당되는 '孔子廟祀' 부분이 채록된 것으로 추정된다.

2) 至大 : 至大는 元나라 3대 황제 武宗 海山(1281~1311)의 연호로, 1308년에서 1311년까지 사 용되었다.

3) 集賢院 : 본래는 서적을 수장하던 관서이다. 당나라 때 설치된 초기에는 동시에 修撰, 侍讀의 기 능도 지니고 있었다. 원나라에 와서 서적을 秘書監에 귀속시키고, 도교와 음양제사에 이르기까 지 다양한 방면의 학술을 관장하는 곳이 되었다.

4) 晡時 : 오후 3시부터 5시 사이를 가리킨다. 申時라고도 한다.

향해 서는데, 북쪽이 윗자리가 된다. 조금 있다가 引贊者[5]가 세 헌관과 감제관을 인도하여 희생을 한 바퀴 돌고서 북쪽을 향해 서는데, 서쪽이 윗자리가 된다. 禮生者[6]가 몸을 굽히고 "充(충실합니다.)"이라고 말하기를 기다려, 인찬자가 "告充"이라고 말한다. 마치면 예생자가 또 몸을 굽히고 "腯(살졌습니다.)"이라고 하고, 인찬자가 "告腯"이라고 말한다. 마치면 인찬자가 다시 세 헌관과 감제관을 인도하여 神廚[7]에 나아가 씻는 것을 살피고 마치면 齋所로 돌아와 公服을 벗는다.

前期一日晡時에 三獻官監祭官이 詣省牲所阼階하여 東西向立호대 以北爲上이라 少頃에 引贊者가 引三獻官監祭官하여 巡牲一匝하고 北向立호대 以西爲上이라 俟禮牲者가 折身曰 充이라하면 贊曰 告充이라하나니라 畢이어든 禮生者가 又折身曰 腯(돌)이라하면 贊曰 告腯이라하나니라 畢이어든 贊者가 復引三獻官監祭官하여 詣神廚하여 視滌漑하고 畢이어든 還齋所하여 釋去公服하나니라

제사를 지내다 釋奠

이날 丑時 5刻 전[8]에, 초헌관 및 兩廡[9]의 分奠官 2員이 각기 幕次에서 公服을 갖추어 입는다. 執事들은 儒服을 갖추어 입고 먼저 神門[10]으로 들어가 西序[11]로 올라가 동쪽을 향해 서는데, 북쪽이 上席이 된다. 이 사이에 明贊, 承傳贊이 먼저 대성전 뜰에 나아가 두 번 절한다. 마치면 明贊이 露階의 동남쪽 귀퉁이로 올라가서 서쪽을 향해 서고, 承傳贊은 神門 계단의 동남쪽 귀퉁이에 서서 서쪽을 향하여 선다. 掌儀가 먼저 執事들을 인도하여 각기 제 일을 맡긴다.

是日丑前五刻에 初獻官及兩廡分奠官二員이 各具公服於幕次하나니라 諸執事者가 具儒服하고

---

5) 引贊者 : 전례 시 순서의 진행을 담당하는 사람이다.

6) 禮生者 : 예식 거행을 돕는 사람이다.

7) 神廚 : 제사를 지낼 때 祭需로 쓰는 음식을 만드는 주방이다.

8) 丑時……전 : 오후 11시 45분쯤을 가리킨다. 축시는 오전 1시부터 3시 사이를 가리키고, 하루가 100刻이므로 1각은 약 15분에 해당한다.

9) 兩廡 : 문묘의 동서 양쪽 행랑채를 가리킨다.

10) 神門 : 종묘, 문묘, 향교, 서원 등의 출입문을 가리킨다. 세 칸의 문으로 만들기 때문에 神三門이라고도 한다.

11) 西序 : 제단을 중심으로 제사에 참여한 인원이 東西로 나누어 설 때 서쪽에 있는 반열을 가리킨다. 東序에 비해 비교적 높은 신분의 사람이 선다.

先於神門하여 升西序하고 東向立하니 以北爲上이라 此際에 明贊承傳贊이 先詣殿庭前하여 再拜하고
畢이어든 明贊은 升露階東南隅하여 西向立하고 承傳贊은 立於神門階東南隅하여 西向立하고 掌
儀는 先引諸執事者하여 各司其事하니라

　引贊者가 初獻官, 兩廡의 分奠官을 인도하여 진설한 것을 점검한다. 인찬자가 앞
에 나아가 "진설한 것을 점검하여 보시기 바랍니다."라고 하고, 계단에 이르면 "계
단에 오르시오."라고 한다. 대성전 처마 아래 이르면 "대성지성문선왕의 신위 앞에
나아가시오."라고 하고, 신위에 이르면 "북쪽을 향해 서시오."라고 하고, 점검하는
일을 마치면 "연국공 신위 앞에 나아가시오."라고 한다. 신위에 이르면 "동쪽을 향
해 서시오."라고 하고, 점검하는 일을 마치면 "추국공 신위 앞에 나아가시오."라고
한다. 신위에 이르면 "서쪽을 향해 서시오."라고 하고, 점검하는 일을 마치면, "동
쪽에 종사한 신위 앞으로 나아가시오."라고 한다. 신위에 이르면 "동쪽을 향해 서
시오."라고 하고 점검하는 일을 마치면 "서쪽 종사한 신위 앞으로 나아가시오."라
고 한다. 신위에 이르면 "서쪽을 향해 서시오."라고 하고, 점검하는 일을 마치면
"酒尊所에 나아가시오."라고 한다.

　酒尊所에 이르면 "서쪽을 향해 서시오."라고 하고,
점검하는 일을 마치면 "세 獻官은 잔〔爵〕을 씻는 자리
로 나아가시오."라고 한다. 계단에 이르면 "계단을 내
려가시오."라고 하고, 자리에 이르면 "북쪽을 향해 서
시오."라고 하고, 점검하는 일이 끝나면 "세 헌관은 손
을 씻는 자리로 나아가시오."라고 한다. 자리에 이르면
"북쪽을 향해 서시오."라고 하고, 점검하는 일을 마치
면 "幕次로 가시기 바랍니다."라고 한다.

爵

　引贊者가 引初獻官兩廡分奠官하여 點視陳設할새 引贊者가 進前曰 請點視陳設하라하고 至階어든
曰 升階하라하고 至殿簷下어든 曰 詣大成至聖文宣王神位前하라하고 至位어든 曰 北向立하라하고 點
視畢이어든 曰 詣兗國公神位前하라하니라 至位어든 曰 東向立하라하고 點視畢이어든 曰 詣鄒國公神
位前하라하고 至位어든 曰 西向立하라하고 點視畢이어든 曰 詣東從祀神位前하라하니라 至位어든 曰 東
向立하라하고 點視畢이어든 曰 詣西從祀神位前하라하고 至位어든 曰 西向立하라하고 點視畢이어든 曰

詣酒尊所_{하라하니라} 至酒尊所_{어든} 曰 西向立_{하라하고} 點視畢_{이어든} 曰 詣三獻官爵洗位_{하라하니라} 至階_{어든} 曰 降階_{하라하고} 至位_{어든} 曰 北向立_{하라하고} 點視畢_{이어든} 曰 詣三獻官盥洗位_{하라하니라} 至位_{어든} 曰 北向立_{하라하고} 點視畢_{이어든} 曰 請就次_{하라하니라}

초헌관이 점검할 때 인찬자 2인이 각기 東廡와 西廡의 분전관을 이끌고 "동무와 서무의 신위 앞으로 나아가기 바랍니다."라고 하고, 신위에 이르면 "동쪽과 서쪽을 향해 서시오."라고 한다. 점검하는 일을 마치면 "先儒의 신위 앞에 나아가시오."라고 하고, 신위에 이르면 "남쪽을 향해 서시오."라고 하고, 점검하는 일을 마치면 "물러나 주준소로 나아가시오."라고 한다. 주준소에 이르면 "동쪽과 서쪽을 향해 서시오."라고 하고, 점검하는 일을 마치면 "물러나 분전관이 잔을 씻는 자리에 나아가시오."라고 한다. 자리에 이르면 "남쪽을 향해 서시오."라고 하고, 점검하는 일을 마치면 "물러나 분전관이 손을 씻는 자리에 나아가시오."라고 한다. 자리에 이르면 "남쪽을 향해 서시오."라고 하고, 점검하는 일을 마치면 "幕次에 나아가시기 바랍니다."라고 한다. 서무의 분전관이 점검하는 일을 마치면 인찬자가 "望瘞位[12]로 나아가시기 바랍니다."라고 하고, 망예위에 이르면 "북쪽을 향해 서시오."라고 하고, 점검하는 일을 마치면 "막차로 나아가시기 바랍니다."라고 한다. 초헌관이 공복을 벗고 鍾을 맡은 자가 종을 울리면 초헌관 이하가 각기 자기 옷을 입고 막차에서 반열을 나란히 한다.

方初獻點視時_에 引贊二人_이 各引東西廡分奠官曰 請詣東西廡神位前_{하라하고} 至位_{어든} 曰 東西向立_{하라하고} 點視畢_{이어든} 曰 詣先儒神位前_{하라하고} 至位_{어든} 曰 南向立_{하라하고} 點視畢_{이어든} 曰 退詣酒尊所_{하라하니라} 至酒尊所_{어든} 東西向立_{하라하고} 點視畢_{이어든} 曰 退詣分奠官爵洗位_{하라하니라} 至位_{어든} 曰 南向立_{하라하고} 點視畢_{이어든} 曰 退詣分奠官盥洗位_{하라하고} 至位_{어든} 曰 南向立_{하라하고} 點視畢_{이어든} 曰 請就次_{하라하니라} 西廡分奠官_이 點視畢_{이어든} 引贊曰 請詣望瘞位_{하라하고} 至位_{어든} 曰 北向立_{하라하고} 點視畢_{이어든} 曰 請就次_{하라하니라} 初獻官_이 釋去公服_{이라가} 司鍾者_가 聲鍾_{이어든} 初獻已下_는 各服其服_{하고} 齊班於幕次_{하니라}

---

12) 望瘞位 : 제사를 마친 후 瘞坎을 감독하기 위해 만든 자리이다. 예감은 축문이나 폐백을 불사르는 곳으로, 실내에서는 화로에, 실외에서는 구덩이에서 한다.

掌儀가 반열을 점검하고 明贊에게 나아가 알린다. 이 사이 引禮者가 監祭官, 監禮官을 인도하여 자리에 나아가서 앞으로 나가 "제자리에 나아가도록 하십시오."라고 하고, 자리에 이르면 "자리를 잡고 서쪽을 향해 서시오."라고 한다. 뒤를 이어 明贊이 "典樂官은 악공을 데리고 자리에 나아가시오."라고 외치면, 承傳贊이 "전악관은 악공을 데리고 자리에 나아가시오."라고 한다. 명찬이 "집사들은 자리에 나아가시오."라고 외치면, 승전찬이 "집사들은 자리에 나아가시오."라고 한다.

掌儀가 點視班齊하고 詣明贊報知하니라 此際에 引禮者가 引監祭官監禮官하여 就位進前曰 請就位하라하고 至位어든 曰 就位하여 西向立하라하니라 續後에 明贊이 唱曰 典樂官은 以樂工進就位하라하면 承傳贊曰 典樂官以樂工進就位하라하니라 明贊이 唱曰 諸執事者는 就位하라하면 承傳贊曰 諸執事者就位하라하니라

자리 잡기를 기다렸다가 明贊이 "諸生은 자리를 잡으시오."라고 외치면 承傳贊이 "제생은 자리를 잡으시오."라고 한다. 引班者가 제생을 인도하여 자리에 나아가면 명찬이 "陪位官은 자리에 나아가시오."라고 외치고, 승전찬이 "배위관은 자리에 나아가시오."라고 한다. 인반자가 배위관을 인도하여 자리에 나아가면 배위관이 자리 잡기를 기다렸다가 명찬이 "헌관은 자리에 나아가시오."라고 외치고, 승전찬이 "헌관은 자리에 나아가시오."라고 한다. 인찬자가 앞으로 나아가 "자리에 나아가시기 바랍니다."라고 하고, 자리에 이르면 "서쪽을 향해 서시오."라고 한다. 헌관이 자리 잡기를 기다렸다가 명찬이 "문을 여시오."라고 외친다. 문이 열리기를 기다렸다가 신을 맞이하는 곡을 아홉 번 연주한다. 음악이 그치면 명찬이 "초헌관 이하는 모두 두 번 절하시오."라고 외친다. 승전찬이 "鞠躬[13]하시오. 절하시오. 일어나시오. 절하시오. 일어나시오. 平身하시오."라고 한다. 명찬이 "집사들은 각기 제 일을 담당하시오."라고 외친다.

俟就位하여 明贊이 唱曰 諸生就位하라하면 承傳贊曰 諸生就位하라하니라 引班者가 引諸生就位어든 明贊이 唱曰 陪位官은 就位하라하면 承傳贊曰 陪位官就位하라하니라 引班者가 引陪位官하여 就位어든 俟陪位官就位하여 明贊이 唱曰 獻官은 就位①하라하면 承傳贊曰 獻官就位하라하니라

---

13) 鞠躬 : 선 채로 허리를 굽혀 하는 절이다.

引贊者가 進前曰 請就位하라하고 至位어든 曰 西向立하라하니라 俟獻官就位하여 明贊이 唱曰 闔戶하라하고 俟戶闔하여 迎神之曲九奏하니라 樂止어든 明贊이 唱曰 初獻官以下는 皆再拜하라하면 承傳贊曰 鞠躬拜興拜興平身하라하니라 明贊이 唱曰 諸執事者는 各司其事하라하니라

① 분헌관은 안에 있다.
　　分獻官在內라

　집사들이 제자리에 자리 잡기를 기다렸다가 명찬이 "초헌관은 奠幣[14]를 하시오."라고 외친다. 인찬자가 앞으로 나아가 "손을 씻는 자리에 나아가시기 바랍니다."라고 한다. 손을 씻을 때의 음악이 시작되고, 자리에 이르면 "북쪽을 향하여 서시오."라고 한다. 笏을 꽂고, 손을 씻고, 손을 수건에 닦고, 홀을 꺼내면 음악이 그친다.

　걸어서 계단에 이르면 "계단을 오르시오."라고 한다. 계단을 오를 때의 음악이 시작되고 음악이 그치면 문으로 들어간다. "대성지성문선왕 신위 앞으로 나아가시오."라고 하고, 신위 앞에 이르면 "자리에 나아가시오. 북쪽을 향해서 서시오. 조금 앞으로 나오시오."라고 한다.

笏

　奠幣할 때의 음악이 시작되면 홀을 꽂고 꿇어앉아 향을 올린다. 향을 세 번 올리고 폐백을 올린다. 홀을 꺼내고 나아가 절을 하고 일어나서 평신을 한다. 조금 물러나 두 번 절하고, 국궁하고, 절하고, 일어나고, 절하고, 일어나고, 평신을 한다. "연국공 신위 앞에 나아가시오."라고 하고, 신위에 이르면 "자리에 나아가시오. 동쪽을 향해 서시오."라고 한다. 위와 마찬가지 의식으로 전폐례를 행한다. "추국공 신위 앞에 나아가시오."라고 하고, 신위에 이르면 "자리에 나아가시오. 서쪽을 향해 서시오."라고 한다. 위와 마찬가지 의식으로 전폐례를 행한다. 음악이 그치면 "물러나 제자리로 돌아가시오."라고 하고, 계단에 이르면 계단 내려갈 때의 음악이 시작되었다가 음악이 그친다. 제자리에 이르면 "자리에 나아가시오. 서쪽을 향해 서시오."라고 한다.

---

14) 奠幣 : 神位에 폐백을 올리는 의식이다.

俟執事者立定하여 明贊이 唱曰 初獻官은 奠幣하라하면 引贊者가 進前曰 請詣盥洗位하라하니라
盥洗之樂作하고 至位어든 曰 北向立하라하니라 搢笏하고 盥手하고 帨手하고 出笏하면 樂止하니라 方行
至階어든 曰 升階하라하면 升殿之樂作하고 樂止하여 入門이어든 曰 詣大成至聖文宣王神位前하라하고
至位어든 曰 就位하여 北向立하고 稍前하라하니라 奠幣之樂作이어든 搢笏하고 跪上香하니라 三上香하고
奠幣①하니라 出笏하고 就拜하고 興하고 平身하니라 少退再拜하고 鞠躬하고 拜하고 興하고 拜하고 興하고
平身하니라 曰 詣兗國公神位前하라하고 至位어든 曰 就位하여 東向立하라하니라 奠幣如上儀라 曰
詣鄒國公神位前하라하고 至位어든 曰 就位하여 西向立하라하니라 奠幣如上儀라 樂止어든 曰 退
復位하라하고 至階어든 降殿之樂作하고 樂止하여 至位어든 曰 就位하여 西向立하라하니라

① 폐백을 받는 자가 폐백을 초헌관에게 주고 초헌관은 폐백을 받아 전폐례를 마친다.
奉幣者는 以幣授初獻하고 初獻은 受幣하여 奠訖이라

제자리에 자리 잡기를 기다렸다가 明贊이 "禮饌官은 俎15)를 바치시오."라고 외친
다. 조를 받들 때의 음악이 시작되면 조를 바친다. 음악이 그치고 조를 바치는 일
을 마치면 명찬이 "초헌관은 예를 행하시오."라고 외친다. 인찬자가 앞으로 나와서
"손을 씻는 자리에 나아가시기 바랍니다."라고 한다. 손을 씻을 때의 음악이 시작
되고 자리에 이르면, "북쪽을 향해 서십시오."라고 한다. 홀을 꽂고 손을 씻고 수건
에 닦고 홀을 꺼내면, 잔〔爵〕을 씻는 자리에 나아가기를 청한다.
　자리에 이르면, "북쪽을 향해 서시오."라고 한다. 홀을 꽂고 잔을 잡고 잔을 씻고
잔의 물기를 닦고 잔을 執事에게 준다. 이렇게 세 번하고 나서 홀을 꺼낸다. 음악
이 그치면 "주준소에 나아가시기 바랍니다."라고 한다. 계단에 이르면 대성전에 오
를 때의 음악이 시작되고, "계단을 오르시오."라고 한다. 음악이 그치고 주준소에
이르면, "서쪽을 향해 서시오."라고 한다. 홀을 꽂고 잔을 잡고 덮개〔冪〕를 들면 술
동이를 맡은 자가 犧尊16)에 있는 泛齊17)를 따라서 잔을 집사자에게 준다. 이렇게
세 번을 하고 나서 홀을 꺼내면, "대성지성문선왕 신위 앞에 나아가시오."라고 한

15) 俎 : 희생 고기를 올린 적대이다.
16) 犧尊 : 제례에서 중요하게 사용된 6종의 술동이〔尊〕 가운데 하나로, 희생 중에서 大牲에 해당
　　하는 소를 그려 넣거나 소 모양으로 만들었다.
17) 泛齊 : 제사에 쓰이는 5종의 술 가운데 하나로, 찌꺼기가 뜨는 가장 탁한 술이다.

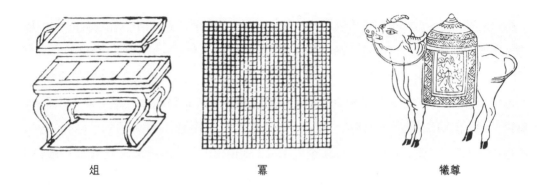

俎　　　　　　　　　　羃　　　　　　　　　　犧尊

다. 신위에 이르면 "자리에 나아가시오. 북쪽을 향해 서시오."라고 한다. 술을 따라 바칠 때의 음악이 시작되면 조금 앞으로 나와서 홀을 꽂고 꿇어앉아 향을 올린다. 향을 세 번 올리고 잔을 잡아 술을 올린다. 세 번 술을 올리고 잔을 바치면 홀을 꺼내고, 음악이 그친다.

俟立定하여 明贊이 唱曰 禮饌官은 進俎하라하면 奉俎之樂作하고 乃進俎하니라 樂止하고 進俎畢이어든 明贊이 唱曰 初獻官은 行禮하라하면 引贊者가 進前曰 請詣盥洗位하라하니라 盥洗之樂作하고 至位어든 曰 北向立하라하니라 搢笏하고 盥手하고 帨手하고 出笏이어든 請詣爵洗位하니라 至位어든 曰 北向立하라하니라 搢笏하고 執爵하고 滌爵하고 拭爵하고 以爵受執事者하니라 如是者三하고 出笏하니라 樂止어든 曰 請詣酒尊所하라하니라 至階어든 升殿之樂作하고 曰 升階하라하니라 樂止하고 至酒尊所어든 曰 西向立하라하니라 搢笏하고 執爵하고 擧羃(멱)하면 司尊者가 酌犧尊之泛齊하여 以爵授執事者하니라 如是者三하고 出笏이어든 曰 詣大成至聖文宣王神位前하라하고 至位어든 曰 就位하여 北向立하라하니라 酌獻之樂作이어든 稍前하여 搢笏하고 跪上香하니라 三上香하고 執爵하고 祭酒하니라 三祭酒하고 奠爵하고 出笏이어든 樂止하니라

祝人이 동쪽을 향해 꿇어앉아 축문을 읽는다. 읽기를 마치면 일어나 먼저 왼쪽에 配享한 神位에 나아가 남쪽을 향해 선다. 引贊者가 "나아가 절하시오. 일어나시오, 평신하시오."라고 하면, 조금 물러나서 두 번 절하고, 국궁하고, 절하고, 일어나고, 절하고, 일어나고, 평신한다. "연국공 신위 앞에 나아가시오."라고 하고, 신위에 이르면 "자리에 나아가시오. 동쪽을 향해 서시오."라고 한다. 술을 따라 바칠 때의 음악이 시작되고, 음악이 그치면 위와 마찬가지 의식으로 축문을 읽는다.

"추국공 신위 앞에 나아가시오."라고 하고, 신위에 이르면 "자리에 나아가시오. 서쪽을 향해 서시오."라고 한다. 술을 따라 바칠 때의 음악이 시작된다. 음악이 그치면 위와 마찬가지 의식으로 축문을 읽는다. "물러나 자리로 돌아가시오."라고 하고, 계단에 이르면 대성전을 내려갈 때의 음악이 시작된다. 음악이 그치고, 자리에 이르면, "자리에 나아가시오. 서쪽을 향해 서시오."라고 한다.

祝人이 東向跪하여 讀祝①하니라 讀畢하고 興하여 先詣左配位하여 南向立이어든 引贊曰 就拜하고 興하고 平身하라하면 少退하여 再拜하고 鞠躬하고 拜하고 興하고 拜하고 興하고 平身하니라 曰 詣兗國公神位前하라하고 至位어든 曰 就位하여 東向立하라하니라 酌獻之樂作하고 樂止어든 讀祝如上儀하니라 曰 詣鄒國公神位前하라하고 至位어든 曰 就位하여 西向立하라하니라 酌獻之樂作하고 樂止어든 讀祝如上儀하니라 曰 退復位하라하고 至階어든 降殿之樂作하니라 樂止하고 至位어든 曰 就位하여 西向立하라하니라

① 축인은 헌관의 왼쪽에 자리한다.
祝在獻官之左라

제자리에 자리 잡기를 기다렸다가, 明贊이 "아헌관은 예를 행하시오."라고 외친다. 인찬자가 앞으로 나아가 "손을 씻는 자리로 나아가시기 바랍니다."라고 한다. 자리에 이르면, "북쪽을 향해 서시오."라고 한다. 홀을 꽂고 손을 씻고 손을 수건으로 닦고 홀을 꺼내면 잔을 씻는 자리로 나아가기를 청한다. 자리에 이르면 "북쪽을 향해 서시오."라고 한다. 홀을

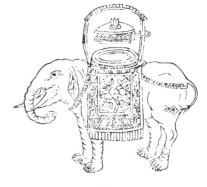

象尊

꽂고 잔을 잡고 잔을 씻고 잔의 물기를 닦고 잔을 執事에게 준다. 이렇게 세 번 하고, 홀을 꺼낸다. 주준소에 나아가기를 청하여, 주준소에 이르면 "서쪽을 향해 서시오."라고 한다. 홀을 꽂고 잔을 잡고 덮개를 들면, 술동이를 맡은 자가 象尊[18]의 醴齊[19]를 따라 잔을 집사에게 준다. 이렇게 세 번 하고 홀을 꺼낸다.

18) 象尊 : 제례에서 중요하게 사용된 6종의 술동이〔尊〕가운데 하나로, 표면에 코끼리를 그려넣거나 코끼리 모양으로 만들었다.

俟立定하여 明贊이 唱曰 亞獻官은 行禮하라하면 引贊者가 進前曰 請詣盥洗位하라하고 至位어든 曰 北向立하라하니라 摺笏하고 盥手하고 帨手하고 出笏하면 請詣爵洗位하니라 至位어든 曰 北向立하라하니라 摺笏하고 執爵하고 滌爵하고 拭爵하고 以爵授執事者하니라 如是者三하고 出笏하니라 請詣酒尊所하여 至酒尊所어든 曰 西向立하라하니라 摺笏하고 執爵하고 舉冪하고 司尊者가 酌象尊之醴齊하여 以爵授執事者하니라 如是者三하고 出笏하니라

"대성지성문선왕 신위 앞에 나아가시오."라고 하고, 신위에 이르면, "자리에 나아가시오. 북쪽을 향해 서시오."라고 한다. 술을 따라 바칠 때의 음악이 시작되면 조금 앞으로 나와서 홀을 꽂고 꿇어앉아 향을 올린다. 향을 세 번 올리고 잔을 잡고 술을 바친다. 술을 세 번 바치고 잔을 올린다. 홀을 꺼내고 나아가 절을 하고 일어나고 평신한다. 조금 물러나서 두 번 절하고 국궁하고 절하고 일어나고 절하고 일어나고 평신한다.

"연국공 신위 앞으로 나아가시오."라고 하고, 신위에 이르면 "동쪽을 향해 서시오."라고 한다. 술을 따라 바치는 의식을 위와 마찬가지로 한다. "추국공 신위 앞으로 나아가시오."라고 하고, 신위 앞에 이르면 "서쪽을 향해 서시오."라고 한다. 술을 따라 바치는 의식을 위와 마찬가지로 한다. 음악이 그치면, "물러나 자리로 돌아가시오."라고 한다. 계단에 이르면, "계단을 내려가시오."라고 한다. 자리에 이르면, "자리에 나아가시오. 서쪽을 향해 서시오."라고 한다.

曰 詣大成至聖文宣王神位前하라하고 至位어든 曰 就位하여 北向立하라하니라 酌獻之樂作하면 稍前하여 摺笏하고 跪上香하니라 三上香하고 執爵하고 祭酒하니라 三祭酒하고 奠爵하고 出笏하여 就拜하고 興하고 平身하니라 少退하여 再拜하고 鞠躬하고 拜하고 興하고 拜하고 興하고 平身하니라 曰 詣兗國公神位前하라하고 至位어든 曰 東向立하라하니 酌獻如上儀하니라 曰 詣鄒國公神位前하라하고 至位어든 曰 西向立하라하니 酌獻如上儀하니라 樂止어든 曰 退復位하라하고 至階어든 曰 降階하라하고 至位어든 曰 就位하여 西向立하라하니라

明贊이 "종헌관은 예를 행하시오."라고 외친다. 引贊者가 앞으로 나와 "손을 씻는

---

19) 醴齊 : 제사에 쓰이는 5종의 술 가운데 하나로, 泛齊 다음으로 탁한 술이다.

자리에 나아가시기 바랍니다."라고 한다. 자리에 이르면 "북쪽을 향해 서시오."라고 한다. 홀을 꽂고 손을 씻고 손을 수건으로 닦고 홀을 꺼낸다. 잔을 씻는 자리로 나아가기를 청한다. 자리에 이르면, "북쪽을 향해 서시오."라고 한다. 홀을 꽂고 잔을 잡고 잔을 씻고 잔의 물기를 닦고 잔을 執事에게 준다. 이렇게 세 번 하고, 홀을 꺼낸다. 주준소에 나아가기를 청하여 계단에 이르면, "계단을 오르시오."라고 한다. 주준소에 이르면, "서쪽을 향해 서시오."라고 한다. 홀을 꽂고 잔을 잡고 덮개를 들면, 술동이를 맡은 자가 象尊의 醴齊를 따라 잔을 집사에게 준다. 이렇게 세 번하고 홀을 꺼낸다.

"대성지성문선왕 신위 앞에 나아가시오."라고 한다. 신위에 이르면, "자리에 나아가시오. 북쪽을 향해 서시오. 조금 앞으로 나오시오."라고 한다. 술을 따라 바칠 때의 음악이 시작된다. 홀을 꽂고 꿇어앉아 향을 올린다. 향을 세 번 올리고 잔을 잡아 술을 바친다. 술을 세 번 바치고 잔을 올린다. 홀을 꺼내고 나아가 절을 하고 일어나고 평신한다. 조금 물러나 두 번 절하고 국궁하고 절하고 일어나고 절하고 일어나고 평신한다.

"연국공 신위 앞으로 나아가시오."라고 한다. 신위에 이르면, "동쪽을 향해 서시오."라고 한다. 앞의 의식과 마찬가지로 술을 따라 바친다. "추국공 신위 앞으로 나아가시오."라고 한다. 신위에 이르면, "서쪽을 향해 서시오."라고 한다. 앞의 의식과 마찬가지로 술을 따라 바친다. 음악이 그치면, "물러나 자리로 돌아가시오."라고 한다. 계단에 이르면, "계단을 내려가시오."라고 한다. 자리에 이르면, "자리에 나아가시오. 서쪽을 향해 서시오."라고 한다.

明贊이 唱曰 終獻官은 行禮하라하면 引贊者가 進前曰 請詣盥洗位하니라 至位어든 曰 北向立하라하니라 搢笏하고 盥手하고 帨手하고 出笏하니라 請詣爵洗位하여 至位어든 曰北向立하라하니라 搢笏하고 執爵하고 滌爵하고 拭爵하고 以爵授執事者하니라 如是者三하고 出笏하니라 請詣酒尊所하여 至階어든 曰升階하라하니라 至酒尊所어든 曰西向立하라하니라 搢笏하고 執爵하고 擧冪하고 司尊者가 酌象尊之醴齊하여 以爵授執事者하니라 如是者三하고 出笏하니라 曰 詣大成至聖文宣王神位前하라하고 至位어든 曰 就位하여 北向立하고 稍前하라하니라 酌獻之樂作하면 搢笏하고 跪上香하니라 三上香하고 執爵하고 祭酒하니라 三祭酒하고 奠爵하고 出笏하여 就拜하고 興하고 平身하니라 少退하여 再拜하고 鞠躬하고 拜하고 興하고 拜하고 興하고 平身하니라 曰 詣兗國公神位前하라하고 至位어든 曰

東向立하라하니 酌獻如上儀하니라 曰 詣鄒國公神位前하라하고 至位어든 曰 西向立하라하니 酌獻如上儀하니라 樂止어든 曰 退復位하라하고 至階어든 曰 降階하라하고 至位어든 曰 就位하여 西向立하라하니라

종헌관이 문을 나오기를 기다렸다가 명찬이 "분헌관은 예를 행하시오."라고 외치면, 인찬자가 동쪽과 서쪽의 종사 분헌관을 나누어 이끌고 앞으로 나아가 "손을 씻는 자리에 나아가시오."라고 한다. 자리에 이르면, "북쪽을 향해 서시오."라고 한다. 홀을 꽂고 손을 씻고 손을 수건으로 닦고 홀을 꺼낸다. 잔을 씻는 자리에 나아가 자리에 이르면, "북쪽을 향해 서시오."라고 한다. 홀을 꽂고 잔을 잡고 잔을 씻고 잔의 물기를 닦고 잔을 집사자에게 주고 홀을 꺼낸다.

주준소에 나아가면, "서쪽을 향해 서시오."라고 한다. 홀을 꽂고 잔을 잡고 덮개를 들면 술동이를 맡은 자가 象尊의 醴齊를 따라서 잔을 집사자에게 주고 홀을 꺼낸다. "동쪽에 종사한 신위 앞으로 나아가시오."라고 한다. 자리에 이르면, "자리에 나아가시오. 동쪽을 향해 서시오. 조금 앞으로 나오시오."라고 한다. 홀을 꽂고 꿇어앉아 향을 올린다. 향을 세 번 올리고 잔을 잡고 술을 바친다. 술을 세 번 바치고 술잔을 올리고 홀을 꺼낸다. 나아가 절하고 일어나고 평신한다. 조금 물러나서 두 번 절하고 국궁하고 절하고 일어나고 절하고 일어나고 평신한다. 물러나 자리로 돌아간다. 계단에 이르면, "계단을 내려가시오."라고 한다. 자리에 이르면, "자리에 나아가시오. 서쪽을 향해 서시오."라고 한다. 서쪽 종사분헌관을 인도할 때 의식도 위와 마찬가지이다. 다만 신위 앞에 이르러 동쪽을 향해 서는 것을 서쪽을 향해 서는 것으로 한다.

俟終獻將出門하여 明贊이 唱曰 分獻官은 行禮하라하면 引贊者가 分引東西從祀分獻官하여 進前曰 詣盥洗位하라하니라 至位어든 曰 北向立하라하고 搢笏하고 盥手하고 帨手하고 出笏하니라 詣爵洗位하여 至位어든 曰 北向立하라하니라 搢笏하고 執爵하고 滌爵하고 拭爵하고 以爵授執事者하고 出笏하니라 詣酒尊所하여 曰 西向立하라하니라 搢笏하고 執爵하고 擧冪하면 司尊者가 酌象尊之醴齊하여 以爵授執事者하고 出笏하니라 曰 詣東從祀神位前하라하고 至位어든 曰 就位하여 東向立하고 稍前하라하니라 搢笏하고 跪上香하니라 三上香하고 執爵하고 祭酒하니라 三祭酒하고 奠爵하고 出笏하여 就拜하고 興하고 平身하니라 少退하여 再拜하고 鞠躬하고 拜하고 興하고 拜하고 興하고 平身하니라 退復位하여 至階어든 曰 降階하라하고 至位어든 曰 就位하여 西向立하라하니라 引西從祀分獻官도 同上

儀로대 唯至神位前하여 東向立을 作西向立하니라

十哲의 分獻官이 자리를 떠나기를 기다렸다가 明贊이 "兩廡의 分奠官은 예를 행하시오."라고 외친다. 引贊者가 앞으로 나와 "손을 씻는 자리에 나아가시오."라고 한다. 자리에 이르면, "남쪽을 향해 서시오."라고 한다. 홀을 꽂고 손을 씻고 수건으로 손을 닦고 홀을 꺼낸다. 손을 씻는 자리에 나아가, 자리에 이르면, "남쪽을 향해 서시오."라고 한다. 홀을 꽂고 잔을 잡고 잔을 씻고 잔의 물기를 닦고 잔을 집사에게 주고 홀을 꺼낸다. "東廡의 주준소에 나아가시오."라고 하고, 계단에 이르면, "계단을 오르시오."라고 한다.

주준소에 이르면, "북쪽을 향해 서시오."라고 한다. 홀을 꽂고 잔을 잡고 덮개를 들고 象尊의 醴齊를 따라 잔을 집사에게 주고 홀을 꺼낸다. 동무의 신위 앞에 나아간다. 신위 앞에 이르면, "동쪽을 향해 서시오."라고 한다. 조금 앞으로 나와 홀을 꽂고 꿇어앉아 향을 올린다. 향을 세 번 올리고 잔을 잡고 술을 바친다. 술을 세 번 바치고 술잔을 올리고 홀을 꺼낸다. 나아가 절을 하고 일어나고 평신한다. 조금 물러나 두 번 절하고 국궁하고 절하고 일어나고 절하고 일어나고 평신한다. 물러나 자리로 돌아온다. 계단에 이르면 "계단을 내려가시오."라고 한다. 자리에 이르면, "자리에 나아가시오. 서쪽을 향해 서시오."라고 한다. 西廡의 분전관을 인도할 때 의식도 위와 마찬가지이다. 다만 신위 앞에 이르렀을 때 동쪽을 향해 서는 것을 서쪽을 향해 서는 것으로 한다.

俟十哲分獻官離位하여 明贊이 唱曰 兩廡分奠官은 行禮하라하면 引贊者가 進前曰 詣盥洗位하라하니라 至位어든 曰 南向立하라하니라 搢笏하고 盥手하고 帨手하고 出笏하니라 詣盥洗位하여 至位어든 曰 南向立하라하니라 搢笏하고 執爵하고 滌爵하고 拭爵하고 以爵授執事者하고 出笏하니라 曰 詣東廡酒尊所하라하고 至階어든 曰 升階하라하고 至酒尊所어든 曰 北向立하라하니라 搢笏하고 執爵하고 擧冪하고 酌象尊之醴齊하고 以爵授執事하고 出笏하니라 詣東廡神位前하여 至位어든 曰 東向立하라하니라 稍前하여 搢笏하고 跪上香하니라 三上香하고 執爵하고 祭酒하니라 三祭酒하고 奠爵하고 出笏하여 就拜하고 興하고 平身하니라 稍退하여 再拜하고 鞠躬하고 拜하고 興하고 拜하고 興하고 平身하니라 退復位하여 至階어든 曰 降階하라하고 至位어든 曰 就位하여 西向立하라하니라 引西廡分奠官도 同上儀로대 唯至神位前하여 東向立을 作西向立하니라

십철과 양무에 종헌을 한 분전관이
동시에 자리에 돌아오기를 기다렸다가
명찬이 "禮饌者는 籩과 豆[20]를 거두시
오."라고 외친다. 변과 두를 거둘 때의
음악이 시작되고 예찬자가 꿇어앉아
선성 앞의 변과 두를 옮겨서 대략 자리
에서 옮겨놓으면 음악이 그친다. 명찬
이 "집사자들은 물러나 자리로 돌아가
시오."라고 외친다. 집사자들이 제자리

籩   豆

로 돌아가 자리잡기를 기다리면 신을 보낼 때의 음악이 시작된다. 명찬이 "초헌관
이하는 모두 두 번 절하시오."라고 외치면, 승전찬이 "국궁하시오. 절하시오. 일어
나시오. 절하시오. 일어나시오. 평신하시오."라고 하고 음악이 그친다.

명찬이 "祝人은 축문을 가지고, 幣人은 폐백을 가지고 瘞坎에 나아가시오."라고
외친다. 축문과 폐백을 거두어 대성전의 문을 나가기를 기다렸다가 북쪽을 향해
선다. 예감을 바라볼 때의 음악이 시작된다. 명찬이 "세 헌관은 望瘞位로 나아가시
오."라고 외친다. 인찬자가 앞으로 나가서 "망예위에 나아가길 청합니다."라고 한
다. 자리에 이르면 "자리에 나아가시오. 북쪽을 향해 서시오."라고 하고, "묻어도
좋습니다."라고 한다. 묻는 일이 끝나면 "물러나 자리로 돌아가시오."라고 한다.

대성전 뜰 앞에 이르러 이때 음악이 그치면 명찬이 "典樂官은 악공을 데리고 나
가시오. 자리로 나아가시오."라고 외친다. 명찬이 "문을 닫으시오."라고 외친다. 또
"초헌관 이하는 물러나 圓揖[21]하는 위치로 나아가시오."라고 외치면 인찬자가 헌
관을 이끌고 물러나 원읍하는 자리로 나아간다. 자리에 이르면 초헌관은 서쪽에,
아헌관과 종헌관 및 분헌관 이하는 동쪽에, 배위관의 동반은 동쪽에, 서반은 서쪽
에 자리한다. 자리 잡기를 기다려 명찬이 "원읍하시오."라고 외친다. 예가 끝나면
물러나 자리로 돌아온다. 인찬자는 각기 헌관을 이끌고 막차로 나아가 옷을 갈아

---

20) 籩과 豆 : 籩은 대나무로 만든 제기로 마른 음식이나 과일 등을 담으며, 豆는 나무로 만든 제기
로 주로 국, 젓갈, 고기와 같은 젖은 음식을 담는다.
21) 圓揖 : 몸을 굽히고 두 손을 배 앞에서 모아 아래에서 위로 올리며 읍하는 것을 가리킨다. 몸을
구부려 둥글게 되기 때문에 원읍이라는 칭호가 생겼다.

입는다. 음복과 祭肉 받는 일을 국학 외에 모든 곳에서는 일반적인 제도를 그대로 따른다.

侯終獻十哲兩廡分奠官이 同時復位하여 明贊이 唱曰 禮饌者는 徹籩豆하라하니라 〔徹豆〕[22]之樂作하고 禮饌者가 跪하여 移先聖前籩豆하여 略離席하면 樂止하니라 明贊이 唱曰 諸執事者는 退復位하라하면 侯諸執事者가 至板位立定하여 送神之樂作하니라 明贊이 唱曰 初獻官以下는 皆再拜하라하면 承傳贊曰 鞠躬拜興拜興平身이라하고 樂止하니라 明贊이 唱曰 祝人取祝하고 幣人取幣하여 詣瘞坎하라하면 侯徹祝幣者가 出殿門하여 北向立하고 望瘞之樂作하니라 明贊이 唱曰 三獻官은 詣望瘞位하라하면 引贊者가 進前曰 請詣望瘞位하라하고 至位어든 曰 就位하여 北向立하라하고 曰 可瘞라하니라 埋畢이어든 曰 退復位하라하니라 至殿庭前하여 此時候樂止하면 明贊이 唱曰 典樂官은 以樂工出하여 就位하라하니라 明贊이 唱曰 闔戶하라하고 又唱曰 初獻官以下는 退詣圓揖位하라하면 引贊者가 引獻官하여 退詣圓揖位하니라 至位어든 初獻在西하고 亞終獻及分獻已下在東하고 陪位官東班在東하고 西班在西하니라 侯立定하여 明贊이 唱曰 圓揖하라하니라 禮畢이어든 退復位하니라 引贊者가 各引獻官하여 詣幕次하여 更衣하니라 其飮福受胙(조)는 除國學外諸處는 仍依常制하니라

신을 맞이하다　迎神

凝安之曲을 연주하되, 아홉 악장을 차례로 연주한다.

奏凝安之曲하되 九變이라

○ 黃鍾을 宮調로 하여[23] 세 번 연주한다.

○ 黃鍾爲宮하여 三奏라

위대하구나, 宣聖이시여!

---

22) 〔徹豆〕: 底本에는 없으나, ≪元史≫에 의거하여 보충하였다.

23) 黃鍾을……하여 : 黃鍾을 중심음으로 하는 宮調 음계를 가리킨다. 고대 음의 표준으로 삼았던 律呂는 청탁과 고하에 따라 기본음을 十二律呂라 하여, 陽律인 黃鍾, 太簇(태주), 姑洗(고선), 蕤賓(유빈), 夷則(이칙), 無射(무역)과 陰呂인 大呂, 夾鐘, 仲呂, 林鐘, 南呂, 應鐘로 이루어져 있다. 이 十二律呂는 宮, 商, 角, 徵, 羽의 五音 혹은 五音에 變徵, 變宮을 더한 七音에 각기 배합되어 음률을 이룬다.

도가 높고 덕이 숭고하도다.

王道의 敎化를 지탱하셨으니,

斯文의 宗主로다.

해마다 같은 때에 釋奠을 지내니

순정함이 아울러 융성하도다.

신께서 이에 내려오시니

아! 밝구나, 성인의 모습이시여.

大哉宣聖이여 道尊德崇이로다 維持王化하니 斯文是宗이라 典祀有常하니 精純竝隆이라 神其來格하니 於昭聖容①이로다

① 황남임고, 태고남임, 응남유고, 남임황태, 황남대황, 응남황고, 태황남임, 남고태황.24)
黃南林姑, 太古南林, 應南蕤姑, 南林黃太, 黃南大黃, 應南黃姑, 太黃南林, 南姑太黃.

○ 大呂를 角調로 하여 두 번 연주한다.

○ 大呂爲角하여 二奏라

나면서부터 알고 계셨으니

가르침이 있으면서 사사로움이 없었도다.25)

성균26)의 제사에

威儀가 때에 맞도다.27)

이 初丁日에

---

24) 황남임고……남고태황 : 律字譜에 따라 곡조를 표기한 것이다. 율자보는 12律名의 머리자로 음의 높낮이를 표기하는 기보법이다. 12율명은 黃鍾·大呂·太簇·夾鍾·姑洗·仲呂·蕤賓·林鍾·夷則·南呂·無射·應鍾이다.

25) 가르침이……없었도다 : 원문의 "有敎無私"는 《論語》〈衛靈公〉의 "有敎無類(가르침이 있으면서 부류를 구별함이 없었다.)"를 변용한 표현이다.

26) 성균 : 大學의 명칭이다. 《周禮》〈春官 大司樂〉에 "성균의 법을 관장하여 나라의 學政을 다스리고 나라의 子弟를 모은다.〔掌成均之法 以治建國之學政 而合國之子弟焉〕"라고 하였는데, 董仲舒가 "성균은 五帝 때의 학교이다.〔成均 五帝之學〕"이라고 주를 낸 바 있다.

27) 威儀가……맞도다 : 《詩經》〈既醉〉에 보인다.

우리의 제물을 깨끗이 하였도다.
길이 도를 생각하니
만세의 스승이시네.

生而知之하고 **有敎無私**라 **成均之祀**에 **威儀孔時**로다 **維玆初丁**에 **潔我盛粢**라 **永言其道**하니 **萬世之師**①로다

① 중무분중, 협중무이, 황태임중, 임중이무, 태무임중, 중협무이, 황무이태, 태중이중.
仲無芬仲, 夾仲無夷, 黃太林仲, 林仲夷無, 太無林仲, 仲夾無夷, 黃無夷太, 太仲夷仲.

○ 太蔟를 徵調로 하여 두 번 연주한다.

○ 太蔟爲徵하여 二奏라

높고도 당당하니
그 도가 하늘과 같도다.
청명한 기상은
사물에 응하여 그런 것이도다.
때는 上丁日
제물을 갖추어 정성스럽게 올리도다.
禮典을 새롭게 하니
음악이 어우러져 소리에 맞도다.

巍巍堂堂하니 **其道如天**이라 **淸明之象**은 **應物而然**이라 **時維上丁**에 **備物薦誠**이라 **維新禮典**하니 **樂諧中聲**①이로다

① 남유응남, 남태유고, 태응이유, 고유응남, 태응고유, 태고유남, 태응남유, 고태응태.
南蕤應南, 南太蕤姑, 太應夷蕤, 姑蕤應南, 太應姑蕤, 太姑蕤南, 太應南蕤, 姑太應太.

○ 應鍾을 羽調로 하여 두 번 연주한다.

○ 應鍾爲羽하여 二奏라

聖王께서는 나면서부터 아셨으니
유학의 규범을 여셨도다.
詩書의 文敎가
만세에 밝게 드리웠도다.
좋은 날인 丁日에
잘 받들어 어긋남이 없도다.
이 정성을 올리니
신께서 오셔서 흠향하소서.

聖王生知라 闓乃儒規로다 詩書文敎가 萬世昭垂로다 良日惟丁에 靈承不爽이라 揭此精虔하노니 神其來饗[1]하소서

① 이무이유, 이유무이, 태무이유, 협중무이, 협대중협, 협대응이, 응대이유, 이유응이.
夷無夷蕤, 夷蕤無夷, 太無夷蕤, 夾仲無夷, 夾大仲夾, 夾大應夷, 應大夷蕤, 夷蕤應夷.

초헌관이 손을 씻는다.

初獻官이 盥洗라

○ 姑洗을 宮調로 하여 同安之曲을 연주한다.

○ 姑洗宮 同安之曲이라

文治를 높이고 敎化를 일으키시고
고인을 법으로 삼고 경서를 스승으로 삼았도다.
신명한 제사에 법식이 있으니
길한 날인 丁日이도다.
풍성한 희생이 적대에 있고
典雅한 음악이 뜰에서 연주되도다.
사방으로 오르내리니
福祿이 이에 응하리라.

右文興化하고 憲古師經이라 明祀有典하니 吉日惟丁이라 豐犧在俎하고 雅奏在庭이라 周回陟降하니 福祉是膺①이로다

① 고이유고, 고유응이, 태유무이, 무이대응, 응이대고, 유고대무, 협대응이, 응대대고.
姑夷蕤姑, 姑蕤應夷, 太蕤無夷, 無夷大應, 應夷大姑, 蕤姑大無, 夾大應夷, 應大大姑.

초헌관이 대성전에 오른다.

初獻官이 升殿이라

○ 南呂를 宮調로 하여 同安之曲을 연주한다.

○南呂宮 同安之曲이라

斯文을 크게 일으켜
천지를 경영하셨도다.
功이 백성에게 더해지니
이에 천만세가 되리라.
생황과 종이 어우러져 울리고
곡식 제물을 풍성하게 갖췄도다.
엄숙하게 오르내리니
질서 있는 이 제사를 흠향하소서.

誕興斯文하여 經天緯地로다 功加于民하니 寔千萬世라 笙鏞和鳴하고 粢盛豐備로다 肅肅降登하니 歆茲秩祀①하소서

① 남응대응, 응남고유, 이유대응, 남응고유, 협대응남, 남유응남, 고유남응, 남유응남.
南應大應, 應南姑蕤, 夷蕤大應, 南應姑蕤, 夾大應南, 南蕤應南, 姑蕤南應, 南蕤應南.

초헌관이 폐백을 올린다.

初獻官이 奠幣라

○ 南呂를 宮調로 하여 明安之曲을 연주한다.

○ 南呂宮 明安之曲_{이라}

사람이 생겨난 이래로

누가 이리 성대하였는가?

素王의 神明함은

이전 성인을 뛰어넘도다.

곡식 제물과 폐백을 다 갖추었고

예를 행하는 모습이 이에 걸맞도다.

黍稷이 향기롭지 않아도

신께서는 들으시리라.

自生民來로 **誰底其盛**고 **惟王神明**하여 **度越前聖**이라 **粢幣俱成**하고 **禮容斯稱**이라 **黍稷非馨**이나
惟神之聽①이리라

① 남응남유, 대유응이, 협대응남, 유이응남, 응남고유, 고유응남, 유남대응, 이유응남.
　南應南㽔, 大㽔應夷, 夾大應南, 㽔夷應南, 應南姑㽔, 姑㽔應南, 㽔南大應, 夷㽔應南.

초헌관이 대성전에서 내려온다.

初獻官이 **降殿**①_{이라}

① 앞의 대성전에 오를 때의 악곡과 같다.
　與前升殿曲同_{이라}

〈제사고기를 담은〉 俎를 받들다　捧俎

○ 姑洗을 宮調로 하여 豐安之曲을 연주한다.

○ 姑洗宮 豐安之曲_{이라}

도는 하늘과 같고

인륜은 지극하였도다.

흠향이 무궁하시리니

만세에 흥하시리라.

이미 희생을 깨끗이 하였고

곡식 제물은 정갈하고 술은 맛있도다.

게을리 하지 않고 정성스럽게 하였으니

신께서 오시리라.

道同乎天하니 人倫之至로다 有饗無窮하니 其興萬世로다 旣潔斯牲하고 粢明醑(서)旨로다 不懈以忱하니 神之來暨①리라

① 고유무이, 대응고대, 고유대응, 응이대협, 고유응이, 협대응이, 유고무이, 응이유고.
　 姑蕤無夷, 大應姑大, 姑蕤大應, 應夷大夾, 姑蕤應夷, 夾大應夷, 蕤姑無夷, 應夷蕤姑.

초헌관이 다시 손을 씻는다.

初獻官이 再盥洗①라

① 앞의 손을 씻을 때의 악곡과 같다.
　 與前盥洗曲同이라

초헌관이 다시 대성전에 오른다.

初獻官이 再升殿①이라

① 앞의 대성전에 오를 때의 악곡과 같다.
　 與前升殿曲同이라

초헌관이 대성지성문선왕 신위에 나아가 술을 따라 올린다.

初獻官이 詣大成至聖文宣王位하여 酌獻이라

○ 南呂를 宮調로 하여 成安之曲을 연주한다.

○南呂宮 成安之曲이라

위대하도다, 聖王이시여.

실로 하늘이 낸 덕이시도다.

음악을 연주해 높이니

때에 맞춘 제사에 싫증남이 없도다.

맑은 술이 향기롭고

갸륵한 희생은 크도다.

신명께 제물을 올리니

밝게 내려 오시리라.

大哉聖王이여 **實天生德**이라 **作樂以崇**하니 **時祀無斁**(역)이로다 **清酤**(고)**惟馨**하고 **嘉牲孔碩**이라 **薦羞神明**하니 **庶幾昭格**①이리라

① 남응고유, 남유응남, 협대응남, 응고응남, 남응남유, 유고응남, 고유이유, 고유응남.
   南應姑蕤, 南蕤應南, 夾大應南, 應姑應南, 南應南蕤, 蕤姑應南, 姑蕤夷蕤, 姑蕤應南.

초헌관이 연국공 신위에 나아가 술을 따라 올린다.

初獻이 **詣兗國公位**하여 **酌獻**이라

○ 南呂를 宮調로 하여 成安之曲을 연주한다.

○ **南呂宮 成安之曲**이라

도에 가까웠고 자주 쌀독이 비었고[28]

연원이 깊었도다.

아성께서 가르침을 펴셨으니

百世에 마땅히 제사를 드리도다.

길일을 택한 이때에

밝게 제기를 진설하였도다.

---

28) 도에……비었고 : ≪論語≫〈先進〉에 "안회는 道에 가깝고 자주 쌀독이 비었다.〔回也 其庶乎 屢空〕"라고 하였다.

맛있는 술에 기뻐하며

신께서 오시리라.

庶幾屢空이요 淵源深矣라 亞聖宣猷하니 百世宜祀로다 吉蠲斯辰에 昭陳奠篹로다 旨酒欣欣하니 神其來止[1]리라

① 남응고유, 남유응남, 응이협대, 이유응남, 남유대응, 응남유고, 고유대응, 남유응남.
   南應姑蕤, 南蕤應南, 應夷夾大, 夷蕤應南, 南蕤大應, 應南蕤姑, 姑蕤大應, 南蕤應南.

초헌관이 추국공 신위에 나아가 술을 따라 올린다.

初獻이 詣鄒國公位하여 酌獻이라

○ 南呂를 宮調로 하여 成安之曲을 연주한다.

○ 南呂宮 成安之曲이라

도가 말미암아 흥기한 것은

아! 위대한 宣聖 때문이도다.

오직 공께서 전하셨기에

사람들이 알고 바름을 좇도다.

사당에서 더불어 제사를 받으시니

실정과 형식이 실로 걸맞도다.

만년토록 아름다움 받드니

위대하도다, 천명이여.

道之由興은 於皇宣聖이로다 唯公之傳이라 人知趨正이로다 與饗在堂하니 情文實稱이라 萬年承休하니 假哉天命[1]이여

① 남응이유, 남유응남, 협대응남, 이유응남, 남응고유, 대응남유, 유이유협, 남유응남.
   南應夷蕤, 南蕤應南, 夾大應南, 夷蕤應南, 南應姑蕤, 大應南蕤, 蕤夷蕤夾, 南蕤應南.

초헌관이 대성전을 내려온다.

初獻官이 降殿①이라

① 앞의 대성전에 오를 때의 악곡과 같다.
　　與前升殿曲同이라

아헌관이 술을 따라 올린다.

亞獻이라

○ 姑洗을 宮調로 하여 文安之曲을 연주한다.

○ 姑洗宮 文安之曲이라

百王의 宗師이자
백성의 법칙이시도다.
바라보니 양양하니
신께서 평안히 머무시리라.
저 金罍에 술을 따르니
맑기도 하고 맛도 좋도다.
세 번 獻酌하니
아, 禮를 이루었도다.

罍

百王宗師요 (王)〔生〕29) 民物軌라 瞻之洋洋하니 神其寧止로다 酌彼金罍(뢰)하니 惟淸且旨로다
登獻惟三하니 於嘻成禮①로다

① 고이무이, 대응유고, 유고무이, 응이협대, 고대유이, 협대응이, 고대유이, 대응유고.
　　姑夷無夷, 大應蕤姑, 蕤姑無夷, 應夷夾大, 姑大蕤夷, 夾大應夷, 姑大蕤夷, 大應蕤姑.

종헌관이 술을 따라 올린다.

終獻①이라

① 아헌의 곡과 같다.

─────────────────

29) (王)〔生〕: 저본에는 '王'으로 되어 있으나, ≪元史≫ 〈禮樂志〉에 의거하여 '生'으로 바로잡았다.

與亞獻曲同_{이라}

제기를 치우다　徹豆

○ 南呂를 宮調로 하여 娛安之曲을 연주한다.

○ 南呂宮 娛安之曲_{이라}

犧尊(희준)과 象尊(상준)이 앞에 있고
제기들이 나열되었도다.
술과 음식을 드리오니
향기롭고도 깨끗하도다.
禮가 이루어지고 樂이 갖추어졌으니
사람은 융화되고 신은 기뻐하도다.
제사드리면 복을 받으니
법도를 따라 넘어섬이 없도다.

犧象在前_{하고} 豆籩在列_{이라} 以饗以薦_{하니} 旣芬旣潔_{이라} 禮成樂備_{하니} 人和神悅_{이라} 祭則受福_{하니} 率遵無越[1]_{이로다}

[1]　남유응남, 고유이응, 대응유고, 남응고유, 협대응남, 남유응남, 유남유응, 고대응남.
南蕤應南, 姑蕤夷應, 大應蕤姑, 南應姑蕤, 夾大應南, 南蕤應南, 蕤南蕤應, 姑大應南.

신을 보내다　送神

○ 黃鍾을 宮調로 하여 凝安之曲을 연주한다.

○ 黃鍾宮 凝安之曲_{이라}

엄숙한 學宮을
사방에서 와서 높이도다.
제사 일을 각별히 공손하게 하니

威儀가 온화하네.

이 향기로운 제물 흠향하시고

바람을 몰아 돌아가시도다.

밝은 제사를 이에 마치니

모두 온갖 복을 받으리라.

有嚴學宮을 四方來崇이라 恪恭祀事하니 威儀雍雍이로다 歆茲惟馨하고 飆(표)馭回復이라 明禋(인)斯畢하니 咸膺百福①이리라

① 황고임태, 태고남임, 황남태고, 황남태황, 응남유고, 남황고태, 유고남임, 남임태황.

　黃姑林太, 太姑南林, 黃南太姑, 黃南太黃, 應南蕤姑, 南黃姑太, 蕤姑南林, 南林太黃.

축문과 폐백을 불사르다　望瘞①

　① 손을 씻을 때의 악곡과 같다.

　　與盥洗曲同이라

○ 姑洗을 宮調로 하여 同安之曲을 연주한다.

○ 姑洗宮 同安之曲이라

문치를 높이고 교화를 일으키시고

고인을 법으로 삼고 경서를 스승으로 삼았도다.

신명한 제사에 법식이 있으니

길한 날인 丁日이도다.

풍성한 희생이 적대에 있고

典雅한 음악이 뜰에서 연주되도다.

사방으로 오르내리니

福祿이 이에 응하리라.

右文興化하고 憲古師經이라 明祀有典하니 吉日惟丁이라 豐犧在俎하고 雅奏在庭이라 周回陟降하니 福祉是膺①이라

① 고이유고, 고유응이, 이유무이, 무이대응, 응이대고, 유고대무, 협대응이, 응유대고.
姑夷蕤姑, 姑蕤應夷, 夷蕤無夷, 無夷大應, 應夷大姑, 蕤姑大無, 夾大應夷, 應蕤大姑.

정배위진설지도   正配位陳設之圖

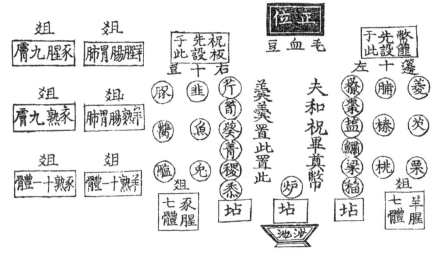

正配位陳設之圖

종사진설지도   從祀陳設之圖

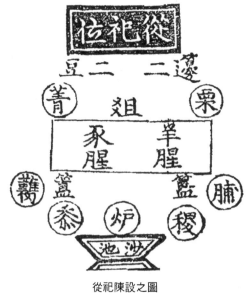

從祀陳設之圖

≪朱文公釋奠儀≫[30]와 陳公碩,[31] 胡貫夫[32]의 ≪陳設圖≫에는 미나리〔芹〕와 매실〔楳〕을 나란히 앞에 두었다. 오직 ≪中祀儀圖≫는 열이 거꾸로 되어 있으니 알지 못하겠다. 앞이라고 한 것은 신위에 가까운 쪽을 앞으로 삼은 것이다. 우선 이를 기록하여 참고에 대비한다.

朱文公釋奠儀와 陳公碩胡貫夫陳設圖는 並以芹楳(근료)爲前이로대 惟中祀儀圖는 倒列하니 殊不知라 所謂前者는 以近神爲前也라 姑記以此하여 以備參考矣라

---

30) 朱文公釋奠儀 : 朱熹(1130~1200)가 지은 ≪紹熙州縣釋奠儀圖≫를 가리킨다. ≪朱子年譜≫에 따르면 紹興 25년 同安主簿로 있을 때, ≪周禮≫, ≪儀禮≫, ≪唐開元禮≫, ≪紹興祀令≫ 등의 문헌을 참고하여 釋奠의 儀禮, 器用, 衣服 등의 그림을 그린 것으로, 釋奠禮의 기초가 되었다.

31) 陳公碩 : 陳祥道(1053~1093). 자는 用之이다. 宋 英宗 때인 1067년 진사에 급제하였으며, 왕안석의 문하생으로, 三禮의 학문에 능했다. 國子監 直講, 太學博士를 역임하였다. 三禮의 조목을 논증하고 방대한 도판을 실은 ≪陳氏禮書≫의 저자이다.

32) 胡貫夫 : 未詳. ≪廟學典禮≫의 편찬자로 알려져 있다. ≪廟學典禮≫는 실린 문장으로 보아 원나라 때인 1300년 전후에 만들어졌을 것으로 추정된다. 원나라 간본은 현전하지 않으며, ≪永樂大全≫에서 인용한 四庫全書本 및 抄本 몇 종이 전한다. 廟學의 건축 및 塑像, 畫像, 典禮儀式 등이 圖式과 함께 실려 있다.

양 세 마리를 잘라 세 개의 俎에 담는다. 돼지도 같다.

割三羊하여 實三俎라 豕同이라

양고기는 왼쪽 俎에 3중으로 놓고, 돼지고기는 오른쪽 俎에 3중으로 놓는다.

羊은 左俎第三重이요 豕는 右俎第三重이라

　이상의 내용을 삼가 ≪陳設
儀≫에 근거하면, "어깨, 앞발,
앞다리는 상단에 놓고, 넓적다
리 · 정강이는 하단에 놓고, 등
뼈 · 갈비는 가운데에 놓되 앞
부분 등뼈 하나, 중간 부분 등
뼈 하나, 뒷부분 등뼈 하나,

犧牲陳設圖1

중간 부분 갈비 하나, 뒷부분 갈비 하나, 앞부분 갈비 하나는 모두 뼈 두 개를 나
란히 놓는다."라고 하였다.

　右謹據陳設儀컨대 曰 肩臂臑(노)는 在上端하고 肫骼(순격)은 在下端하고 脊脅은 在中호대 正脊一
直脊一橫脊一長脅一短脅一代脅一은 皆二骨以竝이라

　○ 또 ≪朱文公檢到政和五禮新儀≫에 의거하면, "익힌 고기 열한 덩이는 희생의
오른쪽 넓적다리는 俎에 올리지 않는다. 앞 몸체의 앞다리뼈는 셋으로 분리하니
어깨, 앞발, 앞다리이고, 뒷 몸체의 뒷다리뼈는 둘로 분리하니 넓적다리, 정강이이
다. 俎에 올리면 어깨, 앞발, 앞다리는 상단에 두고 넓적다리와 정강이는 하단에
두고 등뼈와 갈비는 중앙에 둔다. 두는 순서는 어깨, 앞발, 앞다리, 앞부분 등뼈,
중간 부분 등뼈, 앞부분 갈비, 중간 부분 갈비, 뒷부분 갈비, 넓적다리, 정강이 순
이다."라고 하였다.

　○又據朱文公檢到政和五禮新儀컨대 曰 熟體十一은 用右胖脾호대 不升하고 前體肱骨은 離
爲三하니 曰肩臂臑요 後體股骨은 離爲二하니 曰肫骼이라 升于俎는 則肩臂臑在上端하고 肫骼在

下端하고 脊脅在中央하며 其載之次序는 則肩臂臑正脊直脊橫脊代脅長脅短脅胉胳이라

양 세 마리를 잘라 세 개의 俎에 담는다. 돼지도 같다.

割三羊하여 實三俎라 豕同이라

양고기는 왼쪽 籩 앞의 俎에 놓고, 돼지고기는 오른쪽 籩[33] 앞의 俎에 놓는다.

羊은 左籩前俎요 豕는 右籩前俎라

이상의 내용을 삼가 ≪陳設儀≫에 근거하면, "넓적다리 두 덩이는 양쪽 끝에, 어깨 두 덩이와 갈비 두 덩이는 그 다음에, 등뼈는 가운데 둔다."라고 하였다.

右謹據陳設儀컨대 曰 兩髀在兩端하고 兩肩兩脅次之하고 脊在中이라

○ 이상의 내용을 ≪朱文公檢到政和五禮新儀≫에 근거하면, "올리는 생고기 일곱 덩이는 넓적다리 두 덩이, 어깨 두 덩이, 갈비 두 덩이와 등골이다. 좌우 몸체를 모두 쓴다. 조에 올리는 것은 넓

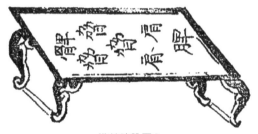

犧牲陳設圖2

적다리 두 덩이를 양 끝에 두고, 어깨 두 덩이는 그 다음에, 갈비 두 덩이는 그 다음에, 등골은 가운데 둔다."라고 하였다.

○ 右據朱文公檢到政和五禮新儀컨대 曰 凡薦腥體七은 兩髀兩肩兩脅幷脊이니 左右胖皆用이라 其載于俎엔 則兩髀在兩端하고 兩肩次하고 兩脅次之하고 脊在其中이라

---

33) 籩 : 진설 그림과 비교해보면 豆를 잘못 표기한 것으로 보인다.

양의 창자, 위, 폐의 생고기와 또 익힌 고기를 각기 세 개의 俎에 담는다.

羊腥腸胃肺와 又熟을 各實三俎라

생고기는 왼쪽 俎에 하나 두고 익힌 고기는 왼쪽 俎에 2중으로 둔다.

腥은 左俎第一重이요 熟은 左俎第二重이라

이상의 내용을 ≪陳設儀≫에
의거하면, "갈아놓은 폐 한 덩이
를 상단에, 저며놓은 폐 세 덩이
를 그 다음에, 창자 세 덩이와
위 세 덩이를 또 그 다음에 둔
다."라고 하였다.

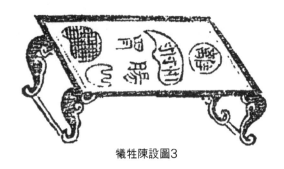

犧牲陳設圖3

右據陳設儀컨대 曰 離肺一在上端하고 刊(촌)肺三次之하고 腸三胃三又次之라

○ 또 ≪朱文公檢到政和五禮新儀≫에 근거하면, "소와 양의 창자와 위의 경우, 창
자 세 덩이와 위 세 덩이 모두 길이가 俎距[34]에 미친다. 갈라놓은 폐 한 덩이는 작
으면서도 긴데, 종횡으로 갈랐으나 중앙을 조금쯤 자르지 않는다. 저며놓은 폐는
세 덩이이다. 올려놓는 순서는 갈라놓은 폐를 상단에, 저며놓은 폐를 다음에, 창자
와 위를 하단에 둔다."라고 하였다.

○ 又據朱文公檢到政和五禮新儀컨대 曰 凡牛羊腸胃는 腸三胃三은 其長이 皆及俎距하고 離
肺一은 小而長하니 午割之호대 不絶中央少許하고 刊肺三이라 其載之次序는 以離肺로 在上端하고
刊肺次之하고 腸胃在下端이라

---

34) 俎距 : 俎의 가로턱이다.

돼지 생 껍질 아홉과 또 익힌 껍질 아홉은 각기 세 개의 俎에 담는다.

豕腥膚九와 又熟九를 各實三俎라

생 껍질은 오른쪽 俎에 하나 두고 익힌 껍질은 오른쪽 俎에 2중으로 둔다.

腥은 右俎第一重이요 熟은 右俎第二重이라

이상의 내용을 ≪陳設儀≫에 근거하면, "돼지 생 껍질 아홉 덩이는 가로로 올린다. 익힌 껍질은 생 껍질처럼 올린다."라고 하였다.

右據陳設儀컨대 曰 豕腥膚九는 橫載라 熟膚는 其載如腥이라

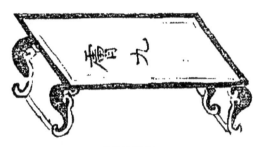

犧牲陳設圖4

○ 이상의 내용을 ≪朱文公檢到政和五禮新儀≫에 의거하면, "돼지 껍질 아홉 덩이는 가로로 俎에 올린다. 지금 가죽이 딸려 있으니 모두 생 껍질과 익힌 껍질의 제물에서 분리한다."라고 하였다.

○ 又據朱文公檢到政和五禮新儀컨대 曰 凡豕膚九는 橫載於俎라 今其皮革相順하니 皆分生熟之薦이라

○ ≪陳氏禮書≫를 살펴보면 "등뼈가 3개이고 좌우 갈비뼈가 6개이다."라고 하였다.

○ 按陳氏禮書컨대 曰 脊骨三與左右脅骨六이라

○ 여러 판본들이 옳지 않으니, 지금 이상의 내용은 ≪진설의≫와 ≪주문공검도정화오례신의≫를 함께 근거하여 바로 잡는다.

○ 諸本未是하니 今已上은 竝據陳設儀及朱文公檢到政和五禮新儀하여 釐正之하노라

대성지전　大成之殿

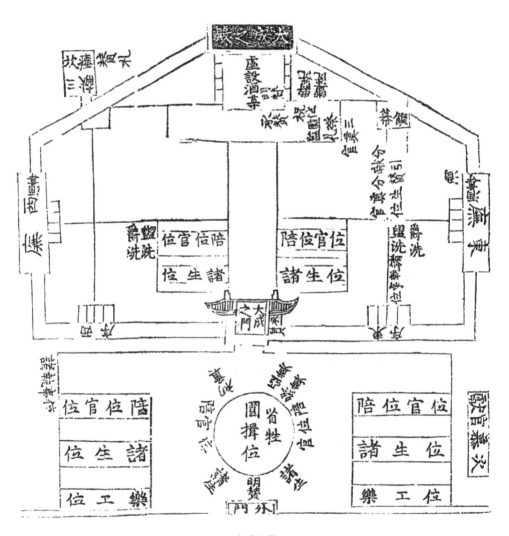

大成之殿

丁日 제사의 복식　丁祭服式

至元 10년(1273) 2월, 中書省 大司農 御史中丞 兼領侍儀司가 아뢰었다.

"대성지성문선왕께서는 王者의 예악을 쓰고 왕자의 의관을 입으며 천자가 제사를 드리니, 만세에 가장 존귀함과 천년에 두루 제사를 드리는 일에 있어 우리 부자만한 분이 없을 것입니다. 가만히 보면, 지방의 관원, 提舉, 教授가 매번 춘추두 번의 丁日에 석전을 올릴 때 常服을 바꾸지 않고 집사를 담당하니, 예에 마땅치 않습니다. 지금부터 마땅히 집사 관원들은 각기 品序에 따라 公服을 착용하고 陪位하는 儒者들 역시 襴衫(난삼)[35]과 띠를 착용하고 唐巾[36]을 쓰고 석전의 예를 행하도록 하십시오."

吏部에서 議決하기를 "의관은 귀천을 드러내고 정성과 공경을 보이는 것입니다. 일을 준비하고 맡은 관원 및 배위하는 유자들은 마땅히 의례를 공경히 하여 일을 거행해야 합니다. 말한 바를 다 헤아려서 모두 살피고 준하여 아룁니다."라고 하였다.

襴衫

至元十年二月에 中書省大司農御史中丞兼領侍儀司呈호대 大成至聖文宣王은 用王者之禮樂하고 御王者之衣冠이라 天子供祠하니 其於萬世之絶尊과 千載之通祀者에 莫如吾夫子也로대 切見外路官員提舉教授가 每遇春秋二丁하여 不變常服하고 以供執事하니 於禮未宜니이다 自今以往으로 擬合令執事官員으로 各依品序하여 穿着公服하고 陪位諸儒도 亦合衣襴帶冠唐巾하여 以行釋奠之禮하소서하니 吏部議得호대 衣冠은 所以彰貴賤表誠敬이니 凡預執事官員及陪位諸儒는 當謹儀禮하여 以行其事하나니 合准所言하여 都省准呈하노이다

---

35) 襴衫(난삼) : 웃옷인 衫의 아래에 裳처럼 덧단을 대어 만든 옷으로, 士人의 公服이다.

36) 唐巾 : 관의 한 종류로 윗부분이 꺾여있는 折上巾의 형태로 烏紗帽와 비슷하나 뒤쪽에 軟脚을 늘어뜨린다.

대명회전사의 大明會典祀儀[1]

모든 제사 시기는 洪武[2] 원년(1368)에 仲春(2월)과 仲秋(8월)의 上丁日로 정하고, 향을 하사하고 관리를 파견하여 國學에서 공자에게 제사를 지내도록 하였다.

凡祭期는 **洪武元年**에 **定以仲春秋上丁日**하고 **降香遣官**하여 **祭孔子于國學**이라

4년, 進士가 釋褐[3]하고 국학에 나아가 釋菜[4]를 지냈다. 다시 개정하여, 각기 높은 상을 두고, 籩과 豆, 簠와 簋,[5] 登과 鉶[6]은 모두 사기 그릇을 사용하며, 희생은 익힌 것을 썼다. 樂舞生[7]은 國子監 생도와 국학에 재학 중인 문무 대신의 자제를 뽑아서 미리 가르쳐 익히도록 하였다. 후에 太常樂舞生[8]을 썼다.

---

1) 大明會典祀儀 : 《大明會典》에 실린 공자 제례 의식에 관한 기록을 뽑아놓은 것이다. 《大明會典》은 明나라의 행정법규와 제도를 집대성한 일종의 행정법전이다. 弘治 10년(1497) 180권으로 편찬되었고, 嘉靖 연간 두 차례의 증보를 거치고 萬曆 연간에 다시 修訂을 더해 重修本 228권이 이루어졌다. 《大明會典祀儀》는 《大明會典》 권91에 실린 '群祀' 항목 가운데 '先師孔子'에 실린 내용을 발췌하여 정리한 것이다. 이하는 泰仁本을 底本으로 하였다.

2) 洪武 : 明 太祖의 연호로, 1368년부터 1398년까지 사용되었다.

3) 釋褐 : 賤者의 옷을 벗고 관복을 입는다는 뜻이다. 진사가 처음 급제하여 관직을 받는 일을 가리킨다.

4) 釋菜 : 공자에게 지내는 제사의 일종이다. 희생 및 춤을 생략하고 간단하게 채소 등을 올리는 의식으로, 釋奠보다 간략한 의식이다.

5) 簠와 簋 : 祭享 때, 기장과 피를 담는 그릇으로 보와 궤가 짝을 이루어 사용되었다. 보는 밖은 네모지고 안은 둥글며, 궤는 밖과 안이 모두 둥글다. 모두 銅으로 만든다.

6) 登과 鉶 : 등(鐙)은 제기의 일종으로, 조미하지 않은 담박한 국인 大羹을 담는 그릇이고, 鉶은 五味를 갖추어 조미한 和羹을 담는 그릇이다. 등과 형은 짝을 이루어 사용되었다.

7) 樂舞生 : 樂生과 舞生의 병칭이다. 제사 때 雅樂의 연주와 佾舞를 담당하였다.

8) 太常樂舞生 : 太常寺에서 선발한 樂舞生을 가리킨다. 樂舞生은 釋奠에서 음악을 연주하는 樂生과 八佾을 추는 舞生을 병칭한 말이다. 明나라 초기에는 수도하는 어린 동자를 선발하였으나 후에는 군민의 준수한 자제를 선발하여 충당하였다.

四年이라 進士釋褐하고 詣學釋菜라 更定하여 各置高案호대 籩豆簠簋登鉶은 悉用磁器하고 牲用熟하며 樂舞生은 擇監生及文武大臣子弟在學者하여 預敎習之하다 後用大常樂舞生이라

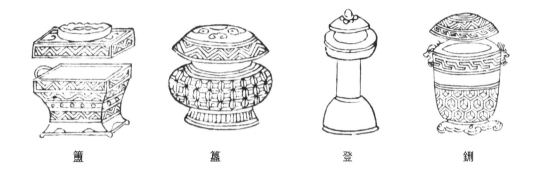

| 簠 | 簋 | 登 | 鉶 |

7년, 仲春 上丁日에 일식이 있어서 다음 丁日로 바꾸었다.

七年이라 仲春上丁에 日食하여 改用次丁하다

26년, 大成樂器[9]를 천하의 府學에 나누어주고 주·현에서 그 방식대로 만들도록 하였다.

二十六年이라 頒大成樂器于天下府學하고 令州縣如式製하다

29년, 揚雄[10]을 黜祀하고 漢나라 董仲舒[11]를 從祀하였다. 이후로 황제가 등극하면 모두 闕里에 관리를 보내 제사를 지내 아뢰었고, 태학에 행차하여 釋菜 의식

---

9) 大成樂器 : 釋奠의 음악에 사용되는 악기를 가리킨다. 金, 石, 絲, 竹, 匏, 土, 革, 木의 팔음을 내는 악기로 구성되어 있는데, 金에 해당되는 악기는 大鐘, 鎛鐘, 特鐘, 編鐘, 石은 特磬, 編磬, 絲는 琴, 瑟, 琵琶, 三絃, 鼓絃, 鐘絃, 提絃, 竹은 笛, 簫, 管, 篪(지), 雙管, 匏는 笙, 土는 塤(훈), 革은 大鼓, 建鼓, 應鼓, 鼖鼓(분고), 搏拊(박부), 木은 柷(축), 敔(어)이다.

10) 揚雄 : B.C. 53~18. 前漢의 학자로, 자는 子雲이다. 四川 成都 출신이다. 司馬相如의 영향을 받았으며, 문장력을 인정받아 成帝 때 궁정 문인의 한 사람이 되었다. ≪太玄經≫과 ≪法言≫ 등이 있다.

11) 董仲舒 : B.C. 179~B.C. 104. 前漢의 학자로, 廣川縣 출신이다. 일찍부터 ≪春秋公羊傳≫을 공부하여, 景帝 때 박사가 되었다. 武帝가 크게 인재를 구하므로 賢良對策을 올려 인정을 받았다. ≪董子文集≫, ≪春秋繁露≫ 등을 남겼다. 明나라 憲宗 때 廣川伯에 봉해졌다.

을 행하였다.

二十九年이라 黜揚雄從祀하고 進漢董仲舒하다 後遇登極이어든 皆遣官하여 祭告闕里하고 駕幸
太學하여 行釋菜儀하다

永樂[12] 8년(1410), 文廟의 그림과 塑像의 의관을 바로잡아 옛 제도와 부합하도
록 하였다.

永樂八年이라 正文廟繪塑衣冠하여 令合古制하다

正統[13] 원년(1436), 從祀者의 功名爵祿과 위치의 순서를 간행하여 천하에 반포
하였다. 胡安國,[14] 蔡沈,[15] 眞德秀[16]를 종사하였다.

正統元年이라 刊定從祀名爵位次하여 頒行天下하다 進胡安國蔡沈眞德秀從祀하다

3년, 상정일의 제사를 지낼 때 물품이 그 지역에서 나지 않는다면 사슴은 양으
로 대신하고 개암과 밤은 그 지역 산출의 과실로 대신하도록 하였다.

三年이라 令祭丁에 品物非其土産이어든 鹿以羊代하고 榛栗以所産菓品代하다

---

12) 永樂 : 明 成祖의 연호로, 1403년부터 1424년까지 사용되었다.
13) 正統 : 明 英宗의 연호로, 1436년부터 1449년까지 사용되었다.
14) 胡安國 : 1074~1138. 北宋 때의 학자이다. 자는 康侯, 시호는 文定이며, 福建 崇安 출신이다.
程頤를 私淑하여 居敬窮理의 학문을 중히 여겼다. 《春秋胡氏傳》, 《資治通鑑擧要補遺》 등을
남겼다. 명나라 헌종 때 建寧伯에 봉해졌다.
15) 蔡沈 : 1167~1230. 南宋 때 학자이다. 자는 仲默, 호는 九峰先生, 시호는 文正이다. 蔡元定의
둘째 아들로, 젊어 가학을 이었고, 朱熹에게 배웠다. 아버지를 따라 道州로 유배를 갔다가 아버
지가 죽은 뒤 九峰에 은거하면서, 주희의 명령으로 《尙書》에 주를 달아, 《書集傳》을 완성했
다. 《洪範皇極》, 《蔡九峰筮法》 등을 남겼다. 명나라 헌종 때 崇安伯에 봉해졌다.
16) 眞德秀 : 1178~1235. 南宋 때 학자이다. 자는 景元 또는 希元인데, 나중에 景希로 고쳤다. 호
는 西山, 시호는 文忠이며, 建寧府 浦城 출신이다. 1199년 진사로 급제하였고, 泉州와 福州의
知州·戶部尙書·翰林學士·參知政事 등을 역임했다. 강직하기로 유명했다. 時政에 대해 자주
건의했고, 奏疏는 수십만 자에 이르렀다. 저서에 《大學衍義》, 《唐書考疑》, 《西山讀書記》,
《文章正宗》, 《西山甲乙稿》, 《西山文集》 등이 있다. 명나라 헌종 때 浦城伯에 봉해지고 문
묘에 종사되었다.

8년, 원나라 吳澄[17]을 臨川郡公에 추봉하고 종사하였다.

八年이라 追封元吳澄하여 爲臨川郡公하고 從祀하다

成化[18] 2년(1466), 동중서를 廣川伯에, 호안국을 建寧伯에, 채침을 崇安伯에, 진덕수를 浦城伯에 봉하였다.

成化二年이라 封董仲舒하여 爲廣川伯하고 胡安國은 建寧伯으로 蔡侵은 崇安伯으로 眞德秀는 浦城伯으로하다

12년, 악무생을 八佾로 증원하였고 籩과 豆는 각기 12개로 늘렸다.

十二年이라 增樂舞生은 爲八佾하고 籩豆는 各十二하다

22년, 2월 초하루에 釋菜를 드려야 하나 상정일이었으므로 다음날 석채를 드렸다.

二十二年이라 二月朔에 當釋菜나 値上丁하여 以次日釋菜하다

景泰[19] 6년(1455), 兩廡의 제사 물품이 검박하므로 돼지 4마리를 늘려야 한다고 아뢰어 윤허를 받았다. 대추와 밤은 각기 50근, 수수와 기장은 각 1두, 形鹽[20]은 50근 늘렸다.

景泰六年이라 奏准以兩廡祭品儉薄으로 增豕四隻하다 棗栗은 各五十斤이요 黍稷은 各一斗요 形鹽은 五十斤이라

---

17) 吳澄 : 1249~1333. 元나라 때 학자이다. 자는 幼淸 또는 伯淸, 호는 草廬先生, 시호는 文正이며, 撫州 崇仁 출신이다. 원나라 武宗이 즉위하자 國子監丞이 되었다. 翰林學士·經筵講官 등을 역임하였다. ≪英宗實錄≫ 편찬을 마치고 귀향했다. 許衡, 劉因과 더불어 원나라를 대표하는 학자로 평가된다. ≪五經纂言≫, ≪吳文正集≫ 등을 남겼다.

18) 成化 : 明 憲宗의 연호로, 1465년부터 1487년까지 사용되었다.

19) 景泰 : 明 景宗의 연호로, 1450년부터 1457년까지 사용되었다.

20) 形鹽 : 제사 지낼 때 사용하는 소금으로, 범 모양으로 만들어 籩에 담아 올렸다.

弘治²¹⁾ 9년(1496), 宋나라 楊時²²⁾를 將樂伯에 봉하고 종사하였다.

弘治九年이라 **封宋楊時**하여 **爲將樂伯**하고 **從祀**하다

嘉靖²³⁾ 9년(1530), 제사의 儀典을 바로잡아 처음으로 나무 신주를 만들어 '至聖先師孔子神位'라고 쓰고, 대성전은 先師廟 하고 대성전의 殿門을 廟門이라 하였다. 四配는 '復聖顔子之位', '宗聖曾子之位', '述聖子思子之位', '亞聖孟子之位'라 칭하였다. 十哲 이하 문하 제자는 모두 '先賢某子之位'라고 칭하고, 左丘明²⁴⁾ 이하는 '先儒某子之位'라 칭하였다.

申黨은 곧 申棖²⁵⁾이니 〈신당과 신정을 모두 종사하던 것을〉 지금 혁파하여 신정만 남겼다. 公伯寮,²⁶⁾ 秦冉,²⁷⁾ 顔何,²⁸⁾ 荀況,²⁹⁾ 戴聖,³⁰⁾ 劉向,³¹⁾ 賈逵,³²⁾ 馬融,³³⁾

---

21) 弘治 : 明 孝宗의 연호로, 1488년부터 1505년까지 사용되었다.

22) 楊時 : 1053~1135. 北宋 때의 학자이다. 자는 中立, 호는 龜山, 福建의 將樂 출신이다. 程顥·程頤 형제에게 수학하였다. 이들의 도학을 전파하여 洛學의 大宗으로 추앙받았다. ≪龜山集≫, ≪龜山語錄≫, ≪二程粹言≫ 등을 남겼다. 明나라 孝宗 때 將樂伯에 봉해졌다.

23) 嘉靖 : 明 世宗의 연호로, 1522년부터 1566년까지 사용되었다.

24) 左丘明 : ?~? 공자와 같은 무렵의 노나라 사람이다. ≪春秋左氏傳≫과 ≪國語≫의 저자로 알려져 있다. 宋나라 徽宗이 中都伯에 봉하였다.

25) 申棖 : ?~? 자는 子周, 춘추시대 노나라 출신이다. ≪史記≫ 〈仲尼弟子列傳〉에는 이름이 申黨, 자가 周로 되어 있고, ≪孔子家語≫ 〈七十二弟子解〉에는 申績이라고 하였으며, ≪論語≫ 〈公冶長〉에는 申棖이라고 기록되어 있다. 당송 이래로 申棖, 申黨 두 사람을 종사하여 오다가 명나라 때 신당의 신위를 철거하고 신정만을 남겼다. 宋나라 眞宗 때 文登侯에 봉해졌고, 明나라 世宗 때 '先賢申子'로 칭해졌다.

26) 公伯寮 : ?~? 자는 子周이며, 이름이 僚, 繚 등으로 표기된 곳도 있다. 춘추시대 노나라 출신이다. 子路와 함께 노나라 계씨의 가신으로 있었다.

27) 秦冉 : ?~? 자는 子開, 춘추시대 채나라 출신이다. ≪史記≫ 〈仲尼弟子列傳〉에는 이름이 기재되어 있으나 ≪공자가어≫에는 실려 있지 않다. 송나라 진종 때 新息侯에 봉해졌고, 명나라 세종 때 '先賢秦子'로 칭해졌다.

28) 顔何 : ?~? 자는 子冉, 춘추시대 노나라 출신이다. ≪공자가어≫에는 이름이 나오지 않는다. 송나라 진종 때 堂邑侯에 봉해졌고, 명나라 세종 때 '先賢顔子'로 칭해졌다.

29) 荀況 : B.C.313~B.C.238. 전국시대의 학자이다. 조나라 출신으로 자는 卿이다. 제나라에 유학하였고, 후에 참소를 받아 제나라를 떠나 春申君의 천거로 蘭陵 수령이 되었다. 춘신군이 암살된 후, 벼슬에서 물러나 문인 교육과 저술에 전념하며 여생을 마쳤다. 맹자의 性善說을 비판하여 性惡說을 주장했으며, 禮를 강조하는 유학 사상을 발달시켰다.

30) 戴聖 : ?~? 전한 때의 학자로, 자는 次君이다. 숙부 戴德과 함께 后蒼에게 배웠고, 小戴로 불린다. 今文禮學인 小戴學의 개창자다. ≪小戴禮記≫를 편찬하였는데, 이것이 지금의 ≪禮記≫이

何休,³⁴⁾ 王肅,³⁵⁾ 王弼,³⁶⁾ 杜預,³⁷⁾ 吳澄 13인은 종사를 혁파하고, 林放,³⁸⁾ 蘧伯

玉,³⁹⁾ 鄭衆,⁴⁰⁾ 盧植,⁴¹⁾ 鄭玄,⁴²⁾ 服虔,⁴³⁾ 范甯⁴⁴⁾ 7인은 각기 그 고향에서 제사를

다. 南宋 度宗 때 考城伯에 봉해졌다.

31) 劉向 : B.C. 77~B.C. 6. 전한의 학자이다. 자는 子政, 한나라 종실 출신이다. 宣帝 때 諫大夫에 기용되어, 수십 편의 賦頌을 지었다. 재차 선제에게 기용되어 石渠閣에서 五經을 강의하였다. 《說苑》, 《新序》, 《列女傳》, 《戰國策》, 《別錄》 등의 저술을 남겼다.

32) 賈逵 : 30~101. 후한의 학자이다. 자는 景伯, 陝西 平陵 출신이다. 《左氏傳解詁》, 《國語解詁》를 저술하여 明帝에게 헌상하였다. 《經傳義詁》, 《論難》 등을 저술하였다. 古文經學의 기초를 닦은 것으로 평가받는다.

33) 馬融 : 79~166. 후한의 학자이다. 자는 季長, 扶風 茂陵 출신이다. 校書郞·南郡太守·議郞을 역임하였다. 梁冀가 李固를 탄핵할 때 글의 초안을 잡았고, 또 〈西第頌〉을 지어 찬양하여 사람들의 비판을 받았다. 제자만 천여 명에 이르렀는데, 盧植과 鄭玄 등도 포함되어 있다. 《孝經》, 《論語》, 《詩經》, 《尙書》, 《周易》, 三禮 등을 주석하였다.

34) 何休 : 129~182. 後漢의 학자이다. 자는 邵公, 任城 樊縣 출신이다. 太傅 陳蕃에 연좌되어 10여 년 동안 금고 생활을 하였고, 금고가 풀리자 司徒府屬史를 거쳐 諫議大夫까지 올랐다. 《春秋公羊解詁》를 완성했다. 그의 공양학은 董仲舒를 이은 것으로 청나라 말에 이르러 今文公羊學으로 발전하였다.

35) 王肅 : 195~256. 삼국시대 위나라의 학자이다. 자는 子雍, 시호는 景侯이며, 散騎黃門侍郞·侍中·太常·中領軍 등을 역임하였다. 賈逵, 馬融의 학문을 계승하였고, 鄭玄에 대해 《聖證論》을 지어 논박했다. 《孔子家語》에 注를 달았고, 《馬王易義》, 《周易注》, 《尙書王氏注》, 《毛詩王氏注》, 《禮記王氏注》, 《論語王氏注》, 《國語章句》, 《王子正論》 등을 남겼다.

36) 王弼 : 226~249. 삼국시대 위나라의 학자이다. 자는 輔嗣, 山陰 출신이다. 何晏 등에게 인정받아 젊은 나이에 尙書郞에 등용되었으나, 司馬氏가 정권을 잡자 면직되었다. 何晏, 夏侯玄 등과 함께 玄學淸談의 풍조를 열었다. 《老子注》와 《周易注》를 남겼다.

37) 杜預 : 222~284. 西晉의 학자이다. 자는 元凱, 京兆 杜陵 출신이다. 魏나라에서 尙書郞을 지냈다. 晉 武帝가 즉위한 후 河南尹·度支尙書·鎭南大將軍·司隸校尉를 역임하였다. 吳나라 정벌에 참여하여 전공을 세웠다. 《春秋左氏經傳集解》, 《春秋釋例》, 《春秋長歷》 등을 남겼다.

38) 林放 : ?~? 자는 子邱이며, 춘추시대 노나라 출신이다. 《史記》와 《孔子家語》에는 이름이 실려 있지 않으며, 임방이 예를 묻는 내용이 《論語》〈八佾〉에 보인다. 송나라 진종 때 長山侯에 봉해졌다. 명나라 때 鄕祀로 내려 보냈다가 청나라 때 다시 공자묘에 입사되어, '先賢林子'로 칭해졌다.

39) 蘧伯玉 : ?~? 이름은 瑗, 자는 伯玉이다. 춘추시대 衛나라 대부로, 세 公을 섬겼다. 공자가 존경하던 벗이다. 《史記》〈仲尼弟子列傳〉에는 이름이 기재되어 있지 않다. 도가에서는 '無爲而治'의 창시자로 알려져 있다. 시호는 成子이다. 원나라 때 內黃侯에 봉해졌다.

40) 鄭衆 : ?~83. 후한의 경학자이다. 자는 仲師, 河南 開封 출신이다. 中郞將과 大司農 등을 역임하였다. 아버지 鄭興의 春秋左氏學을 계승하였으며, 《周易》과 《詩經》, 《周禮》, 《國語》 및 曆算에도 밝았다. 《周禮鄭司農解詁》, 《鄭衆春秋牒例章句》, 《鄭氏婚禮》, 《國語章句》 등을 남겼다. 송나라 진종 때 中牟伯에 봉해지고 文廟에 종사되었다.

41) 盧植 : ?~192. 후한의 경학자이다. 자는 子幹, 涿縣 출신이다. 靈帝 때 博士가 되었고, 九江太守, 北中郞將, 尙書 등을 역임하였다. 후에 董卓이 少帝를 폐위할 것을 거론하자 귀향하여, 上谷

지내게 하고, 后蒼,[45] 王通,[46] 歐陽脩,[47] 胡瑗,[48] 陸九淵,[49] 許衡[50]을 종사에 증

에 은거했다. 《尙書章句》, 《三禮解詁》 등을 저술하였으나 일실되었고 《小戴禮記注》가 전한다. 송나라 진종 때 良鄕伯에 봉해지고 문묘에 종사되었다.

42) 鄭玄 : 127~200. 후한의 학자이다. 자는 康成이며, 北海 高密 출신이다. 鄕嗇夫라는 지방의 말단관리로 있었으나, 낙양에 올라가 太學에 입학하였다. 馬融 등에게 배운 뒤 40세가 넘어서 귀향하였다. 44세에 '黨錮의 화'를 입고, 집안에 칩거하여 연구와 저술에 몰두하였다. 평생을 학문에 바쳐 수천 명의 제자를 거느리는 일대 학파를 형성하였다. 訓詁學·經學의 시조로 추앙받는 인물이다. 《周易》, 《尙書》, 《毛詩》, 《周禮》, 《儀禮》, 《禮記》, 《論語》, 《孝經》 등을 주석하였다. 송나라 때 高密伯에 봉해졌다.

43) 服虔 : ?~? 후한의 경학자이다. 자는 子愼이며, 河南 榮陽 출신이다. 孝廉으로 천거되어 九江太守를 지냈다. 《春秋左氏傳解》를 저술하여, 그의 주석이 東晉 및 남북조 시대에 크게 성행하였다. 송나라 진종 때 榮陽伯에 봉해지고 문묘에 종사되었다.

44) 范甯 : 339~401. 동진의 학자이며, 자는 武子이다. 孝武帝 때 中書侍郎이 되었으나, 지방관으로 좌천되었다. 이때 학교를 세우고 경학에 힘썼다. 《春秋穀梁傳》의 집해를 저술하였다. 송나라 때 新野伯에 봉해졌다.

45) 后蒼 : ?~? 전한의 학자이다. 夏侯始昌, 孟卿 등에게 배웠다. 한 무제 때 박사가 되었고 관직이 少府에 이르렀다. 《시경》과 예학에 통달하여 많은 제자를 두었다.

46) 王通 : 584~617. 수나라의 학자이다. 자는 仲淹, 시호는 文中子이며, 絳州 龍門 출신이다. 당나라 王勃의 조부로, 강학에 힘을 쏟아 薛收와 房喬, 李靖, 魏徵, 房玄齡 등을 배출했다. 文帝 때 〈太平十策〉을 상주했는데, 채택되지 않은 것을 알고 河汾 일대로 돌아와 제자를 가르치는 것을 업으로 삼았다. 《文中子》, 《元經》 등을 남겼다.

47) 歐陽脩 : 1007~1072. 북송의 학자이다. 자는 永叔, 호는 醉翁·六一居士이며, 廬陵 출신이다. 仁宗 때 진사에 급제하여 館閣校勘으로 관직 생활을 시작했다. 范仲淹이 재상 呂夷簡에 의해 좌천되자 이에 불복하다가 夷陵의 令으로 좌천되었다. 1043년 知諫院에 임명되자 글을 올려 범중엄 등을 기용할 것을 주장했다. 그러나 다시 정적으로부터 기피 대상으로 몰려 11년 동안 지방을 전전했다. 龍圖閣直學士·禮部侍郎兼翰林侍讀學士·樞密副使·參知政事를 역임하였다. 梅堯臣·蘇舜欽 등과 함께 古文을 제창하였고, 종래의 '西崑體'를 비판하였다. 詩文 혁신운동의 기수로 꼽힌다. 《歐陽文忠公集》을 남겼다.

48) 胡瑗 : 993~1059. 북송의 학자이다. 자는 翼之, 호는 安定先生, 泰州 海陵 출신이다. 經術로 范仲淹의 초빙을 받아 蘇州府學 敎授를 지냈다. 太學博士·國子監直講·太常博士 등을 역임했다. 孫復, 石介와 함께 仁義禮樂을 제창하여 '宋初三先生'이라 불렸다. 性命에 대한 견해를 개진하여 송나라 理學의 발전에 선구적 역할을 했다. 《論語說》, 《洪範口義》, 《周易口義》, 《春秋口義》, 《皇祐新樂圖記》 등을 남겼다.

49) 陸九淵 : 1139~1192. 남송의 학자이다. 자는 子靜, 호는 存齋·象山翁, 시호는 文安이며, 撫州 金溪 출신이다. 朱熹와 이름을 나란히 했지만 견해는 대립하여 학계를 양분하는 학문적 세력을 형성하였다. 주희와 서신으로 논쟁하면서 鵝湖에서 만나 변론을 벌였으나, 학문을 존중하여 도의적 교유는 변하지 않았다. 명나라의 王守仁이 그의 사상을 계승해 陸王學派를 형성했다. 《象山先生全集》을 남겼다.

50) 許衡 : 1209~1281. 원나라 때 학자이다. 자는 仲平, 호는 魯齋, 시호는 文正이며, 懷孟 河內 출신이다. 蘇門에 살면서 姚樞와 함께 강습하면서 도학을 실천하였다. 憲宗 4년 忽必烈의 초빙으로, 京兆提學과 國子祭酒 등의 요직을 맡았다. 集賢殿大學士·領太史院事 등을 역임하였다.

원하였다. 籩과 豆, 樂舞의 수를 모두 다시 정하였다. 內臣을 통해 향을 하사하는 일 역시 그만두었다.

嘉靖九年이라 釐正祀典하여 始爲木主하고 題曰 至聖先師孔子神位라하다 大成殿은 爲先師廟하고 殿門은 爲廟門하다 四配는 稱復聖顏子宗聖曾子述聖子思子亞聖孟子之位하며 十哲以下門弟子는 皆稱先賢某子之位하고 左丘明以下는 稱先儒某子之位하다 申黨은 卽申棖이니 今革하여 存棖이라 公伯寮秦冉顏何荀況戴聖劉向賈逵馬融何休王肅王弼杜預吳澄十三人은 罷祀하고 林放蘧伯玉鄭衆盧植鄭玄服虔范甯七人은 各祀于其鄉하고 后蒼王通歐陽脩胡瑗陸九淵許衡은 增入從祀하다 凡籩豆樂舞之數는 皆更定焉하고 內臣降香은 亦罷라

隆慶[51] 5년(1571), 본조(명나라) 薛瑄[52]을 종사하였다.

隆慶五年이라 以本朝薛瑄從祀하다

萬曆[53] 12년(1584), 본조 王守仁,[54] 陳獻章,[55] 胡居仁[56]을 종사하였다. 동무에

≪讀易私言≫, ≪魯齋心法≫, ≪魯齋遺書≫, ≪許文正公遺書≫, ≪許魯齋集≫ 등을 남겼다. 元나라 仁宗 때 문묘에 종사되었다.

51) 隆慶 : 明 穆宗의 연호로, 1567년부터 1572년까지 사용되었다.

52) 薛瑄 : 1389?~1464. 명나라 때의 학자이다. 자는 德溫, 호는 敬軒, 시호는 文清이며, 山西 河津 출신이다. 魏希文과 范汝舟에게 理學을 배웠다. 山東提學僉事로 있을 때, 白鹿洞學規를 학생들에게 보여주면서 직접 강의하여, 사람들이 薛夫子라 불렀다고 한다. 大理寺丞·禮部右侍郎 겸 翰林院學士 등을 역임하였다. 程朱의 학설을 학문의 근간으로 삼았으며, ≪從政錄≫, ≪讀書錄≫, ≪薛文清集≫ 등을 남겼다.

53) 萬曆 : 明 神宗의 연호로, 1573년부터 1620년까지 사용되었다.

54) 王守仁 : 1472~1529. 명나라 때 학자이다. 자는 伯安, 호는 陽明, 시호는 文成이며, 浙江 餘姚 출신이다. 刑部主事·右僉都御使·南贛巡撫 등을 역임하였으며, 여러 반란 사건을 진압하였다. 49살 때 처음으로 致良知의 설을 제창하고 강학에 힘써 문하의 제자가 더욱 융성해졌다. 陸象山의 사상을 계승하여 독자적인 유학 사상을 발전시켰는데, 이를 양명학이라 한다. 그의 사상은 '知行合一', '靜座法', '致良知' 등을 원리로 한다. ≪傳習錄≫, ≪王文成公全書≫를 남겼다.

55) 陳獻章 : 1428~1500. 명나라 때 학자이다. 자는 公甫, 호는 白沙先生·石齋·石翁이며, 廣東 新會 출신이다. 吳與弼에게 理學을 배우고 돌아와, 陽春臺를 쌓고 독서하였다. 1483년 翰林檢討에 임명되었으나, 終養을 위해 귀향했다. 陸象山의 학풍을 계승했으며, 天理와의 일체를 주장하였다. ≪白沙詩教解≫와 ≪白沙集≫을 남겼다.

56) 胡居仁 : 1434~1484. 명나라 때 학자이다. 자는 叔心, 호는 敬齋이며, 江西 餘幹 출신이다. 성인의 학문에 뜻을 두고, 吳與弼 문하에 들어가 程朱學의 정통을 이어받았다. 忠信을 위주로

있던 英廡侯 曾點⁵⁷⁾과 泗水侯 孔鯉⁵⁸⁾를 바꾸어 啓聖祠에 종사하고, 서무에 있던 曲阜侯 顔無繇⁵⁹⁾를 바꾸어 계성사에 종사하였다.

萬曆十二年이라 以本朝王守仁陳(憲)〔獻〕⁶⁰⁾章胡居仁從祀하다 東廡의 英廡侯曾點과 泗水孔鯉를 改入啓聖祠하여 從祀하고 西廡의 曲阜侯顔無繇를 改入啓聖祠하여 從祀하다

1. 재계한다.

一 齋戒라

1. 희생을 살핀다.

一 省牲이라

소 1마리, 산양 5마리, 돼지 9마리, 사슴 1마리, 토끼 5마리의 희생을 살핀다.
牛一^① 山羊五^② 豕九^③ 鹿一 兎五^④라

① 지금은 2마리를 쓴다.
    今二라
② 지금은 北羊⁶¹⁾을 쓴다.

하면서 放心을 구하는 것을 요점으로 삼았다. 白鹿書院과 洞源書院의 초청을 받아 강의했고, 淮王의 초청으로 ≪周易≫을 강의하기도 하였다. ≪居業錄≫, ≪敬齋集≫, ≪易象鈔≫, ≪胡文敬公集≫ 등을 남겼다.

57) 曾點 : ?~? 자는 子晳, 춘추시대 노나라 南武城 출신이다. 아들 曾子와 함께 공자의 문하에 있었다. 唐나라 玄宗 때 宿伯에 봉해졌고, 宋나라 眞宗 때 萊蕪伯에 봉해졌으며, 南宋 度宗 때 문묘에 종사되었고, 명나라 英宗 때 공의 작위를 받았다.

58) 孔鯉 : B.C.532~B.C.481. 자는 伯魚이다. 그가 태어났을 때 魯 昭公이 잉어를 보내와 '鯉'라는 이름을 갖게 되었다. 공자보다 먼저 세상을 떠났다. 공자의 아들이자 述聖 孔伋의 아버지이므로, 송나라 휘종이 泗水侯에 봉하였다.

59) 顔無繇 : B.C.545~? 자는 路이며, 顔路라고 부르기도 한다. 춘추시대 노나라 출신이며, 顔回의 아버지이다. 부자가 모두 공자의 문하에 있었다. 元나라 文宗 때 杞國公에 봉해졌다.

60) (憲)〔獻〕: 저본에는 '憲'으로 되어 있으나, ≪大明會典≫에 의거하여 '獻'으로 바로잡았다.

61) 北羊 : 양의 한 종류이다. 韓榮國의 ≪迂書≫ 권1〈附金相堉甲申上疏〉에 "양에는 두 종류가 있으니, 北羊은 털이 아름다우나 성질이 불같기 때문에 火羊이라고 하고 南羊은 털이 연하고 성질

今北羊이라

③ 지금은 14마리를 쓴다.

今十四라

④ 지금은 1마리를 쓴다.

今一이라

1. 陳設한다.

一 陳設이라

正壇에는 송아지 1마리, 양 1마리, 돼지 1마리, 甑 1개, 鉶 2개, 籩과 豆 각 10개, 簠와 簋 각 2개, 비단 1필을 진설한다. 酒尊 3개, 爵 1개, 광주리 1개를 정단의 동남쪽에 함께 진설하고 서쪽을 향하게 한다. 文案 1개를 정단 서쪽에 진설한다.

正壇은 犢一羊一豕一登一鉶二요 籩豆各十이요 簠簋各二요 帛一이라 共設酒尊三爵一篚一于壇東南하고 西向하며 文案一于壇西라

四配位에는 神位마다 양 1마리, 돼지 1마리, 등 1개, 형 2개, 변과 두 각 10개, 보와 궤 각 1개, 작 2개, 비단 1필, 광주리 1개를 진설한다.

四配位는 每位에 羊一豕一登一鉶二요 籩豆各十簠簋各一이요 爵二帛一篚一이라

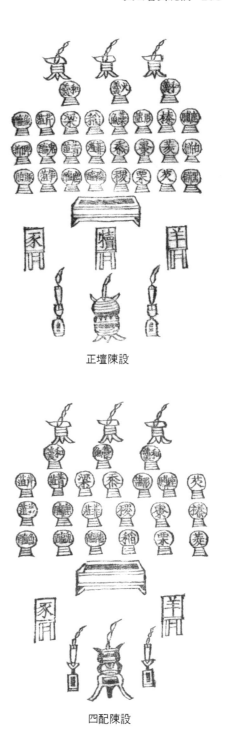

正壇陳設

四配陳設

이 유순하기 때문에 綿羊이라고 한다.〔羊有二種 北羊毛美而性燥 故謂之火羊 南羊毛脆而性柔 故謂之綿羊〕"라고 하였다.

十哲位에는 동쪽 5개 壇의 신위마다 돼지 1마리를 다섯으로 나누어 놓고 비단 1필, 광주리 1개, 작 3개, 형 1개, 변과 두 각 4개, 보와 궤 각 1개, 酒盞 1개를 진설한다. 서쪽 5개의 단도 마찬가지이다.

十哲位는 東五壇은 每位에 豕一分五하고 帛一筐一爵三鉶一이요 籩豆各四簠簋各一이요 酒盞〔一〕[62]이라 西五壇同이라

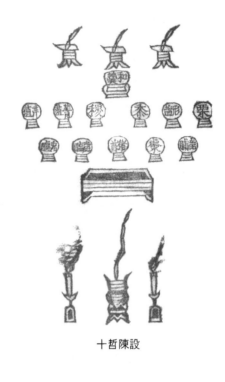

十哲陳設

東廡는 53위에 모두 13개의 단이었는데, 지금은 47위에 16개의 단을 나누어 설치한다. 매 단에 돼지 1마리를 셋으로 나누어 놓고, 비단 1필, 광주리 1개, 작 1개, 변과 두 각 4개, 보와 궤 각 1개, 주잔 4개를 진설한다.

東廡는 五十三位에 共十三壇이러니 今四十七位에 分十六壇이라 每壇에 豕一分三하고 帛一筐一爵一이요 籩豆各四簠簋各一이요 酒盞四라

西廡는 52위에 모두 13개의 단이었는데, 지금은 48위에 16개의 단을 나누어 설치한다. 진설은 위와 같다.

西廡는 五十二位에 共十三壇이러니 今四十八位에 分十六壇이라 陳設同上이라

兩廡陳設

---

62) 〔一〕: 底本에는 누락되어 있으나, ≪大明會典≫에 의거하여 보충하였다.

正祭에는 典儀가 唱을 하여 迎神을 행하면 모두 四拜한다. 악장은 6장만을 연주한다. 축문을 읽을 때 제관들은 모두 무릎을 꿇는다. 종헌 후에 음복할 때도 나란히 무릎을 꿇는다. 집사가 爵을 올리면 贊이 음복하고 祭肉을 올리면 찬이 祭肉을 받고, 자리로 돌아가 재배한다. 음식을 거두고 신을 전송할 때 사배한다. 讀祝官은 축문을 받들고 掌祭官은 폐백을 받들어 望瘞位로 나가면, 예가 끝난다.

正祭는 典儀가 唱하여 行迎神이어든 皆四拜라 樂章只取六章이라 讀祝時에 衆官皆跪하고 終獻後飲福에 亦竝跪라 執事가 以爵進이어든 贊이 飲福하고 以胙進이어든 贊이 受胙하고 復位再拜라 徹饌而送神이어든 四拜라 讀祝官은 捧祝하고 掌祭官은 捧帛하여 詣望瘞位하여 禮畢이라

축문은 다음과 같다.

"洪武 ○○년 세차 ○朔 ○일, 황제께서 아무개 관 아무개를 보내 大成至聖文宣王께 제사를 드립니다. 생각하옵건대, 문선왕께서는 덕이 천지에 짝하고 도가 고금에 으뜸이며, 六經을 산삭하고 찬술하며 가르침을 만세에 드리우셨습니다. 삼가 희생과 폐백, 술과 곡식의 여러 제물로써 공손히 옛 典章을 받들어 공경히 진설하여 밝게 올립니다. 兗國復聖公, 郕國宗聖公, 沂國述聖公, 鄒國亞聖公을 배향합니다. 흠향하옵소서."

祝文이라 維洪武年歲次朔日에 皇帝가 遣某官某하여 致祭于大成至聖文宣王①하노이다 惟王②은 德配天地하고 道冠古今하며 刪述六經하고 垂憲萬世일새 謹以牲帛醴齊粢盛庶品으로 祗奉舊章하여 式陳明薦하고 以兗國復聖公③과 郕國宗聖公④과 沂國述聖公⑤과 鄒國亞聖公⑥으로 配하노니 尙享하소서

① 嘉靖 연간의 禮에는 '至聖先師孔子'라고 하였다.
　　嘉靖禮는 至聖先師孔子[63]라
② 가정 연간의 예에는 '생각하옵건대 스승[師]께서는'이라고 하였다.
　　嘉靖禮曰 惟師라하다
③ 안자이다. 가정 연간의 예에는 '復聖顔子'라고 하였다.
　　顔子라 嘉靖禮曰 復聖顔子라하다
④ 증자이다. 가정 연간의 예에는 '宗聖曾子'라 하였다.

---

63) 嘉靖禮至聖先師孔子 : 底本에는 '惟' 다음에 위치하여 있으나 문맥에 따라 옮겼다.

曾子라 嘉靖禮曰 宗聖曾子라하다

⑤ 자사자이다. 가정 연간의 예에는 '述聖子思子'라고 하였다.

子思子라 曰述聖子思子라하다

⑥ 맹자이다. 가정 연간의 예에는 '亞聖孟子'라 하였다.

孟子라 曰亞聖孟子라하다

月朔에 釋菜를 올리는 儀禮　月朔釋菜儀

당일 새벽에 집사자는 각기 자기 일을 맡고 分獻官은 대성전 정단 앞 문 안에 나누어 늘어서고, 監生(국자감 학생)은 배열한다. 通贊이 외치면 배열한 감생은 일어서고 절을 한다. 五聖位, 十哲位, 兩廡 각 신위 앞에 술을 한 번 올리고 절을 하고 마친다.

其日淸晨에 執事者는 各司其事하고 分獻官은 分列于大成正壇前內하고 監生은 排班이라 通贊이 唱하거든 排班興拜라 五聖位十哲兩廡各位前에는 一獻拜畢이라

啓聖祠에 제사 지내는 儀禮　啓聖祠祭儀

嘉靖 9년(1530), 兩京(북경과 남경) 국자감과 천하의 학교에 각기 啓聖公(叔梁紇)의 사당을 세우도록 하였다. 사당에서는 숙량흘을 제사 지내고 신주에는 '啓聖公孔氏之位'라고 썼다. 顏無繇,[64] 曾點, 孔鯉, 孟孫氏[65]를 배향하고 모두 '先賢某氏之位'라고 칭하였다. 程珦,[66] 朱松,[67] 蔡元定[68]을 종사하고 모두 '先儒某氏之位'라고

---

64) 顏無繇 : B.C. 545~? 자는 路, 顏路라고 부르기도 한다. 춘추시대 노나라 출신으로, 안회의 아버지이다.

65) 孟孫氏 : ?~? 성은 孟, 이름은 激, 자는 公宜로 맹자의 아버지이다.

66) 程珦 : 1006~1090. 北宋의 관리이다. 자는 伯溫이고, 洛陽 출신이다. 大臣의 後裔라는 이유로 錄用되어, 黃陂縣尉에 임명되었다. 通判南安軍으로 부임하였을 때 周敦頤와 교유하여, 두 아들의 교육을 맡겼는데, 이들이 성리학자 程顥, 程頤 형제이다. 冀州, 磁州, 漢州 등의 知州를 역임하였다. 후에 熙寧新法에 반대하여 稱病하고 벼슬을 그만두었다.

67) 朱松 : 1097~1143. 宋의 학자이다. 자는 喬年이고, 호는 韋齋이다. 徽州 婺源 출신이다. 徽宗

칭하였다. 매년 중춘(2월)과 중추(8월) 上丁日에 국자감 좨주를 보내 예를 행하였다. 남경의 국자감에서는 司業이 예를 행하였다.

嘉靖九年에 令兩京國子監幷天下學校로 各建啓聖公祠호대 祠中에 祀叔梁紇하고 題稱啓聖公孔氏之位라하다 以顔無繇曾點孔鯉孟孫氏로 配하고 俱稱先賢某氏之位라하고 程珦朱松蔡元定으로 從祀하고 俱稱先儒某氏之位라하다 每歲仲春秋上丁日에 遣國子監祭酒하여 行禮라 南監은 司業行禮라

1. 陳設한다.

一 陳設이라

正位에는 양 1마리, 돼지 1마리, 籩과 豆 각 8개, 簠와 簋 각 2개, 鉶 2개, 爵 3개, 비단 1필, 광주리 1개를 진설한다.

正位는 羊一豕一이요 籩豆各八簠簋各二요 鉶二爵三帛一筐一이라

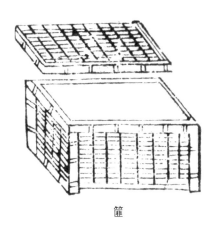

筐

동쪽 配位에는 돼지 1마리, 작 3개, 비단 1필, 광주리 1개를 진설하고, 신위마다 보와 궤 각 1개, 변과 두 각 4개를 진설한다.

東配는 豕一爵三帛一筐一이요 每位에 簠簋各一籩豆各四라

대에 進士가 되어 政和縣尉, 尤溪縣尉, 校書郞, 著作佐郞 등을 역임하였고, 秘書省正字, 吏部郞 등을 지냈다. 程顥, 程頤의 학설의 영향을 받아 성리학자 胡憲, 劉勉之, 劉子羽 등과 교유하였으며, 泉州에서 성리학을 강의한 첫 번째 인물로 꼽힌다. 南宋의 저명한 성리학자 朱熹의 아버지이다.

68) 蔡元定 : 1135~1198. 南宋의 학자이다. 자는 季通이고, 호는 西山先生이다. 建州 建陽 출신이다. 성리학자 蔡發의 아들로, 朱熹를 사사하였다. 평생 벼슬에 나가지 않고 저술에 힘썼으며, 天文, 地理, 律呂, 曆數, 兵學에 정통하였다. 朱子의 性理學을 계승한 주요 인물로 꼽혀 '朱門領袖', '閩學干城'으로 칭해졌다. 저서로 ≪律呂新書≫, ≪西山公集≫ 등이 있다. ≪書集傳≫을 지은 蔡沈의 아버지이다.

서쪽 配位는, 동쪽과 서쪽 배위에 종사한 배위의 진설을 같게 한다.

西配는 東西從祀同이라

正祭日 五更에 典儀가 唱하고 집사관이 각기 제 일을 담당하여 神을 맞이하고 四
拜한다. 양무의 분헌관도 같다. 폐백을 올리고 초헌례를 행하고 각 신위 앞에 폐백
과 작을 바친다. 아헌과 종헌을 행한 후 거둔다. 神를 전송하고 四拜한다. 서무의
분헌관도 같다. 讀祝官이 축문을 받들고 掌祭官이 폐백을 받들고 각기 망예위에
나아가면, 예가 끝난다.

正祭日五更에 典儀唱이어든 執事官은 各司其事하고 迎神四拜하니 兩廡分獻官同이라 奠帛하고
行初獻禮하고 各位前에 獻帛獻爵이라 亞終獻徹하고 送神四拜하니 西廡分獻官同이라 讀祝官은 捧
祝하고 掌祭官은 捧帛하여 各詣望瘞位하여 禮畢이라

축문은 다음과 같다.

"유 ○○년 ○○월 ○○일, 황제께서 아무개 관 아무개를 보내 啓聖公 孔氏께 제
사를 올립니다. 생각하옵건대, 공께서는 至聖을 탄생시켜 萬世 王者의 스승이 되도
록 하시니 공덕이 밝게 드러납니다. 이에 중춘과 중추에 특별히 보내 제사를 지냅
니다. 先賢 顏氏, 先賢 曾氏, 先賢 孔氏, 先賢 孟氏를 배향합니다. 흠향하옵소서."

祝文이라 維年月日에 皇帝遣某官某하여 致祭于啓聖公孔氏하노이다 曰惟公誕生至聖하여 爲萬
世王者之師하니 功德顯著라 玆因仲春秋하여 特用遣祭하고 以先賢顏氏先賢曾氏先賢孔氏先賢
孟氏配하노니 尙享하소서

아조문묘향사위   我朝文廟享祀位[1]

　大成至聖文宣王 孔子를 〈正位에 모신다.〉 兗國復聖公 顔子,[2] 沂國述聖公 子思,[3] 郕國宗聖公 曾子,[4] 鄒國亞聖公 孟子[5]를 配享한다.

　大成至聖文宣王孔子[1]라 兗國復聖公顔子[2]와 沂國述聖公子思[3]와 郕國宗聖公曾子[4]와 鄒國亞聖公孟子[5]配라

① 공자는 諱는 丘, 자는 仲尼이다. 정면에 위치한다.
　　諱丘요 字仲尼라 正位라

② 안자는 이름은 回, 자는 子淵이다.
　　名回요 字子淵이라

③ 자사는 이름은 伋이다. 공자의 손자이다. ○ 이상은 동편에 위치한다.
　　名伋이요 孔子之孫이라 ○ 已上位東이라

④ 증자는 이름은 參, 자는 子輿이다.
　　名參이요 字子輿라

⑤ 맹자는 이름은 軻, 자는 子輿이다. ○ 이상은 서편에 위치한다.

---

1) 我朝文廟享祀位 : 이 자료는 조선조 문묘에 享祀한 인물을 나열하고 배향한 位次를 나타낸 것이다.

2) 顔子 : B.C.521~B.C.491. 자는 子淵으로 曲阜 출신이다. 공자보다 30세 연소하였으며 가장 촉망받던 제자였는데, 29세에 요절하였다. 元나라 文宗 때 兗國復聖公으로 추증되었고, 明나라 世宗 때 復聖公으로 추봉되었다.

3) 子思 : B.C.483~B.C.402. 자는 子思이며 子思子라고도 불린다. 공자의 嫡孫이자 孔鯉의 아들 이다. 曾子에게 배웠다. 《中庸》을 저술하였다. 원나라 문종 때 沂國述聖公으로 추증되었고, 명 나라 세종 때 述聖公으로 추봉되었다.

4) 曾子 : B.C.505~B.C.435. 자는 子輿이다. 공자 만년의 제자로 아버지 曾點과 함께 공자 문하 에 있었다. 공자가 죽은 후 삼년상을 지냈다. 《大學》의 經을 지었다고 전해진다. 원나라 문종 때 郕國宗聖公으로 추증되었고, 명나라 세종 때 宗聖公으로 추봉되었다.

5) 孟子 : B.C.372~B.C.289. 자는 子輿 혹은 子居 등이 전하나 정확하지 않다. 전국시대 鄒나라 출신으로 子思를 사숙하였다. 제자들에 의해 《孟子》가 전한다. 원나라 문종 때 鄒國亞聖公으 로 추증되었고, 명나라 세종 때 亞聖公으로 추봉되었다.

名軻요 字子興라 ○ 已上位西라

　　費公 閔損,⁶⁾ 薛公 冉雍,⁷⁾ 黎公 端木賜,⁸⁾ 衛公 仲由,⁹⁾ 魏公 卜商,¹⁰⁾ 道國公 周敦頤,¹¹⁾ 豫國公 程顥,¹²⁾ 郿伯 張載¹³⁾를〈大成殿 동편에 配享한다.〉

---

6) 閔損 : B.C. 563~B.C. 487. 자는 子騫이며, 閔子라고도 불린다. 魯나라 靑州 宿國 출신이다. 효행으로 이름이 높았고, 덕행으로 안회와 병칭된다. 평생 관직에 나가지 않았다. 南宋 度宗 때 費公에 봉해졌고, 明 世宗 때 '先賢閔子'로 칭해졌다.

7) 冉雍 : B.C. 522~? 자는 仲弓이다. 형 冉耕, 이복동생 冉求와 함께 삼형제가 공자의 문하에서 이름을 날려, '一門三賢'으로 불렸다. 덕행으로 이름이 났으며, 공자가 '南面'을 시킬 만하다고 평하였다. 남송 도종 때 '薛公'에 봉해졌고, 명 세종 때 '先賢冉子'로 칭해졌다.

8) 端木賜 : B.C. 520~B.C. 456. 자는 子貢이다. 춘추시대 衛나라 출신이다. 공자가 노나라를 떠나 위나라에 유세할 때 공자의 문하에 들어가 함께 천하를 주유하였다. 공자가 '瑚璉之器'라고 평한 바 있다. 노나라와 위나라의 재상을 역임하였다. 상업에도 능해 부를 축적하여, 공자의 제자 가운데 가장 부유하다고 일컬어진다. 남송 도종 때 '黎公'에 봉해졌고, 명 세종 때 '先賢端木子'로 칭해졌다.

9) 仲由 : B.C. 542~B.C. 480. 자는 子路 혹은 季路이며, 춘추시대 노나라 출신이다. 공자 제자 가운데 政事를 잘하는 것으로 꼽혔다. 사람됨이 강직하고 용기가 있었다. 공자를 따라 천하를 주유하였다. 위나라에 있을 때 내란 중 살해당하였다. 남송 도종 때 衛公에 봉해졌고, 명 세종 때 '先賢仲子'로 칭해졌다.

10) 卜商 : B.C. 507~? 자는 子夏이다. 춘추시대 晉나라 출신이다. 일설에는 衛나라 출신이라고도 한다. 공자의 제자 가운데 문학으로 꼽혔다. 공자가 죽고 문하에 내분이 일어나자 魏國 西河에 가서 학문을 가르치고 제자를 길렀다. 남송 도종 때 魏公에 봉해졌고, 명 세종 때 '先賢卜子'로 칭해졌다.

11) 周敦頤 : 1017~1073. 북송의 학자이다. 자는 茂叔, 호는 濂溪, 시호는 元公이며, 湖南省 永州 출신이다. 程珦의 추천을 받아 分寧縣의 주부를 거쳐 南安의 司理參軍으로 임명되었다. 이때 정향의 두 아들 程顥·程頤 형제를 가르쳤다. 合州判官·虔州通判·廣東轉運判官·知南康軍을 역임하였다. 陳搏의〈無極圖〉를 참고하여〈太極圖說〉을 만들었는데, 이는 송대 성리학의 중요한 사상적 근거가 되었다. 그 외에 대표적인 저서로 ≪通書≫가 있다. 宋나라 理宗 때 汝南伯에 봉해지고 문묘에 종사되었으며, 元나라 仁宗 때 道國公에 추봉되었다.

12) 程顥 : 1032~1085. 북송의 학자이다. 자는 伯淳, 호는 明道, 시호는 純이다. 아버지 程珦이 南安의 판관이었을 때 주돈이에게 배웠다. 鄠縣 주부를 시작으로 지방관을 역임하였다. '理氣一元論', '性則理說'을 주창하였다. 그의 사상은 동생 정이를 거쳐 주자에게 큰 영향을 주어 송대 성리학의 기초가 되었다. 대표적인 저서로 후인들이 그와 정이의 저서를 합편한 ≪二程全書≫가 있다. 송나라 이종 때 河南伯에 봉해지고 문묘에 종사되었다. 원나라 문종 때 豫國公으로 추봉되었다.

13) 張載 : 1020~1077. 북송의 학자이다. 자는 子厚, 호는 橫渠先生, 시호는 明公이며 大梁 출신이다. 1057년 진사에 급제한 뒤에 祁州司法參軍, 雲岩縣令, 著作佐郞, 簽書, 渭州軍事判官, 崇文院校書 등을 역임했다. 저작으로 후세 사람들이 편찬한 ≪張載集≫이 남아 있다. 송대 理學의 주류 가운데 하나인 關學의 창시자이다. 송나라 이종 때 郿伯에 봉해지고 문묘에 종사되었다.

費公閔損^①과 薛公冉雍^②과 黎公端木賜^③와 衛公仲由^④와 魏公卜商^⑤과 道國公周敦頤^⑥와 豫國公程顥^⑦와 郿伯張載^⑧라

① 민손의 자는 子騫이다.

　子騫이라

② 염옹의 자는 仲弓이다.

　仲弓이라

③ 단목사의 자는 子貢이다.

　子貢이라

④ 중유의 자는 子路이다.

　子路라

⑤ 복상의 자는 子夏이다.

　子夏라

⑥ 주돈이는 자는 茂叔이고, 호는 濂溪이다.

　茂叔이요 濂溪라

⑦ 정호는 자는 伯淳이고, 호는 明道이다.

　伯淳이요 明道라

⑧ 장재는 자는 子厚이고, 호는 橫渠이다. ○ 이상 대성전 동편에 위치한다.

　子厚요 橫渠라 ○ 已上殿東이라

郓公 冉耕,¹⁴⁾ 齊公 宰予,¹⁵⁾ 徐公 冉求,¹⁶⁾ 吳公 言偃,¹⁷⁾ 陳公 顓孫師,¹⁸⁾ 洛國公

---

14) 冉耕 : B.C. 544~? 자는 伯牛이며, 冉牛라고도 불린다. 덕행으로 안연, 민손과 병칭되었다. 병 때문에 일찍 죽었다. 염옹의 형이다. 남송 度宗 때 郓公에 봉해졌고, 명 세종 때 '先賢冉子'로 칭해졌다.

15) 宰予 : B.C. 522~B.C. 458. 자는 子我이며, 宰我라고도 불린다. 춘추시대 노나라 출신이다. 공자 제자 가운데 언어를 잘하는 것으로 꼽힌다. 남송 도종 때 齊公에 봉해졌고, 명 세종 때 '先賢宰子'로 칭해졌다.

16) 冉求 : B.C. 522~? 자는 子有이며, 冉有라고도 불린다. 다재다능하였고 理財에 밝았다. 노나라 계씨의 재신을 역임한 바 있다. 염옹의 이복동생이다. 남송 도종 때 徐公에 봉해졌고, 명 세종 때 '先賢冉子'로 칭해졌다.

17) 言偃 : B.C. 506~B.C. 443. 자는 子游이며, 叔氏라고도 불린다. 춘추시대 오나라의 常熟 출신으로, 72제자 가운데 유일한 남방 출신이다. 노나라 武城宰를 역임하였다. 남송 도종 때 吳公에 봉해졌고, 명 세종 때 '先賢言子'로 칭해졌다.

18) 顓孫師 : B.C. 504~? 자는 子張이며, 춘추시대 陳나라 출신이다. 세속에 아부하는 것을 좋아하지 않았다. 남송 도종 때 陳國公에 봉해졌다가 얼마 후 陳公으로 개칭되었고, 명 세종 때 '先

程頤,¹⁹⁾ 新安伯 邵雍,²⁰⁾ 徽國公 朱熹²¹⁾를 〈대성전 서편에 配享한다.〉

郕公冉耕^①과 齊公宰予^②와 徐公冉求^③와 吳公言偃^④과 陳公顓孫師^⑤와 洛國公程頤^⑥와 新安伯邵雍^⑦과 徽國公朱熹^⑧라

① 염경의 자는 伯牛이다.

　伯牛라

② 재여의 자는 子我이다.

　子我라

③ 염구의 자는 子有이다.

　子有라

④ 언언의 자는 子游이다.

　子游라

⑤ 전손사의 자는 子張이다.

　子張이라

⑥ 정이는 자는 正叔, 호는 伊川이다.

　正叔이요 伊川이라

⑦ 소옹은 자는 堯夫, 호는 康節이다.

　堯夫요 康節이라

⑧ 주희는 자는 仲晦, 호는 晦庵이다. ○ 이상 대성전 서편에 위치한다.

　仲晦요 晦庵이라 ○ 已上殿西라

賢顓孫子'로 칭해졌다.

19) 程頤 : 1033~1107. 북송의 학자이다. 자는 正叔, 호는 伊川, 시호는 正公이며, 洛陽 출신이
다. 형 정호와 함께 주돈이에게 배웠고, 형과 함께 '二程子'라 불리며 程朱學의 성립에 중요한 역
할을 하였다. 國子監敎授 · 秘書省校書郞 · 崇政殿說書를 역임하였다. ≪周易≫에 연구가 깊어
≪易傳≫을 남겼다. 송나라 이종 때 伊川伯에 추봉되었고, 문묘에 종사되었다. 원나라 문종 때
洛國公에 추봉되었다.

20) 邵雍 : 1011~1077. 북송의 학자이다. 자는 堯夫, 호는 安樂先生, 시호는 康節이다. 李之才로
부터 圖書 · 天文 · 易數를 배웠다. 도가사상의 영향을 받고 유교의 易哲學을 발전시켜 독자적인
數理哲學을 만들었다. 벼슬을 사양하고 평생 낙양에 은거했다. ≪皇極經世書≫, ≪伊川擊壤集≫
등을 남겼다. 송 휘종 때 新安伯에 봉해지고 문묘에 종사되었다.

21) 朱熹 : 1130~1200. 남송의 학자이다. 자는 元晦 · 仲晦이며, 호는 晦庵 · 晦翁 · 雲谷山人 · 滄
洲病叟 등이다. 시호는 文公이다. 복건성 尤溪 출신으로, 24세 때 李侗을 만나 배우면서 유학에
전념하였다. 19세에 진사에 급제한 후 관직을 거치기도 하였으나 거의 학문에 전념하였다. ≪朱
文公文集≫, ≪朱子語類≫ 등을 남겼으며 성리학을 집대성한 인물로 평가된다. 남송 이종 때 信
國公에 봉하였다가 徽國公으로 개칭하였고, 문묘에 종사하였다.

金鄕侯 澹臺滅明,[22] 任城侯 原憲,[23] 汝陽侯 南宮适,[24] 須昌侯 商瞿,[25] 平興侯 漆彫開,[26] 益都侯 樊須,[27] 鉅野侯 公西赤,[28] 千乘侯 梁鱣,[29] 臨沂侯 冉孺,[30] 沈陽侯 伯虔,[31] 諸城侯 冉季,[32] 濮陽侯 漆彫哆,[33] 高苑侯 漆調徒父,[34] 鄒平侯 商澤,[35]

---

22) 澹臺滅明 : B.C. 512?~? 자는 子羽이며, 춘추시대 노나라 武城 출신이다. 子游가 武城의 邑宰로 있을 때 등용했던 인물로, 공자의 문하에 들어갔다. 후에 楚國으로 내려가 제자를 기르고 그곳에서 죽었다. 宋나라 眞宗 때 金鄕侯에 봉해졌고, 明나라 世宗 때 '先賢澹臺子'로 칭해졌다.

23) 原憲 : B.C. 515~? 자는 子思이며, 춘추시대 송나라 출신이다. 평생 안빈낙도하며 세상에 영합하지 않았다. 공자가 魯나라 司寇를 지낼 때 家宰를 맡은 바 있다. 공자 사후 衛國에 은거하였다. 송나라 진종 때 任城侯에 봉해졌고, 명나라 세종 때 '先賢愿子'로 칭해졌다.

24) 南宮适 : ?~? 자는 子容이며, 춘추시대 노나라 출신으로 공자의 학생이었다. 후에 조카사위가 되었다. 송나라 진종이 聾丘侯로 봉하였는데 휘종 때 汝陽侯로 개봉되었고, 명나라 세종 때 '先賢南宮子'로 칭해졌다.

25) 商瞿 : B.C. 522~? 자는 子木이며, 춘추시대 노나라 출신이다. ≪易經≫을 좋아하여, 공자가 그에게 전수한 바 있다. 송나라 진종 때 須昌侯에 봉해졌고, 명나라 세종 때 '先賢商子'로 칭해졌다.

26) 漆彫開 : B.C. 540~B.C. 489. 자는 子開 또는 子若이다. 일설에 子修라고도 한다. 춘추시대 노나라 출신으로 공자 문하에서 덕행으로 이름이 났다. 저서에 ≪漆雕子≫ 13편이 있다. 송나라 진종 때 汝陽侯에 봉해졌고, 명나라 세종 때 '先賢漆雕子'로 칭해졌다.

27) 樊須 : B.C. 505?~? 자는 子遲이며, 樊遲라고도 불린다. 춘추시대 노나라 출신이다. 송나라 진종 때 益都侯에 봉해졌고, 명나라 세종 때 '先賢樊子'로 칭해졌다.

28) 公西赤 : B.C. 509?~? 자는 子華이며, 춘추시대 노나라 출신이다. 공자의 제자로, 그의 가신으로 있었다. 공자의 상례 때 기물제도는 그에 의해 배치된 것이다. 송나라 진종 때 鉅野侯에 봉해졌고, 명나라 세종 때 '先賢公西子'로 칭해졌다.

29) 梁鱣 : B.C. 522~? 자는 叔魚이며, 춘추시대 제나라 출신이다. 송나라 진종 때 千乘侯에 봉해졌고, 명나라 세종 때 '先賢梁子'로 칭해졌다.

30) 冉孺 : B.C. 501~? 자는 子魯, 혹은 子曾이다. 冉求의 둘째 아들이다. 송나라 진종 때 臨沂侯에 봉해졌고, 명나라 세종 때 '先賢冉子'로 칭해졌다.

31) 伯虔 : B.C. 501~? 자는 子哲, 혹은 子折, 子皙이다. 공자의 만년 제자로, 儒行으로 이름이 났다. 송나라 진종 때 沈陽侯에 봉해졌고, 명나라 세종 때 '先賢伯子'로 칭해졌다.

32) 冉季 : B.C. 498~? 자는 子産이며, 冉雍의 둘째 아들이다. 공자 제자 가운데 가장 연소하다. 공자가 처음 그를 보고 대성할 것이라는 것을 알고 제자로 삼았다. 송나라 진종 때 諸城侯에 봉해졌고, 명나라 세종 때 '先賢冉子'로 칭해졌다.

33) 漆彫哆 : ?~? '漆雕侈'로 기록된 곳도 있다. 자는 子斂이며, 춘추시대 노나라 출신이다. 송나라 진종 때 濮陽侯에 봉해졌고, 명나라 세종 때 '先賢漆雕子'로 칭해졌다.

34) 漆調徒父 : ?~? 漆雕從이라고도 한다. 자는 子文, 子有, 子友, 子期 등으로 알려졌다. 춘추시대 노나라 출신으로, 덕성으로 이름이 났다. 송나라 진종 때 高苑侯에 봉해졌고, 명나라 세종 때 '先賢漆雕子'로 칭해졌다.

35) 商澤 : ?~? 자는 子季이다. 송나라 진종 때 鄒平侯에 봉해졌고, 명나라 세종 때 '先賢商子'로 칭해졌다.

當陽侯 任不齊,[36] 牟平侯 公良孺,[37] 新息侯 秦冉,[38] 梁父侯 公肩定,[39] 聊城侯 鄡
單,[40] 祁鄕侯 罕父黑,[41] 卽墨侯 公祖句玆,[42] 武城侯 縣成,[43] 興元侯 燕伋,[44] 宛句
侯 顔之僕,[45] 建成侯 樂欬,[46] 堂邑侯 顔何,[47] 林廬侯 狄黑,[48] 鄆城侯 孔忠,[49] 徐
成侯 公西葴,[50] 臨濮侯 施之常,[51] 華亭侯 秦非,[52] 文登侯 申棖, 濟陰侯 顔噲,[53] 中

---

36) 任不齊 : B.C. 545~B.C. 468. 자는 子選이며, 춘추시대 초나라 출신이다. 송나라 진종 때 當
陽侯에 봉해졌고, 명나라 세종 때 ‘先賢任子’로 칭해졌다.

37) 公良孺 : ?~? 자는 子正, 혹은 子幼이다. 公良儒, 公襄儒라고도 불린다. 춘추시대 陳나라 출신
으로, 송나라 진종 때 牟平侯에 봉해졌고, 명나라 세종 때 ‘先賢公良子’로 칭해졌다.

38) 秦冉 : ?~? 자는 子開로, 춘추시대 蔡나라 출신이다. ≪史記≫ 〈仲尼弟子列傳〉에는 이름이 기
재되어 있으나 ≪孔子家語≫에는 실려 있지 않다. 송나라 진종 때 新息侯에 봉해졌고, 명나라 세
종 때 ‘先賢秦子’로 칭해졌다.

39) 公肩定 : ?~? 公堅定이라고도 한다. 자는 子仲, 혹은 子中이다. 춘추시대 노나라 출신이다. 혹
은 晉나라, 衛나라 출신이라고도 한다. 문학에 뛰어났다고 한다. 송나라 진종 때 梁父侯에 봉해
졌고, 명나라 세종 때 ‘先賢公肩子’로 칭해졌다.

40) 鄡單 : ?~? 자는 子家이다. 송나라 진종 때 聊城侯에 봉해졌고, 명나라 세종 때 ‘先賢鄡子’로
칭해졌다.

41) 罕父黑 : ?~? 자는 子索, 혹은 子素이다. 춘추시대 노나라 출신이다. 송나라 진종 때 祁鄕侯에
봉해졌고, 명나라 세종 때 ‘先賢罕父子’로 칭해졌다.

42) 公祖句玆 : ?~? 公祖玆라고도 한다. 자는 子之이다. 춘추시대 노나라 출신이다. 송나라 진종
때 卽墨侯에 봉해졌고, 명나라 세종 때 ‘先賢公祖子’로 칭해졌다.

43) 縣成 : ?~? 懸成이라고도 한다. 자는 子祺, 혹은 子橫이다. 춘추시대 노나라 출신으로, 송나라
진종 때 武城侯에 봉해졌고, 명나라 세종 때 ‘先賢縣子’로 칭해졌다.

44) 燕伋 : B.C. 541~B.C. 476. 燕級이라고도 한다. 자는 子思이다. 춘추시대 秦나라 출신이다.
노나라 출신이라고도 한다. 22세 때 공자를 따라 배우기 시작하였고, 장년에는 고향에 돌아와
私塾을 일으켰다. 송나라 진종 때 汧源侯에 봉해졌고, 명나라 세종 때 ‘先賢燕子’로 칭해졌다.

45) 顔之僕 : ?~? 자는 子叔으로, 곡부 출신이다. 송나라 진종 때 宛句侯에 봉해졌고, 명나라 세종
때 ‘先賢顔子’로 칭해졌다.

46) 樂欬 : ?~? 자는 子聲으로, 춘추시대 노나라 출신이다. 秦나라 출신이라고도 한다. 송나라 진
종 때 建成侯에 봉해졌고, 명나라 세종 때 ‘先賢樂子’로 칭해졌다.

47) 顔何 : ?~? 자는 子冉. 춘추시대 노나라 출신이다. ≪孔子家語≫에는 이름이 나오지 않는다.
송나라 진종 때 堂邑侯에 봉해졌고, 명나라 세종 때 ‘先賢顔子’로 칭해졌다.

48) 狄黑 : ?~? 자는 子皙, 혹은 皙之이다. 송나라 진종 때 林廬侯에 봉해졌고, 명나라 세종 때 ‘先
賢狄子’로 칭해졌다.

49) 孔忠 : ?~? 자는 子蔑로, 공자의 형 孟皮의 아들이다. 송나라 진종 때 鄆城侯에 봉해졌고, 명
나라 세종 때 ‘先賢孔子’로 칭해졌다.

50) 公西葴 : ?~? 자는 子上, 혹은 子尙이다. 춘추시대 노나라 출신이다. 송나라 진종 때 徐城侯에
봉해졌고, 명나라 세종 때 ‘先賢公西子’로 칭해졌다.

51) 施之常 : ?~? 자는 子恒, 혹은 子常이다. 魯 惠公의 8세손이다. 송나라 진종 때 臨濮侯에 봉해

都伯 左丘明, 樂成伯 高堂生,⁵⁴⁾ 樂壽伯 毛萇,⁵⁵⁾ 彭城伯 劉向,⁵⁶⁾ 中牟伯 鄭衆,⁵⁷⁾ 良

鄉伯 盧植,⁵⁸⁾ 滎陽伯 服虔,⁵⁹⁾ 昌黎伯 韓愈,⁶⁰⁾ 將樂伯 楊時,⁶¹⁾ 建寧伯 胡安國,⁶²⁾

華陽伯 張栻,⁶³⁾ 勉齋 黃幹,⁶⁴⁾ 浦城伯 眞德秀,⁶⁵⁾ 洪裕侯 薛聰,⁶⁶⁾ 文成公 安珦,⁶⁷⁾

졌고, 명나라 세종 때 '先賢施子'로 칭해졌다.

52) 秦非 : ?~? 자는 子之이다. 춘추시대 노나라 출신이다. 송나라 진종 때 華亭侯에 봉해졌고, 명나라 세종 때 '先賢秦子'로 칭해졌다.

53) 顔噲 : ?~? 자는 子聲. 춘추시대 노나라 출신. 송나라 진종 때 '濟陰侯'에 봉해졌고, 명나라 세종 때 '先賢顔子'로 칭해졌다.

54) 高堂生 : ?~? 전한 때 곡부 사람이다. 자는 伯이다. 今文禮學을 최초로 전한 경학자이다. 당나라 때 萊蕪伯에 봉하고 문묘에 종사하였다.

55) 毛萇 : ?~? 전한 때 度 출신이다. 고문경학인 毛詩學의 초기 전수자로 전해진다. 스승 毛亨에게 ≪毛詩詁訓傳≫을 배워, ≪詩經≫에 뛰어났다. 송나라 휘종이 樂壽伯에 봉하였다.

56) 劉向 : B.C. 77~B.C. 6. 전한의 학자이다. 자는 子政으로, 한나라 종실 출신이다. 宣帝 때 諫大夫에 기용되어, 수십 편의 賦頌을 지었다. 재차 선제에게 기용되어 石渠閣에서 오경을 강의하였다. ≪說苑≫, ≪新序≫, ≪列女傳≫, ≪戰國策≫, ≪別錄≫ 등의 저술을 남겼다.

57) 鄭衆 : ?~83. 후한의 경학자이다. 자는 仲師, 河南 開封 출신이다. 中郞將과 大司農 등을 역임하였다. 아버지 鄭興의 춘추좌씨학을 계승하였으며, ≪周易≫과 ≪詩經≫, ≪周禮≫, ≪國語≫ 및 曆算에도 밝았다. ≪周禮鄭司農解詁≫, ≪鄭衆春秋牒例章句≫, ≪鄭氏婚禮≫, ≪國語章句≫ 등을 남겼다. 송나라 진종 때 中牟伯에 봉해지고 문묘에 종사되었다.

58) 盧植 : ?~192. 후한의 경학자이다. 자는 子幹, 涿縣 출신이다. 靈帝 때 박사가 되었고, 九江太守, 北中郞將, 尙書 등을 역임하였다. 후에 董卓이 少帝를 폐위할 것을 거론하자 귀향하여, 上谷에 은거했다. ≪尙書章句≫, ≪三禮解詁≫ 등을 저술하였으나 일실되었고 ≪小戴禮記注≫가 전한다. 송나라 진종 때 良鄉伯에 봉해지고 문묘에 종사되었다.

59) 服虔 : ?~? 후한의 경학자이다. 자는 子愼, 河南의 滎陽 출신이다. 효렴으로 천거되어 九江太守를 지냈다. ≪春秋左氏傳解≫를 저술하여, 그의 주석이 東晉 및 남북조 시대에 크게 성행하였다. 송나라 진종 때 滎陽伯에 봉해지고 문묘에 종사되었다.

60) 韓愈 : 768~824. 당나라 때 학자이다. 자는 退之, 호는 昌黎, 시호는 文公이며, 懷州 修武縣 출신이다. 792년 진사에 급제하여, 監察御史・陽山縣令・刑部侍郎・潮州刺史・吏部侍郎 등을 역임하였다. 문학사에서 문체개혁을 통한 고문운동의 창시자로 평가된다. 사상면에서는 도교와 불교를 배격하여, 송대 성리학자들에게 인정받았다. ≪韓昌黎集≫ 등을 남겼다. 송나라 신종 때 昌黎伯에 봉해져 문묘에 종사되었다.

61) 楊時 : 1053~1135. 북송 때의 학자이다. 자는 中立, 호는 龜山, 福建의 將樂 출신이다. 程顥・程頤 형제에게 수학하였다. 이들의 도학을 전파하여 洛學의 大宗으로 추앙받았다. ≪龜山集≫, ≪龜山語錄≫, ≪二程粹言≫ 등을 남겼다. 명나라 효종 때 將樂伯에 봉해졌다.

62) 胡安國 : 1074~1138. 북송 때의 학자이다. 자는 康侯, 시호는 文定이며, 福建 崇安 출신이다. 程頤를 私淑하여 居敬窮理의 학문을 중히 여겼다. ≪春秋胡氏傳≫, ≪資治通鑑擧要補遺≫ 등을 남겼다. 明나라 憲宗 때 建寧伯에 봉해졌다.

63) 張栻 : 1133~1180. 북송의 학자이다. 자는 敬夫, 호는 南軒, 四川 廣漢 출신이다. 胡宏의 학문을 이어받아 송나라 湖湘學派의 영수가 되었다. 주자는 장식의 학문이 높아 도저히 따라갈 수가 없다고 칭송하였으며, 유고집인 ≪南軒集≫을 편찬하였다. 南宋 理宗 때 華陽伯에 봉하고 문

寒暄堂 金宏弼,[68] 靜庵 趙光祖,[69] 退溪 李滉,[70] 栗谷 李珥,[71] 沙溪 金長生,[72] 同

묘에 종사하였다.

64) 黃幹 : 1152~1221. 남송의 학자이다. 자는 直卿, 호는 勉齋, 시호는 文肅이며, 福州 閩縣 출신이다. 젊어서 주희에게 배웠는데, 주희가 딸을 시집보냈다. 주희가 위독했을 때 자신의 저서를 모두 그에게 남겨 학문을 잇도록 했다. 처음엔 스승의 학설을 고수했지만, 나중에는 陸學과 조화시키려 했다. 저서에 ≪書說≫과 ≪勉齋集≫, ≪六經講義≫, ≪禮記集注≫, ≪論語通釋≫, ≪論語意原≫, ≪中庸總論≫, ≪中庸總說≫, ≪經解≫, ≪聖賢道統傳授總敍說≫ 등이 있다. 淸나라 世宗 때 문묘에 종사되었다.

65) 眞德秀 : 1178~1235. 남송 때 학자이다. 자는 景元 또는 希元인데, 나중에 景希로 고쳤다. 호는 西山, 시호는 文忠이며, 建寧府 浦城 출신이다. 1199년 진사로 급제하였고, 泉州와 福州의 知州·戶部尙書·翰林學士·知制誥·參知政事 등을 역임했다. 강직하기로 유명했다. 시정에 대해 자주 건의했고, 奏疏는 수십만 자에 이르렀다. 저서에 ≪大學衍義≫, ≪唐書考疑≫, ≪西山讀書記≫, ≪文章正宗≫, ≪西山甲乙稿≫, ≪西山文集≫ 등이 있다. 明나라 憲宗 때 浦城伯에 봉해지고 문묘에 종사되었다.

66) 薛聰 : 655~? 신라시대의 학자로, 자는 聰智이다. 아버지는 元曉, 어머니는 瑤石公主이다. 경주 설씨의 시조로 알려져 있다. 經史에 박통했으며, 우리말로 九經을 읽고 후생을 가르쳤다. 强首·崔致遠과 더불어 신라 3대 문장가로 꼽힌다. 설총의 문장으로는 〈花王戒〉가 ≪三國史記≫ 〈薛聰列傳〉에 전한다. 高麗 顯宗 때 弘儒侯에 봉해졌다.

67) 安珦 : 1243~1306. 본관은 順興, 자는 士蘊, 호는 晦軒, 시호는 文成이며, 경상도 興州 출신이다. 1260년 문과에 급제하여, 校書郞·監察侍御史·左承旨 등을 역임하였다. 1289년 왕과 왕후를 호종하여 원나라에 가서 朱子書를 베끼고 공자와 주자의 畵像을 그려 가지고 이듬해 돌아왔다. 1230년에 精舍를 짓고, 공자와 주자의 화상을 모셨다. 1303년 金文鼎을 중국 강남에 보내어 공자와 70제자의 화상, 그리고 문묘에서 사용할 祭器·樂器 및 六經·諸子書·史書·朱子書 등을 구해오게 하였다. 1304년에 대성전이 완성되자, 중국에서 구해온 공자를 비롯한 先聖들의 화상을 모셨다. 우리나라에 성리학을 최초로 도입한 인물이자, 최초의 주자학자로 평가받는다. 1319년 문묘에 종사되었다.

68) 金宏弼 : 1454~1504. 본관은 瑞興, 자는 大猷, 호는 簑翁·寒暄堂, 시호는 文敬이다. 김종직의 문하에 들어가 ≪小學≫을 배웠고, ≪소학≫에 심취하여 '소학동자'라 자칭하였다. 1494년 遺逸로 천거되어 남부참봉에 제수되었으며, 사헌부감찰·형조좌랑을 역임하였다. 1498년 무오사화 때 유배되었고, 1504년 극형에 처해졌다. 중종반정 뒤 복권되어 도승지에 추증되었으며, 1575년 영의정에 추증되었다. 문묘종사를 하자는 건의가 꾸준히 이어져오다가 선조 때 정여창·조광조·이언적·이황 등과 함께 五賢으로 문묘에 종사되었다. ≪景賢錄≫, ≪寒暄堂集≫ 등을 남겼다.

69) 趙光祖 : 1482~1519. 본관은 한양, 자는 孝直, 호는 靜菴, 시호는 文正이다. 17세 때 魚川察訪으로 부임하는 아버지를 따라가, 戊午史禍로 熙川에 유배 중이던 김굉필에게 수학하였다. 성리학 연구에 힘써 김종직의 학통을 이은 사림파의 영수가 되었다. 1515년 별시문과에 급제, 成均館典籍·監察·禮曹佐郞·經筵侍讀官·大司憲 등을 역임하였다. 중종의 신임 하에 至治主義에 입각한 왕도정치의 실현을 역설하였다. 향촌의 상호부조를 위해 ≪呂氏鄕約≫을 8도에 실시하도록 하였고, 昭格署의 폐지를 강력히 주청하여 혁파하였다. 현량과 실시를 주장하여, 신진사류를 등용하도록 하였다. 훈구대신들의 탄핵으로 유배되었고, 기묘사화 때 賜死되었다. 선조 때 신원되어 영의정에 추증되고 문묘에 배향되었다. 저서로 ≪靜菴集≫이 있다.

70) 李滉 : 1501~1570. 본관은 眞寶, 자는 景浩, 호는 退溪·退陶·陶叟, 시호는 文純이다. 성균

春 宋浚吉[73]을 〈東廡에 배향한다.〉

(禽)〔金〕[74]鄕侯澹臺滅明①과 任城侯原憲②과 汝陽侯南宮适③과 須昌侯商瞿④와 平興侯漆彫開⑤와 益都侯樊須⑥와 鉅野侯公西赤⑦과 千乘侯梁鱣⑧과 臨沂侯冉孺⑨와 沭陽侯伯虔⑩과 諸城侯冉季⑪와 濮陽侯漆彫哆⑫와 高苑侯漆調徒父⑬와 鄒平侯商澤⑭과 當陽侯任不齊⑮와 牟平侯公良孺⑯와 新(恩)〔息〕[75]侯秦冉⑰과 梁父侯公肩定⑱과 聊城侯鄡單⑲과 (沂)〔祁〕[76]鄕侯罕父黑⑳과 卽墨侯公祖句玆㉑와 武城侯縣成㉒과 興元侯燕伋㉓과 宛句侯顔之僕㉕와 建成侯樂欬㉖와 堂邑侯顔何㉗와 林慮侯狄黑㉘과 鄆城侯孔忠㉙과 徐成侯公西蒧㉚과 臨濮侯施之常㉛과

관에 들어가 김인후 등과 교유하였고, ≪心經附註≫를 입수하여 크게 심취하였다. 1534년 문과에 급제하여, 承文院副正字·弘文館修撰·成均館司成을 역임했다. 을사사화 후 관직을 사퇴하고 고향으로 돌아가 독서에 전념하였다. 풍기군수로 있을 때, 백운동서원을 최초의 사액서원인 紹修書院으로 개창하였다. 이후 여러 관직에 임명되었으나 고사하였다. 68세의 노령에 大提學·知經筵의 중임을 맡고, 선조에게 〈戊辰六條疏〉를 올렸다. 사후 영의정에 추증되고, 문묘에 종사되었다. 저서로 ≪退溪集≫, ≪聖學十圖≫, ≪自省錄≫ 등이 있다. 그의 학문은 영남을 배경으로 퇴계학파를 형성하였으며, 일본 崎門學派 및 熊本學派의 성립에도 지대한 영향을 미쳤다.

71) 李珥 : 1536~1584. 본관은 德水, 자는 叔獻, 호는 栗谷·石潭이며, 시호는 文成이다. 1558년 별시에서 장원하였다. 과거에서 아홉 번 장원하여 '九度壯元公'이라는 별칭이 있다. 吏曹佐郎·吏曹判書 등을 역임하였다. 19세 때부터 교분을 맺은 성혼과 주자학의 근본 문제를 논의하였다. 1575년 주자학의 핵심을 간추린 ≪聖學輯要≫를 편찬하고, 1577년 아동교육서인 ≪擊蒙要訣≫을 편찬했다. 서인의 영수로서 동인과의 당쟁을 조정하려 하였으나 성과 없이 동인의 공격대상이 되었다. 탄핵을 받자 사퇴하였고, 49세에 병사하였다. 사후 영의정에 추증되었고, 숙종 때 성혼과 함께 문묘에 종사되었다. 己巳換局 때 출향되었다가, 甲戌換局 이후 다시 종사되었다.

72) 金長生 : 1548~1631. 본관은 光山, 자는 希元, 호는 沙溪, 시호는 文元이다. 宋翼弼과 李珥의 문하에서 배웠다. 1578년 학행으로 천거되어 昌陵參奉이 되고, 敦寧府參奉·定山縣監·刑曹參判 등을 역임하였다. 학문적으로 송익필·이이·성혼 등의 영향을 함께 받았다. 禮學 분야는 송익필의 영향이 컸으며, 예학을 깊이 연구해 아들 金集에게 계승시켜 조선 예학의 한 주류를 형성하였다. 송시열, 송준길을 필두로 하여 수많은 문인을 배출하였다. 저서로 ≪喪禮備要≫, ≪家禮輯覽≫, ≪近思錄釋疑≫, ≪經書辨疑≫ 등이 있다. 숙종 때 문묘에 종사되었다.

73) 宋浚吉 : 1606~1672. 본관은 恩津, 자는 明甫, 호는 同春堂, 시호는 文正이다. 이이를 사숙했고, 20세 때 김장생의 문하생이 되었다. 1624년 진사가 된 뒤 학행으로 천거 받아 1630년 洗馬에 제수되었다. 司憲府執義·大提學·兵曹判書·右參贊 등을 역임하였다. 1659년 慈懿大妃의 服喪問題로 禮訟論爭이 일어났을 때, 송시열과 함께 기년제를 주장해 관철시켰으나 남인들의 공격을 받아 벼슬을 사퇴하였다. 1674년 仁宣大妃가 죽은 후 다시 예송논쟁이 일어났는데, 이 때 관직을 삭탈 당했다가 1680년 庚申換局 때 복권되었다. 송시열과 함께 '兩宋'으로 불리며, 조선 후기 西人 山林의 영수 역할을 하였다. 죽은 후 영의정에 추증되었고, 영조 때 문묘에 종사되었다.

74) (禽)〔金〕 : 底本에는 '禽'으로 되어 있으나, ≪宋史≫에 의거하여 '金'으로 바로잡았다.

75) (恩)〔息〕 : 底本에는 '恩'으로 되어 있으나, ≪宋史≫에 의거하여 '息'으로 바로잡았다.

76) (沂)〔祁〕 : 底本에는 '沂'로 되어 있으나, ≪宋史≫에 의거하여 '祁'로 바로잡았다.

華亭侯秦非[32]와 文登侯申棖[33]과 濟陰侯顔噲[34]와 中都伯左丘明과 樂成伯高堂生과 樂壽伯毛萇과 彭城伯劉向[35]과 中牟伯鄭衆[36]과 良鄕伯盧植[37]과 滎陽伯服虔[38]과 昌黎伯韓愈[39]와 將樂伯楊時[40]와 建寧伯胡安國[41]과 華陽伯張栻[42]과 勉齋黃幹과 浦城伯眞德秀[43]와 洪裕侯薛聰[44]과 文成公安(向)〔珦〕[77]과 寒暄堂金宏弼과 靜庵趙光祖와 退溪李滉과 栗谷李珥와 沙溪金長生과 同春宋浚吉[45]이라

① 담대멸명의 자는 子羽이다.
子羽라
② 원헌의 자는 子思이다.
子思라
③ 남궁괄의 자는 子容이다.
子容이라
④ 상구의 자는 子木이다.
子木이라
⑤ 칠조개의 자는 子若이다.
子若이라
⑥ 번수의 자는 子遲이다.
子遲라
⑦ 공서적의 자는 子華이다.
子華라
⑧ 양전의 자는 叔魚이다.
叔魚라
⑨ 염유의 자는 子魯이다.
子魯라
⑩ 백건의 자는 子哲이다.
子哲이라
⑪ 염계의 자는 子産이다.
子産이라
⑫ 칠조치의 자는 子斂이다.
子斂이라
⑬ 칠조도보의 자는 子文이다.
子文이라

---

77) (向)〔珦〕：底本에는 '向'으로 되어 있으나, ≪高麗史≫에 의거하여 '珦'으로 바로잡았다.

⑭ 상택의 자는 子季이다.
　　子季라
⑮ 임부제의 자는 子選이다.
　　子選이라
⑯ 공량유의 자는 子正이다.
　　子正이라
⑰ 진염의 자는 子開이다.
　　子開라
⑱ 공견정의 자는 子中이다.
　　子中이라
⑲ 교단의 자는 子家이다.
　　子家라
⑳ 한보흑의 자는 子素이다.
　　子素라
㉑ 공조구자의 자는 子之이다.
　　子之라
㉒ 현성의 자는 子祺이다.
　　子祺라
㉓ 어떤 판본에는 汧源侯라고 되어 있다.
　　一作汧源侯라
㉔ 연급의 자는 子思이다.
　　子思라
㉕ 안지복의 자는 子叔이다.
　　子叔이라
㉖ 악해의 자는 子聲이다.
　　子聲이라
㉗ 안하의 자는 子冉이다.
　　子冉이라
㉘ 적흑의 자는 子晳이다.
　　子晳이라
㉙ 공충의 자는 子蔑이고, 공자 형의 아들이다.
　　子蔑이니 孔子兄子라
㉚ 공서점의 자는 子尙이다.
　　子尙이라

㉛ 시지상의 자는 子恒이다.
　子恒이라

㉜ 진비의 자는 子之이다.
　子之라

㉝ 신정의 자는 子績이다.
　子績이라

㉞ 안쾌의 자는 子聲이다.
　子聲이라

㉟ 유향의 자는 子政이다.
　子政이라

㊱ 정중의 자는 仲師이다.
　仲師라

㊲ 노식의 자는 子幹이다.
　子幹이라

㊳ 복건의 자는 子愼이다.
　子(眞)〔愼〕[78]이라

㊴ 한유의 자는 退之이다.
　退之라

㊵ 양시의 자는 中立이다.
　中立이라

㊶ 호안국의 자는 康侯이다.
　康侯라

㊷ 장식의 자는 敬夫이다.
　敬夫라

㊸ 진덕수의 자는 希元이다.
　希元이라

㊹ 설총의 자는 聰智이다.
　聰智라

㊺ 이상 東廡이다.
　已上東廡라

---

78) (眞)〔愼〕: 底本에는 '眞'으로 되어 있으나, ≪後漢書≫에 의거하여 '愼'으로 바로잡았다.

單父侯　宓不齊,[79]　高密侯　公冶長,[80]　北海侯　公晳哀,[81]　共城侯　高柴,[82]　睢陽侯
司馬耕, 平陰侯　有若,[83]　東阿侯　巫馬施,[84]　陽穀侯　顔辛,[85]　上蔡侯　曹恤,[86]　枝江侯
公孫龍,[87]　鄆城侯　秦商,[88]　雷澤侯　顔高,[89]　上邽侯　壤駟赤,[90]　成紀侯　石作蜀,[91]　鉅

79) 宓不齊 : B.C. 501?~B.C. 445. 자는 子賤으로 춘추시대 노나라 출신이다. 송나라 출신이라
　　고도 한다. 공자가 군자답다고 칭찬한 바 있다. 송나라 진종 때 '單父侯'에 봉해졌고, 명나라 세
　　종 때 '先賢宓子'로 칭해졌다.

80) 公冶長 : ?~? 자는 子長이며, 춘추시대 노나라 사람이다. 계씨의 일족인 季冶의 후손이다. 공
　　자의 제자이자 사위이다. 송나라 진종 때 高密侯에 봉해졌고, 명나라 세종 때 '先賢公冶子'로 칭
　　해졌다.

81) 公晳哀 : ?~? 자는 季次, 혹은 季沈이라고도 한다. 춘추시대 제나라 출신이다. 여항 출신으로
　　평생 벼슬을 하지 않았다. 송나라 진종 때 北海侯에 봉해졌고, 명나라 세종 때 '先賢公子'로 칭해
　　졌다.

82) 高柴 : B.C. 521~B.C. 393. 자는 子羔, 또는 子皐, 子高, 季高, 季皐, 季子皐이다. 춘추시대
　　제나라 출신으로 노나라와 위나라에서 여러 벼슬을 역임하여, 공자 제자 가운데 가장 오랜 기간
　　벼슬한 제자이다. 송나라 진종 때 '共城侯'에 봉해졌고, 명나라 세종 때 '先賢高子'로 칭해졌다.

83) 有若 : B.C. 508?~? 자는 子有, 또는 子若이다. 춘추시대 노나라 출신이다. 言偃, 卜商, 曾參,
　　顓孫師와 마찬가지로 공자의 만년 제자이다. 송나라 진종 때 平陰侯에 봉해졌고, 명나라 세종
　　때 '先賢有子'로 칭해졌다.

84) 巫馬施 : B.C. 521~? 자는 子期, 춘추시대 노나라 출신이다. 陳나라 출신이라고도 한다. 공자
　　가 노나라를 떠나기 전에 문하에 들어간 제자로, 單父宰를 맡아 치적을 낸 바 있다. 송나라 진종
　　때 東阿侯에 봉해졌고, 명나라 세종 때 '先賢巫馬子'로 칭해졌다.

85) 顔辛 : B.C. 505~? 顔幸이라고도 한다. 자는 子柳, 춘추시대 노나라 출신이다. 덕성으로 이름
　　을 남겼다. 송나라 진종 때 陽穀侯에 봉해졌고, 명나라 세종 때 '先賢顔子'로 칭해졌다.

86) 曹恤 : B.C. 501~? 曹卹이라고도 한다. 자는 子循. 춘추시대 曹나라 출신으로, 조나라 종실의
　　후예이다. 역사에서 '樂道明義'라 평가되었다. 송나라 진종 때 上蔡侯에 봉해졌고, 명나라 세종
　　때 '先賢曹子'로 칭해졌다.

87) 公孫龍 : B.C. 498~? 公孫寵이라고도 한다. 자는 子石이며, 춘추시대 초나라 출신이다. 衛나
　　라 사람이며, 혹은 趙나라 사람이라고도 한다. 학문을 구하여 노나라로 와서 공자의 제자가 되
　　었고 이후 공자의 학문이 남방으로 퍼지는 계기가 되었다. 송나라 진종 때 枝江侯에 봉해졌고,
　　명나라 세종 때 '先賢公孫子'로 칭해졌다.

88) 秦商 : B.C. 547?~? 자는 子彊 혹은 子丕, 子玆이며, 춘추시대 노나라 출신이다. 아버지 菫父
　　는 공자의 아버지 叔梁紇과 더불어 용력으로 이름이 났던 사람으로, 진상 역시 용력이 컸으나
　　공자에게 수행의 방도를 물어 제자가 되었다. 공자의 제자 가운데 가장 나이가 많다. 송나라 진
　　종 때 鄆城侯에 봉해졌고, 명나라 세종 때 '先賢秦子'로 칭해졌다.

89) 顔高 : B.C. 501~? 顔産, 顔刻이라고도 한다. 자는 子驕이며, 춘추시대 노나라 출신이다. 공
　　자가 위나라에서 곤액을 당할 때 수행하였다. 송나라 진종 때 雷澤侯에 봉해졌고, 명나라 세종
　　때 '先賢顔子'로 칭해졌다.

90) 壤駟赤 : ?~? ≪孔子家語≫〈七十二弟子解〉에는 '穰駟赤'으로 되어 있다. 자는 子徒. 子從이며,
　　춘추시대 秦나라 출신이다. 독서를 잘 했다고 한다. 송나라 진종 때 上邽侯에 봉해졌고, 명나라
　　세종 때 '先賢壤子'로 칭해졌다가 청나라 때 와서 '先賢壤駟子'로 개칭되었다.

平侯 公夏首,[92) 膠東侯 后處,[93) 濟陽侯 奚容蔵,[94) 富陽侯 顔祖,[95) 澄陽侯 句井
彊,[96) 馮翊侯 秦祖,[97) 厭次侯 榮旂,[98) 南華侯 左人郢,[99) 胊山侯 鄭國,[100) 樂平侯
原亢,[101) 胙城侯 廉潔,[102) 博平侯 叔仲會,[103) 高唐侯 邽巽,[104) 臨胊侯 公西輿

---

91) 石作蜀 : B.C. 519~B.C. 479. ≪孔子家語≫〈七十二弟子解〉에는 '石子蜀'으로 되어 있다. 자
는 子明, 호는 卓子, 춘추시대 秦나라 출신이다. 노나라에서 공자에게 학문을 배웠다. 후에 고향
으로 돌아와 유가의 학설을 전파하여, 후세 사람들이 石夫子라 불렀다. 송나라 진종 때 成紀侯
에 봉해졌고, 명나라 세종 때 '先賢石子'로 칭해졌다.

92) 公夏首 : ?~? ≪孔子家語≫〈七十二弟子解〉에는 '公夏守'로 되어 있다. 자는 子乘이며, 춘추
시대 노나라 출신이다. 송나라 진종 때 鉅平侯에 봉해졌고, 명나라 세종 때 '先賢公夏子'로 칭
해졌다.

93) 后處 : ?~? ≪孔子家語≫〈七十二弟子解〉에는 '石處'로 되어 있다. 자는 子里이며, 춘추시대 제
나라 출신이다. 송나라 진종 때 膠東侯에 봉해졌고, 명나라 세종 때 '先賢后子'로 칭해졌다.

94) 奚容蔵 : ?~? 자는 子偕, 또는 子楷, 子晳이다. 송나라 진종 때 濟陽侯에 봉해졌고, 명나라 세
종 때 '先賢奚子'로 칭해졌다.

95) 顔祖 : ?~? 자는 子襄, 子商이다. 춘추시대 노나라 출신이다. 송나라 진종 때 富陽侯에 봉해졌
고, 명나라 세종 때 '先賢顔子'로 칭해졌다.

96) 句井彊 : ?~? ≪孔子家語≫〈七十二弟子解〉에는 勾井彊으로 되어 있다. 자는 子彊. 혹은 子界
라고도 한다. 춘추시대 衛나라 출신이다. 송나라 진종 때 澄陽侯에 봉해졌고, 명나라 세종 때
'先賢句井子'로 칭해졌다.

97) 秦祖 : ?~? 자는 子南으로, 춘추시대 秦나라 출신이다. 송나라 진종 때 馮翊侯에 봉해졌고, 명
나라 세종 때 '先賢秦子'로 칭해졌다.

98) 榮旂 : B.C. 542~B.C. 470. ≪孔子家語≫〈七十二弟子解〉에는 '榮祈'로 되어 있다. 자는 子
祈, 子祺. 子顔이다. 춘추시대 노나라 출신이다. 衛나라 출신이라고도 한다. 이른 나이부터 공자
를 따라 배웠고 六藝에 정통하였으며, 공자를 도와 ≪詩經≫, ≪書經≫, ≪易經≫, ≪禮記≫를
산삭, 찬술하였다. 송나라 진종 때 厭次侯에 봉해졌고, 명나라 세종 때 '先賢榮子'로 칭해졌다.

99) 左人郢 : ?~? 자는 子行이며, 춘추시대 노나라 출신이다. 공자의 제자 가운데 덕성으로 이름
이 났다. 송나라 진종 때 南華侯에 봉해졌고, 명나라 세종 때 '先賢左子'로 칭해졌다.

100) 鄭國 : ?~? 자는 子徒이며, 춘추시대 노나라 출신이다. ≪孔子家語≫〈七十二弟子解〉에 "薛
邦, 자는 子從"이라고 한 인물과 동일인으로 추정된다. 司馬貞에 따르면 '薛'자와 '鄭'자가 착오를
일으킨 것이고 '國'은 漢 高祖 劉邦의 이름을 避諱하여 바꾼 것이라 한다. 송나라 진종 때 胊山侯
에 봉해졌고, 명나라 세종 때 '先賢鄭子'로 칭해졌다.

101) 原亢 : ?~? 原桃라고도 한다. 자는 子籍, 또는 子杭이다. 錢穆은 ≪論語新解≫에서 原亢과 陳
亢을 동일인이라고 하였으나, 문묘 배향에서는 다른 사람으로 본다. 송나라 진종 때 樂平侯에
봉해졌고, 명나라 세종 때 '先賢原子'로 칭해졌다.

102) 廉潔 : ?~? 자는 子庸, 子曹이다. 춘추시대 衛나라 출신이다. 송나라 진종 때 胙城侯에 봉해
졌고, 명나라 세종 때 '先賢廉子'로 칭해졌다.

103) 叔仲會 : B.C. 501~? 자는 子期이며, 춘추시대 노나라 출신이다. 또는 晉나라 출신이라고도
한다. 붓을 들고 공자를 모셨다. 송나라 진종 때 博平侯에 봉해졌고, 명나라 세종 때 '先賢叔仲
子'로 칭해졌다.

如,[105) 內黃侯 蘧瑗,[106) 長山侯 林放,[107) 南頓侯 陳亢,[108) 陽平侯 琴張,[109) 博昌侯
步叔乘,[110) 臨淄伯 公羊高,[111) 乘氏伯 伏勝,[112) 考城伯 戴聖,[113) 廣川伯 董仲
舒,[114) 曲阜伯 孔安國,[115) 緱氏伯 杜子春,[116) 高密伯 鄭玄,[117) 新野伯 范甯,[118) 溫

---

104) 邦巽 : ?~? 邦選, 邦選, 國選이라고도 한다. 자는 子斂이며, 춘추시대 노나라 출신이다. 송나
라 진종 때 高唐侯에 봉해졌고, 명나라 세종 때 '先賢邦子'로 칭해졌다.

105) 公西輿如 : ?~? 公西輿라고도 한다. 자는 子上이며, 춘추시대 제나라 출신이다. 송나라 진종
때 臨朐侯에 봉해졌고, 명나라 세종 때 '先賢公西子'로 칭해졌다.

106) 蘧瑗 : ?~? 자는 伯玉이며, 춘추시대 衛나라 대부로, 세 公을 섬겼다. 공자가 존경하던 벗이
다. 《史記》〈仲尼弟子列傳〉에는 이름이 기재되어 있지 않다. 도가에서는 '無爲而治'의 창시자
로 알려져 있다. 시호는 成子이다. 원나라 때 內黃侯에 봉해졌다.

107) 林放 : ?~? 자는 子邱이며, 춘추시대 노나라 출신이다. 《史記》와 《孔子家語》에 이름이
실려 있지 않다. 임방이 예를 묻는 내용이 《論語》〈八佾〉에 보인다. 송나라 진종 때 長山侯에
봉해졌다. 명나라 때 鄕祀로 내려 보냈다가 청나라 때 다시 문묘에 입사되어, '先賢林子'로 칭해
졌다.

108) 陳亢 : B.C. 511~B.C. 430. 자는 子亢, 또는 子禽이다. 춘추시대 陳나라 출신으로, 陳胡公
의 20세손이자 제나라 대부 子車의 아우이다. 單父邑宰에 있을 때 백성에게 덕행을 베풀었다.
형이 죽었을 때 순장에 반대하였다. 송나라 진종 때 南頓侯에 봉해졌고, 명나라 세종 때 '先賢陳
子'로 칭해졌다.

109) 琴張 : ?~? 琴牢라고도 한다. 자는 子開, 子張이다. 춘추시대 衛나라 출신이다. 공자에게 '狂
者'로 평가받은 바 있다. 송나라 때 頓丘侯로 봉해졌다가 후에 陽平侯로 다시 봉해졌다. 명나라
세종 때 '先賢琴子'로 칭해졌다.

110) 步叔乘 : ?~? 자는 子車로, 춘추시대 제나라 출신이다. 송나라 진종 때 博昌侯에 봉해졌고,
명나라 세종 때 '先賢步叔子'로 칭해졌다.

111) 公羊高 : ?~? 子夏의 제자이다. 《春秋公羊傳》을 저술하였는데, 《春秋左氏傳》, 《春秋穀
梁傳》과 함께 春秋三傳이라 불린다. 청나라 때 莊存與가 《춘추공양전》을 학문으로 일으켜 공
양학이 번성하였다. 당나라 태종 때 문묘에 종사되었고, 송나라 진종 때 臨淄伯에 봉해졌다.

112) 伏勝 : B.C. 264~B.C. 170. 자는 子賤이며, 濟南 출신으로 秦나라 때 박사를 지냈다. 진시
황의 분서갱유 때 벽 속에 《尙書》를 숨겼다가 한나라 초기에 꺼냈는데, 이를 今文尙書라 한다.
복승은 금문상서를 보존하여 전수한 사람이다. 당나라 태종 때 문묘에 종사되었고, 송나라 진종
때 乘氏伯에 봉해졌다.

113) 戴聖 : ?~? 전한 때의 학자로, 자는 次君이다. 숙부 戴德과 함께 后蒼에게 배웠고, 小戴로 불
린다. 今文禮學인 小戴學의 개창자다. 《小戴禮記》를 편찬하였는데, 이것이 지금의 《禮記》이
다. 남송 도종 때 考城伯에 봉해졌다.

114) 董仲舒 : B.C. 179~B.C. 104. 前漢의 학자로 廣川縣 출신이다. 일찍부터 《春秋公羊傳》을
공부하여, 景帝 때 박사가 되었다. 무제가 크게 인재를 구하므로 賢良對策을 올려 인정을 받았
다. 《董子文集》, 《春秋繁露》 등을 남겼다. 명나라 헌종 때 廣川伯에 봉해졌다.

115) 孔安國 : B.C. 264?~B.C. 170? 전한의 학자로 자는 子國이며, 曲阜 출신이다. 공자의 12세
손이며, 博士 · 諫大夫를 지냈다. 魯恭王이 공자의 옛 집을 헐었을 때 蝌蚪文字로 된 《古文尙
書》, 《禮記》, 《論語》, 《孝經》이 나왔는데, 今文과 대조, 고증, 해독하여 주석을 붙였다.
이것에서 古文學이 비롯되었으므로, 고문학의 창시자로 평가받는다. 송나라 진종 때 曲阜伯에

國公 司馬光,[119] 豫章 羅從彦,[120] 延平 李侗,[121] 開封伯 呂祖謙,[122] 崇安伯 蔡沈,[123] 魯齋 許衡,[124] 孤雲 崔致遠,[125] 圃隱 鄭夢周,[126] 一蠹 鄭汝昌,[127] 晦齋 李

봉해졌다.

116) 杜子春 : ?~? 후한 때 학자이다. 河南 緱氏 출신이다. 劉歆에게 《周禮》를 배우고, 太中大夫를 지냈다. 그가 주를 단 《주례》는 鄭玄이 채용했으며, 鄭衆, 賈逵 등에게 《주례》를 전수해주었다. 송나라 때 緱氏伯에 봉해졌다.

117) 鄭玄 : 127~200. 후한의 학자이다. 자는 康成이며, 北海 高密 출신이다. 鄕嗇夫라는 지방의 말단관리로 있다가, 낙양에 올라가 태학에 입학하였다. 馬融 등에게 배운 뒤 40세가 넘어서 귀향하였다. 44세에 '黨錮의 화'를 입고, 집안에 칩거하여 연구와 저술에 몰두하였다. 평생을 학문에 바쳐 수천 명의 제자를 거느리는 일대 학파를 형성하였다. 訓詁學·經學의 시조로 추앙받는 인물이다. 《周易》, 《尙書》, 《毛詩》, 《周禮》, 《儀禮》, 《禮記》, 《論語》, 《孝經》 등을 주석하였다. 송나라 때 高密伯에 봉해졌다.

118) 范甯 : 339~401. 동진의 학자이며, 자는 武子이다. 孝武帝 때 中書侍郞이 되었으나, 지방관으로 좌천되었다. 이때 학교를 세우고 경학에 힘썼다. 《春秋穀梁傳》의 집해를 저술하였다. 송나라 때 新野伯에 봉해졌다.

119) 司馬光 : 1019~1086. 북송의 학자이다. 자는 君實이며, 호는 迂夫·迂叟, 시호는 文正이다. 山西 涑水 출신이다. 20세에 진사가 되고, 翰林學士·樞密副使를 역임하였다. 1084년 편년체 역사서인 《資治通鑑》을 완성하였다. 철종 즉위 후 재상이 되어 구법당의 수령으로 활약하였다. 《涑水紀聞》, 《司馬文正公集》 등을 남겼다. 죽은 후 溫國公에 봉해졌다.

120) 羅從彦 : 1072~1135. 북송의 학자이다. 자는 仲素, 시호는 文質이며, 豫章先生이라 불린다. 福建 南劍 출신이다. 楊時의 가르침을 받았고, 李侗에게 전수하였다. 1130년 博羅 主簿로 임명되었으나, 퇴직한 후 羅浮山에 들어가 학문에 정진하였다. 《豫章文集》, 《遵堯錄》 등을 남겼다. 명나라 신종 때 문묘에 종사되었다.

121) 李侗 : 1093~1163. 남송의 학자이다. 자는 愿仲, 호는 延平, 시호는 文靖이며, 연평선생이라 불린다. 福建 劍浦 출신이다. 나종언에게 程子의 理學을 배웠다. 楊時, 羅從彦과 함께 '劍南三先生'으로 불렸다. 그의 문하에서 朱熹와 羅博文, 劉嘉 등이 배출됨으로써 二程의 학문이 주희에게 이어지는 교량적 역할을 했다. 《李延平集》을 남겼다. 명나라 신종 때 문묘에 종사되었다.

122) 呂祖謙 : 1137~1181. 남송의 학자이다. 자는 伯恭, 호는 東萊先生이며, 婺州 金華 출신이다. 林之奇와 汪應辰 등에게 학문을 배웠고, 주희, 장식 등과 교유하였다. 著作郞 겸 國史院編修官을 거쳐 《徽宗實錄》 중수에 참여하고, 《皇朝文鑑》을 편찬, 간행했다. 《東萊博議》, 《呂東萊先生文集》 등을 남겼으며, 주희와 함께 《近思錄》을 저술하였다. 원나라 인종 때 문묘에 종사되었다.

123) 蔡沈 : 1167~1230. 남송의 학자이다. 자는 仲默, 호는 九峰先生, 시호는 文正이다. 蔡元定의 둘째 아들로, 젊어 가학을 이었고, 朱熹에게 배웠다. 아버지를 따라 道州로 유배를 갔다가 아버지가 죽은 뒤 九峰에 은거하면서 주희의 명령으로 《尙書》에 주를 달아, 《書集傳》을 완성했다. 《洪範皇極》, 《蔡九峰筮法》 등을 남겼다. 명나라 헌종 때 崇安伯에 봉해졌다.

124) 許衡 : 1209~1281. 원나라 때 학자이다. 자는 仲平, 호는 魯齋, 시호는 文正이며, 懷孟 河內 출신이다. 蘇門에 살면서 姚樞와 함께 강습하면서 도학을 실천하였다. 憲宗 4년 忽必烈의 초빙으로 京兆提學과 國子祭酒 등의 요직을 맡았다. 集賢殿大學士·領太史院事 등을 역임하였다. 《讀易私言》, 《魯齋心法》, 《魯齋遺書》, 《許魯齋集》 등을 남겼다. 원나라 인종 때 문묘에 종사되었다.

彦迪,[128) 河西 金麟厚,[129) 牛溪 成渾,[130) 尤庵 宋時烈,[131) 玄石 朴世采[132)를 〈西廡

---

125) 崔致遠 : 857~? 본관은 경주, 자는 孤雲・海雲이며, 6두품 출신이다. 12세 때 唐나라에 유학을 떠나, 18세의 나이로 賓貢科에 합격하였다. 876년 당나라의 宣州 漂水縣尉가 되었고, 877년 淮南節度使 高騈의 추천으로 館驛巡官이 되었다. 879년 黃巢가 반란을 일으키자 4년간 고변의 군막에서 表・狀・書啓・檄文 등을 제작하는 일을 맡게 되었다. 그 공적으로 承務郎殿中侍御史 內供奉으로 都統巡官에 승차되었다. 당시 지은 〈討黃巢檄文〉을 통해 文名을 날렸다. 신라에 돌아온 뒤에 憲康王에 의해 侍讀兼翰林學士에 임명되었다. 진성여왕에게 時務策을 올리는 등 정치를 개혁하기 위한 노력을 하였으나, 받아들여지지 않았고, 마침내 관직을 버리고 은거하였다. 저술로 ≪桂苑筆耕≫ 등이 있다. 고려 현종 때 文昌候에 봉해지고 문묘에 종사되었다.

126) 鄭夢周 : 1337~1392. 본관은 迎日, 자는 達可, 호는 圃隱, 시호는 文忠이다. 1360년 문과에 장원급제해 1362년 예문관 검열이 되었다. 成均館大司成・政堂文學・藝文館大提學 등을 역임하였다. 1372년 명나라에 書狀官으로서 다녀왔으며, 1378년 왜구 단속을 위해 일본에 사신으로 다녀오기도 하였다. 이후에도 외교적 수완을 발휘하여 성과를 올렸다. 당시 풍속이 모든 喪祭에 불교의식을 숭상했는데, 士庶로 하여금 ≪朱子家禮≫에 의해 사당을 세우고 신주를 만들어 제사를 받들게 하도록 하였다. 서울에는 五部學堂을 세우고 지방에는 향교를 두어 교육의 진흥을 꾀하였다. 義倉을 세워 궁핍한 사람을 구제하고, 水站을 설치해 漕運을 편리하게 하는 등 기울어져가는 국운을 바로잡고자 노력하였다. 이성계의 위망이 날로 높아져 그를 추대하려는 책모가 있음을 알고 이들을 제거하려 하였으나, 결국 이들에 의해 살해되었다. 문집으로 ≪포은집≫이 전한다. 태종 때 영의정에 추증되었으며, 중종 때 문묘에 종사되었다.

127) 鄭汝昌 : 1450~1504. 본관은 河東, 자는 伯勗, 호는 一蠹・睡翁이며, 시호는 文獻이다. 김굉필과 함께 김종직의 문하에서 수학하였다. 서거정이 그를 경연에서 진강하게 하려 했으나 나가지 않았다. 1483년 사마시에 합격하여 진사가 되고, 8월에는 理學으로 추천되었다. 1490년 효행과 학식으로 추천되어 昭格署參奉에 제수되었으나, 자식의 직분을 들어 사양하였다. 시문과에 병과로 급제하고, 예문관 검열을 거쳐 侍講院說書가 되었다. 戊午史禍로 인해 유배되었다가 배소에서 죽었고, 甲子士禍 때 부관참시 되었다. 저서로 ≪一蠹集≫이 있다. 중종 때 우의정에 추증되었고, 광해군 때 문묘에 종사되었다.

128) 李彦迪 : 1491~1553. 본관은 驪江, 자는 復古, 호는 晦齋・紫溪翁, 시호는 文元이다. 1514년 문과에 급제하여, 吏曹正郎・司憲府掌令・弘文館校理・應敎・吏曹判書・左贊成 등을 역임하였다. 乙巳士禍 때는 判義禁府事의 중책을 맡아 사림의 희생을 막으려고 노력하다가 결국 사화로 화를 입게 되었다. 주희의 주리론적 입장을 정통으로 확립하여 이황에게 영향을 주었다. 1547년 양재역 벽서사건으로 유배되었다. 배소에서도 학문에 전념하다가 죽었다. 1556년 복권되었고, 1567년 왕이 내탕금을 내려 그의 문집을 간행하도록 하였다. 저서로, ≪求仁錄≫, ≪大學章句補遺≫, ≪中庸九經衍義≫, ≪奉先雜儀≫ 등이 있다. 광해군 때 문묘에 종사되었다.

129) 金麟厚 : 1510~1560. 본관은 蔚山, 자는 厚之, 호는 河西・湛齋, 시호는 文正이다. 김안국에게 ≪小學≫을 배웠다. 1540년 별시문과에 급제하여, 弘文館博士兼世子侍講院說書・弘文館副修撰 등을 역임하였고, 부모의 봉양을 위해 玉果縣監으로 나가기도 했다. 乙巳士禍가 일어나자 병을 이유로 고향인 장성에 돌아가 죽을 때까지 성리학 연구에 전념하였다. 기대승 등의 학문형성에 깊은 영향을 미쳤다. 저서로는 ≪河西集≫, ≪周易觀象篇≫, ≪西銘事天圖≫, ≪百聯抄解≫ 등이 있다. 정조 때 문묘에 종사되었다.

130) 成渾 : 1535~1598. 본관은 昌寧, 자는 浩原, 호는 默庵・牛溪, 시호는 文簡이다. 1551년에 생원・진사의 兩場 초시에는 모두 합격했으나 복시에 응하지 않고 학문에만 전념하였다. 白仁傑의 문하에서 배웠고, 1554년에는 같은 고을의 李珥와 교유하였다. 이이와 9차례 서신을 주고받

에 배향한다.〉

單父侯宓不齊①와 高密侯公冶長②과 北海侯公晳哀③와 共城侯高柴④와 睢陽侯司馬耕⑤과 平陰侯有若⑥과 東阿侯巫馬施⑦와 陽穀侯顔辛⑧과 上蔡侯曹恤⑨과 (牟平侯)〔枝江侯〕[133] 公孫龍⑩과 鄫城侯秦商⑪과 雷澤侯顔高⑫와 上邦侯壤駟赤⑬과 成紀侯石作蜀⑭과 鉅平侯公夏首⑮와 膠東侯后處⑯와 濟陽侯奚容葴⑰과 富陽侯顔祖⑱와 滏陽侯句井彊⑲과 馮翊侯秦祖⑳와 厭次侯榮旂㉑와 南華侯左人郢㉒과 胊山侯鄭國㉓와 樂平侯原亢㉔과 胙城侯廉潔㉕과 博平侯叔仲會㉖와 高唐侯邦巽㉗과 臨胊侯公西輿如㉘와 內黃侯蘧瑗㉙과 長山侯林放㉚과 南頓侯陳亢㉛과 陽平侯琴張㉜과 博昌侯步叔乘㉝과 臨淄伯公羊高와 乘氏(侯)〔伯〕[134] 伏勝과 〔考城伯〕[135] 戴聖㉞과 廣

으며 四七理氣說을 논하였다. 1581년 왕의 경연에 출입하도록 명을 받고, 이듬해 吏曹參判에 제수되었다. 임진왜란 때 세자를 보필하여 군무를 도왔으며 해주에서 중전을 호위하였다. 왜와의 許和를 옹호하다가 선조의 미움을 받고, 1594년 乞骸疏를 올리고 이듬해 고향으로 돌아가 학문에 전념하다가 여생을 마쳤다. 저서로 ≪牛溪集≫, ≪朱門旨訣≫, ≪爲學之方≫ 등이 있다. 1602년 기축옥사로 인해 삭탈관직 되었다가 인조 때 복권되어 좌의정에 추증되었다. 숙종 때 이이와 함께 문묘에 종사되었다. 1689년에 한때 출향되었으나 1694년에 다시 陞廡되었다.

131) 宋時烈 : 1607~1689. 본관은 恩津, 자는 英甫, 호는 尤菴·尤齋, 시호는 文正이다. 김장생에게 성리학과 예학을 배웠고, 김장생 사후 김장생의 아들 김집 문하에서 배웠다. 1635년에는 봉림대군의 師傅로 임명되어, 이후로 효종과 깊은 유대를 맺는 계기가 되었다. 병자호란으로 인한 좌절감 속에서 낙향하여 10여 년간 학문에만 몰두하였다. 효종 즉위 후 世子侍講院進善·吏曹判書·左議政 등을 역임하였고, 북벌 계획의 중심인물로 활약하였다. 효종 사후 벼슬을 버리고 낙향하였다. 현종 때 여러 차례 초빙이 있었으나 재야에 머물렀으나 막대한 정치력을 행사하였다. 제2차 예송논쟁에 패하여 유배되었다가 1680년 경신환국 때 풀려났다. 1689년 기사환국 때 유배되었다가 서울로 압송되어 오는 도중 정읍에서 사약을 받고 죽었다. 1694년 갑술환국 때 신원되었다. 정치적으로 노론의 영수로 활약하였고, 학문적으로 조광조, 이이, 김장생으로 이어진 조선 기호학파의 학통을 계승, 발전시킨 인물로 평가받는다. 특히 주자학에 전심하여, ≪朱子大全箚疑≫, ≪朱子語類小分≫ 등의 저술을 남겼다. 영조 때 문묘에 종사되었다.

132) 朴世采 : 1631~1695. 본관은 潘南, 자는 和叔, 호는 玄石·南溪, 시호는 文純이다. 1649년 진사가 되어 성균관에 들어갔다. 1650년 이이·성혼의 문묘종사에 대해, 영남유생이 반대하는 상소를 올리자, 그 상소의 부당함에 대해 비판하는 글을 올렸다. 그러나 이에 대한 효종의 비답에 실망하여, 과거공부를 포기하고 학문에 전념하였다. 1651년 金尙憲과 金集의 문하에서 수학하였고, 1659년 천거로 翊衛司洗馬가 되었다. 자의대비 복상 문제 때 송시열과 송준길의 기년설을 지지하였다. 1674년 남인이 집권하자 관직을 삭탈 당하고 유배생활을 하였다. 1680년 경신환국 때 다시 등용되어 司憲府執義·大司憲·吏曹判書·右參贊 등을 역임하였고, 1689년 기사환국 때에 재야로 물러나 右議政·左議政을 두루 거치며 소론의 영수 역할을 하였다. ≪範學全編≫, ≪詩經要義≫, ≪春秋補編≫, ≪大學補遺辨≫, ≪心經要解≫ 등 많은 저술을 남겼다. 특히 예학에 큰 업적을 남겨, ≪南溪先生禮說≫·≪六禮疑輯≫ 등에서 예학의 새 국면을 개척하였다. 영조 때 문묘에 종사되었다.

133) (牟平侯)〔枝江侯〕: 底本에는 ‘牟平侯’로 되어 있으나, ≪宋史≫에 의거하여 ‘枝江侯’로 바로잡았다. ‘牟平侯’는 公良孺의 봉작이다.

川伯董仲舒와 曲阜伯孔安國^㉟과 緱氏伯^㊱杜(士)〔子〕¹³⁶⁾春과 高密伯鄭玄^㊲과 新野伯范甯^㊳과 溫國公司馬光^㊴과 豫章羅從彦^㊵과 延平李侗^㊶과 開封伯呂祖謙^㊷과 崇安伯蔡沈^㊸과 魯齋許衡^㊹과 孤雲崔致遠과 圃隱鄭夢周와 一蠹鄭汝昌과 晦齋李彦迪과 河西金麟厚와 牛溪成渾과 尤庵宋時烈과 玄石朴世采^㊺라

① 복부제의 자는 子賤이다.
　　子賤이라
② 공야장의 자는 子長이다.
　　子長이라
③ 공석애의 자는 季次이다.
　　季次라
④ 고시의 자는 子羔이다.
　　子羔라
⑤ 사마경의 자는 子牛이다.
　　子牛라
⑥ 유약의 자는 子若이다.
　　子若이라
⑦ 무마시의 자는 子期이다.
　　子期라
⑧ 안신의 자는 子柳이다.
　　子柳라
⑨ 조휼의 자는 子循이다.
　　子循이라
⑩ 공손룡의 자는 子石이다.
　　子石이라
⑪ 진상의 자는 子丕이다.
　　子丕라
⑫ 안고의 자는 子驕이다.
　　子驕라
⑬ 양사적의 자는 子徒이다.

---

134) (侯)〔伯〕: 底本에는 '侯'로 되어 있으나, ≪宋史≫에 의거하여 '伯'으로 바로잡았다.
135) 〔考城伯〕: 底本에는 누락되어 있으나, ≪宋史≫에 의거하여 보충하였다.
136) (士)〔子〕: 底本에는 '士'로 되어 있으나, ≪宋史≫에 의거하여 '子'로 바로잡았다.

子徒라

⑭ 석작촉의 자는 子明이다. ○ 중국본 ≪孔子家語≫의 〈七十二弟子解〉에 石子蜀이라 하였고, ≪史記≫에는 石蜀이라 하였다.

子明이라 ○ 唐本弟子解曰 石子蜀이요 史에 作石蜀이라

⑮ 공하수의 자는 子乘이다.

子乘이라

⑯ 후처의 자는 子里이다. ○ 중국본에 "石處는 자는 里之이다."라고 하였다. ≪史記≫에는 '石'이 '后'로 되어 있고 '里之'가 '子里'로 되어 있다.

子里라 ○ 唐本曰 石處는 字里之라 史에 石作后요 里之作子里라

⑰ 해용점의 자는 子晳이다.

子晳이라

⑱ 안조의 자는 子襄이다.

子襄이라

⑲ 구정강의 자는 子彊이다.

子彊이라

⑳ 진조의 자는 子南이다.

子南이라

㉑ 영기의 자는 子旗이다.

子旗137)라

㉒ 좌인영의 자는 子行이다. ○ 중국본에는 '左郢'이라 하였고 ≪史記≫에는 左人郢이라 하였다.

子行이라 ○ 唐本曰 左郢이요 史에 作左人郢이라

㉓ 정국의 자는 子徒이다. ○ 중국본에 '薛邦'이라고 한 것은 漢 高祖(劉邦)를 피휘한 것이다. '鄭'자는 '薛'자의 오기인데, 지금 제사에서는 '鄭國'이라고 한다.

子徒라 ○ 唐本에 薛邦은 避漢高祖諱라 鄭字는 薛字之誤로되 今祀鄭國云이라

㉔ 원항의 자는 子籍이다.

子籍이라

㉕ 염결의 자는 子庸이다.

子庸이라

㉖ 숙중회의 자는 子期이다.

子期라

㉗ 규손의 자는 子斂이다.

---

137) 子旗 : ≪史記≫에 의거하였을 때, '子旗'는 '子祈'의 오기인 듯하다.

子斂이라

㉘ 공서여여의 자는 子上이다.

子上이라

㉙ 거원의 자는 伯玉이다.

伯玉이라

㉚ 임방의 자는 子企이다.

子企라

㉛ 진항의 자는 子禽이다.

子禽이라

㉜ 금장의 자는 子開이다.

子開라

㉝ 보숙승의 자는 子車이다.

子車라

㉞ 대성의 별칭은 小戴이다.

小戴라

㉟ 공안국의 자는 子國이다. 공자 12세손이다.

子國이니 孔子十二世孫이라

㊱ 어떤 판본에는 樂成伯이라고 되어 있다.

一作樂成伯이라

㊲ 정현의 자는 康成이다.

康成이라

㊳ 범녕의 자는 武子이다.

武子라

㊴ 사마광의 자는 君實이다.

君實이라

㊵ 나종언의 자는 仲素이다.

仲素라

㊶ 이통의 자는 愿仲이다.

愿仲이라

㊷ 여조겸의 자는 伯恭이다.

伯恭이라

㊸ 채침의 자는 仲默이다. 蔡元定의 둘째 아들이다. 주자의 사위이다.[138]

---

138) 주자의 사위이다 : 전거 미상. 黃幹에 관한 것을 잘못 기술한 것으로 추정된다.

仲默이니 元定仲子요 朱子之壻라

㊹ 허형의 자는 仲平이다.

(平仲)〔仲平〕[139]이라

㊺ 이상 西廡이다.

已上西廡라

啓聖祠

啓聖公 孔叔梁紇,[140] 英廡侯 曾點,[141] 泗水侯 孔鯉, 曲阜侯 顏無繇,[142] 孟激公宜[143]를 〈啓聖祠에 모신다.〉

啓聖公孔叔梁紇과 **英廡侯曾點**[1]과 **泗水侯孔鯉**[2]와 **曲阜侯顏無繇**[3]와 **孟激公宜**라

① 증점의 자는 子晳이다.

子晳이라

② 공리의 자는 伯魚이다.

伯魚라

③ 안무요의 자는 季路이다. ○ 중국본 ≪孔子家語≫의 〈七十二弟子解〉에는 顏繇로 되어 있다. 공자가 처음 闕里에서 가르칠 때 수학하였다.

季路라 ○ 唐本弟子解에 作顏繇라 孔子始教學於闕里할새 受學이라

대성전 향사는 매년 춘추 仲月 初丁日에 釋奠을 올리고 음악을 연주하며 팔일무를 춘다. ○ 삼가 ≪皇明釋奠制儀≫를 살펴보니, 迎神, 奠帛, 初獻 및 亞獻·終獻, 徹饌, 送神

---

139) (平仲)〔仲平〕: 底本에는 '平仲'으로 되어 있으나, ≪元史≫에 의거하여 '仲平'으로 바로잡았다.

140) 孔叔梁紇 : B.C. 622~B.C. 548. 耶人紇 또는 鄹叔紇이라고도 한다. 성은 孔, 이름이 紇, 자는 叔梁이며, 춘추시대 노나라 출신이다. 魯 襄公 때 耶邑(鄹邑)의 대부가 되었다. 처음에 施氏를 아내로 얻어 딸 아홉을 낳았는데, 다시 顏氏의 딸 徵在를 아내로 얻어 공자를 낳았다.

141) 曾點 : ?~? 자는 子晳. 춘추시대 노나라 南武城 출신이다. 아들 曾子와 함께 공자의 문하에 있었다. 唐나라 玄宗 때 宿伯에 봉해졌고, 宋나라 眞宗 때 萊蕪伯에 봉해졌다. 南宋 度宗 때 문묘에 종사되었고, 명나라 英宗 때 공의 작위를 받았다.

142) 顏無繇 : B.C. 545~? 자는 路, 顏路라고 부르기도 한다. 춘추시대 노나라 출신으로, 안회의 아버지이다. 부자가 모두 공자의 문하에 있었다. 원나라 문종 때 杞國公에 봉해졌다.

143) 孟激公宜 : ?~? 성은 孟, 이름은 激, 자는 公宜로, 맹자의 부친이다. 송나라에 유학하여 벼슬을 구하려 했지만 뜻을 이루지 못하고 맹자 나이 3세에 객사했다.

의 모두 여섯 가지 절차에 각기 음악 1장을 연주한다. 초헌부터 종헌까지 拜禮를 말하지 않았고 폐백을 태울 때 음악을 연주하라고 말하였으나 악장을 기록하지 않았으니, 의심스럽다.

大成殿享祀는 每年春秋仲月初丁에 釋奠하고 奏樂하고 用八佾舞라 ○ 謹按皇明釋奠制儀컨대 迎神奠帛初獻及亞終獻徹饌送神凡六은 各奏樂一章이라 自初獻으로 至終獻히 不言拜禮하고 瘞幣는 言奏樂이로대 而不錄樂章하니 可疑라

〔附錄 1〕

索　引

索引凡例

1. 색인의 대상

　본서의 색인은 ≪譯註 孔子家語≫(全2冊)의 原文 중 ≪孔子家語≫ 本文과 王廣謨・王肅의 注를 대상으로 하였다.

2. 색인의 종류

　1) 색인은 〈綜合索引〉을 작성하고, 주제별 색인은 〈人名索引〉, 〈地名・國名索引〉으로 구분하여 작성하였다.

　2) 〈綜合索引〉은 ≪孔子家語≫ 本文과 王廣謨・王肅의 注에서 표제어를 추출하였다. 또 주제별 색인으로 〈人名索引〉, 〈地名・國名索引〉을 작성하여 종합적으로 참조할 수 있게 하였다.

　3) 〈人名索引〉은 ≪孔子家語≫ 本文과 王廣謨・王肅의 注에서 人物에 관련된 표제어를 추출하였다. 인물에 관한 표제어는 해당 인물의 발언, 인물 간의 問答, 行跡 및 인물의 評價 등을 종속항목으로 추출하여 참조할 수 있게 하였다.

　4) 〈地名・國名索引〉은 ≪孔子家語≫ 本文과 王廣謨・王肅의 注에서 地名 및 國名과 관련된 표제어를 추출하였다. 지명・국명에 관한 표제어는 해당 장소에 관련된 사실이나 그곳에서 일어난 사건 등을 종속항목으로 추출하여 참조할 수 있게 하였다.

3. 색인 작성 방법

　1) 標題語

　(1) 표제어는 人名, 地名, 國名, 書名, 官職名 등의 고유명사와 주요 用語 및 句節, 특수하게 사용된 語彙 등을 중심으로 추출하였다.

(2) 王廣謨와 王肅의 注는 ≪孔子家語≫ 本文과 구별하기 위하여 표제어의 일련번호 뒤에 ( )를 사용하여 구분하였다. 王廣謨의 注는 '(謨)'로, 王肅의 注는 '(肅)'으로 표기하였다.

예) 樂易天子 爲百姓父母 13-9(謨)　　　　　　觴 可以盛酒 言其微 9-7(肅)

(3) 해당 표제어의 변별력을 높이고 내용을 전달하기 위해 부가정보를 ( ) 안에 표기하였다. 특히 書名, 官職名, 地名, 國名을 밝혔다.

예) 大司寇(官名)　　　銅鞮(地)　　　董狐(春秋 晉)　　　詩經(書)

2) 人名

(1) 人名은 ( ) 안에 時代와 國名을 부기하여 인물 구별이 용이하게 하였다. 國名이 불확실한 경우에는 시대만 표시하였다.

예) 季札(春秋 吳)　　　程子(春秋)　　　皐陶(唐虞)

(2) 人名의 경우 일반적으로 통용하는 名稱을 정하고 異稱, 略稱, 別稱 등을 추출하여 상호 참조하게 하였다.

예) 子路(春秋 魯)←仲由　　　　　　子貢(春秋 衛)←端木賜, 賜
　　晏平仲(春秋 齊)←晏嬰, 晏子　　　孔子(春秋 魯)←丘, 夫子, 子

(3) 人名이 2인 이상 合稱으로 쓰인 경우 표제어를 따로 뽑아서 상호 참조하게 하였다.

예) 文武 → 文王(周), 武王(周)　　　　堯舜→堯(唐虞), 舜(唐虞)

3) 書名

(1) 書名에는 '書'라고 부기하였으며, 異稱은 상호 참조하게 하였다. 다만 ≪詩經≫, ≪書經≫ 등이 '詩云'이나 '詩曰' 등 略稱으로 쓰인 경우 完稱으로 표제어를 뽑았다.

예) 書經(書)←尙書, 夏書　　　　　　'詩云', '詩曰'의 경우 : 詩經(書)

4) 語彙 · 句節

(1) 본문의 중요한 어휘와 구절을 표제어로 추출하였다. 인용문인 경우 ( ) 안에 출전을 부기하였다.

예) 文武之政 布在方策 17-1　　　　　　良藥苦口而利於病 15-2
　　樂只君子 邦家之基(詩經) 41-10

5) 從屬項目

(1) 종속항목은 표제어에 관련된 사항을 추출하여 작성하였다. 동일한 표제어는 ‘—’를 사용하여 생략하였다.

　예1) 宰我(春秋 魯)←宰子, 子我

　　　——問於孔子曰 吾聞鬼神之名 17-3

　예2) 詩經(書)

　　　憂心悄悄 慍于群小 2-2

　　　天子是毗 俾民不迷 2-4

　예3) 郯(國) 16-1

　　　孔子之— 8-10

　　　— 國名也 少昊之後 8-10(肅)

　예4) 司城(官名)→司空(官名)

　　　——子罕哭之哀 42-9

(2) 語彙·句節 색인은 해당 표제어가 포함된 구절 및 문장을 종속항목으로 추출하였다. 또 본문의 내용이 표제어를 보충 설명하거나, 王廣謨와 王肅의 注에서 참고할 내용이 있는 경우 종속항목으로 추출하였다.

　예1) 克己復禮

　　　———爲仁 41-7

　예2) 四德 12-7

　　　信 德之厚也 12-7

　　　悌 德之序也 12-7

　　　忠 德之正也 12-7

　　　孝 德之始也 12-7

　예3) 小辯害義 10-11

　　　小人口辯 害正義 10-11(謨)

4. 항목 배열 및 표시

1) 표제어의 배열은 한글 가나다 순서를 따랐으며 두음법칙을 적용하였다.

2) 표제어의 위치는 본문에서 사용한 일련번호로 표시하였다.

3) 색인에 사용한 부호는 다음과 같다.

　　　　── : 동일한 표제어 생략 표시
　　　　→ : 대표 표제어로 나간 표시
　　　　← : 대표 표제어로 모아주는 표시
　　　( ) : 표제어에 대한 부가정보 표시

綜合索引

【ㅇ】

人名索引

【ㅈ】

地名·國名索引

【ㅇ】

〔附錄 2〕

1. ≪孔子家語 2≫ 圖版目錄

2. 孔子周遊列國圖

(匡亞明, ≪孔子評傳≫〈孔子訪問列國諸侯示意圖〉(山東：齊魯書社, 1988))

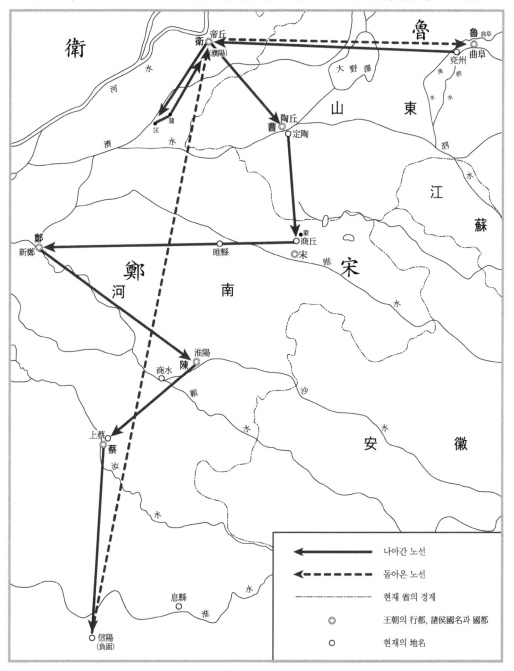

3. 孔子를 追尊한 諡號·爵號

西紀	皇帝	年號	諡號·爵號	典據
1	漢 平帝	元始 1	褒成宣尼公	《漢書》 卷12 〈平帝紀〉
492	北魏 文帝	太和 16	文聖尼父	《魏書》 卷7 〈高祖紀〉
580	北周 宣帝	大象 2	鄒國公	《周書》 卷7 〈宣帝紀〉
581	隋 文帝	開皇 1	先師尼父	《隋書》 卷3 〈煬帝紀〉
666	唐 高宗	乾封 1	太師	《新唐書》 卷3 〈高宗本紀〉
690	周 則天武后	天授 1	隆道公	《新唐書》 卷4 〈則天皇后本紀〉
739	唐 玄宗	開元 27	文宣王	《舊唐書》 卷9 〈玄宗本紀〉
1012	宋 眞宗	大中祥符 5	至聖文宣王	《宋史》 卷8 〈眞宗本紀〉
1307	元 武宗	大德 11	大成至聖文宣王	《元史》 卷22 〈武宗本紀〉
1530	明 世宗	嘉靖 9	至聖先師	《明史》 卷17 〈世宗本紀〉
1645	清 世祖	順治 2	大成至聖文宣先師	《清史稿》 卷4 〈世祖本紀〉

4. ≪孔子家語≫ 解題

QR코드를 스캔하면 ≪孔子家語≫ 解題를 보실 수 있습니다.

• 집필 : 具智賢(선문대학교 국어국문학과 교수)

5. ≪孔子家語≫ 總目次

QR코드를 스캔하면 ≪孔子家語≫ 總目次를 보실 수 있습니다.

6. ≪孔子家語≫ 講義資料

QR코드를 스캔하면 모바일 기기로 ≪孔子家語≫ 강의를 들을 수 있습니다.

• 강사 : 許敬震(前 延世大學校 教授)
• 제목 : ≪論語≫에서 듣지 못했던 이야기
• 강좌 제공 홈페이지 : 전통문화연구회 사이버서원(http://hm.cyberseodang.or.kr)

7. ≪孔子聖蹟圖≫로 보는 공자의 일생

QR코드를 스캔하면 ≪孔子聖蹟圖≫를 통해 孔子의 일생에 대한 설명을 보실
수 있습니다.

8. 文廟配享 인물

현재 成均館의 大成殿에는 孔子와 四聖, 孔門 10哲, 宋朝 6賢, 우리
나라의 18賢 등 모두 39분의 위패가 봉안되어 있다.

- 孔子
- 四聖 : 兗國 復聖公 顔子, 郕國 宗聖公 曾子, 沂國 述聖公 子思, 鄒國 亞聖公 孟子
- 孔門十哲 : 費公 閔損, 鄆公 冉耕, 薛公 冉雍, 齊公 宰予, 黎公 端木賜, 徐公 冉求,
  衛公 仲由, 吳公 言偃, 魏公 卜商, 潁川侯 顓孫師
- 宋朝六賢 : 道國公 周惇頤, 豫國公 程顥, 洛國公 程頤, 新安伯 邵雍, 鄠伯 張載,
  徽國公 朱熹
- 東國十八賢 : 弘儒侯 薛聰, 文昌侯 崔致遠, 文成公 安珦, 文忠公 鄭夢周, 文敬公
  金宏弼, 文獻公 鄭汝昌, 文正公 趙光祖, 文元公 李彦迪, 文純公 李滉, 文正公 金
  麟厚, 文成公 李珥, 文簡公 成渾, 文元公 金長生, 文烈公 趙憲, 文敬公 金集, 文正
  公 宋時烈, 文正公 宋浚吉, 文純公 朴世采

責任飜譯

許敬震

1953년 출생
淵民 李家源 先生 師事
延世大學校 國文科 大學院 문학박사
牧園大學校 國語教育科, 延世大學校 國文科 교수 역임
洌上古典研究會 회장(現), 淵民學會 편집위원장(現)
서울시 문화재위원(現)

　論著 및 譯書
論著 《허균평전》, 《사대부 소대헌·호연재 부부의 한평생》, 《조선의 중인들》 등
譯書 《西遊見聞》, 《海東諸國紀》,
　　　《연암 박지원 소설집》(공역), 《三國遺事》(공역) 등

共同飜譯

具智賢

1970년 출생
延世大學校 국어국문학과 및 동 대학원 박사
民族文化推進會 國譯研修院 연수부 졸업
鮮文大學校 국어국문학과 교수(現)

　論著 및 譯書
論著 《通信使 筆談唱和集의 세계》, 《癸未通信使 使行文學 研究》,
　　　《朝鮮通信使登城行列圖》(공저) 등
譯書 《滄槎紀行》, 《懲毖錄》, 《雲養集》(공역), 《經山日錄》(공역) 등

崔二浩

1978년 출생
韋堂 金在希 先生 師事
朝鮮大學校 국어국문학부 졸업
高麗大學校 大學院 박사과정 수료
韓國古典飜譯院 부설 飜譯教育院 전문과정 I · II 졸업
韓國古典飜譯院 전문번역위원(現)

　論著 및 譯書
論著 〈茶山 丁若鏞의 書札 研究〉
譯書 《長門戊辰問槎·韓客對話贈答》,
　　　《寄事風聞·東渡筆談·南宮先生講餘獨覽》 등

東洋古典譯註叢書 109

譯註 孔子家語 2　　　　　정가 40,000원

2018년 12월 30일 초판 발행
2024년 01월 30일 초판 3쇄

句　　　解　王廣謀
責任飜譯　許敬震
共同飜譯　具智賢 崔二浩
諮問委員　吳圭根
潤文校訂　朴勝珠 南賢熙 金曉東 李孝宰 田炳秀
編　　　輯　東洋古典飜譯編輯委員會

發 行 人　郭成文

發 行 處　社團法人 傳統文化研究會

서울시 종로구 삼일대로 428 낙원빌딩 411호
전화 : (02)762-8401　전송 : (02)747-0083
전자우편 : juntong@juntong.or.kr
홈페이지 : juntong.or.kr
사이버書堂 : cyberseodang.or.kr
온라인서점 : book.cyberseodang.or.kr
등록 : 1989. 7. 3. 제1-936호

인쇄처 : 한국법령정보주식회사(02-462-3860)
총　판 : 한국출판협동조합(070-7119-1750)

ISBN 979-11-5794-207-7 94150
　　　978-89-85395-71-7(세트)

※ 이 책은 2018년도 교육부 고전문헌 국역지원사업 지원비에 의해 번역되었음.

전통문화연구회 도서목록

범례 : 周易正義 1~4 〔全15〕 - 전체 15책 계획, 현재 1~4책만 간행된 경우

新編 基礎漢文敎材

新編 四字小學·推句　　　고전교육연구실 編譯　11,000원
新編 啓蒙篇·童蒙先習　　고전교육연구실 編譯　11,000원
新編 明心寶鑑　　　　　　李祉坤·元周用 譯註　15,000원
新編 擊蒙要訣　　　　　　　　　成賢贊 譯註　12,000원
新編 註解千字文　　　　　　　　李忠九 譯註　13,000원
新編 原文으로 읽는 故事成語　　元周用 編譯　15,000원
新編 唐音註解選　　　　　　　　權卿相 譯註　22,000원

漢文讀解捷徑시리즈

漢文독해 기본패턴　　　　　고전교육연구실 著　15,000원
四書독해첩경　　　　　　　고전교육연구실 著　20,000원
한문독해첩경 - 文學篇　　朴相水·李和春 외 著　15,000원
한문독해첩경 - 史學篇　　朴相水·李和春 외 著　15,000원
한문독해첩경 - 哲學篇　　朴相水·李和春 외 著　15,000원

五書五經讀本

論語集註 上·下　　　　　　鄭太鉉 譯註　合 50,000원
孟子集註 上·下　　　田炳秀·金東柱 譯註　合 60,000원
大學·中庸集註　　　　李光虎·田炳秀 譯註　15,000원
小學集註 上·下　　　　　李忠九 外 譯註　合 50,000원
詩經集傳 上·中·下　　　　　朴小東 譯註　合 90,000원
書經集傳 上·中·下　　　　　金東柱 譯註　合 90,000원
周易傳義 元·亨·利·貞　　　崔英辰 外 譯註　合 120,000원
詳說 古文眞寶大全後集 上·下　李相夏 外 譯註　合 64,000원
春秋左氏傳 上·中·下　　　許鎬九 外 譯註　合 109,000원
禮記 上·中·下　　　　　　成百曉 外 譯註　合 90,000원

東洋古典國譯叢書

大學·中庸集註 - 개정증보판　　成百曉 譯註　10,000원
論語集註 - 개정증보판　　　　　成百曉 譯註　27,000원
孟子集註 - 개정증보판　　　　　成百曉 譯註　30,000원
詩經集傳 上·下　　　　　　　　成百曉 譯註　合 70,000원
書經集傳 上·下　　　　　　　　成百曉 譯註　合 70,000원
周易傳義 上·下　　　　　　　　成百曉 譯註　合 80,000원
小學集註　　　　　　　　　　　成百曉 譯註　30,000원
古文眞寶 後集　　　　　　　　　成百曉 譯註　32,000원

東洋古典譯註叢書

〈經部〉

〔十三經注疏〕
周易正義 1~4　　　　　成百曉·申相厚 譯註　合 139,000원
尙書正義 1~7　　　　　　　　金東柱 譯註　合 228,000원
毛詩正義 1~8 〔全15〕　　　朴小東 外 譯註　合 259,000원
禮記正義 1~2, 中庸·大學　李光虎 外 譯註　合 77,000원
論語注疏 1~3　　　　　鄭太鉉·李聖敏 譯註　合 107,000원
孟子注疏 1~4 〔全5〕　　崔彩基·梁基正 譯註　合 119,000원
孝經注疏　　　　　　　鄭太鉉·姜珉廷 譯註　30,000원
周禮注疏 1~4 〔全15〕　金容天·朴禮慶 譯註　合 122,000원
春秋左傳正義 1~2 〔全18〕　許鎬九 外 譯註　合 59,000원
春秋公羊傳注疏 1 〔全7〕　　許鎬九 外 譯註　37,000원

春秋左氏傳 1~8　　　　　　鄭太鉉 譯註　合 244,000원
禮記集說大全 1~5 〔全10〕　辛承云 外 譯註　合 160,000원
東萊博議 1~5　　　　鄭太鉉·金炳愛 譯註　合 153,000원
韓詩外傳 1~2　　　　　　許敬震 外 譯註　合 62,000원
說文解字注 1~4 〔全20〕　李忠九 外 譯註　合 141,000원

〈史部〉

思政殿訓義 資治通鑑綱目 1~22 〔全39〕
　　　　　　　　　　　　　辛承云 外 譯註　合 671,000원
通鑑節要 1~9　　　　　　　　成百曉 譯註　合 275,000원
唐陸宣公奏議 1~2　　　沈慶昊·金愚政 譯註　合 80,000원
貞觀政要集論 1~4　　　　　李忠九 外 譯註　合 102,000원
列女傳補注 1~2　　　　崔秉準·孔勤植 譯註　合 68,000원
歷代君鑑 1~4　　　　　洪起殷·全百燦 譯註　合 135,000원

〈子部〉

孔子家語 1~2　　　　　　　許敬震 外 譯註　合 71,000원
管子 1~3 〔全4〕　　　　李錫明·金帝蘭 譯註　合 91,000원
近思錄集解 1~3　　　　　　　成百曉 譯註　合 96,000원
老子道德經注　　　　　　　　金是天 譯註　30,000원
大學衍義 1~5 〔全7〕　　　辛承云 外 譯註　合 144,000원
墨子閒詁 1~6 〔全7〕　　　李相夏 外 譯註　合 212,000원
說苑 1~2　　　　　　　　　　許鎬九 譯註　合 50,000원
世說新語補 1~5　　　　　　金鎭玉 外 譯註　合 171,000원
荀子集解 1~7　　　　　　　　宋基采 譯註　合 224,000원
心經附註　　　　　　　　　　成百曉 譯註　35,000원
顔氏家訓 1~2　　　　　鄭在書·盧暻熙 譯註　合 47,000원
揚子法言 1 〔全2〕　　　　　　朴勝珠 譯註　24,000원

列子鬳齋口義	崔秉準·孔勤植·權憲俊 共譯	34,000원
二程全書 1~6 〔全10〕	崔錫起·姜導顯 譯註	合 205,000원
莊子 1~4	安炳周·田好根 共譯	合 113,000원
政經·牧民心鑑	洪起殷·全百燦 譯註	27,000원
韓非子集解 1~5	許鎬九 外 譯註	合 174,000원

〔武經七書直解〕

孫武子直解·吳子直解	成百曉·李蘭洙 譯註	35,000원
六韜直解·三略直解	成百曉·李鍾德 譯註	26,000원
尉繚子直解·李衛公問對直解	成百曉·李蘭洙 譯註	26,000원
司馬法直解	成百曉·李蘭洙 譯註	26,000원

〈集部〉

古文眞寶 前集	成百曉 譯註	30,000원
唐詩三百首 1~3	宋載邵 外 譯註	各 25,000원~36,000원

唐宋八大家文抄

韓愈 1~3	鄭太鉉 譯註	合 78,000원
柳宗元 1~2	宋基采 譯註	合 44,000원
歐陽脩 1~7	李相夏 譯註	合 203,000원
蘇洵	李章佑 外 譯註	25,000원
蘇軾 1~5	成百曉 譯註	合 110,000원
蘇轍 1~3	金東柱 譯註	合 64,000원
王安石 1~2	申用浩·許鎬九 共譯	合 45,000원
曾鞏	宋基采 譯註	25,000원

明淸八大家文鈔

歸有光·方苞	李相夏 外 譯註	35,000원
劉大櫆·姚鼐	李相夏 外 譯註	35,000원
梅曾亮·曾國藩	李相夏 外 譯註	38,000원

東洋古典新譯

당시선	송재소·최경렬·김영죽 편역	22,000원
손자병법	성백효 역주	14,000원
장자	안병주·전호근·김형석 역주	13,000원
고문진보 후집	신용호 번역	28,000원
노자도덕경	김시천 역주	15,000원

고문진보 전집 上·下	신용호 번역	合 44,000원
신식 비문척독	박상수 번역	25,000원

동양문화총서

동양사상 해설과 원전	정규훈 外 저	22,000원
화합의 길 《중용》 읽기	금장태 저	20,000원
호설과 시장	신용호 저	20,000원
어느 노학자의 젊은 시절	심재기 저	22,000원

문화문고

경전으로 본 세계종교	그리스도교	이정배 편저	10,000원
〃	도교	이강수 편역	10,000원
〃	천도교	윤석산 外 편저	10,000원
〃	힌두교	길희성 편역	10,000원
〃	유교	이기동 편저	10,000원
〃	불교	김용표 편저	10,000원
〃	이슬람	김영경 편역	10,000원
논어·대학·중용		조수익·박승주 공역	10,000원
맹자		조수익·박승주 공역	10,000원
소학		박승주·조수익 공역	10,000원
십구사략 1~2		정광호 저	合 24,000원
무경칠서 손자병법·오자병법		성백효 역	10,000원
〃 육도·삼략		성백효 역	10,000원
〃 사마법·울료자·이위공문대		성백효 역	10,000원
당시선		송재소·최경렬·김영죽 편역	10,000원
한문문법		이상진	10,000원
한자한문전통교재		조수익·이성민 공역	10,000원
士小節 선비 집안의 작은 예절		이동희 편역	12,000원
儒學이란 무엇인가		이동희 저	10,000원
동아시아의 유교와 전통문화		이동희 저	13,000원
현대인, 동양고전에서 길을 찾다		이동희 저	10,000원
100자에 담긴 한자문화 이야기		김경수 저	12,000원
우리 설화 1~2		김동주 편역	合 20,000원
대한민국 국무총리		이재원 저	10,000원
백운거사 이규보의 문학인생		신용호 저	14,000원